Clemens August von Westphalen

Wider das Dogma von der Unfehlbarkeit des Papstes

D1727407

Geschichte & Kirchenreform

Erster Band

Herausgegeben von Peter Bürger

Reichsgraf
Clemens August von Westphalen

Wider das Dogma von der Unfehlbarkeit des Papstes

Nachdruck der Schrift über
„Infallibilismus und Katholizismus"
von 1873/1885

Mit einer Quellendokumentation
zu Hintergründen und Wirkungsgeschichte
des Sendschreibens sowie Geleittexten von
Peter Bürger und Werner Neuhaus

edition *geschichte & kirchenreform*

Bildmotiv auf dem Umschlag:
Clemens August von Westphalen (1805-1885),
Porträt des Jahres 1863 von Friedrich Kaulbach
(commons.wikimedia.org)

Ein besonderer Dank für Zuspruch geht an Bodo Bischof.
Gewidmet ist die Herausgabe dieses Quellenbandes:
Angela Berlis.

© 2022

Reichsgraf Clemens August von Westphalen

WIDER DAS DOGMA VON DER UNFEHLBARHEIT DES PAPSTES
Nachdruck der Schrift über „Infallibilismus
und Katholizismus" von 1873/1885.

Mit einer Quellendokumentation zu Hintergründen
und Wirkungsgeschichte des Sendschreibens sowie
Geleittexten von Peter Bürger und Werner Neuhaus

Reihe *Geschichte & Kirchenreform* – Band 1

Herausgeber, Satz & Buchgestaltung: Peter Bürger

Herstellung & Verlag: BoD – Books on Demand, Norderstedt
ISBN: 978-3-7557-8444-9

Inhalt

6

SENDSCHREIBEN AN EINEN
INFALLIBILISTISCH GESINNTEN FREUND

„INFALLIBILISMUS UND KATHOLIZISMUS"
(PHOTOGRAPHISCHER NACHDRUCK)

ANHANG

A.
Meine Stellung zur Politik „Bismarck".
Gelegentliche Kundgebungen während der Jahre 1865-1868,
nebst einem Anhang erläuternder Anlagen
für einen weitern Kreis aphoristisch reproducirt

B.

Friedrich Michelis (1869)

C.
Der neue Fuldaer Hirtenbrief

Friedrich Michelis (1870)

D.
Briefwechsel zwischen Clemens August von Westphalen
und Bischof Wilhelm Emmanuel Freiherr von Ketteler

Zur Eröffnung der Editionsreihe „Geschichte & Kirchenreform"

Peter Bürger

Die mit diesem Band eröffnete Editionsreihe „Geschichte & Kirchen-reform" soll zunächst ganz der Zeit des Ersten Vatikanischen Kon-zils (1869/70) gewidmet sein. Der Herausgeber ist sich bewusst, dass eine solche Unternehmung leicht als Votum zugunsten jener Re-formkreise missverstanden werden kann, die angesichts der rasanten Pulverisierung des kirchlichen Gefüges in deutschen Landen noch einen Rest vom bürgerlichen Wohlfühlkatholizismus in eine neue Zeit hinüberretten wollen – fernab vom katholischen Ringen um die Lebensgrundlagen künftiger Generationen, abseits vom Einsatz für Gerechtigkeit an der Seite der Elenden auf dem Planeten und – in-mitten einer remilitarisierten Politik im Dienste nationaler Interessen – ohne jede Einsicht in die Dringlichkeit einer friedenskirchlichen Umkehr.

Mit mehr als einer Milliarde Mitgliedern ist der mit Rom verbun-dene Katholizismus nach wie vor ein bedeutsamer „global player". Nach einer bemerkenswerten Öffnung zur „Welt von heute" im Re-formkonzil von 1962-1965 verfiel die Papstkirche zuletzt in zwei Pontifikaten wieder in Monolog und Fundamentalismus-affine Lehr-dokumente. Speziell der Papst aus Deutschland hatte den Narziss-mus der „Alleinseligmachenden" erneut auf die Spitze getrieben, als im Jahre 2013 ein neuer Bischof von Rom endlich die Vision einer armen, zum Zuhören befähigten und an Jesus von Nazareth ausge-richteten Kirche rehabilitierte. Papst Franziskus stößt bei den bürger-lichen Kirchenreformern mit seinen zentralen Anliegen weitgehend auf taube Ohren und wird – zum Beispiel in der USA – ausgebremst durch neue ‚ultramontane' Eiferer, die eine autoritäre Ritualkirche zur Betäubung ihrer Angstzustände erstreben. Eine ‚Weltkirche', die im dritten Jahrtausend die Einheit der menschlichen Familie – um des Überlebens willen und wider künftige Barbareien – bezeugen soll, kann es freilich ohne eine *Kirchenreform*, die ans „Eingemachte" des klerikalen Komplexes geht, niemals geben.

Doch die Katastrophe des Ersten Vatikanischen Konzils wirft, wie es Peter Neuner formuliert, einen langen Schatten und blockiert noch immer die Herausbildung einer überzeugenden Katholizität, die sich aus den Fängen des sakralisierten Männerbundes befreit, Strukturen des Machtdiktats durch innere *Verbundenheit* ersetzt und auf das Ganze schaut. In diesem einleitenden Text[1] zur Eröffnung der Editionsreihe *„Geschichte & Kirchenreform"* sichten wir jenes unselige Kapitel der Kirchengeschichte, das nunmehr über 150 Jahre zurückliegt:

Das Drama der Papstkirche
nach Aufklärung und Revolution

Nach Aufklärung und Französischer Revolution sieht sich die römisch-katholische Kirche tödlich bedroht. Sie reagiert auf eine Weise, die ihr einen Dialog mit der Neuzeit systematisch verbaut. An die Stelle der Beratung eines Konzils, das den Erdkreis repräsentiert, tritt die „unfehlbare" Definitionsmacht des Papstes. Die kollegiale Leitung der Kirche durch eine weltweite Gemeinschaft von Ortbischöfen wird aufgegeben zugunsten der zentralistischen Befehlsgewalt eines Einzelnen. Die *neuen* Papstdogmen des I. Vatikanischen Konzils (1869/70) und die offizielle Theologie der Folgezeit haben mit der Moderne mehr gemeinsam als es auf den ersten Blick scheint. Aus tiefster Verunsicherung heraus hat sich die Römische Kirche 1870

---

[1] Das Nachfolgende übernehme ich sehr weitgehend aus meinem Buch „Die fromme Revolte" (BÜRGER 2009, S. 27-62); vgl. dort die Zitatnachweise. Benutzte Literatur: DENZLER 1984; DENZLER/FABRICIUS 1984a und 1984b; DENZLER/GRASMÜCK 1990; FLEISCHMANN-BISTEN 2001; GISLER 1912; GRAMLEY 2001; HASLER 1981; IMPULSGRUPPE „ONE HUMAN FAMILY" 2016; KÜNG 1975; LILL 2006; LÖNNE 1986; MISSALLA 2005; NEUNER 2019; NEUNER/ROOS 1983; OSCHWALD 2008; POTTMEYER 1968; RECK 2006; RING 2008; SANDSTEDE-AUZELLE / SANDSTEDE 1986; SCHATZ 1992, 1993, 1994; SCHATZ 2003.

noch einmal neu erfunden und die Angst vor der Freiheit zementiert.

Die beiden ‚Papstdogmen' aus der zweiten Hälfte des 19. Jahrhunderts sind ein epochaler Machtentscheid im Ringen um die Kirchenstruktur. Sie sind daneben aber auch eine höchstpersönliche Angelegenheit von Papst Pius IX. Dieser sorgt als oberster Drahtzieher und Beschleuniger dafür, dass es zu einem Dialog mit der großen Zahl anders denkender Bischöfe erst gar nicht kommen kann. Das bedeutsame konziliare Prinzip der Einmütigkeit wird ersetzt durch rücksichtslose Majorisierung. Ein Teil der Stimmberechtigten auf dem I. Vatikanum ist wirtschaftlich vom Papst abhängig. Vor, während und nach Verkündigung der Papstdogmen waltet eine beispiellose Einschüchterung. Seelischer und mitunter auch physischer Druck wird ausgeübt. Alle wichtigen Konzilsgremien sind weitgehend gleichgeschaltet. Das mit großem Aufwand gemalte Bild eines wirklich freien Konzils bricht zusammen, sobald an entscheidender Stelle ein ernstzunehmender Widerspruch zu den Primatsdefinitionen (Papstdogmen) angemeldet wird.

Man beruft sich denkbar unqualifiziert auf „Zeugnisse der Tradition" – darunter schon damals erwiesene Fälschungen – und ignoriert vorsätzlich ein umfangreiches Schrifttum, das den Forschungsstand auch der katholischen Historiker vermittelt. Heuchelei, Lüge und pures Strategentum reichen bis in die oberste Etage. Speziell über Papst Pius IX. soll der Kurienkardinal Gustav von Hohenlohe bei seiner Ablehnung der „Unfehlbarkeit" ein hartes Urteil gefällt haben: „Ich brauche kein anderes Argument für mich als das einzige, dass mir in meinem ganzen Leben kein Mensch vorgekommen ist, der es mit der Wahrheit weniger genau nahm als gerade Pius IX."

Wer sich den unschuldigen Glauben bewahren möchte, der Heilige Geist habe bei der Ausarbeitung von kirchlichen Dogmen eine breite Landebahn, der meide an dieser Stelle (und bezogen auch auf andere Konzilien) die seriöse Geschichtsforschung. Die ansonsten so gern verabscheute „Politisierung des Glaubens" erreichte auf dem I. Vatikanum ihre Höchstform.

Druck mit einer Darstellung von Papst Pius IX., ca. 1872
(http://loc.gov/pictures/resource/pga.01227/)

Die Kirche als Kriegsschiff?

Geben die Bibelstellen über Petrus überhaupt etwas her zum Amt des Papstes, wie es die Römische Kirche des zweiten Jahrtausends – am radikalsten das I. Vatikanum – festgeschrieben hat? Der kirchentreue Jesuit Prof. Klaus Schatz schreibt:

> „Die … Frage, ob über Simon-Petrus hinaus an ein bleibendes Amt gedacht ist, dürfte, rein historisch gestellt, negativ zu beantworten sein, also in der Fragestellung: Dachte der historische Jesus bei der Beauftragung des Petrus an Nachfolger? War sich der Verfasser des Matthäus-Evangeliums … bewusst, dass Petrus und sein Auftrag jetzt in den auf ihn folgenden römischen Gemeindeleitern fortlebt? […] Wenn wir weiter fragen, ob sich die Urkirche nach dem Tod des Petrus bewusst war, dass seine Vollmacht auf den jetzigen Bischof von Rom übergegangen ist, dass also der Gemeindeleiter von Rom jetzt Nachfolger Petri, Fels der Kirche und damit Träger der Verheißung nach Mt 16,18ff ist, dann muss diese Frage, so gestellt, sicher verneint werden. […] Hätte man einen Christen um 100, 200 oder auch 300 gefragt, ob der Bischof von Rom Oberhaupt aller Christen ist, ob es einen obersten Bischof gibt, der über den anderen Bischöfen steht und in Fragen, die die ganze Kirche berühren, das letzte Wort hat, dann hätte er sicher mit Nein geantwortet."

So kritisch konnten die meisten Konzilsväter 1869/70 die Befunde natürlich noch nicht sichten. Sie verstanden die neutestamentlichen Zitate als verbürgte Worte aus Jesu eigenem Mund und bezogen sie ohne großes Federlesen *direkt* auf das Papstamt. Doch man hätte die Bibel schon etwas mehr beim Wort nehmen können. Im Lukasevangelium 22,32 steht „Stärke deine Brüder!", nicht: „Definiere unfehlbare Dogmen!" Schon damals erkannte der Kapuzinererzbischof und päpstliche Hofprediger Luigi Puecher-Passavalli, ein Gegner von römischem Despotismus und Unfehlbarkeitsdefinition, dass es einen Unterschied ausmacht, ob man „Lämmer weidet" (Johannesevangelium 21,15-17) oder „Christi Schafstall in eine Sklavenherde" umwandelt.

Die Ungleichzeitigkeit der geistigen Horizonte von Bischöfen war 1870 unglaublich (und ist es ja auch heute noch). Nicht ernsthaft bedacht wurde z.b. die einschneidende Debatte zur Zukunft der Kirche im Umfeld des sogenannten „Ersten Apostelkonzils", in deren Verlauf Paulus „dem Petrus ins Angesicht widerstanden" hat wegen dessen feiger Heuchelei (Galaterbrief 2,11-14) und sich als durchaus gleichberechtigter Amtsträger mit anderem Wirkungsbereich vorstellt (Brief an die Galater 2,8). Entsprechend kam es – so einmalig in der Kirchengeschichte – während des I. Vatikanums zur inflationären Demütigung von Apostelnachfolgern, die mit dem cholerisch veranlagten Papst nicht einer Meinung waren.

Die Kernfrage von 1869/70 lautete: Was soll man machen, wenn die Feinde schon ganz nah vor den Mauern der Papstfestung stehen, wenn ringsum „Autorität" um „Autorität" vom Thron stürzt, wenn die Gelehrten selbst die heiligsten Schriften für Ammenmärchen halten und sich lustig machen und wenn die Brandungen der Geschichtswissenschaft eine felsenfeste Gewissheit nach der anderen aushöhlen? Soll da ein Papst wirklich aussteigen aus dem Boot und sich hinaus aufs weite Meer begeben, wie es Petrus einst gewagt hatte (Matthäus-Evangelium 14,28-31)? Oder muss der Nachfolger Petri die Kirche nicht vielmehr eilends zum Kriegsschiff hochrüsten?

Verzerrte „Volkssouveränität":
Die ultramontane Mobilisierung der Massen

Das Schreckensbild von der bedrohlichen Neuzeit, je nach Interessenlage besonders düster gemalt, zeigt aber nur die eine Seite der Medaille. In Wirklichkeit nämlich ist Rom die große Gewinnerin der revolutionären Umwälzungen in Europa. Jenes bischöfliche Selbstbewusstsein, das bislang die Durchsetzung der absolutistischen Papstidee verhindert hatte, liegt am Boden. Rom macht da, wo es eigenen Machtzuwachs einbringt, gemeinsame Sache mit den säkularen Staatsmächten (Musterfall: französisches Konkordat von 1801). Die in der Folgezeit in ihrer Selbstständigkeit weiter geschwächten Regionalkirchen suchen ihrerseits angesichts staatlicher Zudringlichkeiten Hilfe in Rom (nicht selten wurzeln die vorausgehenden Konflikte mit dem Staat in vatikanischen Instruktionen etc.). Am Ende steht unangefochten der römische Kirchenzentralismus, der noch nie eine kraftvolle *Verbundenheit* des weltkirchlichen Gefüges auf dem ganzen Erdkreis hervorgebracht hat und in seiner auf Machtanmaßung basierenden Doktrin stets das genaue *Gegenteil von Katholizität* bewirkt.

Die viel beschworenen Ungeheuer des Zeitalters leisten gleichzeitig gute Dienste, um die Papstideologie auch *geistig* durchsetzen zu können. Die Grundstimmung ist nicht mehr Optimismus, sondern Verunsicherung. Schon Novalis lobte 1799 rückblickend das „weise Oberhaupt der Kirche", da es (gegen Galilei) den „kühnen Denkern" wehrte, die Erde als einen „unbedeutenden Wandelstern" und als „tote Gesetzeswirkung" zu betrachten. Vor allem restaurativ-reaktionäre Zeitströmungen erblicken im Papst den einzigen Rettungsanker wider die Auflösung aller Ordnungen und Gewissheiten. Extravagante Geister und auffällig viele Konvertiten sind die Vordenker. Rom wird dies schon unter Papst Gregor XVI. (1831-1846), einem theologischen Vorreiter der Unfehlbarkeitslehre, aufgreifen. Es winkt eine treue Massenbasis für die Papstdevotion.

Voraussetzung für die Mobilisierung von oben sind freilich Bewegungen von unten. Als das feste Gefüge von Staat, Gesellschaft und Kirche zerfällt, muss der Katholizismus, will er nicht sterben, zwangsläufig und viel profilierter eine „Sache" der Menschen selber werden. Wo ihm das im 19. Jahrhundert gelingt, geht er gestärkt aus der Säkularisierung hervor. Die noch von der katholischen Aufklärung geprägten Kirchenmänner sind keineswegs durchweg Verfechter einer kühlen Vernunftreligion oder Verächter von Volksfrömmigkeit. Es gibt in ihrem Wirkkreis frühe Ansätze von Leuteseelsorge und neue Wege für die „Karitas". Ein Bewusstsein von Rückständigkeiten und Bildungsdefiziten in katholischen Landschaften ist zumindest teilweise ausgeprägt. Nach Wegfall der Adelsherrschaft kommen auch Vertreter der unteren Klassen in Ämter der Kirchenleitung und sorgen für mehr Sozialkompetenz (was man später Sozialkatholizismus nennen wird, ist keine Erfindung von Rom, sondern hat sich von unten her entwickelt). Schließlich ist jene ultramontane, nach Rom blickende Bewegung, die das Papsttum als Bollwerk gegen „zuviel Freiheit" und „Relativismus" betrachtet, nicht der ganze Ultramontanismus. Es gibt ja, zuerst in Frankreich, auch jene liberale Strömung, die im Papsttum eine moralische Instanz im Dienste der Völker erblickt, die der staatlichen Über-Macht und Willkür Grenzen setzen könnte. In Deutschland entsteht ab 1848 mit unglaublicher Dynamik eine „Laienbewegung" (in welcher es freilich neben den eigenständig denkenden Katholiken immer wieder auch Gruppen geben wird, die päpstlicher noch als der Papst sind). Fast alle, die sich in den 1860er Jahren den Exzessen der Papstideologie und dem wahnhaften Kampf gegen Freiheit und Moderne widersetzen werden, haben zunächst eine „ultramontane", d.h. romtreue Biographie.

Der Papst als Anwalt und Hüter der Freiheit? Nichts ist fast allen Päpsten seit der Französischen Revolution so sehr zuwider wie die Vorstellung, dass alle Gewalt in einem Gemeinwesen vom Volke ausgehen soll. Man will vielmehr die Zeiten wiederherstellen, in denen Könige durch göttliche und päpstliche Gnade alle regieren. „Volk" und „Freiheitsrechte" sind nur interessant, wo sie zur Stärkung Roms und zur Sicherung kirchlicher Macht instrumentalisiert werden können. Der politische Katholizismus muss in seiner Geschichte an diesem Widerspruch oft genug zerbrechen.

Die ultramontane Bewegung hat zur Mitte des 19. Jahrhunderts bereits erheblichen Rückhalt bei den Unterschichten und der einfachen Landbevölkerung. Deren wirtschaftliche Interessen sind nicht deckungsgleich mit denen des Besitz- und Bildungsbürgertums. Die ultramontane Absage an den – vornehmlich ja *ökonomisch* motivierten – „Liberalismus" erscheint also auch sozial plausibel (nicht selten werden allerdings im Rückblick die ständischen Feudalverhältnisse idealisiert). Als der Papst schließlich über kein eigenes Militär mehr verfügt, hat er längst ungezählte Fußtruppen unter den kleinen Leuten (zumal dort, wo eine kirchliche Kontrolle des Schulwesens erhalten oder neu errungen werden konnte).

Was wussten etwa noch zur Mitte des 18. Jahrhunderts die Bewohner eines geistlich regierten Territoriums wie dem Herzogtum Westfalen, mehrheitlich Kleinbauern und Habnichtse, schon großartig vom jeweiligen Papst, außer dass es ihn gab? Gut hundert Jahre später aber wird in dieser Region jedermann Giuseppe Garibaldi hassen, weil der dem Papst den Kirchenstaat streitig macht. Will man jemanden grob beschimpfen, so sagt man noch auf Jahrzehnte hin: „Du alter Garibaldi!"

Ohne die modernen Mittel der Massenbeeinflussung hätte der – zum Teil denkbar aggressiv gesteuerte – Ultramontanismus natürlich nicht so schlagkräftig werden können (gegen Massen hat man nichts einzuwenden; man muss sie nur von den gefährlichen Ideen „Freiheit, Gleichheit, Brüderlichkeit" fernhalten). Die wichtigste Waffe zur Durchsetzung von Romanisierung und Machtzentralismus ist das Plebiszit. Unter dieser Voraussetzung verkommt die Lehre vom „Glaubenssinn aller Getauften" zur – hierarchisch gesteuerten – *kirchenpolitischen Aktion*. Man weiß z.B. sehr wohl um die psychologischen Wirkungen einer forcierten Marienverehrung.

Volksmissionen bewirken, dass die Einzelnen ob ihrer „natürlichen Sittenpraxis" große Angst bekommen und immer tiefer in die Abhängigkeit des Beichtstuhls geraten.[2] Ein System der Gratifikatio-

---

[2] Jene kirchengeschichtliche Entwicklung, die in der Zuschreibung von göttlichen Attributen an die hierarchische Spitze eskalierte, brachte der Religionswissenschaftler Friedrich Heiler 1919 so auf den Punkt: „Gehorsam gegen Gottes Gesetz ist für die strengen Katholiken gleichbedeutend mit Gehorsam gegen die kirchlichen Autoritäten." Ob nicht besonders das 19. Jahrhundert die sexualisierte Gewalt im Kirchenraum zu ausuferndem Wachstum geführt hat, bleibt eine zentrale Forschungsfrage. Der geschichtswissenschaftliche Bestseller *Die Nonnen von Sant' Ambrogio* von Hubert Wolf zeigt als gewissenlosen Akteur im mörderisch sexualisierten Gewaltkomplex eines Frauenklosters den Jesuiten Joseph Kleutgen (1811-1883). Dieser war der bedeutsamste intellektuelle Dienstleister bei der rabiaten Durchsetzung der 1870 dogmatisierten

nen sorgt dafür, dass jeder Einsatz für Papst und Kirche mit heiligem Dank erwidert wird. Peterspfennig, Gebets-, Adress- und Unterschriftskampagnen, Komitees, Pressebüros, eigene Druckmedien, industriell hergestellte Frömmigkeitsprodukte, Vatikan-Choreographie, triumphale Musikkompositionen und neue Verkehrsmöglichkeiten für Pilgermassen leisten gute Dienste. Man erreicht in katholischen Gegenden alle Multiplikatoren und jeden Haushalt (was den Gegnern der neuen Papstdogmen nicht gelingt).

In der Unfehlbarkeitsdebatte greift Papst Pius IX. für die Jesuitenzeitung „La Civiltà Cattolica", deren Redaktion mit ihm alle wichtigen Artikel und Marschrouten abspricht, auch selbst zur Feder. Diesem Presseorgan und anderen ultramontanen Blättern gelingt es sogar, einfache Leutepriester gegen ihre „zu gebildeten" Bischöfe aufzuhetzen. Pius IX. heizt mit ein, indem er eigenständig denkende Amtsbrüder ohne Tabus beleidigt (heute nennt man vergleichbare Erscheinungen „Populismus"). Unter diesem Pontifex., der sich gerne als Opfer einer bösen Zeit betrachtete, hatte das Papsttum längst eine nie da gewesene Anziehungskraft erlangt. Aber manchmal, so weiß schon das „Märchen vom Fischer und seiner Frau", reicht es einem Menschen nicht, nur die Papstkrone zu tragen.

Neuzeitlicher Kult des Individuums: Papolatrie

Der bereits genannte Kapuzinererzbischof Luigi Puecher-Passavalli sah dann in der „fetischhaften Anbetung der kirchlichen Hierarchie"

Lehre von päpstlicher „Unfehlbarkeit" und Allgewalt. Kleutgens Sucht der Autoritätsverfechtung wurzelte in dem, was Eugen Drewermann in seinem „Kleriker"-Buch als „ontologische Verunsicherung" beschrieben hat. Wer die Verzweiflung der eigenen Existenz nur ‚dogmatisch' betäubt, ist gefährdet, der Gewalt als Täter – oder Opfer – zu erliegen. – Die ultramontan verkirchlichten Milieus und also auch die Orden standen unter einer äußerst rigiden Sexualmoral, deren Einhaltung durch engmaschige Sozialkontrolle (Familie, Schule, Vereine …) gewährleistet wurde. Die Repression produzierte – wie wir heute wissen können – keine ‚höhere Sittlichkeit', sondern ungezählte Tränen, Heuchelei und viel, sehr viel sexualisierte und andere Gewalt.

den „hauptsächlichen Irrtum der Katholiken" (Bernhard Hasler). Wir könnten hier an einen Rückfall in hierokratische Liturgien des Mittelalters denken oder einen schon nicht mehr zeitgemäßen Absolutismus am Werke sehen. Betrachten wir die Papolatrie (Papstanbetung) jedoch als ganz *modernes* Phänomen, dann geht es um den Kult des – völlig autarken – Individuums, um die Wahnvorstellung vom Übermenschen und um das Idol der Massen. Die Zeugnisse im Umfeld des I. Vatikanischen Konzils sind erschütternd.

Die exzessiven monarchistischen Titel, welche die Papstverehrer Pius IX. zulegen, sind zum Teil vielleicht noch am harmlosesten: Papst-König, Cäsar, erhabener König, herrlichster Fürst, erhabenster Regent, höchster Herrscher der Welt, König der Könige … Pio Nono gilt manchen gar als Stellvertreter Gottes auf Erden oder im Einzelfall als „Vizegott der Menschheit". An Gott gerichtete Hymnen aus dem Römischen Brevier werden auf ihn bezogen. Auch Wäschestücke des „Erlösers" mit heilender Wunderkraft kommen zum Versand. Der später heilig gesprochenen Don Bosco hat Pius IX. durch seine Privatoffenbarungen bestärkt. Ihm zufolge ist der Papst so etwas wie „Gott auf Erden", von Jesus höher gestellt als Propheten und Engel. Bischof Berteaud von Tulle betrachtet ihn als das „fleischgewordene Wort, das fortlebt". Da nimmt es sich noch bescheiden aus, wenn De la Bouilleri von Carcassonne den Papst lediglich mit dem „nicht vergehenden Stern von Bethlehem" vergleicht. Weihbischof Mermillod von Genf predigt über eine dreifache Inkarnation des Sohnes Gottes: im Schoße der Jungfrau, im Altarsakrament und im „Greis des Vatikans". Entsprechend wird der Papst den Gläubigen in einer Monstranz, dem tragbaren Thron (sedia gestatoria), gezeigt und zwar unter dem sonst eucharistischen Prozessionen vorbehaltenen Baldachin. Religionsgeschichtlich sind wir hier wieder – um Jahrtausende zurück – beim Pharao angelangt.

Der Konzilsvater Martinez von Havanna sieht, das letzte Buch der Bibel kommentierend, den Papst auf dem Thron vor Gott und dem Lamm sitzen. In „La Civiltà Cattolica", dem quasi-offiziellen Vatikanorgan, kann man lesen: „Wenn der Papst meditiert, ist es

Gott, der in ihm denkt." Man betrachtet den Bischof von Rom jetzt als exklusives Einfallstor des Übernatürlichen in der ansonsten nur irdischen Welt. Der „Univers", das französische Propagandaorgan für die Unfehlbarkeit, schämt sich in keiner Weise, Anrufungen an den Heiligen Geist oder Gott Vater an ihn zu richten (Pius ist „Vater der Armen", Erleuchtung der Herzen, ja eigentlich wie Gott selbst). Analog zur göttlichen Zeugung des Sohnes durch den Vater zeugt der Papst die anderen Apostelnachfolger (Bischöfe). Die Papolatrie im „Univers" versteigt sich zur Aussage: „Die Unfehlbarkeit des Papstes ist die Unfehlbarkeit Christi selbst." Es gelten für ihn desgleichen die Bibelworte „Wer mir folgt, wird nicht im Finstern wandern, sondern das Licht des Lebens haben" und „Alles hat in ihm Bestand".

Der Papst selbst ist durchaus nicht nur argloses Opfer solcher Blasphemien. Die Macher von „La Civiltà Cattolica" haben schließlich unbegrenzten Zugang zu ihm. Schon 1866, so ist überliefert, hat Pius IX. das Bibelwort „Ich bin der Weg, die Wahrheit und das Leben" auf sich angewandt. Er soll sich laut Berichten von Zeitgenossen auch erfolglos als Heiland betätigt und einem armen Kranken zugerufen haben: „Steh auf!" Wie Jesus wird er später verraten und zwar von der Minorität, d.h. den Gegnern der neuen Papstdogmen. Nach einem Besuch des Bischofs Dupanloup äußert er: „Heute habe ich den Judaskuss empfangen." Den Minoritätsbischöfen lässt er außerdem einen Vergleich mit Pilatus angedeihen (ansonsten hält er diese „Verräter" für Weichlinge, Verrückte, Esel, Sektierer etc.).

Der päpstlich sehr geförderte Dominikaner-Kardinal Filippo Maria Guidi erdreistet sich, eine Brücke zu jenen zu bauen, die Pius IX. als seine „Feinde" [sic!] betrachtet. Er schlägt am 18. Juni 1870 vor, die Konzilsdefinition solle das Missverständnis einer rein persönlichen und von der Kirche getrennten Unfehlbarkeit des Papstes ausschließen (stattdessen: Bindung an den Rat der Bischöfe und die Tradition). In der Konzilsaula atmen viele auf; es sollen sogar Tränen der Freude geflossen sein. Der Papst aber rastet aus und schleudert Guidi abends die ungeheuerlichen Worte entgegen: *„Die Tradition* *bin ich!"* Von da ab wird der nicht linientreue Kardinal überwacht. Der Papst kümmert sich selbst darum, dass die Dinge den gewünschten Lauf nehmen.

Es kann nun nicht mehr verwundern, dass Bischof Karl-Josef Hefele von Rottenburg Papst Pius IX. einen „Verwirrer der Kirche" nennt (drastischer meint der französische Bischof Maret, er sei ein „wahrer Häretiker"). Charles de Montalembert, der berühmte Wortführer des liberalen Katholizismus in Frankreich, klagt kurz vor seinem Lebensende: Die Ultramontanisten schicken sich an, „die Gerechtigkeit und die Wahrheit, die Vernunft und die Geschichte als Brandopfer dem Götzenbild darzubringen, das sie sich im Vatikan errichtet haben." (Der Papst bescheinigt ihm nach dem Tod postwendend, er sei „verdorben" und als Liberaler ja ohnehin kein richtiger Katholik gewesen.) Bischof Joseph Georg Stroßmayer von Diakovar (Kroatien) schreibt am 8.3.1870 in einem Privatbrief: „Die römischen Kaiser wurden durch einen servilen Senat zum Gott erhoben; heute macht sich jemand selbst zum Gott, und wir sollen es unterschreiben." Dieser Bischof will dann im März 1871 seine Knie „vor dem Baal, vor dem verkörperten Hochmuth" noch immer nicht beugen.

Ausstieg aus der Geschichte fehlbarer Menschen

Der Kontrast zur Religion Jesu von Nazareth, dem Judentum, könnte nicht größer sein. So sehr entsprach das Selbstbewusstsein Jesu dem Glauben Israels, dass er einem kniefälligen Verehrer entgegenhielt: „Was nennst du mich gut? Keiner ist gut, nur einer: Gott." (Markusevangelium 10,18) Spätere Probleme der griechischen Theologen, ob er nun etwa allwissend war oder einen ganz natürlichen Verdauungsapparat besaß, hätte Jesus mit Sicherheit schon in der Wurzel als Gotteslästerung betrachtet. Unfehlbare Sätze hat er nicht definiert. Dergleichen werden fast zweitausend Jahre später erst die exklusiven „Stellvertreter Christi" in Rom praktizieren.

In England wiesen noch bis mindestens 1854 Katechismen die Behauptung, römische Katholiken glaubten an eine Unfehlbarkeit des Papstes, als protestantische Verleumdung scharf zurück. Auch der spätere Paderborner Bischof Konrad Martin, 1869/70 einer der wenigen deutschen „Infallibilisten" (Unfehlbarkeitsanhänger), kannte eine besondere päpstliche Unfehlbarkeit in seinen Schriften zunächst nicht. Zur Jahrhundertmitte hin geschieht nun etwas Merkwürdiges. Theologen verändern von Auflage zu Auflage ihre Handbücher und nähern sich schrittweise dieser extremen Idee an. 1799 war sie bereits im Rahmen einer defensiven Kirchenlehre von Mauro Capellari vertreten worden. Dieser besteigt 1831 als Gregor XVI. den Papstthron. Sein Nachfolger Pius IX. spielt lange den Ahnungslosen. Doch bereits am 8. September 1854 erklärt er die „Unbefleckte Empfängnis Mariens" zum Dogma. Das ist unbestritten ein *formaler* Präzedenzfall und ein Testlauf für die zu diesem Zeitpunkt längst anvisierte Neufassung der päpstlichen Lehrvollmacht. Man kann durchaus auch den *Inhalt* dieser „Definition" über Maria mit der päpstlichen Unfehlbarkeit in Verbindung zu bringen: Die Kirche ist der reine Schoß, aus dem heraus – unbefleckt von den Niederungen und Irrungen der menschlichen Geschichte – das zeitenlose Dogma klar hervorstrahlt. Die Kirche aber, das soll im Fall des unfehlbaren Dogmas der Papst allein sein – auch *ohne* die Gemeinschaft aller Bischöfe (von einfachen Gläubigen ohne Amt ganz zu schweigen).

Genau *dies* ist auf dem I. Vatikanischen Konzil der eigentliche Streitpunkt, denn eine „Unfehlbarkeit der ganzen Kirche" setzen alle Bischöfe (und eine Mehrheit der katholischen Konzilsgegner) voraus. Noch während der Konzilsdebatte kommt 1870 – nicht ohne Zutun des Papstes – ein verschärfendes „*ex sese*" in die Beschlussvorlage, das heißt: Die „endgültigen Entscheidungen" des Papstes sind „*aus sich* und nicht aufgrund der Zustimmung der Kirche unabänderlich". In dieser Form hält der Mainzer Bischof Wilhelm Emmanuel Freiherr von Ketteler die Definition für ein „Verbrechen an der Kirche", von dem er den Papst, zuletzt am 15. Juli 1870 mit Flehen und dreifacher Niederwerfung, abhalten möchte. Der feierlichen Schlussabstimmung bleiben mehr als 100 Konzilsteilnehmer fern. Das Gerücht, dass die zahlreichen Bischöfe der Minorität lediglich den *Zeitpunkt* des Unfehlbarkeitdogmas für ungünstig betrachtet hätten, wird sich später hartnäckig halten. Es kommt den Betroffenen z.T. auch gelegen, denn so kann ihre *Unterwerfung* unter die neue Lehre nach außen hin etwas „würdevoller" vonstatten gehen. Bischof Hefele von Rottenburg schreibt aber noch am 14.9.1870 an Prof. Ignaz Döllinger: „Etwas, was an sich nicht wahr ist, für göttlich geoffenbart anerkennen, das thue wer kann, non possum [ich bin dazu außerstande]."

Zu ermitteln wäre noch immer, wie viele Katholiken das Dogma überhaupt „glauben" (obwohl eine Zustimmung der Gesamtkirche ja nicht erforderlich ist). Die römisch-katholische Theologie hat nach dem letzten Konzil (1962-1965) mit großer Mehrheit das „ex sese" – also die Unabhängigkeit des „unfehlbaren päpstlichen Lehramtes" von Tradition, Bischofskollegium und Gesamtkirche – durch *Interpretation* einfach wieder „gestrichen". Nicht dem Papst, so wird betont, sondern seiner Lehrverkündigung gilt die Unfehlbarkeit. Die Zauberformel für einen engen Gegenstandsbereich lautet zudem: „Nur wenn der Papst *ex cathedra* spricht, handelt es sich um Unfehlbares." Weder die zwischenzeitlich verschärfte Kirchenrechtslage noch der fortdauernde Zwang zur Unwahrhaftigkeit aufgrund vergangener „Unfehlbarkeiten" sind damit aufgelöst, vom sich ausweitenden Strahlkreis der Unfehlbarkeit unter Pius XII. (später auch unter Johannes Paul II. und Joseph Ratzinger) ganz zu schweigen.

Spiegel des Rationalismus:
Die Auflösung der Glaubenserfahrung
im übernatürlichen Lehrsystem

Viele Argumente von Unfehlbarkeitsideologen waren durchaus ganz moderner Art. Angesichts der schnelllebigen Zeit hielt man eine ohne Verzug agierende, schlagkräftige „Wahrheitsinstanz" für erforderlich. Man versprach sich auch eine neue Anziehungskraft gegenüber allen Verunsicherten und Orientierungssuchenden, besonders den Protestanten. Aber war nicht die ganze Geisteshaltung dieser kirchlichen Epoche ein Spiegel dessen, was man bekämpfte? Die auf dem I. Vatikanum – anders als bei den Papstdogmen – einmütig beschlossene – Konstitution „Dei Filius" steht im Zentrum einer Reihe von Lehrurkunden, die als Ganzes vom Siegeszug der thomistischen Neuscholastik, einer Extremform von theologischem Intellektualismus, Zeugnis ablegen. Die Gegner kanzelt man pauschal als „Rationalisten" ab (ohne ihre geschichtlichen, anthropologischen oder psychologischen Fragestellungen überhaupt nachzuvollziehen). Gleichzeitig aber hängt die Konzilsmehrheit selbst an einer ganz dem Kopf zugeordneten Theologie.

Man will das vom Zeitgeist verleugnete „Übernatürliche" wahren. Zu diesem Zweck verteilt man die Angelegenheiten der Theologie mehr oder weniger säuberlich auf ein „natürliches" und ein „übernatürliches" Metier. Wenn von so genannter „natürlicher" Gotteserkenntnis die Rede ist, denkt man im Hintergrund jedoch nicht etwa an „natürliche Lebenserfahrungen von Menschen", sondern vorrangig an Aristoteles. In dessen Gefolge behauptet der als Monopolkirchenlehrer gehandelte Thomas von Aquin (ca. 1225-1274), man könne mittels der Vernunft aus den irdischen Dingen sicher auf die Existenz einer transzendenten Erstursache, eines ersten unbewegten Bewegers etc. schließen (die meisten Menschen finden dieses logische Induktionsverfahren aber gar nicht so „natürlich" und können an der denkerisch erschlossenen Existenz einer abstrakten „sich selbst verursachenden Erstursache" auch gar nichts Tröstliches finden). Zu diesem ersten Metier gehört übrigens auch noch das „natürliche Sittengesetz", zu dessen verbindlicher Auslegung (z.B. in der Frage der Empfängnisverhütung) die Päpste sich autorisiert sehen.

Die übernatürlichen Dinge sind nun allerdings im Gegensatz dazu „strikte Geheimnisse" und uns auf „natürliche Weise" nicht zugänglich, denn Thomas von Aquin sieht den Himmel als „einen für die

menschliche Natur fremden Ort" an. Über das „Übernatürliche"
lehrt das I. Vatikanum entsprechend: „Mit göttlichem und katholischen Glauben ist also all das zu glauben, was im geschriebenen
oder überlieferten Wort Gottes enthalten ist und von der Kirche in
feierlichem Entscheid oder durch gewöhnliche und allgemeine
Lehrverkündigung als von Gott geoffenbart zu glauben vorgelegt
wird." – Das ist der springende Punkt: Nur wenn man das sogenannte „Übernatürliche" im Grunde als ein *Lehrsystem oder Depot von
übernatürlichen Satz-Wahrheiten* missversteht, macht eine päpstliche
Satz-Unfehlbarkeit überhaupt Sinn. In der Welt der bösen Rationalisten kommt ein „übernatürlicher Gott" nicht vor. Aber in der Welt
der römischen Schultheologen ist Gott – außerhalb kirchenamtlicher
Vermittlungen – genauso abwesend. Letztlich läuft alles darauf hinaus, dass die Getauften gehorsam annehmen, was ihnen das unfehlbare Lehramt der Kirche (in exakten Formeln) als zu „glauben" vorlegt. Mit dieser Pflicht hat man 1870 geradewegs die Notwendigkeit
des neuen Papstdogmas begründet. Da man von den Gläubigen ja
unbedingten „Glaubensgehorsam" einfordere, schulde man ihnen
förmlich einen obersten unfehlbaren „Glaubenslehrer" der Kirche
(zumal in einer Zeit solcher Umbrüche).

Die ganze Richtung – Unfehlbarkeit und dazu passende Scholastik – verfolgte gerade nicht das, was nach Ansicht des (später altkatholischen) Philosophen Friedrich Michelis das Grunderfordernis
der Zeit gewesen wäre: die Subjektwerdung aller Glieder der Kirche.
Und leider, so muss man hinzufügen, verhinderte sie, dass zualler-
erst auch die Theologen Subjekte unter dem Vorzeichen eines befrei-
enden Glaubens werden konnten. Den Protestanten warf man vor,
die heilsnotwendige Zustimmung zu einer Summe von Glaubenssätzen durch „bloßes Vertrauen" zu ersetzen. Die Quelle des Glaubens ist für einen römischen Katholiken nicht im eigenen Herzen zu
suchen, sondern im Einheitskatechismus. Schon der Traditionalist
Louis Graf de Bonald (1754-1840) hatte gegen die Aufklärer postuliert: „An die Stelle der Autorität der Evidenz hat die Evidenz der
Autorität zu treten."

Universaljurisdiktion:
Päpstliche Allgewalt über die ganze Kirche

Angesichts der biblischen Befunde muss nun nicht minder die Behandlung der Machtfrage auf dem I. Vatikanum befremden. Einen Herrscher, der als König neben dem einen Gott von Menschen Gefolgschaft verlangt, so etwas sollte es im Stämmebund Israels ursprünglich überhaupt nicht geben. Die einstigen Sklaven waren nicht deshalb aus Ägypten befreit worden, um im Gelobten Land erneut unter das Joch eines Herrschers zu gelangen (vgl. Richter 9,7-21; 1 Samuelbuch 8,5-22). Das werden die Propheten des Ersten Testaments nie vergessen. In seinem Spottlied auf den König von Babel singt Jesaja: „Ach, du bist vom Himmel gefallen, du strahlende Sonne der Morgenröte … Du aber hattest in deinem Herzen gedacht: Ich ersteige den Himmel; dort oben stelle ich meinen Thron auf, über den Sternen Gottes." (Jesaja 14,12f.) Ezechiel stimmt über den prunkvollen König von Tyrus schon zu Lebzeiten eine Totenklage an: „Doch du bist nur ein Mensch und kein Gott, obwohl du im Herzen geglaubt hast, dass du wie Gott bist." (Ezechiel 28,2) So spricht man von Herrschern in jener Tradition, vor deren Hintergrund Jesus die „Mächtigen dieser Welt" entlarvt (Markusevangelium 10,42ff) und Maria Gott preist, der die Mächtigen vom Thron stürzt (Lukasevangelium 1,52).

Einstmals stritten die Jünger, „wer unter ihnen der Größte sei" (Lukas 18,22-26). Da hat Jesus sie an die mit Wohltäter-Namen verzierten Machtverhältnisse des Römischen Imperiums erinnert und festgestellt: „Ihr dagegen nicht so!" Alle sind Geschwister, und keiner unter diesen darf – so Jesu *ausdrückliche* Weisung – sich „Lehrer" oder „Vater" nennen lassen (Matthäus 23, 8-12). Von diesem Zeugnis ist in der Römischen Kirche des I. Vatikanums als Illusion nur ein nebulöser „mystischer Leib Christi" übrig geblieben. Ansonsten hat Entscheidungsmacht das Zeugnis ersetzt. Wer aber die Macht hat, dessen Überlieferung kann „Gottes Wort" einfach außer Kraft setzen (vgl. Markus 7,13; Matthäus 15,3). Nunmehr gibt es den exklusiven

„Stellvertreter Christi", das alleroberste Lehramt und sogar – wie soll man es fassen – den *Heiligen Vater"* an der Kirchenspitze. Am Anfang der Überhebung im zweiten Jahrtausend steht das „Dictatus Papae" von Papst Gregor VII. (1073-1085), das Manifest einer hierokratischen Ära:

> „Dass allein der römische Papst mit Recht ‚universal' genannt wird. ... Dass er allein Bischöfe absetzen und wieder einsetzen kann. ... Dass wir mit von ihm Exkommunizierten unter anderem nicht in demselben Haus bleiben dürfen. ... Dass alle Fürsten nur des Papstes Füße küssen. ... Dass in den Kirchen allein sein Name genannt wird. ... Dass sein Urteilsspruch von niemandem widerrufen werden darf und er selbst als einziger die Urteile aller widerrufen kann. ... Dass die römische Kirche niemals in Irrtum verfallen ist ... Dass der römische Bischof, falls er kanonisch eingesetzt ist, durch die Verdienste des heiligen Petrus unzweifelhaft heilig wird ...""

Dies ist also das „geistliche Imperium Romanum" (Hans Küng) aus Papst-Sicht. Die lateinischen Bischöfe freilich werden (wie die Ostkirche) die Dinge noch sehr lange anders sehen als Gregor VII. und das auch in Konzilsbeschlüssen dokumentieren.

800 Jahre später ist in der Konstitution „Pastor aeternus" des I. Vatikanums von Bischöfen allerdings fast gar nicht mehr die Rede. Dafür wird die neu definierte päpstliche Unfehlbarkeit durch einen unbegrenzten *Jurisdiktionsprimat* ergänzt, der allgemein viel weniger im Bewusstsein ist als diese. Er bedeutet bezogen auf den „*Fürst* aller Apostel" eine direkte und vollständige Allgewalt in alle Ebenen der Weltkirche hinein. Der Papst wird zum alleinigen und obersten Gesetzgeber, Leiter und Richter in allen kirchlichen Fragen. Für die bischöflichen „Mitbrüder" folgt daraus, wie Kardinalstaatssekretär Jacobini am 13.4.1885 dem Nuntius in Madrid mitteilt, „dass der Papst immer und bei jeder Gelegenheit in allen Angelegenheiten jeder Diözese autoritativ eingreifen kann, und dass die Bischöfe in allen Angelegenheiten, in die der Papst eingreift, zu gehorchen und

seinen Entscheidungen sich zu unterwerfen verpflichtet sind." Nun versteht man wohl, warum der Mainzer Bischof Ketteler die Konzilsväter am 23. Mai 1870 gebeten hatte, zu zeigen, „dass es in der Kirche keine willkürliche, gesetzlose und absolutistische Gewalt gibt …". Schon das von französischen Bischöfen eingebrachte Modell der Kirche als „konstitutioneller Monarchie" galt zu diesem Zeitpunkt als Ketzerei.

Nicht mehr das Band der zur Freiheit berufenen Gemeinschaft der Getauften betrachtet man in Rom als Fundament der Einheit, sondern: den päpstlichen Primat. An sich hätte nach der Säkularisation z.B. das altkirchliche Bischofswahlrecht von unten wiederhergestellt werden können. Doch das primatstrunkene Rom marschiert in die genaue Gegenrichtung. Seit 1870 ist das absolute Papsttum auch in zwei Kirchenrechtsbüchern beim Wort genommen worden. Der Papst kann letztlich nach Gutdünken entscheiden, ob er sich mit irgendjemandem berät oder nicht. Die lateinische Kirche hat somit ein großes Problem. Einer bestimmt alles, und er bestimmt auch diejenigen, über die er zu bestimmen hat und die ihm zu gehorchen haben.

Dabei hatte es dem Papstamt zur Zeit des I. Vatikanums an Macht wahrlich nicht gefehlt. Ausgerechnet der schüchterne und romtreue Kölner Erzbischof Melchers regte am 19.1.1870 an, „gerade in der gegenwärtigen Stunde, wo, anders als früher, die Einheit mit dem Zentrum … so stark sei, wie niemals vorher in der Geschichte, könne man … mit Nutzen der Kirche einen Dezentralisierungsprozess einleiten". Eine kluge Wortmeldung. Die kirchliche Rhetorik gefällt sich darin, *staatliche* Machtanmaßung, Zentralismus und Totalitarismus anzuprangern. Bis in die jüngste Zeit hinein jedoch lehrte Rom das Prinzip der Subsidiarität (u.a. Selbständigkeit der Kleinräume) immer nur den anderen. Im *eigenen* Innenraum konnte man, so wie die Dinge standen, es gar nicht wahr werden lassen.

Transformation des Papst-Königtums?

Waren die neuen Definitionen von 1870 nun Waffen, mit denen der letzte „Papa Rè" (Papst-König) seinen noch verbliebenen Kirchenstaat nach zwei Wiedereroberungen (1849/1859) besser – nämlich unfehlbar und allgewaltig – zu verteidigen dachte, oder waren sie Entschädigungen der ‚göttlichen Vorsehung' für den dann im September 1870 erfolgten endgültigen Verlust des Kirchenstaates? Die Angelegenheit galt wirklich als Glaubensfrage:

Der Enzyklika „Quanta cura" von 1864 hatte Pius IX. eine Verurteilungsliste von Irrtümern beifügen lassen, die kein einziges gutes Haar an der Moderne ließ und den römischen Realitätsverlust zur Norm erklärte. Diesem sogenannten „Syllabus" zufolge durfte niemand einem möglichen Verlust des Kirchenstaates etwas Gutes abgewinnen bzw. darin eine Chance für die Kirche sehen (das „Eintreten für die Aufgabe der weltlichen Herrschaft des Papstes" stand schon seit 1862 unter schwerer kirchlicher Strafandrohung).

Vielmehr, so auch sonst die offizielle Doktrin, galt die weltliche Herrschaft für die Ausübung des päpstlichen Amtes als unerlässlich. Gebannt wurden „alle, die darauf bestehen, dass die Kirche nicht Gewalt üben dürfe". Zum Herrschaftsalltag von Pius IX. gehörten Militärberatungen, Soldatensegnungen und Polizeieinsätze. Der autoritäre Kirchenstaat war nicht nur bei Demokraten verhasst. 1868 ordnete der Papst die öffentliche Enthauptung von zwei Revolutionären an. Die letzte Hinrichtung im Kirchenstaat erfolgte zwei Tage vor dessen Ende (man erinnere sich: in den ersten drei Jahrhunderten der Christenheit durfte kein Getaufter ein Amt annehmen, in dem er als Entscheidungsträger oder Ausführender an der Tötung von Menschen mitzuwirken hatte – sonst galt er wegen seiner „Lästerung Christi" augenblicklich als exkommuniziert).

Auf dem I. Vatikanischen Konzil wurde 1870 eine Grundentscheidung für das Kirchenmodell „Kriegsschiff" getroffen, d.h. für den Papstzentralismus mit absoluter Machtkonzentration und „unfehlbarer" Lehrautorität des obersten Amtsträgers. Wie fatal die so entstandene Kirchenkonstruktion ist, wird endgültig das 20. Jahrhundert zeigen: Die Glaubensbezeugung in einer Welt der Abgründe bleibt aus. Es regiert purer Selbsterhalt. Die Kirche kollaboriert – nicht nur als Dulderin – mit autoritären und faschistischen Regimen. Da sie sich selbst doktrinär von der Geschichte losgekoppelt hat, muss ihr Agieren auf dem Schauplatz des leibhaftigen Weltgeschehens schizophren ausfallen.

Pius IX., der Papst des I. Vatikanischen Konzils, nahm den Parteistandpunkt der feudalen Machtausübung ein. Er hat die Unversöhnlichkeit der Kirche mit dem Zeitalter der Freiheit und der modernen Kultur in extremster Weise festgeschrieben. Längst vergessen war, dass ein Reformpapst wie Benedikt XIV. (1740-1758) den Austausch mit Voltaire und eine Aussöhnung mit der Aufklärung gesucht hatte. Das blieb – von der Inquisition beargwöhnt – eine Episode. Den nachfolgenden Herausforderungen der französischen Revolution war die Kirche deshalb nicht gewachsen. Papst Pius VI. hat am 10.3.1791 nicht etwa nur die kirchlichen Regelungen der französischen Republik (Zivilkonstitution) verworfen, „sondern – sehr zur Bestürzung der meisten französischen Bischöfe – auch die Menschenrechte und die Prinzipien der neuen politischen Ordnung" verurteilt (Klaus Schatz). Die nächste Papstwahl erbrachte noch einen kleinen Lichtblick. Gewählt wurde Kardinal Chiarimonti (Pius VII., 1800-1823), der immerhin die demokratische Regierungsform als mit dem Evangelium vereinbar betrachtet hatte. Nach ihm haben Kompromisse keine Chance mehr.

Katholizismus abseits von Freiheit,
Menschenrechten und Zivilisationsringen

Der Syllabus, den dann Pius IX. 1864 – ein Menschenalter nach der Revolution – in die Welt schickt, beweist die Lernunfähigkeit der von Papstanbetern okkupierten Kirche. Er verbietet jedem Katholiken, sich anzufreunden: mit den Menschenrechten (der Gleichheit aller Menschen, der Gewissens-, Glaubens- und Religionsfreiheit, der Meinungsfreiheit), der Freiheit der Wissenschaft, der Trennung von Staat und Kirche (sowie der Trennung von päpstlich-geistlicher und weltlicher Macht), dem Gedanken, dass die in einem Staat lebenden Menschen der einzige Souverän sind und es ein legitimes Recht zu Gehorsamsverweigerung und Widerstand gegenüber der Obrigkeit gibt … (auffällig ist allerdings, dass die förmliche Heiligsprechung des Privateigentums durch die französische Republik hier *nicht* zum Problem wird).

Durch diese Kampfansage an die bürgerliche Revolution wurden ungezählte Katholiken im 19. Jahrhundert zur politischen Abstinenz verdammt. Erlaubt war es ihnen lediglich, unter der Aufsicht ihrer geistlichen Obrigkeit Freiheitsrechte der neuen Ordnung auszunutzen bzw. einzuklagen, wo dies strategisch sinnvoll erschien und der kirchlichen Macht zugute kam. Die Papstkirche war – anders als etwa der liberale Katholik Charles Montalembert oder z.T. auch Bischof Ketteler von Mainz – unfähig, Freiheit immer auch als Freiheit der anderen zu achten (geschweige denn, der Freiheit in ihren eigenen Mauern eine Heimstatt zu bereiten). Dieses egomanische, rein *instrumentelle* „Freiheitsverständnis" ist, nicht nur bezogen auf die Gängelung des politischen Katholizismus, ihre neuzeitliche Ursünde. Man mag schließlich über einen christlichen Ursprung der Menschenrechte streiten soviel man will, erkämpft wurde die Geltung der Menschenrechte auf jeden Fall gegen den Widerstand der Römischen Kirche oder an ihr vorbei.

Keine Themen der Papstkirche:
Ausbeutung, Rassismus und Militarismus

So sehr war diese Kirche 1870 mit sich selbst, ihrem Hass auf die Moderne und ihrem selbstverliebten, zu allem entschlossenen Papst beschäftigt, dass brennende Anliegen der menschlichen Weltgesellschaft erst gar nicht zur Beachtung kommen konnten. „Nötig wäre es

damals gewesen, sich der bereits auf ganz Europa lastenden Arbei-
terfrage zuzuwenden, wie es z.b. [der adelige!] Bischof Ketteler in
den Jahren um das Konzil energisch forderte" (Rudolf Lill). Es ging
an dieser Stelle nicht um Jahrzehnte, sondern um Jahre. Bedenkt
man, welches Problembewusstsein und welche Kompetenzen hier-
zulande bereits vorhanden waren, kann man das Aufgreifen der Ar-
beiterfrage durch Papst Leo XIII. (1878-1914) im Jahre 1891 („Rerum
Novarum") eigentlich nur als tragisches Zuspätkommen verstehen.

Bischof Augustin Vérot von Savannah aus den Südstaaten der
USA regte sich auf dem Konzil auf, weil man sich dort haarspalte-
risch mit der Verurteilung von deutschen Idealisten und Rationalisten befasste. Im Gegensatz zu den Irrtümern der Gelehrten hätten,
wenn es um den Ursprung der Menschheit in Adam ginge, aber
ganz andere, primitive Ideologien Resonanz bei den Massen. Es werde z.b. erfolgreich propagiert, die „Neger" seien anderer Abstam-
mung als die übrigen Menschen oder gar „zwischen Mensch und
Tier" angesiedelt. Auch dieser so dringende Einspruch blieb erfolglos. Was interessiert einen Neuscholastiker schon die blutige Wirklichkeit von Rassismus? Die Fleischwerdung der an sich unstrittigen
„Einheit des Menschengeschlechtes" ist kein Konzilsthema. – In der
Folge wird ungezählten Katholiken, die der Rassenideologie des
späten 19. Jahrhunderts erliegen, die notwendige christliche Unter-
weisung fehlen. Das traurige Versagen der Römischen Kirche angesichts der Shoa geht auch auf Versäumnisse des I. Vatikanums zurück. Unter Pius XII. (Pontifikat (1939-1958), der kein einziges klar
verständliches Wort zum Massenmord an den Juden verlauten ließ,
hat das absolutistische Papstsystem seine Unschuld endgültig einge-
büßt. Der rechtslastige Pacelli-Papst hätte die Möglichkeit gehabt,
durch ein „unfehlbares Dogma von der Einheit des ganzen Men-
schengeschlechts" allen Katholiken die Kollaboration mit dem Ras-
senwahn der Faschisten gleichsam unmöglich zu machen. Doch
hierzu sah sich der aristrokratische Kirchenfürst, der dann in der
Nachkriegszeit mit Anspruch auf Unfehlbarkeit eine heilsnotwendige ,Aufnahme Mariens in den Himmel' definiert hat, nicht berufen.

Schließlich gab es auf dem Konzil 1870 eine Eingabe von 40 Konzilsvätern, welche den Blick auf Militarismus, Aufrüstung und Zerfall der internationalen Moral im Imperialismus lenkte (die Eingabe ging auf den Anglikaner David Urquhart und eine armenische Patriarchalsynode zurück). Das Anliegen lässt sich vielleicht am ehesten als moralische Variante des Ultramontanismus charakterisieren. Mit höchster Verbindlichkeit sollten Klärungen zu Kriegsethik und Völkerrecht erfolgen. Trotz drängender Kriegsgefahr beschäftigte sich das Konzil stattdessen lieber mit römischer Schultheologie und – unter oberster Priorität – mit dem Papsttum. Die Kirche wird wieder – ein halbes Jahrhundert – zu spät kommen. Der Friedenspapst Benedikt XV. (1914-1922) liegt dann mit seinem weithin „erfolgslosen" Einsatz wider das Völkergemetzel des Ersten Weltkrieges in keiner Weise falsch. Aber das papstbesessene Konzil von 1869/70 hat diesem Ehrenretter des Stuhls Petri einen Katholizismus beschert, der – von Ausnahmen abgesehen – gar nicht aufnahme- und handlungsfähig ist im Sinne einer dem Frieden dienenden Weltkirche. Hauptarbeitsschwerpunkt seines unmittelbaren Vorgängers Pius X. war es gewesen, mit Hilfe eines Spitzelsystems innerkirchlich Jagd auf „Modernisten" zu machen (bis ins Kardinalskollegium hinein) und auf diese Weise die nationalkirchlichen Ambitionen moderner Theologen noch nachhaltig zu verstärken!

Rom als Heilmittel gegen den Nationalismus?

Auch die Revisionen zur Demokratiefeindlichkeit der Römischen Kirche erfolgen dann – nach mehr als 55 Millionen weiteren Toten des Zweiten Weltkrieges – wieder zu spät (erst Weihnachten 1944 sah sich Pius XII. veranlasst, die Demokratie unter Vorbehalten erstmalig päpstlich als „zeitgemäße Staatsform" zu würdigen; das feierliche Bekenntnis der römisch-katholischen Kirche zur Religionsfreiheit erfolgte erst am 7.12.1965 auf dem II. Vatikanum; 1970 hat dann Paul VI. – nach den bloßen Arrangements einiger Vorgänger –

auch den Verlust der weltlichen Macht des Papsttums *ausdrücklich* als etwas Gutes anerkannt).

Fazit: *Das unfehlbare und absolutistische Papsttum hat die Kirche nicht schlagkräftiger gemacht, sondern impotent in allen zivilisationsrelevanten Fragen der Glaubensbezeugung.* Das gilt insbesondere für eine Zeitkrankheit, die von führenden Infallibilisten mehrfach gerade angeführt worden ist, um die Dringlichkeit der neuen Papstdogmen zu unterstreichen: Gegen die Pest des Nationalismus müsse man im Papsttum ein unerschütterliches Bollwerk errichten. Der Nationalismus-Vorwurf gegen die Gegner war nicht völlig aus der Luft gegriffen. Den überkommenen regionalkirchlichen Strömungen im Umfeld von Episkopalismus und Konziliarismus ging es um die Freiheit der Ortskirchen; sie waren wohl noch nicht nationalistisch. Doch ein schlechter Klang kommt ins Spiel, wenn z.B. der überzeugendste Kopf der deutschen Unfehlbarkeitsgegner, Prof. Ignaz von Döllinger (1799-1890), mehrfach das „Germanische" gegen das „Romanische" auszuspielen versucht.

Die durch Exkommunikation hervorgerufene Abspaltung der Alt-Katholiken, die die neuen Papstdogmen nicht annehmen, hebt sich im 19. Jahrhundert noch wohltuend vom ultramontanen Judenhass ab. Indessen ist sie – wie der Protestantismus – auch wegen ihrer Staatsnähe später anfälliger für deutschnationales Gedankengut und watet schließlich nach 1933 zu einem beträchtlichen Teil im braunen Sumpf der deutschen Faschisten. Es lässt sich aber eben aufzeigen, dass das unfehlbar-allgewaltige Papsttum den *römischen* Katholizismus keineswegs immun gemacht hat gegen den Nationalismus. *Ganz im Gegenteil!*

Viele freiheitliche Kräfte, die gar nicht nationalistisch ambitioniert sind, verlassen 1870 die Römische Kirche oder werden ins Abseits gedrängt. Die Bahn ist frei für reaktionäre Wortführer im Katholizismus, die Rom noch immer protegiert hat. Der Kulturkampf in Deutschland, der nach den Kölner Wirren von 1837 so lange geruht hatte, flammt in unglaubliche Schärfe wieder auf (allein wegen der preußischen Kriegspolitik gegen „katholische Mächte" wäre es so-

weit kaum gekommen). Obwohl Rom bei Konflikten zwischen Orts-
kirche und Staat je nach Eigeninteresse gar nicht immer hilfreich
oder mäßigend agiert, kann es sich am Ende stets als große Retterin
präsentieren. Doch den Romkatholiken vor Ort bleibt hinterher überall das Stigma, ‚vaterlandslose Gesellen' zu sein.

Erst auf dem Boden dieses Minderwertigkeitskomplexes gelingt
ab dem späten 19. Jahrhundert eine schier unglaubliche Patriotisie-
rung und Militarisierung der nach der Französischen Revolution zu
„Neupreußen" gewordenen Katholiken (eine der wichtigsten Zent-
rumszeitungen wurde allerdings schon 1870 gegründet und hieß
„Germania"). Der Kulturkampf hat zweifellos zur Politisierung und
letztlich zur Stärkung des deutschen Katholizismus geführt. Doch
nach seinem Ende wollte man sich beweisen und besonders
„deutsch" sein. Da außerdem der Gehorsam gegenüber der Obrigkeit gleichsam zu den römischen Grunddogmen gehörte, kam es
trotz aller Erfahrungen im Widerstand gegen eine ungerechte Staats-
macht nicht zu einem durchgreifenden Lernprozess.

Über den protestantischen Nationalismus kann man nur weinen;
aber nicht weniger Tränen sollte man über nationalistisch infizierte
Teile des Milieukatholizismus und Episkopen vergießen oder über
einen Pius XI., der aus nationaler Gesinnung heraus Mussolini lieber
mochte als die bösen Linkskatholiken und 1929 bei dessen Massenmord an koptischen Christen in Äthiopien sich fügsam still verhielt.

Hier nur noch ein späteres Beispiel: Bischof Clemens August Graf
von Galen hatte in seinen berühmten Lamberti-Predigten (1941) gegen den „Euthanasie"-Massenmord an Behinderten opponiert und
diesen als Tor zur Tötung *aller* „Unproduktiven" beschrieben. Der
junge Katholik Ferdinand Vodde verteilte unter Lebensgefahr Ab-
schriften dieser Predigten unter Wehrmachtssoldaten an der Ost-
front. Als der Bischof in einer persönlichen Begegnung davon erfuhr,
rügte er Vodde äußerst scharf: das sei Wehrkraftzersetzung, und
dazu seien die Hirtenschreiben nicht gedacht! Galen, der erwiese-
nermaßen militaristisch und nationalistisch dachte, liebte die Siege
von Hitlers Wehrmacht und war 1945 ob der „Niederlage Deutsch-

lands" zu Tode betrübt. So stand es um die „tradierte Moral der Papstkirche von 1870". Wohlgemerkt, es geht in diesem Beispiel vielleicht um den Besten des damaligen deutschen Episkopates, der bei seinem Einsatz zum Schutz sog. „unproduktiven Lebens" wirklich Kopf und Kragen riskiert hat.

Das autoritäre Führerprinzip der Kirche und der Faschismus

Der römisch-katholische Kirchenleib, an ein allmächtiges Oberhaupt gekettet, wurde noch von anderen Krankheiten befallen, so von einem blinden Antikommunismus. Als man im Umfeld des I. Vatikanums noch gar nicht wusste, worum es sich da eigentlich handelte, verurteilte die römische Kirchenzentrale schon per se jede Art von Sozialismus (noch bevor ihr später eine alleinseligmachende Partei des orthodoxen Marxismus-Leninismus, die immer Recht hatte, den Spiegel vorhielt). Besonders auch über die „sozialistische" Idee, der Herrschaft von Menschen über Menschen ein Ende zu bereiten, war man empört. Umso wohlwollender verhielt sich Rom in der Folgezeit selbst gegenüber den extremsten Feinden der Linken. Die Verbindungen zwischen Katholizismus und Faschismus oder autoritären Regimes in Europa und Südamerika sind zu zahlreich, um sie lediglich als zufällige ‚Betriebsunfälle' abzutun. Man kann nicht nachdrücklich genug betonen, dass diese Schande der Kirche lediglich zum geringeren Teil vom politischen Katholizismus der Basis zu verantworten ist. Die Wurzel ist – mittelbar oder unmittelbar – in den allermeisten Fällen der Zentralismus der Papstkirche.

Bezogen auf die entsprechenden Bündnisse und Verstrickungen spielt das autoritäre Führerprinzip, welches auf dem I. Vatikanum kanonisiert worden ist, eine herausragende Rolle. Diese Betrachtungsweise ist keine Erfindung von Kirchenfeinden. Der Kölner Prälat Robert Grosche konstatierte 1933:

„Als im Jahre 1870 die Unfehlbarkeit des Papstes definiert wurde, da nahm die Kirche auf der höheren Ebene jene geschichtliche Entscheidung voraus, die heute auf der politischen Ebene gefällt wird: für die Autorität und gegen die Diskussion. Für den Papst und gegen die Souveränität des Konzils, für den Führer und gegen das Parlament."

In der Tat betrachtete der deutsche Dogmatiker Michael Schmaus im gleichen Jahr „die starke Betonung der Autorität in der neuen Staatsführung" als wesensverwandtes, *natürliches* „Gegenstück zur kirchlichen Autorität auf *übernatürlichem* Gebiet". Er setzte die Kenntnis der „autoritären Führung der Kirche" voraus und sah durch den neuen Zeitgeist ein besseres Verständnis für diese als gegeben an. 1933 prophezeite er passend dazu, das jüdische Volk werde „seinen Wahn mit der Verwerfung" büßen müssen. Bei Schmaus lässt sich gleichzeitig aufzeigen, wie die auf dem I. Vatikanum abgesegnete dogmatische Konzeption von „Übernatürlichkeit" geradewegs zur Kollaboration mit dem Faschismus führen kann:

„Die Tafeln des nationalsozialistischen Sollens und die der katholischen Imperative stehen freilich auf verschiedenen Ebenen des Seins, jene in der *natürlichen,* diese in der *übernatürlichen* Ebene … Aber sie weisen in dieselbe Wegrichtung."

Der römisch-katholische Priester und Kirchengeschichtsprofessor Joseph Lortz, NSDAP-Mitglied, sprach ebenfalls wohlwollend von einer „grundlegenden Verwandtschaft zwischen Nationalsozialismus und Katholizismus" im Kampf gegen Bolschewismus, Liberalismus und Relativismus. Prälat Ludwig Kaas hatte zu diesem Zeitpunkt schon von einer idealen „Vereinbarung zwischen dem modernen totalitären Staat und der modernen Kirche" gesprochen. „Der autoritäre Staat", so meinte er, „musste die autoritäre Kirche besser in ihren Postulaten verstehen als andere." Ausdrücklich bejahten auch die deutschen Bischöfe in ihrem Hirtenbrief vom 3. Juni 1933 die starke Betonung der Autorität seitens des neuen NS-Staates.

Wer sich vorurteilsfrei kundig macht über diese Zeit, weiß heute, dass die Liste der Abscheulichkeiten aus der „Mutter Kirche" Bibliotheken füllt und die selbstherrliche Darstellung der Kirchenführer ab 1945 weithin auf Geschichtslügen basiert. Einige politische Vorgänge in Telegrammstil: Schon Ende der 1920er Jahre wird das Zentrum unter dem Vorsitz von Ludwig Kaas, der rein zufällig Eugenio Pacelli (ab 1939: Papst Pius XII.) sehr verbunden ist, auf Rechtskurs gebracht. Die klerikale Steuerung verhindert, dass couragierte Zentrumsleute zusammen mit der Sozialdemokratie einen letzten Versuch unternehmen können, das Ende der Weimarer Republik und Adolf Hitlers totale „Machtübernahme" zu vereiteln. Der Vatikan schlägt die drängende Warnung des – keineswegs antiautoritären – Zentrumspolitikers Heinrich Brüning in den Wind; er schließt 1933 das Konkordat mit Hitler, das diesem zu ungeheurem Ansehen verhilft und die deutschen Katholiken in der Folgezeit zur politischen Abstinenz verurteilt. Kardinal Faulhaber gratuliert von München aus dem Führer am 24. Juli 1933:

„Was die alten Parlamente und Parteien in 60 Jahren nicht fertig brachten, hat Ihr staatsmännischer Weitblick in 6 Monaten weltgeschichtlich verwirklicht. ... vor der ganzen Welt bedeutet dieser Handschlag mit dem Papsttum, der größte sittlichen Macht der Weltgeschichte, eine Großtat von unermesslichem Segen."

Man bedenke bezogen auf die Reichweite solcher Ausführungen: Das katholische Kirchenvolk vertraute seinen geistlichen Führern fast blind! Auf Vatikanseite war maßgeblich beteiligt der vormalige Nuntius für Deutschland Pacelli, dessen persönliches Steckenpferd seit Studienzeiten die kirchliche Konkordatswissenschaft ist. Sein Vorsatz: autoritären Zentralismus und Machtansprüche des Heiligen Stuhles vermehren. – Personalisierungen tragen an dieser Stelle aber nur bedingt zur Klärung der historischen Vorgänge bei. Entscheidend ist die *Kirchenstruktur*, in der Konkordate und staatskirchliche Garantien wie ein goldenes Kalb umtanzt werden.

Kirchenreform
und zivilisatorischer Ernstfall

Noch nie wurden die päpstlichen Instrumente „Unfehlbarkeit" und „Universaljurisdiktion" eingesetzt, um – durch Bezeugung wie Kirchenpraxis – die Bedeutung des christlichen Glaubens inmitten der Abgründe der menschlichen Geschichte ernst werden zu lassen. Die Papstideologie diente ganz im Gegenteil stets dazu, befreiendes Handeln der Leutekirche von unten zu bremsen oder ganz zu verbieten. – Die *innerkirchliche Kritik* verteilte sich – grob gesagt – lange auf die Lager von ‚Mystik' und ‚Politik'. Beim „bürgerlichen" Protest gegen das zentralistische Papstsystem und seine Lehramtssätze ging es vornehmlich darum, Anwalt der *religiösen Erfahrung des Einzelnen* und der Freiheit in der Kirche zu sein. Befreiungstheologie und Linkskatholizismus kritisierten die platonischen Dogmen- und Naturrechtsgespenster, weil sie die *gesellschaftliche bzw. zivilisatorische Bedeutsamkeit* der Botschaft Jesu in nichtssagende Abstraktionen auflösen.

Alles kommt wohl gegenwärtig darauf an, diese beiden Ansätze der Kritik in einer Kirchenbewegung von unten nicht gegeneinander auszuspielen, sondern miteinander zu verbinden. Die Kampfansage eines mit absoluter Macht ausgestatteten „Lehramtes" an die subjektive Evidenz des Religiösen einerseits und die Verneinung der gesellschaftlichen – ja zivilisatorischen – Relevanz des Christentums andererseits stehen stets im gleichen Zusammenhang. Deshalb darf sich auch die Gegenseite nicht auseinanderdividieren lassen.

Kirchenpolitisch sitzen die „bürgerliche Richtung", sofern es ihr nicht um Besitzprivilegien oder nationales Kirchentum geht, und die „linke Richtung" letztlich im selben Boot. Der durch den Klimawandel angezeigte zivilisatorische Ernstfall auf dem Globus bezieht sich auf die Zukunft des Lebens überhaupt, kann also keine der beiden Strömungen kalt lassen. Tendenzen hin zu einem autoritären Kapitalismus mit Bürgerrechtsabbau und Kontrollapparaturen zeigen schließlich noch auf andere Weise, dass die jeweiligen Kernanliegen sich gar nicht voneinander scheiden lassen. Die Anwälte von *Freiheit* und *Gerechtigkeit* sind heute aufeinander angewiesen wie nie. Ginge es um Kirchenreförmchen, so wäre weiterhin nur die Komödie einer um drei Jahrhunderte verspäteten bürgerlichen Revolution in der Kirche aufzuführen.[3] Die Frage eines ernstzunehmenden Aufbruchs lautet aber, ob sich der römische Katholizismus, dem weltweit – wie eingangs angemerkt – mehr als eine Milliarde Menschen zugerechnet werden, heute partnerschaftlich in einen globalen Überlebensdialog aller Religionen und Weltanschauungen einbringen kann.

Einstweilen waltet in der Nähe leider nach wie vor die alte unselige Symbiose von „Kirchenreform und nationalem Kirchentum". Dafür sei ein trauriges Beispiel angeführt: Seit Adenauers Zeiten hat sich der deutsche Katholizismus als ein wirksames Instrument zur Verteidigung von nuklearer Bewaffnung profiliert. Bischof Franziskus von Rom stellt heute aber mit aller wünschenswerten Deutlichkeit klar, dass schon der Besitz der blasphemischen Atombombe moralisch inakzeptabel ist und von Christen nicht gutgeheißen werden kann. Der deutsche Katholizismus antwortet darauf mit Rückhalt für jene Laienfunktionäre in der Politik, die gegen eine Mehrheit der eigenen Bevölkerung an Deutschlands Atombombenteilhabe festhalten wollen und Milliardeninvestitionen für eine Modernisierung der Nuklearwaffenlogistik im Land auf den Weg bringen. Die deutschen Bischöfe zeigen sich – von wenigen Ausnahmen wie dem Bischof von Mainz abgesehen – derweil ebenso unfähig, der Öffentlichkeit die Haltung der Weltkirche zur Atombombe in verständlichen Worten mitzuteilen.

„Katholisch" kann man das wohl nicht nennen …

---

[3] Manche, die die homosexuellen Katholik:innen in den repressiven Pontifikaten von *Karol Wojtyla* und *Joseph Ratzinger* vollständig im Stich gelassen haben, schwenken heute im ungleich freieren Pontifikat des keineswegs homophoben *Franziskus* heldenmutig die Regenbogenfahne und fühlen sich dabei wie Weltretter. Als Linkskatholik und Schwuler vermag ich für solche Peinlichkeiten keinen Beifall zu spenden. – Es bleibt jedoch dabei, dass die freiheitlichen Reformforderungen des „Synodalen Weges" in Deutschland *keine* ‚nationalkirchlichen Spezifika', sondern rundherum berechtigt und hochbedeutsam für *alle* Ortskirchen des Erdkreises sind!

EINLEITUNG
ZU DIESEM QUELLENBAND

Clemens August von Westphalen – Bronzestatuette von Elisabeth Ney, 1862
(Reproduktion, seitenverkehrt gespiegelt, nach: WESTPHALEN 1982)

Clemens August von Westphalen (1805-1885)

Ein ‚Samaritan' und ‚Laientheologe' als Kritiker des Dogmas von der Unfehlbarkeit des Papstes

Ein Lesebericht von Peter Bürger

> „*Fait que dois, arrive que pourra!*"
> (*Tu, was du musst, komme, was will.*)[1]
> Wahlspruch der Grafenfamilie von Westphalen

> „*Seine eigenwilligen Anschauungen über Sitte und Moral, die so gar nicht zum westfälischen Adel des 19. Jahrh. zu passen scheinen, werden einer nachwachsenden Generation gelinde vorkommen; für seine von den Lehren der katholischen Kirche abweichenden Äußerungen über die Unfehlbarkeit des päpstlichen Lehramtes ist nach dem Vaticanum II. einiges Verständnis zu erwarten; sein Eintreten für ein föderativ organisiertes Großdeutschland verbunden mit seiner unerbittlich-starren Ablehnung des von Preußen geführten Deutschen Reiches verschafft ihm die Aufmerksamkeit derjenigen, die das weitere Schicksal des Vaterlandes erlebt haben und nach den Gründen fragen.*"[2]
> Ludger von Westphalen über seinen Großvater
> Clemens August von Westphalen (Monographie, 1979/1982)

Der Widerstand gegen die 1870 vom Ersten Vatikanischen Konzil kreierten Dogmen über ein unfehlbares Lehramt und eine universalkirchliche Allgewalt (Jurisdiktionsprimat) des Papstes war besonders ausgeprägt in Deutschland, wo viele exkommunizierte Leugner der *neuen* Lehren schließlich in einem eigenen ‚Bistum der *Alt*-Katho-

---

[1] Zit. WESTPHALEN 1982, S. 216. (Literaturverzeichnis zu allen Kurztiteln im Anhang).
[2] WESTPHALEN 1982, S. 9.

liken' ein Zuhause fanden. Gemeinhin denkt man beim Protest der ungehorsamen Katholiken und Katholikinnen zuerst an München und an das Rheinland (mit der Universitätsstadt Bonn als Zentrum). In der überregionalen Literatur ist bislang aber nie der auffällige hohe Anteil von Südwestfalen bzw. Sauerländern im Kreis der nonkonformen Prominenz zur Sprache gekommen[3]:

Der Gelehrte Prof. *Johann Ritter von Schulte* (1827-1914) aus Winterberg zählte im 19. Jahrhundert im Bereich der neueren kirchlichen Rechtsgeschichte zu den ganz großen Namen und nahm als Laie bei der Gründung des alt-katholischen Bistums auf synodaler Verfassungsgrundlage eine führende Rolle ein. Zur Bonner Gemeinde zählte auch die Familie des klassischen Philologen Prof. *Franz Ritter* (1803-1875) aus Medebach. Der in Soest geborene Lehrer und Publizist *Theodor Stumpf* (1831-1873), federführend beteiligt am Laienprotest im Vorfeld der Verkündigung der neuen Papstdogmen von 1870, verdient besondere Beachtung als ‚Altkatholik' der ersten Generation auch wegen seiner Sensibilität für die ‚Soziale Frage' und der in klarer Form vorgetragenen Vision eines freiheitlichen Katholizismus (*ohne* nationalkirchliches Korsett; Kirchenreform theologisch begründet). Der Bonner Alttestamentler Prof. *Franz Heinrich Reusch* (1825-1900), ein herausragender Kopf im kritischen theologischen Zeitschriftenwesen, stammte aus Brilon und wurde erster Generalvikar der deutschen Altkatholiken. Ebenfalls aus Brilon kam der Konzilsgegner *Philipp Woker* (1848-1924), zeitweilig Mitarbeiter des berühmten Ignaz von Döllinger und später christ-katholischer Dozent in der Schweiz. Der in Bremscheid (Kirchspiel Eslohe) geborene Priester *Anton Hochstein* (1843-1902) verfasste drei Bücher für Kirchengesang und Religionsunterricht der Altkatholiken, kehrte allerdings nach einer ‚sittlichen Verfehlung' (!) in seiner Zeit als alt-

[3] Vgl. dazu schon, mit weiterführenden Literatur- und Quellenangaben: BÜRGER 1996 (mit Hinweisen zu altkatholischen Gemeindebildungen und dem Grafen Bocholtz in Alme bei Brilon als Mittelpunkt eines kleinen Kreises von Konzilskritikern am Ort); BÜRGER 1998; BÜRGER 2005. – Es fehlt in diesem kleinen Überblick u.a. noch der Name des altkath. Historikers Franz Wilhelm Kampschulte (1831-1872), geboren in Wickede.

katholischer Seelsorger von Köln zurück in sein römisch-katholisches Heimatbistum Paderborn – unter Jubel der ‚Ultramontanen'. Der ebenfalls in Eslohe geborene Jurist und ‚spätromantische' Dichter *Joseph Pape* (1831-1898) attackierte die neu definierte päpstliche Allgewalt scharf in einem Versepos, wechselte aber – anders als sein Schwiegersohn – nicht zu den Altkatholiken. Eine im Februar 1870 von der Akademie zu Münster abgesandte Solidaritätsadresse an Ignaz von Döllinger – mit Zustimmung zum Prostest gegen die Lehre von der päpstlichen Unfehlbarkeit – trägt die Unterschrift des märkischen Sauerländers Prof. *Wilhelm Storck* (1829-1905), der auch nach Ende des I. Vatikanums das neue Dogma nicht anerkannte ...

Zu den prominenten und besonders leidenschaftlichen Gegnern des theologischen „Infallibilismus" zählte im Sauerland schließlich Reichsgraf *Clemens August von Westphalen* (1805-1885) auf Gut Laer bei Meschede. Dessen Protest gegen das Erste Vatikanum ist jedoch aus Gründen, die nachfolgend noch erhellt werden sollen, bis heute kaum bekannt und in der einschlägigen deutschen Konzilsgeschichtsschreibung stets unberücksichtigt geblieben. Der hier vorgelegte Band bietet erstmalig die Möglichkeit, Standorte, Motive, Vorgehen und Argumentationsweise des adeligen Dogmenkritikers sowie die Rezeption seiner Wortmeldungen auf der Grundlage aller greifbaren *Quellentexte* zu erkunden.

1. Ein katholischer Adeliger mit ‚Eigensinn'

Die Herkunft des Grafen von Westphalen „aus einer im Fürstbistum Paderborn seit Jahrhunderten ansässigen, angesehenen und mächtige Adelsfamilie, die verwandtschaftlichen und nachbarschaftlichen Beziehungen sowohl zu rheingauischen, ehemals reichsunmittelbaren, wie auch zu böhmischen Familien, die Tätigkeit des Großvaters im kaiserlichen Dienst und das Burggrafenamt in Friedberg, der Tod des Vaters für Kaiser und Reich und schließlich das Hineinwachsen in die sich organisierende Adelsopposition gegen den liberalen Be-

amtenapparat stellen die Voraussetzungen dar, unter denen er seinen Lebensweg angetreten hat; sie erklären viele seiner Denk- und
Verhaltensweisen."[4] Clemens August von Westphalen[5] heiratete
1829, als sich die junge Damenwelt des Adels mit Blick auf seinen
immensen Reichtum eine gute Partie versprach, eine sieben Jahre
ältere Gräfin. Nach langer Witwerschaft nahm er 1863 eine fast dreißig Jahre jüngere italienische Gräfin aus protestantischem Haus zur
zweiten Ehefrau, was wohl ebenfalls kaum den Erwartungen der
westfälischen Standesgenossen entsprach. In den „Kölner Wirren"
jenes Konfliktes zwischen Kirche und Staat, der 1837 zur Verhaftung
des Erzbischofs Clemens August Droste zu Vischering führte, trat
C.A. von Westphalen ebenso streitbar als Sachwalter der ‚katholischen Sache' auf wie Jahrzehnte später bei der ‚großdeutsch' (bzw.
auch konfessionell) motivierten Ablehnung des Preußisch-Österreichischen Krieges von 1866.

Preußens Krieg gegen Österreich 1866, vom Mainzer Bischof E. v.
Ketteler als „Verbrechen" bezeichnet, fand im Sauerland, wo der
Graf seinen Familiensitz hatte, ein geteiltes Echo. Im katholischen
Teil der Landschaft war man wenig begeistert. Clemens August von
Westphalen löste sich aus Protest am 28. Juli 1866 aus dem preußi-
schen Untertanenverband (sein vierter Sohn hatte sich zu diesem
Zeitpunkt als Offizier dem Waffengang gegen Österreich durch
Emigration entzogen). Es sollen sogar westfälische Katholiken mehr
oder weniger offen Sympathien für den Gegner Preußens gezeigt
haben. „Der preußisch-österreichische Krieg war in ganz Deutschland und erst recht in Westfalen und im Rheinland unpopulär. Im
Kölner Gürzenich fand vor seinem Ausbruch, im Mai 1866, eine
überfüllte Protestversammlung gegen den Bruderkrieg statt, auf der
Sprecher Westfalens erklärten, daß dort die Aufregung und die innere Bedrängnis ebenso groß seien wie im Rheinland. [...] Im katholischen Adel Westfalens war die Ablehnung der Machtpolitik Preu-

---

[4] WESTPHALEN 1982, S. 22.
[5] Zu den Stationen der Biographie gibt es einen chronologischen Überblick im vorliegenden Band →S. 113-118.

ßens allgemein, doch niemand hat sich so in aller Öffentlichkeit erklärt und festgelegt" wie der Graf von Westphalen auf Haus Laer bei
Meschede.[6]

In einem privaten Brief an den befreundeten Geheimen Justizrat
und Landrat a.d. von Ploetz vom August 1866 schrieb Clemens A.
von Westphalen über Bismarcks Politik: „In Momenten, in denen die
geheiligsten Bande zerrissen, – durch Blut und Eisen erst neue Verhältnisse wiedergeschaffen werden sollen, – in einer Zeit, in der statt
mit Vernunftgründen mit blanker Waffe gekämpft wird und jedes
Mittel durch den Zweck geheiligt werden muß, kurz dann, wenn
Macht vor Recht geht, sollte ein vernünftiger Mensch eigentlich über
nichts mehr sich verwundern."[7] Über den jahrelangen Konflikt des
Großvaters mit dem preußischen Monarchen urteilt Ludger von
Westphalen sehr ‚idealistisch': „Im Rückblick auf die Geschehnisse
der Jahre 1865-1868 wird man W. Prinzipientreue und Aufrichtigkeit
zubilligen müssen: Seine unerschütterliche Bindung an die überkommenen Rechtszustände, die ihm die einzig legitimen waren,
seine schroffe Ablehnung aller Vergötzung von Macht und Gewalt
und schließlich der Mut, mit dem er seine Meinung in aller Öffentlichkeit und gegen König und Staatsbehörden vertreten hat, sind
nicht selbstverständlich und erwecken Respekt."[8]

Eine Neigung zu Widerspruch und Nonkonformität durchzieht
den gesamten Lebensweg des Grafen, wie ihn sein Enkel Ludger von
Westphalen in einer gründlichen Monographie[9] nachgezeichnet hat:
„Der politischen Gesinnung nach war W. ein Konservativer, der am
alten hing und jede cäsaristische Machtpolitik ebenso verabscheute
wie demokratische Gleichmacherei, doch wenn es um die eigene
Lebensführung ging, hat er nicht selten überkommene moralische

[6] WESTPHALEN 1982, S. 164-165; vgl. ebd., S. 163-178.
[7] Zit. WESTPHALEN 1982, S. 166-167.
[8] WESTPHALEN 1982, S. 177.
[9] Aus diesem Werk (WESTPHALEN 1982) werde ich in diesem Einleitungszeit mehrfach
sehr ausführlich zitieren, um nicht durch Paraphrasierungen etc. an den betreffenden
Stellen den irreführenden Eindruck eigener Forschungserkenntnisse zu erwecken.

Maßstäbe und gesellschaftliche Regeln beiseite geschoben. Am heftigsten und tiefstgehenden ist er mit seiner Umwelt zusammengestoßen als er öffentlich gegen das am 18. Juli 1870 verkündete Dogma über das unfehlbare Lehramt des Papstes auftrat, dem er sich bis an sein Lebensende nicht unterworfen hat."[10] (Ob der zuletzt genannte Konflikt nach dem I. Vatikanum wirklich als *„öffentlich"* zu bezeichnen ist, werden wir noch untersuchen.)

Neben der *politischen* Nonkonformität, die den Zeitgenossen zweifellos als ‚gut katholisch' erscheinen konnte, gab es also auch Felder von Unangepasstheit und Widerspruch, die die *religiöse* bzw. *kirchliche* Identität berührten. In der sogenannten „Affäre Hatzfeld" half Clemens August von Westphalen ab 1847 der emanzipierten, auf sexueller Selbstbestimmung bestehenden Gräfin Sophie von Hatzfeldt in einer aufsehenerregenden ‚Scheidungssache'; mit ihrem prominenten Anwalt Ferdinand Lassalle (1825-1864) aus einer jüdischen Familie[11], der später zu den Gründern der deutschen Sozialdemokratie zählen wird, führte er trotz gegensätzlicher geistig-politischer Standorte einen langjährigen Austausch.[12] 1855 schrieb Lassalle dem Grafen: „Aus alter Zeit haben sie noch zwei Bücher von mir, Feuerbachs Wesen des Christentums und einen Teil Hegels sämtlicher Werke (Aesthetik)."[13]

Zumindest zeitweilig hat C. A. von Westphalen selbst ‚libertäre Anschauungen' gepflegt! Im Nachlass befindet sich in einer – mit „Phrenologie" beschrifteten – Mappe ein wohl Mitte der 1840er Jah-

---

[10] WESTPHALEN 1982, S. 178.

[11] Der Austausch mit Lassalle legt es nahe, dass der Graf jedenfalls zu diesem Zeitpunkt die nahezu obligate konfessionelle Feindseligkeit gegenüber Juden nicht teilte. Erhalten ist im Nachlass jedoch auch folgende Niederschrift eines – undatierten – Trinkspruchs des Grafen: „Trau keinem Wolf auf dürrer Heid' / Auch keinem König auf seinen Eid / Und keinem Jud auf sein Gewissen / Du wirst von allen Dreien beschissen." (WESTPHALEN 1982, S. 60) – Vereinzelte *antijudaistische* Anklänge im gräflichen ‚Sendschreiben' von 1873/85 wider das Papstdogma sind hingegen im zeitgenössischen theologischen Kontext kaum als Indiz für antisemitische Neigungen zu lesen.

[12] Vgl. dazu die Ausführungen und Literaturhinweise im Beitrag von Werner Neuhaus für den vorliegenden Band.

[13] Zit. WESTPHALEN 1983, S. 50 (Anmerkung 63).

ren entstandenes Manuskript des Grafen, über welches sein Enkel
Ludger von Westphalen so urteilt: „Diese leidenschaftlich aufbegeh-
rende und doch schon zornig resignierende Niederschrift W.s
spricht Ungewöhnliches aus: Gepriesen wird die ungehemmte Sin-
nenfreude und als unnatürlich angeprangert die Einengung der starken Triebe; das Bestehen auf ehelicher Treue wird als Habsucht de-
nunziert. Mit den ethischen Grundsätzen des Christentums sind
solche Auffassungen so wenig zu vereinbaren wie mit jenen bürgerlichen Moralauffassungen, denen damals Staat und Gesellschaft ihre
Unterstützung liehen."[14]

Für den Drang nach geistiger Unabhängigkeit mag es, wie Nachfahren des Grafen schreiben, auch einen ‚literarischen Hintergrund'
gegeben haben: „Sein hochverehrtes Vorbild als Mensch ist Goethe
gewesen, zu dessen Persönlichkeit und Werk er frühzeitig ein unmit-
telbares Verhältnis gewonnen hat – vielleicht durch den Aufenthalt
in Frankfurt? – dessen Ausgabe letzter Hand er für die Laerer Biblio-
thek angeschafft hat. Ihn zitiert er immer wieder, die Freiheiten des
Genies nimmt er auch für sich in Anspruch, und gelegentlich ahmt
er sogar den Dichter nach, so, wenn er aphoristische Einfälle den
‚Maximen und Reflexionen' Goethes nachbildet."[15]

---

[14] WESTPHALEN 1982, S. 47. Dieser Hintergrund ist bei einer Bewertung der sog. ‚Affäre Hatzfeld" m.E. zwingend heranzuziehen! – Die als Wissenschaft verstandene Obsession („Phrenologie", Seelenkunde) führte Clemens August von Westphalen übrigens zu einem angelsächsischen Forscher. In einem „phrenologischen Gutachten"
über den fast 40jährigen Grafen kommt der Engländer Dr. Castle zu folgendem –
überwiegend schmeichelhaften – Ergebnis: „Zusammenfassend kann man als seine
Hauptcharakterzüge bezeichnen: Liebevolle Zuneigung – Familiensinn – Beständig-
keit – Feingefühl – Höflichkeit – Friedfertigkeit – versöhnliches Wesen – Neigung zu
moralischem und religiösem Empfinden – starke intellektuelle Entwicklung – Mangel
an Energie und allgemeinem Tätigkeitsdrang." (Zit. WESTPHALEN 1982, S. 42.)
[15] WESTPHALEN 1982, S. 38.

2. EXKURS: DIE WIRTSCHAFTLICHE ADELSMACHT
AUS DER PERSPEKTIVE VON NACHFAHREN UND NEKROLOG

Walburga von Westphalen verweist zu Recht auf die materielle Basis der aristokratischen Unabhängigkeit des Urgroßvaters: „Der v[on]. Westphalen'sche Besitz gehörte im 19. Jahrhundert zu den umfangreichsten Grundvermögen in den westlichen Provinzen Preußens, und auch seine Ertragsfähigkeit, die geregelte Verwaltung und die Nettoeinnahmen hoben ihn weit aus dem bei westfälischem Adel Üblichen heraus. Mit dieser wirtschaftlichen Sicherheit hatte v[on]. Westphalen eine wichtige Voraussetzung, die ihm eine große politische, geistige und gesellschaftliche Handlungsfreiheit ermöglichte."[16]

Über die politische Betätigung des Grafen Clemens August von Westphalens informiert uns Werner Neuhaus in der einleitenden Abteilung dieses Buches durch einen eigenen Beitrag. Wir wollen die Frage nach dem historischen *Hintergrund der ökonomischen Macht* des eigenwilligen Adeligen an dieser Stelle lediglich in Form eines ‚dokumentarischen Exkurses' zur Sprache bringen. Schon 1802 hat Reichsfreiherr von Stein eine vernichtende Kritik an der adeligen Klasse im Gebiet des Fürstbistums Paderborn geübt: „Die Menschen dieses Landes sind an intellektueller und sittlicher Bildung sehr zurück, Unwissenheit, grobe Schwelgerei ist hier herrschend, das Ganze wird durch den Einfluß einer verderbten adlichen und bureaucratischen Oligarchie regiert. Die Familien von Westphalen, Bocholtz, Mengersen sehen dieses Land als eine Beute an, in die sie sich zu teilen berechtigt waren, und sie ersetzen den Nachteil, welchen sie dem Land zufügen, durch keine gute[n] und zu der Vervollkommnung des Landes angewandte Eigenschaften."[17]

---

[16] WESTPHALEN 1983, S. 15. – Zum unermesslichen Reichtum des Grafen vgl. WESTPHALEN 1982, S. 114-132.

[17] Zit. WESTPHALEN 1982, S. 11-12 (die Ausführungen fügen sich freilich auch ein in eine stereotype preußische Klagelitanei über die ‚Rückständigkeit' der ehedem geistlich regierten Territorien; vgl. z.B. GRUNER 1803*).

Über die adeligen Privilegien und deren Infragestellung im frühen 19. Jahrhundert schreibt Ludger Graf von Westphalen in seiner Biographie des Großvaters: „Die wirtschaftliche Stellung des Adels war schon durch seine weitgehende Steuerfreiheit, ein Relikt aus den ritterlichen Dienstverhältnissen des hohen Mittelalters, gesichert; dazu kamen die ergiebigen Einkünfte aus den dem Adel vorbehaltenen höheren Beamtenstellen und den Kapitel- und Stiftspfründen. Die Fülle der bäuerlichen Dienste und Abgaben verschaffte den adligen Grundherren zugleich mit der verbreiteten Patrimonialgerichtsbarkeit eine solche überragende Stellung, daß sie unangefochten als Sprecher des ländlichen Grundbesitzes auch auf den Landtagen auftreten konnten, wo die bäuerlichen Eigentümer keine eigene Stimme hatten. Zwar waren die Adligen von Handel und Gewerbe ausgeschlossen – die meisten haben ‚unstandesgemäße' Betätigungen durchaus verachtet –, doch konnte sie diese Einschränkung um so leichter verschmerzen, als bei der stetig schrumpfenden Zahl der lehns- und stiftsfähigen Familien die Größe der Grundvermögen wie auch die Zahl der zur Verfügung stehenden Pfründen in der Hand der noch blühenden Geschlechter ständig wuchs. – Das Ende des ständischen Zeitalters ist nicht auf einen Schlag und nicht ohne erkennbare Vorzeichen über den westfälischen Adel hereingebrochen, doch haben nur wenige seiner Angehörigen zu einer positiven Auseinandersetzung mit den Ideen der Aufklärung und der französischen Revolution gefunden, die meisten empfanden die einschneidenden Änderungen der bestehenden Verhältnisse als schreiendes Unrecht: Alle geistlichen Fürstentümer, die allermeisten Stifter und Klöster fielen der Säkularisierung zum Opfer; die Stände als politische Korporationen wurden aufgelöst oder doch zum Schweigen verurteilt, mit ihren Mitregierungsrechten war es vorderhand vorbei; die persönlichen Abhängigkeiten und Dienste der Bauern entfielen und die Steuerfreiheit des Adels verschwand. Ob diese in Westfalen zwischen 1802 und 1814 eintretenden Neuerungen von der französischen oder preußischen, der westphälischen oder hessen-darmstädtischen Regierung durchgeführt wurden, blieb für die Betroffenen im

Grunde gleichgültig: Trotz einiger Unterschiede im Tempo und in den Methoden des Vorgehens zielte alles auf die Herstellung einer Untertanenschaft ab, die dem Staat ohne Unterschied der Herkunft und ohne die Möglichkeit des gemeinschaftlichen Widerstandes gleichmäßig unterworfen und in sich gleichberechtigt war; für alle sollten nun dieselben Gesetze gelten, die allenthalben von einer sich omnipotent gebärdenden, oft landfremden Bürokratie eingeführt und angewandt wurden. In ganz Westfalen wurde seit 1816, als auch das sog. Herzogtum Westfalen preußisch geworden war, nach dem preußischen Allgemeinen Landrecht Recht gesprochen; über die ganze Provinz wurde das Netz einer einheitlichen Gerichts- und Verwaltungsorganisation gezogen, die keinen Raum für Privilegierungen, Sonderrechte und Ausnahmeregelungen zu lassen schien; deren ärgster Feind war der liberal-bürgerlich gesonnene erste Oberpräsident von Westfalen Ludwig Freiherr Vincke. – Der überwiegende Teil des grundbesitzenden Adels hat sich von seiner altständischen Denkweise und den aus der Geburt abgeleiteten Ansprüchen nur langsam und mit innerem Widerstreben zu lösen vermocht. Wer wollte schon sich und der Umwelt eingestehen, daß die geschichtliche Entwicklung notwendig auf eine immer konsequentere Einebnung der überlieferten gesellschaftlichen Unterschiede hinauslief? Das Nichtwahrhabenwollen des Unabänderlichen, das Beharren auf obsolet gewordene Rechtspositionen haben einen Teil gerade des katholischen Adels in eine mißlaunige Trotzhaltung gegen den Staat und die Aufgaben des öffentlichen Lebens getrieben; dabei hat der konfessionelle Gegensatz zum betont reformatorisch geprägten Preußen, das bei der Besetzung der höheren Verwaltungsstellen in der Provinz Protestanten und Altpreußen deutlich bevorzugte, dem Groll über die so ärgerlich veränderten Zeiten eine besondere Färbung und Schärfe verliehen."[18]

Im Revolutionsjahr 1848 stürmten zornige Landbewohner das im Kreis Büren gelegene Schloss Fürstenberg des Grafen Clemens Au-

---

[18] WESTPHALEN 1982, S. 48-50.

gust von Westphalen, doch der adelige Hausherr war trotz der Ge-
waltandrohungen zu keinerlei Konzessionen gegenüber der besitzlo-
sen Klasse bereit.[19] (Zur Besitzstandspolitik des extrem reichen Grafen zu Ungunsten der Menschen in Salzkotten bietet Dieter Riesenberger einige Hinweise.[20]) Vor diesem Hintergrund sollte man folgende pathetische Ausführungen über die gräfliche *Armenfürsorge* in
einem „Lexikonartikel" des Constantin von Wurzbach aus dem Jahre
1887 nur unter gebotener Skepsis lesen: „Ein eifriger Katholik, hielt
er für die Jesuiten ein offenes Haus, war aber auch ein großer
Wohlthäter der Armen, für die er auf seinen Gütern stets gedeckten
Tisch hielt. So war in dem Schlosse zu Laer, wo der Graf zu wohnen
pflegte, in der großen, nach westphälischer Art saalartigen Küche
täglich offene Tafel für 20-30 Arme der umliegenden Dörfer, und
wenigstens ebenso vielen Kranken wurde das Essen ins Haus gebracht; außerdem ließ er auf seine Kosten in der Regel vier bis sechs
junge Leute in Münster oder Bonn studiren. Er selbst aber lebte un-
geachtet seines enormen Reichthums mit seiner Familie auf dem sehr
einfachen Fuße schlichter Gutsbesitzer."[21] (Die den Selbstzeugnissen
widersprechenden Mitteilungen über eine besondere gräfliche *Sym-
pathie für die Jesuiten* sind in jedem Fall Unfug.[22])

Eine patriarchale Fürsorge für Bedürftige in adeliger Traditions-
treue können wir wohl voraussetzen. Am 21. April 1847 schrieb der
Graf seiner frommen Mutter, die offenbar aus Prag u.a. wegen carita-
tiver Anliegen angefragt hatte: „Liebe Mutter! […] Die Not unter den
Armen ist bei uns gewiß nicht geringer wie bei Euch, doch will ich

---

[19] Vgl. hierzu WESTPHALEN 1982, S. 96-114 sowie die Hinweise im Beitrag von Werner
Neuhaus für diesen Band.
[20] RIESENBERGER 2008, S. 59-88, hier S. 62 und 74.
[21] WURZBACH 1887*.
[22] Vgl. z.B. WESTPHALEN 1982, S. 179: „Ausgeprägt ist seine Feindschaft gegen die
Jesuiten, die sich in manchen Äußerungen kundtut und die ihn wohl auch bewogen
hat, aus keiner der beiden Ehen einen Sohn in eines der vom Adel stark besuchten
Jesuitenkollegs in der Schweiz oder in Österreich zu schicken; das fällt besonders
deswegen auf, weil solch ein Internatbesuch der verbreitete Ausdruck eines wachen
Mißtrauens gegen das preußische Schulwesen ist, wie er W. hätte naheliegen können."

sehn, was ich tun kann, um Dir [!] Deinen Wunsch zu erfüllen und somit leb wohl – Dein Clemens."[23] Seine im Anhang des vorliegenden Bandes dokumentierte Schrift *Meine Stellung zur Politik „Bismarck"* (1868) ließ der Graf mit dem Aufdruck versehen: „Der Ertrag zum Vortheil des Mescheder Krankenhauses".[24]

In einem Nachruf zeichnet auch der langjährige Freund Wilhelm Hopf in den „Hessischen Blättern" vom 10. Oktober 1885 ein geradezu märchenhaftes christliches Tugendbild des Clemens August von Westphalen: „Wie seine persönliche Erscheinung von einer außerordentlichen Einfachheit war, so daß hinter dieser naturwüchsigen Erscheinung im Lodenhut und kniehohen Gamaschen niemand auf den ersten Blick einen der vornehmsten und reichsten Grundherrn Westfalens, Holsteins und Böhmens vermutete, so war er auch im Verkehr ein abgesagter Feind jedes Scheins und jeglicher Phrase. Selbst ein durch und durch kernhafter Mensch, hielt er stets den Blick auf den Kern der Dinge gerichtet, und wo ihm derselbe verhüllt oder eskamotiert zu werden schien, da konnte er, dem wie nur Wenigen die guten Formen der Gesellschaft ein ungekünsteltes, durchaus selbstverständliches Stück seines Wesens waren, wohl auch mit einer gewissen rauhen Faconlosigkeit dazwischenfahren. Wenn von irgendjemandem, so galt von ihm das alte Sprichwort seiner engeren Heimat: Mit Speck fängt man Mäuse, aber keinen alten Sauerländer. Das schellenlaute Torentum mit seinen blinkenden Reden und rechts- und geschichtsverachtenden Taten haßte er mit Altmeister Goethe, dem auch er ein gut Stück seiner Lebensweisheit verdankte, wie man sich denn mit ihm durch ein Goethe'sches Wort oft rascher verständigen konnte als mit vielen anderen durch langatmige Auseinandersetzungen. Dabei besaß er ein überaus weiches Herz, das dem zartesten Mitgefühl für jeden wirklichen Schmerz und alle wahre Not zugänglich war, wie er denn auch in seiner stillen, prunklosen Weise auf seinen Gütern eine Sozialpolitik der Barmherzigkeit großartigen Stiles übte. Die Armen seiner

---

[23] Zit. WESTPHALEN 1982, S. 82-83.
[24] WESTPHALEN 1868 (Textdokumentation im vorliegenden Band: →Anhang A).

Umgebung werden davon zu erzählen wissen, zumal die Bewohner seines [!] Krankenhauses in Meschede, vor denen er alljährlich am Stiftungstage der Anstalt – in diesem Punkte den veränderten Zeitverhältnissen gern Rechnung tragend – des uralten Erbhofamtes seiner Familie zu walten pflegte, indem er, nicht mehr ein fürstlicher, sondern ein *Armen-Küchenmeister*, ihnen die Braten zerschnitt und vorlegte. – Wer dann, wie Schreiber dieser Zeilen, die Freude gehabt hat, den Grafen Clemens Westphalen auch daheim in seinem alten Hause Laer im liebevollen patriarchalischen Verkehr mit seiner Familie, seinen Kindern und Hauskaplänen zu sehen, wer vor dem flackernden Kaminfeuer seines großen Familiensaales seinen klugen, oft mit kaustischem Humor gewürzten Erzählungen und Betrachtungen lauschen durfte, der erst vermag sich das liebenswürdige Bild dieses altwestfälischen Grandseigneurs und edlen deutschen Vaterlandsfreundes in aller Vollständigkeit vorzustellen, und dem wird es auch für immer unvergeßlich bleiben."[25]

Zum Bild einer gewissen Leutseligkeit passt die Mitteilung des Enkels, der Graf habe sich auch in der niederdeutschen Alltagssprache der katholischen Landschaft verständigen können und der neuen Entwicklung eines populären Mundartbücher-Sortiments seine Aufmerksamkeit geschenkt: „Er scheint nach manchen Notizen und Bücherkäufen, auch nach Übersetzungen aus dem Englischen ins Französische dieser beiden Sprachen mächtig gewesen zu sein, doch mag man das für ein Mitglied einer sich übernational empfindenden und sich sehr nach englischen Lebensformen ausrichtenden Aristokratie als angemessen ansehen. Bemerkenswerter ist es, daß der gleiche Mann nicht nur Sauerländer Platt verstanden und gesprochen, sondern auch die in der 2. Hälfte des 19. Jahrhunderts in reicherer Fülle erscheinende Dialektliteratur verfolgt hat, wie sich aus einem [...] Zitat aus einem Werk Friedrich Wilhelm Grimmes ergibt."[26]

---

[25] Hier zitiert nach WESTPHALEN 1982, S. 210-211.

[26] WESTPHALEN 1982, S. 37; vgl. ebd., S. 157 den Hinweis darauf, dass der Graf im Entwurf einer an den preußischen König gerichteten Rede ursprünglich ein plattdeutsches Zitat aus F. W. Grimmes Schwankbuch „Grain Tuig" (1860) als Motto ausge-

3. Die Frage nach dem religiösen
und kirchlichen Standort des Grafen

Sehr differenziert und abwägend hat Ludger von Westphalen in seiner Monographie über den Großvater die Frage nach den religiösen bzw. kirchlichen Standorten des Grafen behandelt. Dessen Kampf für das ‚Konfessionelle' war im vierten Lebensjahrzehnt nicht unbedingt von Frömmigkeit motiviert: „Für W[estphalen]. haben religiöse Gründe bei seinem Eintreten für den Erzbischof [Clemens August Freiherr Droste zu Vischering] wahrscheinlich die geringste Rolle gespielt; bestimmend für Art und Lautstärke, mit der er sich in diesem Streit Gehör verschaffte, waren sowohl seine enge persönliche Beziehung zu Droste wie auch seine charakterlichen Eigenarten [...]"; die „geradezu familiäre, herzliche Freundschaft zu dem als Märtyrer verehrten Droste, die W. [später; *pb*] gegen Ketteler so sehr herauskehrt, wird durch einige Briefe im Nachlaß W.s bestätigt, die jener in den dreißiger Jahren zuerst als Weihbischof in Münster, dann 1836 als Erzbischof von Köln an Kunigunde und Clemens W. geschrieben hat: Erstere wandte sich immer wieder in Gewissensfragen an ihren Seelenführer und erhielt von ihm Rat und Zuspruch; ihr Mann hat 1836 vor dem Ankauf des ehemaligen Klostergutes Galiläa bei Meschede die Frage an ihn gerichtet, ob und unter welchen Bedingungen der Erwerb früherer geistlichen Besitzes zulässig sei."[27] – Der etwa gleichaltrige *Ferdinand Graf von Galen* hat den streitbaren Einsatz des C. A. v. Westphalen zugunsten des inhaftierten Kölner Erzbischofs (und von dessen Kaplan Eduard Michelis) auf dem Westfälischen Provinziallandtag des Jahres 1841 in einem Manuskript „Mein Leben in der Religion" sehr drastisch – und ver-

---

wählt hatte. – Zur Würdigung des ‚sauerländischen Mundartklassikers' Friedrich Wilhem Grimme durch Clemens August von Westphalen vgl. GRIMME-WELSCH 1983; BÜRGER 2007, S. 102 und 176-177. Auch der Grafensohn Clemens Franz von Westphalen (1836-1887) konnte mit befreundeten Gleichaltrigen Platt sprechen (vgl. BÜRGER 2012, S. 231).

[27] WESTPHALEN 1982, S. 66.

mutlich auf ungerechte Weise – als rein weltliche Streitsache des Adelsgenossen bewertet: „… leider war dem armen Westphalen schon längst aller und jeder christliche Glauben abhanden gekommen. Jetzt brannte er aber vor Verlangen, allerdings nicht die Glaubens-, sondern die Rechtsfrage auf die Spitze zu stellen, und ein gewisser Nimbus, den er immer, teils durch seine äußere Stellung, teils durch seine persönlichen Eigenschaften um sich zu verbreiten gewußt hatte, rissen meine sämtlichen Standesgenossen, ja sogar den Erzbischof selbst, hinter ihm her …"[28]

Zu untersuchen bleibt, inwieweit die Rolle, die C. A. von Westphalen in der Vor- und Gründungsgeschichte des westfälischen Zentrums gespielt hat, nur auf die Interessenspolitik eines sehr begüterten, mit zahllosen Privilegien ausgestatteten katholischen Adeligen zurückzuführen ist.[29]

Unter den Gegnern der neuen Papstdogmen von 1870 nimmt der Graf u.a. deshalb eine echte – sympathische – Sonderstellung ein, weil er auch nach dem I. Vatikanum unbeirrbar an einer kritischen Haltung zum preußischen Staat festhält und bei Willkürmaßnahmen seine schützende Hand über *ultramontane* Katholiken am Ort hält! Der Biograph Ludger von Westphalen vermerkt über den Großvater: „Im Kulturkampf, dem 1872 ausgebrochenen Kampf des preußischen Staates gegen die katholische Kirche, hat W. seine Rechte als Patronats- und Kirchenherr dazu ausgenutzt, den katholischen Gemeinden soweit möglich einen ungestörten oder doch einen eingeschränkten Gottesdienst zu sichern. Solange die Pfarrstelle in Fürstenberg wegen der Maigesetze nicht besetzt war, erschien gelegentlich der Laerer Hauskaplan Kotthoff in Fürstenberg, der sich dann wegen nicht zulässiger Ausübung eines geistlichen Amtes regelmä-

---

[28] Zit. WESTPHALEN 1982, S. 179-180.
[29] Vgl. auch den Beitrag von Werner Neuhaus und den →Anhang A in diesem Band – sowie HOHMANN 1964*, S. 328. – Der Graf wirkte im *Hintergrund*; vgl. aber auch die Sichtweise in WESTPHALEN 1982, S. 215: „An der Gründung des Zentrums hat er nicht teilgenommen, ja, es ist bezeichnend, daß er zu den Soester Konferenzen gar nicht erst eingeladen worden ist".

ßig vor Gericht zu verantworten hatte. – Die Schloßkapelle in Laer
hat wohl zeitweise der Mescheder Gemeinde als Gotteshaus gedient:
Es hat W. einfach Freude bereitet, den Polizeibehörden dort die
Grenzen ihrer Macht zu zeigen, wo er der Herr im Hause war. – In
die Stimmung dieser Jahre paßt auch folgender Vorfall: 1876 wurden
die Amtsvorsteher des Kreises Meschede vom Landrat angewiesen,
über etwaige Feiern zum 30jährigen Papstjubiläum Pius IX. zu berichten; der Amtmann von Meschede meldete dazu am 27. Juni 1876:
‚Im Laufe des Tages (21. Juni) verbreitete sich das Gerücht, daß
nachmittags von Laer aus bei der dem Grafen von Westphalen gehörigen Klause eine Eiche gepflanzt und dieselbe durch Meschede gefahren werden solle.' Nach einer ausführlichen Schilderung dieses
Transportes und des Pflanzens der Eiche, der Reden und der Hochs
auf den Papst werden auch die Teilnehmer der Feier genannt, zu
denen W. zwar nicht, wohl aber sein Oberrentmeister Boese gehört
hat, auf dessen Initiative die ganze Kundgebung zurückgegangen ist,
der aber sicherlich nicht ohne das Einverständnis seines Dienstherrn
gehandelt haben kann, auf dessen Grund und Boden ja das alles
geschah."[30]

Belege für eine innere Entfernung des Grafen vom Christentum
scheinen durchweg in die erste Hälfte des 19. Jahrhunderts zu verweisen, während wir dann für die 1870er/1880er Jahre die in diesem
Band edierten Primärquellen als – zweifellos *christliche* – Selbstzeug-
nisse heranziehen sollten. – 1825 war Clemens August von Westphalen an der Berliner Universität immatrikuliert. Hier „scheint sich
auch die langanhaltende, durch 48 Briefe im Nachlaß W.s belegte
freundschaftliche Beziehung zu Hermann Müller, dem später so
streng kirchlich gesonnenen Publizisten, Staatsrechtslehrer und Philologen angebahnt zu haben, der mehr als 30 Jahre lang Verbindungen zu W. gehalten hat."[31] In mehreren Briefen teilte der Graf dem

---

[30] WESTPHALEN 1982, S. 182-183.
[31] WESTPHALEN 1982, S. 25; ebd. zitiert Ludger von Westphalen das Urteil des Müller-
Biographen Max von Gagern, es sei „Graf Clemens Westphalen, im Charakter, Le-
bensansichten und Gewohnheiten total von ihm [Müller] verschieden [gewesen] und

langjährigen Freund mit, „das Christentum erscheine ihm als etwas Veraltetes, nur noch Tradiertes, dem die Masse der zur Kirche Gehörigen nur noch aus Bequemlichkeit und Trägheit anhänge"[32]. Besonders deutlich fällt seine Ablehnung der von Müller erbetenen Unterstützung einer katholisch-konservativen Kölner Zeitungsgründung (‚Deutsche Volkshalle') in einem Brief vom 17. Oktober 1849 aus: „Du kennst oder könntest wenigstens meine entschieden unchristliche Gesinnung kennen, um zu begreifen, daß ich ohne Lüge mich nicht an die Spitze eines charakteristisch christlich-katholischen Unternehmens stellen kann ... Nach meiner Erkenntnis ist das Christentum nach seiner 1800jährigen Lebensdauer in den Massen bereits vollständig abgestorben, d.h. es schleppt sich allenfalls in Ermangelung von etwas Besserem noch so hin, wirkt aber keineswegs mehr als wahrer Sauerteig. Geh nur unters Volk und prüfe Mann für Mann, wer wirklich davon durchdrungen und begeistert und wer sich's um des lieben Friedens willen nur noch so gefallen läßt und's äußerlich nur mitmacht, weil's und solange es ihn eben nicht weiter stört und im Wege steht. Das gerade ist ja eure Klage. Nun aber soll's noch einmal herhalten, noch einmal aufgewärmt werden, und damit kommt ihr zu spät, zu spät nach meiner Meinung vorzüglich darum, weil die Menschheit gerade an jener ranzigen, unverdauten Kost erkrankt sich in schweren Krisen quält, die dann nur verschlimmert und verschleppt werden ..."[33]

Die fromme Gattin Kunigunde[34] hat sich offenbar vergeblich bemüht, den Grafen auf einen ‚gut katholischen' Weg zu führen; erst recht waren die Versuche Hermann Müllers erfolglos, den Freund zu

---

seiner Anziehungskraft oder Einwirkung sich oft mit Schroffheit widersetzend, ihn vorzugsweise als originellen Geist kultivierte, ihm aber in der schwersten Zeit treu und bis zum Tode ein teilnehmender Freund und Helfer blieb".

[32] WESTPHALEN 1982, S. 181.

[33] Zit. WESTPHALEN 1982, S. 181.

[34] Vgl. WESTPHALEN 1982, S. 30: „Max von Gagern schrieb es Kunigundes Einfluß zu, daß er den Weg zum katholischen Glauben fand, und er hielt in seiner Familie das Andenken an sie wach, indem er seine kurz nach ihrem Tod geborene Tochter Kunigunde nannte."

einer erneuten ‚Glaubensbekehrung' zu ermuntern, wie er sie selbst erfahren hatte. Nach dem Tod der von ihm hochgeschätzten ersten Ehefrau des Grafen im Jahr 1843 machte sich Müller Sorgen wegen der christlichen Erziehung der Nachkommenschaft auf dem Gut in Laer. „Doch war diese Furcht", so Ludger von Westphalen, „wohl nicht begründet, denn W. hat die religiöse Erziehung seiner Kinder, soweit wir wissen, nicht vernachlässigt, vielmehr ihnen wie seiner ganzen Umgebung ein hohes Maß an Hilfe und Förderung zukommen lassen, und zwar auch in kirchlicher Beziehung, manchmal fast in scheinbarem Widerspruch zur eigenen weltanschaulichen Position, die eben doch wohl nicht so entschieden unchristlich war, wie er Müller glauben machen wollte. So hat zum Hausstand in Laer immer ein Hausgeistlicher gehört, der neben gottesdienstlichen Pflichten in der Schloßkapelle die Kinder der ersten Ehe zu unterrichten hatte, von denen wohl keiner eine öffentliche Schule in Meschede oder der Umgebung besucht hat. Das Amt hat nach Friedrich Michelis lange Jahre ein Pater Göring wahrgenommen. – Trotz seiner Vorbehalte gegen kirchliche Institutionen und katholische Glaubenslehren hat W. mehrfach für junge Theologen, die vor der Subdiakonatsweihe standen, jene Einkommensbürgschaft übernommen, die dem geweihten Theologen einen anständigen Lebensunterhalt sichern sollte, auch wenn und solange er noch nicht im kirchlichen Dienst angestellt war. – Schwer auszumachen ist es, wie sich mit den geschilderten, aus den Studienjahren überkommenen kritischen Urteilen über das Christentum die Konversion der zweiten Frau, Cäcilie Gräfin Lucchesini, zur katholischen Kirche in Einklang bringen läßt: Ohne Anhänglichkeit an den überlieferten Glauben, ohne ein Ernstnehmen des Christentums durch den so viel älteren Mann wäre der Übertritt unter Anleitung von Friedrich Michelis im Jahre 1864 gewiß nicht erfolgt."[35]

Bereits die hier zusammengeführten Indizien lassen nicht vermuten, dass Clemens August von Westphalen im fortgeschrittenen Al-

---

[35] WESTPHALEN 1982, S. 181-182.

ter lediglich eine rein pragmatische bzw. instrumentelle Einstellung zu Fragen der Religion eingenommen hat. Wenn der Graf sich selbst dann nach dem I. Vatikanum als „Samariter" versteht, so ist dies sowohl als Hinweis auf Abweichungen von der kirchlichen ,Orthodoxie' als auch als Ausdruck eines beabsichtigten Liebesdienstes an der christlichen Gemeinschaft zu verstehen.[36] Freilich: Die königliche Zensur eines Redetextes des Jahres 1865 bewirkte beim Hausherrn von Laer eine nachhaltige Empörung[37], und ein von der Kirchenobrigkeit verordnetes Denk- oder Sprechverbot hätte er genauso wenig gehorsam hingenommen.

Schloss Laer bei Meschede – Familiensitz des Grafen von Westphalen

---

[36] So zutreffend die Deutung der Nachfahren Ludger und Walburga von Westphalen (WESTPHALEN 1982; WESTPHALEN 1983).
[37] Vgl. WESTPHALEN 1982, S. 155-163.

4. Exkurs: Gegner der neuen Papstdogmen in der Sauerländischen Kreisstadt Meschede

Für das erste Drittel des 19. Jahrhunderts lassen sich bezogen auf das ehemals kurkölnische, ab 1821 aber dem Bistum Paderborn zugeordnete Sauerland noch das Nachwirken aufgeklärter Traditionen im kirchlichen Gefüge und Wortmeldungen freiheitsliebender Katholiken aufweisen.[38] Erst gegen Mitte des 19. Jahrhunderts setzte der Siegeszug einer ultramontanen – besonders strengen und romfixierten – Richtung in der sehr konfessionell geprägten Landschaft ein. Die Religion war hier eine ‚ernste Angelegenheit'; dies gehört wohl zum Hintergrund der erstaunlichen Anzahl von Südwestfalen unter den besonders profilierten Kritikern des Konzils von 1869/70.

Auch am Wohnort des Grafen Clemens August von Westphalen gab es während der Auseinandersetzungen um das Erste Vatikanum eine – vergleichsweise beachtliche – Minderheit von katholischen Nonkonformisten. In mehreren Folgen brachte die ‚Kölnische Zeitung' ab September 1870 Unterstützernamen zur Königswinterer Erklärung *„Gegen die päpstliche Unfehlbarkeit"*: „In Erwägung, daß die im Vaticanum gehaltene Versammlung nicht mit voller Freiheit berathen und wichtige Beschlüsse nicht mit der erforderlichen Uebereinstimmung gefaßt hat, erklären die unterzeichneten Katholiken, daß sie die Decrete über die absolute Gewalt des Papstes und dessen persönliche Unfehlbarkeit als Entscheidungen eine ökumenischen Concils nicht anerkennen, vielmehr dieselben als eine mit dem überlieferten Glauben der Kirche in Widerspruch stehende Neuerung verwerfen." Aus „Meschede (Westphalen)", wo das Gut ‚Haus Laer' der Grafen von Westphalen liegt, wurden im Oktober 1870 folgende Namen von Hochsauerländern zur Ergänzung der Unterzeichnerliste eingesandt[39]:

---

[38] Vgl. Bürger 2016, S. 17-20.
[39] Kölnische Zeitung Nr. 281 vom 10. Oktober 1870, Erstes Blatt (Kopie aus dem Bischöflichen Archiv des Bistums der Altkatholiken, Bonn: 7.339.3; erstellt von Angela Berlis); Unterzeichnernamen sind ebenfalls dokumentiert im „Rheinischen Merkur"

Barth. *Busch*, Fabrikbesitzer
Franz *Busch*, Schlossermeister
Jos. *Buerbank*, Auctions-Commissar.
Dr. *Drees*, Kreisphysicus
H. *Eickhoff*, Fabrikant
Theod. *Hellinger*
Hillenkamp, Justizrath
A. *Harmann*, Buchdruckereibesitzer
Jul. *Lex*, Kaufmann
Lex, Steuerempfänger
F. *Meschede*, Fabricant
Theod. *Meschede*, Kaufmann
Aug. *Meschede*, Stadtverordneter
W. *Peus*, Gastwirth
Jos. *Pöligen*, Bauuntern[ehmer]. u. Stadtver[ordneter].
Friedr. *Schäffer*, Tuchfabricant
Theod. *Schäffer*, Posthalter
H. *Schneider*, Kreisgerichtsrath
S. *Schmitz*, Gutsbesitzer in Hellern
Jul. von *Stockhausen*, Rittergutsbesitzer zu Stockhausen
Bürger, Oekonomie-Oberverwalter in Laer
F. *Lex*, Eisenbahn-Baumeister in Brilon
W. *Bergenthal*, Eisenfabrikbesitzer in Warstein
Ewald *Bergenthal*, Ingenieur daselbst
Dr. *Nieländer*, Arzt daselbst
Wilh. *Nieländer*, Architekt daselbst.
Scheifers, Oberförster, daselbst.

Der Esloher Pfarrer Johannes Dornseiffer (1837-1914) hat später in einem Chroniktext „*Zur Geschichte des Culturkampfes in der Gemeinde*

vom 10.9.1870. – Der eifrigste alt.-kath. Chronist Johann Friedrich von Schulte führt merkwürdigerweise bezogen auf die westfälischen [Erst?]Unterzeichner der „*Erklärung von Königsmünster*" vom 14.8.1870 lediglich folgende Zahlen an: Brilon 1, Hattingen 2, Meschede 4, Warstein 2, Witten 1 (SCHULTE 1887/1965, S. 107).

Eslohe" festgehalten, der Protest gegen das Papstdogma – gemeint ist wohl die Erklärung von Königswinter vom 14.8.1870 – sei in Meschede von einem „Duzend der angesehensten Bürger" unterschrieben worden: „Wenn auch niemand von diesen formell zum Altkatholizismus übergetreten ist, so hat ihr unglücklicher Schritt doch auf Jahre hinaus Ärgernis und Zwietracht in die Gemeinde Meschede hineingetragen."[40] Der altkatholische „Merkur" berichtete 1874, es gebe in Meschede mehrere, allerdings nicht offen hervorgetretene Gegner der päpstlichen Unfehlbarkeitsanmaßung, „die ihr Knie vor Baal nicht gebeugt haben, die aber, eben weil sie nicht ohne entsprechende geistliche Hülfe sind, bis jetzt noch nicht das Bedürfnis fühlen, sich zu regen."[41] Mit anderen Worten: Die Mescheder Gegner der neuen Vatikanischen Dekrete werden weiterhin von einem – ungenannten – Seelsorger betreut, der ihnen die Sakramente spendet. Deshalb sehen sie sich – anders als ihre Gesinnungsfreunde in Attendorn und Lippstadt – nicht genötigt, eine eigene alt-katholische Gemeindegründung am Ort anzugehen.

Bezeichnend für die Stimmung in der katholischen Landschaft ist die Wandlung des in seiner Tendenz ursprünglich national-liberalen *„Mescheder Kreisblattes"* und seines Verlegers Anton Haarmann. „1873 drohten führende Köpfe der katholischen Bevölkerung und die Geistlichkeit mit der Abbestellung des Blattes [...] Der Verleger stand bis dahin den Alt-Katholiken nahe [...] Unter dem Druck zahlreicher Abonnenten nahm das Blatt im Dezember 1873 eine ultramontane [romtreue] Richtung an"[42] und musste danach im Kampf für die „römisch-katholische Sache" schwerwiegende Nachteile, so den Verlust des amtlichen Charakters, in Kauf nehmen. – Der Mescheder Kaplan Norbert Fischer († 1900) gehörte zu jenen sauerländischen Priestern, die ob ihres Widerstandes gegen die preußi-

---

[40] Zit. FRANZEN 1993, S. 74.

[41] Deutscher Merkur – Organ für die katholische Reformbewegung Jg. 1874, S. 30.

[42] HILLEBRAND 1989, S. 196. – Auch der *jüdische* Verleger des in Briloner erscheinenden ‚Sauerländer Anzeigers' musste zu jener Zeit sein Blatt fast zwangsläufig auf römisch-katholischer Linie halten (BRUNS 1988; BÜRGER 2012, S. 574)!

schen Kirchengesetze, wegen erfolgter Amtsenthebungen oder geheimer Seelsorge als Helden und ‚Märtyrer' des Kulturkampfes verehrt wurden.[43]

Für das nahe gelegene Warstein konstatierte die amtliche Berichtsausgabe der 11. Alt-Katholischen Synode noch 1889 unter der Rubrik „Diaspora" einige Alt-Katholiken ohne Gemeinde vor Ort.[44] Den Königswinterer Protest hatte der Geheime Commerzienrat Wilhelm Bergenthal (1805-1893) im Jahr 1870 von Warstein aus auch seinem Neffen Fabrikant Ferdinand Gabriel – vergeblich – nach Eslohe zur Unterschrift geschickt.[45] Bergenthal, Anfang der 1870er Jahre liberaler katholischer Gegenkandidat des Zentrumsabgeordneten Peter Reichensperger, ist Pfarrer J. Dornseiffer zufolge 1891 zur römisch-katholischen Kirche zurückgekehrt. Auch vom Mescheder Kreisphysikus Dr. Drees weiß der ultramontane Chronist eine Aussöhnung mit der römischen Kirche – und zwar auf dem Sterbebett – zu berichten.

Pfarrpatriarch Johannes Dornseiffer würdigt in seinen Kulturkampf-Erinnerungen den Grafen von Westphalen übrigens nur als Anwalt der ‚katholischen Sache'[46], ohne dass dessen Gesinnung bezüglich der päpstlichen Unfehlbarkeit irgendwo zur Sprache kommt.

---

[43] WAGENER 1925.

[44] BÜRGER 1996.

[45] Vgl. FRANZEN 1993, S. 74 (Begründer der streng katholischen Unternehmerfamilie Gabriel war ein Konvertit aus dem Judentum).

[46] „Im Jahr 1867 war eine Versammlung in Grevenbrück bei Witwe Schmelzer, welche vom Grafen Clemens von Westphalen einberufen war. In seiner Erörterung gab er zu erkennen, daß die 10 Gebote das Fundament aller Politik bleiben müßten. Wer hierfür sei, möge den Arm erheben. Da die Liberalen aus Attendorn und sonstwoher stark vertreten waren, – Rentmeister Müller trat als Redner auf, ebenso Vikar Feldmann von Wenden, – so wurde die Versammlung gesprengt. Die liberale Partei blieb Sieger und Besitzer vom Saale. Die katholische Partei mußte den Saal verlassen. Unterdessen hatte Pastor Emil von Papen (Helden) sich ein Zimmer im ersten Stock gemietet und lud diejenigen, welche den Arm als Zeichen der Zustimmung erhoben, ein, bei ihm zu erscheinen und weiter zu beraten. Graf Westphalen nannte bei dieser Gelegenheit den Vikar Feldmann einen Calfaktor" (FRANZEN 1993, S. 74-75).

Der ehemalige Hauskaplan auf Schloss Laer Prof. Friedrich Michelis, 1815-1886
(Bildarchiv: Katholisches Bistum der Alt-Katholiken – Ordinariat Bonn)

5. Frühe Verbindung und Austausch des Grafen mit Friedrich Michelis

Für des Grafen Entscheidung zum Protest gegen das I. Vatikanum, so meint Ludger von Westphalen, „gibt es ebensowenig wie für seine ganze religiöse Entwicklung eine einzelne, eindeutig faßbare Ursache: Literarische und philosophische Einflüsse – Goethe und Feuerbach wurden schon genannt –, kritische Gedankengänge befreundeter katholischer Theologen und besonders seine charakterlichen Eigenarten mögen derart zusammengewirkt haben, daß W. zwar nicht eigentlich in den äußeren Lebensformen, wohl aber in seinem Verhältnis zu den tradierten Glaubensinhalten wie zu den kirchlichen Autoritäten seine eigenen Wege gegangen ist. Verhehlen läßt sich nicht, daß W. schon lange vor 1870 über das Christentum sehr kritisch gedacht hat, allerdings ist diese Haltung nie in Gleichgültigkeit und Ignoranz umgeschlagen, vielmehr hat er sich bis in seine letzten Lebensjahre sehr intensiv mit Glaubensfragen beschäftigt, ja, er hat sich gedrängt gefühlt, publizistisch als Verteidiger der reinen katholischen Lehre, so wie er sie verstand, aufzutreten. Insgesamt hat er sich im religiös-kirchlichen Bereich noch weiter als im politischen und gesellschaftlichen von der Vorstellungswelt seiner Zeit- und Standesgenossen entfernt, die ihn darum auch nicht ohne Mißtrauen und Zurückhaltung betrachtet haben; diese mochten auch etwas zu tun haben mit W.s Nähe zur Sinnen- und Tatfreudigkeit eines von Goethe geprägten Humanismus, der nicht eben der herkömmliche geistige Nährboden des westfälischen Adels gewesen ist. So empfindlich nun W. gegen jede Einschränkung seiner Denk- und Handlungsfreiheit war, so sehr er das Recht in Anspruch nahm, Distanz zu allen Autoritäten zu wahren, und jeden Bekehrungsversuch ablehnte, so uneingeschränkt hat er seiner Familie und seiner ganzen Umgebung ein Leben im katholischen Glauben gesichert."[47]

---

[47] Westphalen 1982, S. 178-179.

Der wohl bedeutsamste Hintergrund der laientheologischen Regsamkeit des Clemens August von Westfalen hängt mit der geistlichen Betreuung der Grafenfamilie zusammen, nämlich der frühen Verbindung mit Friedrich Michelis[48] (1815-1886). Nach seiner Priesterweihe im Jahr 1838 wirkte Michelis – bevor er als Kaplan und Religionslehrer nach Duisburg kam – einige Jahre als Hauskaplan und Lehrer der Grafenkinder in Laer bei Meschede; der Hausherr Clemens August von Westphalen wurde sein Gönner, „mit dem er seine Gedanken über die Vereinbarkeit von Religion und Philosophie austauschte und der ihm in seinen finanziellen Engpässen durchhalf"[49]. Friedrich Michelis war der „jüngere Bruder von Eduard Michelis, der 1837 mit dem Erzbischof von Köln gefangen genommen wurde und für dessen Freilassung sich W. 1841 so vehement eingesetzt hatte"[50]. Es liegt nahe, einen Zusammenhang zwischen seiner Anstellung in Meschede und dem gräflichen Engagement[51] für den älteren

---

[48] Vgl. zu ihm den guten biographischen Überblick in der Monographie: BELZ 1978. Weitere Literatur: BISCHOF 1994*; KETTELER 1873*; LANDRY 2014; MICHELIS 1906*; REINKENS 1886; REUSCH 1885*; REUSCH 1886; RUISCH 2011. – Da für unsere Reihe „Kirchenreform & Geschichte" bereits ein eigener Quellenband mit Schriften von Michelis erarbeitet worden ist (es fehlt nur noch die Einleitung), begnüge ich mich an dieser Stelle mit Ausführungen zu ihm, die in näherem Zusammenhang mit der Causa des Grafen von Westphalen stehen.

[49] WESTPHALEN 1982, S. 43.

[50] WESTPHALEN 1982, S. 152.

[51] Die Kernsätze des 1841 beim Westfälischen Provinziallandtag durch Clemens August von Westphalen eingereichten Antrags lauteten: „... unseren Allergnädigsten König inständig dahin anzugehen, daß dem Herrn Erzbischof Clemens August sowie seinem damaligen Kaplan Eduard Michelis ... der Genuß der vollständigen Freiheit und ersterem die damit verbundene Möglichkeit, seinen Hirtenstab wieder zu ergreifen, gegeben werde" (hier zitiert nach: WESTPHALEN 1983, S. 18). – Der ursprüngliche, genau besehen von Rom herbeigeführte Gegenstand der ‚Kölner Wirren' kann aus einer glaubwürdigen christlichen Haltung heraus wohl kaum als notwendige Streitsache in der Bezeugung des Evangeliums verstanden werden: Erzbischof Clemens August Freiherr Droste zu Vischering befolgte kompromisslos – im Gegensatz zu weiseren Bischöfen – „den durch päpstliche Breven bestätigten Grundsatz, daß katholische Priester konfessionsverschiedene Ehen nur dann trauen dürfen, wenn die Ehepartner sich zuvor bereit erklären, die zu erwartenden Kinder im [römisch-]katholischen Glauben zu erziehen" (WESTPHALEN 1983, S. 50, Anmerkung 66).

Bruder während der ‚Kölner Wirren' anzunehmen. – Das vorübergehende politische Wirken von F. Michelis als ‚Zentrumskleriker' in späterer Zeit ist wohl auch im Kontext seiner Verbindung mit dem Grafen von Westphalen zu betrachten.[52]

Friedrich Michelis „hat sich in zahlreichen Schriften um die Aussöhnung der Theologie mit den Naturwissenschaften bemüht und ist darüber mit W. im Briefwechsel geblieben"[53]. 1845 sandte der inzwischen in Duisburg tätige ehemalige Hauskaplan und Hauslehrer des Grafen eine frühe wissenschaftliche Arbeit nach Schloss Laer; die Schrift verfolgte das Anliegen, „die Bereiche des Glaubens und des Wissens, der Theologie und der Naturwissenschaften miteinander zu verbinden und zu versöhnen, um so der christlichen Weltanschauung die Mittel zur Verteidigung gegen den aufkommenden Materialismus an die Hand zu geben"[54]. Clemens August von Westphalen bedankte sich am 5. Januar 1847 mit durchaus kritischen Anmerkungen zum Ansatz des Zugeschickten: „Was aber den Inhalt selbst angeht, so kömmt er mir allerdings in gewissem Sinn unkirchlich vor. Ihr so lebhaftes Bedürfnis, die Natur zu begreifen (begreifen nicht als Zweck, sondern als Mittel, um sich ihr zu nähern, also ganz wörtlich zu nehmen, so viel wie analysieren z.B.), welches sich so unverkennbar in Ihnen und namentlich auch wieder in der im Nachtrag gegebenen Abhandlung ausspricht, läßt sich nicht auf Übernatürliches (Unbegreifliches) in analoge Anwendung bringen, selbst nicht annähernd, eben weil es widersprechend ist; und so muß in dem Versuch einer Vermittlung notwendig Gefahr für das eine oder das andere oder für beides zu gleichen Maßen liegen: für den religiösen Glauben, logischer Prüfung bloßgestellt zu werden, und für das Feld des Wissens, nach Analogie des Glaubens – d.i. durch unbegriffene Vorstellungen und Annahmen – bebaut zu werden. Dieses der ganz allgemeine Eindruck, den Ihr Buch gerade in einem Augenblick

---

[52] WESTPHALEN 1868*, S. 7 und 10; vgl. dazu auch HOHMANN 1964*, S. 306, 309-310, 328-329, 333 und 339.
[53] WESTPHALEN 1982, S. 152.
[54] WESTPHALEN 1982, S. 180.

auf mich gemacht hat, wo ich mit der Sonderung jener beiden menschlichen Tätigkeiten, denen die Worte ‚reflectiv' und ‚speculativ', ‚Verstand' und ‚Vernunft', ‚begreifen' und ‚folgern (schließen)' als selbständige Begriffe entsprechen, mich beschäftige ..."[55]. Clemens August von Westphalen bezweifelt, dass die naturwissenschaftliche Obsession – zumal unter einer Vermischung verschiedener geistiger Sphären – dem christlichen Glaubensverständnis wirklich gute Dienste leistet. Die Warnung vor einer falschen „rationalistischen" Fährte zeugt von einem theologischen Problembewusstsein des Grafen von Westfalen. (W. postuliert keinen Gegensatz ‚Denken *oder* Glauben', sondern spricht sich gegen eine irreführende Synthese von ‚Naturwissenschaft und Religion' aus.)

In theologischer und kirchenpolitisch-aktivistischer Hinsicht ist es durchaus nicht abwegig, Friedrich Michelis als den „ersten Altkatholiken" in deutschen Landen zu betrachten. Schon ein Jahrzehnt vor dem I. Vatikan tritt dieser philosophische Fürsprecher eines alternativen ‚platonischen Paradigmas' als leidenschaftlichster Kritiker des neuscholastisch zementierten ‚Aristotelismus / Thomismus' und namentlich auch des totalitär ambitionierten Papstideologen Joseph Kleutgen S.J. in Erscheinung.[56] Bereits in einem Brief an Ignaz Döllinger vom 27. Mai 1861 (!) schreibt Michelis: „Die dringende Notwendigkeit, dass die deutsche Wissenschaft durch eine gemeinsame Vertretung ihr Gewicht in die gegenwärtige Krise einlege, ist mir eben vor einigen Tagen von neuem nahegelegt durch ein mir zufällig in die Hände gekommenes, französisches Werk (*L'Infaillibilité par l'auteur de la Restauration française*), welches vielleicht zufällig Ihnen noch nicht zu Gesicht gekommen ist, weshalb ich so frei bin, Ihre Aufmerksamkeit darauf zu lenken. Die Tendenz dieses Buches ist, die persönliche Unfehlbarkeit des Papstes in der Weise als den Begriff der Unfehlbarkeit des Lehramtes ausfüllend zu erweisen, dass es als Rationalismus und revolutionäres Prinzip erscheinen soll, den Gesamtepiskopat als einen integrierenden Bestandteil des Lehramtes

---

[55] Zitiert nach WESTPHALEN 1982, S. 180.
[56] Vgl. MICHELIS 1861; MICHELIS 1865*; MICHELIS 1867*.

zu betrachten. Damit ist unleugbar der von Christus gegründete Organismus der Kirche verkannt, und solche Behauptungen gehen mit einer Autorisation von seiten der Congreg. Indicis in die Welt. Es ist unzweifelhaft an der Zeit, dass die deutsche katholische Wissenschaft (denn leider scheint vom Episkopat zunächst nichts zu erwarten zu sein) ihre wohlbegründete und wohlerworbene Stellung einnehme, um die Kirche vor grossen Ärgernissen zu bewahren."[57] Johann Friedrich vermerkt im ersten Teil seiner Konzilsgeschichte: „Keiner aber sah so frühzeitig ... als Michelis ein, dass man auf eine Dogmatisierung der Unfehlbarkeit ernstlich zusteuere."[58]

Auf die z.T. im vorliegenden Band dokumentierten Veröffentlichungen von Friedrich Michelis mit engem zeitlichen Bezug zum Ersten Vatikanum kommen wir noch zu sprechen. 1869 erscheinen die Schriften *„Die Unfehlbarkeit des Papstes im Lichte der katholischen Wahrheit"*[59] und *„Die Versuchung Christi und die Versuchung der Kirche"*[60]. 1870 folgt zunächst die Streitschrift *„Der neue Fuldaer Hirtenbrief in seinem Verhältniß zur Wahrheit"*[61] wider die Charakterschwäche und leicht durchschaubare Selbstrechtfertigung deutscher Bischöfe, die sich gleichsam über Nacht der neuen Dogmenproduktion gefügt haben. – Direkt nach dem tragischen Verlauf des Konzils war Michelis der erste, der – mit großer Frustrationstoleranz – an mehreren Orten Vorträge für kritische Katholiken in Westfalen hielt und somit Keime für spätere alt-katholische Gemeindegründungen legte.

Vielleicht gab es auch Verbindungen zwischen dem Grafen auf Haus Laer und dem in München lebenden Altmeister des theologischen Widerstandes gegen die neu kreierte ‚Papstanbetungsreligion': Ignaz von Döllinger (1799-1890). Walburga von Westphalen nimmt an, daß ihr Urgroßvater Clemens August von Westphalen „über Michelis engere, vielleicht mehr persönliche Kontakte zu Döllinger

---

[57] Zit. nach der Edition: MICHELIS/DÖLLINGER 1912.
[58] FRIEDRICH 1877*, S. 275 (Anmerkung 1).
[59] MICHELIS 1869*a (Auszug im →Anhang B).
[60] MICHELIS 1869*b.
[61] MICHELIS 1870* (Textdokumentation →Anhang B).

pflegte. Für diese Vermutung spricht auch die Überlieferung in der Familie von Westphalen, daß Döllinger vor und nach dem Konzil mehrmals auf Schloß Laer als Gast weilte, Döllinger allerdings – vielleicht auf ausdrücklichen Wunsch v. Westphalens – über diese Begegnungen nicht weiter gesprochen hat"[62]. Die gesicherte Quellenbasis für solche Spekulationen ist allerdings sehr dürftig. Aus Ignaz Döllingers Reisenotizen 1857 zitiert Johann Friedrich die kurze Bemerkung: „Graf Westphalen Gerechtigkeit liebend"[63].

6. DER BRIEFWECHSEL MIT
BISCHOF WILHELM EMMANUEL VON KETTELER

„Nun gestehe ich Dir ganz offen, die leise Hoffnung, die ich mir gemacht und bisher gehegt, daß, wenn ich Dir als altem Freunde nur einmal recht derb mit der Wa
hrheit zu Leibe gehen und Dich damit rütteln könnte, mit dem alten Freunde auch der Bischof zum Bewußtsein kommen müsse, die hast Du mir nahezu zu Schanden gemacht." (Brief des Laien Clemens August von Westphalen an den Bischof von Mainz, 12.04.1871)

Vom Dezember 1870 bis April 1871 hat sich Clemens August von Westphalen auf dem Postweg mit dem befreundeten Mainzer Bischof Wilhelm Emmanuel v. Ketteler über die Dekrete des I. Vatikanums ausgetauscht.[64] Es wäre wohl zu einem spektakulären – sodann nachhaltig im kirchengeschichtlichen Gedächtnis verankerten – Skandal gekommen, wenn der Graf im Sauerland diesen äußerst streitbaren Briefwechsel (→Anhang D.1-10) gemäß einem dann wieder fallengelassenen Plan im Jahr 1872 veröffentlicht hätte.

---

[62] WESTPHALEN 1983, S. 3.
[63] FRIEDRICH 1901, S. 195.
[64] Vollständige Edition mit wissenschaftlichem Anmerkungsapparat in: KETTELER 1982, S. 915-949; vgl. auch: WESTPHALEN 1982, S. 183-209; WESTPHALEN 1983, S. 22-24.

Die beiden Adeligen, der Laie und der Bischof, waren seit langem befreundet, woraus eine einzigartige Kommunikationskonstellation resultierte: Ein römisch-katholischer *Laie* hatte im 19. Jahrhundert bei einem *Bischof* allenfalls devote Anfragen oder Bitten vorzubringen, doch unter *Freunden* (und adeligen Standesgenossen) ist es üblicher, Klartext zu sprechen. „V. Westphalen und Ketteler kannten sich seit ihrer Kindheit. Aus einer nur verwandtschaftlichen Beziehung erwuchs eine tiefer gehende Jugendfreundschaft"[65]. Dass „diese Freundschaft über eine bloß verwandtschaftliche Beziehung hinausging, wird durch die Tatsache erhärtet, daß die Familie Kettelers eine Büste v. Westphalens hatte. Diese konnte nur ein persönliches Geschenk v. Westphalens sein"[66]. Wir müssen uns nach Lektüre aller Grußzeilen in den Briefdokumenten das Freundesband überaus innig – und entsprechend dramatisch das Misslingen des Briefwechsels 1870/71 – vorstellen. Am 17. April 1871 berichtet Bischof W. E. von Ketteler dem Grafen von Westphalen von einem Gebet, „welches ich jetzt fast 30 Jahre täglich mit Nennung Deines Namens Gott in der heil[igen] Messe vortrage"!

In der Biographie der beiden befreundeten Adeligen hatten die ‚Kölner Wirren' um Erzbischof Clemens August von Droste zu Vischering (1773-1845) eine bedeutsame Rolle gespielt.[67] Graf und Bischof profilierten sich später auch gleichermaßen durch Widerspruch gegen den Preußisch-Österreichischen Krieg 1866, doch der Pragmatiker Ketteler arrangierte sich – anders als C. A. von Westphalen – sehr bald mit der ‚kleindeutschen Lösung' zur nationalen Reichseinigung unter der Vorherrschaft von Preußen. Andererseits konnte der Mainzer Bischof dem sozialen Reformprogramm von Ferdinand Lasalle (1825-1864) wenigstens zum Teil etwas abgewinnen, was dem sehr begüterten Grafen auf Schloss Laer – trotz seines Austauschs mit Lasalle – offenbar nicht gelungen ist.

---

[65] WESTPHALEN 1983, S. 3-4.
[66] WESTPHALEN 1983, S. 47 (Anmerkung 18).
[67] Im Briefwechsel 1870/71 streiten die beiden darüber, wer den Kölner Erzbischof Droste zu Vischering besser gekannt hat (bzw. sein Anliegen besser versteht).

74

Wer war der erste Papst? – Der „traurige Petrus" am Portal der sauerländischen
Pfarrkirche St. Peter und Paul in Eslohe (Bildarchiv: Museum Eslohe)

Wilhelm Emanuel von Ketteler wirkte ab 1850 als Bischof in der ‚ultramontanen Metropole' Mainz, kann selbst aber nur als ‚gemäßigter Ultramontaner' bezeichnet werden.[68] Er hatte ehedem u.a. bei Ignaz von Döllinger studiert und war nicht ohne Verständnis für eine moderne Kirchengeschichtswissenschaft geblieben. Seine Auffassung der Dogmatik erinnert im Einzelfall eher an die ‚Tübinger Schule' denn an die Neuscholastik. Wider den Verurteilungsungeist hatte Ketteler auf dem I. Vaticanum vorgeschlagen, „die innere Wahrheit und *Schönheit* der [christlichen] Lehre selbst einleuchtender zu machen und so viel wirksamer zu sagen". Vor und auf dem Konzil gehörte er – in prominenter Weise – zu jenen Bischöfen des deutschsprachigen Raums, welche die Dogmenprojekte der extremen Ultramontanen kritisierten. Seine Bedenken erschöpften sich mitnichten nur in dem Argument, der *Zeitpunkt* für eine Definition der päpstlichen Unfehlbarkeit sei mit Blick auf die Weltöffentlichkeit ungünstig (‚Inopportunität'). Ketteler, der sich freilich für den Fall der Fälle manches ‚Hintertürchen' offen hielt, sah Papst (Primat) und Bischofsamt (Kollegium) – als stets *notwendige Einheit* – aufs engste verbunden. Für die extremen Ultramontanen basierte hingegen umgekehrt die Lehrautorität der Bischöfe (z.B. auf einem Konzil) ganz auf einer *besonderen Unfehlbarkeit des Papstes*; diese galt ihnen gleichsam als die autarke Quelle aller kirchlichen ‚Lehramtsgnaden'. Seine Kritik an solchen Anschauungen hat der Mainzer Bischof klar verständlich auch in einer Konzilsrede vom 25. Juni 1870 vorgetragen (Textdokumentation →Anhang E.1). – Als das Erste Vatikanum 1870 endgültig die neuen Papstdogmen kreierte, war Ketteler schon abgereist, um als Mitglied der oppositionellen Minderheit nicht mit abstimmen zu müssen. Sein Gesicht suchte er nach Unterwerfung un-

---

[68] Zu W.E. v. Ketteler vgl. seine gesammelten „Schriften, Briefe und Materialien zum Vaticanum I" (KETTELER 1982); zu seinen Standorten: LEHMANN 2011* (z.T. sehr ‚harmonisierend') sowie die am Schluss des vorliegenden Bandes verzeichnete Literatur zum I. Vatikanum und →Anhang E. – Vgl. auch meine vereinzelten Hinweise zu Ketteler im Text *„Zur Eröffnung der Editionsreihe ‚Geschichte & Kirchenreform'"* am Anfang des vorliegenden Bandes.

ter den Entscheid der Konzilsmehrheit durch eine enge *Interpretation* der definierten Unfehlbarkeitsformel zu wahren, was die allmächtige Kirchenzentrale in Rom nicht weiter störte oder ihr sogar – als Mittel der Beschwichtigung in deutschen Landen – willkommen war. Es fällt schwer, den entsprechenden kirchenpolitischen und schriftstellerischen Aktivitäten des Bischofs nach Konzilsende zu bescheinigen, sie bezeugten ein hohes Ideal von „Wahrhaftigkeit" (→Anhang E.2).

Das bereitwillige, sehr schnelle Sich-fügen fast aller zuvor nonkonformen deutschen Bischöfe unter das neue Papstdogma kritisierte Friedrich Michelis in seiner Schrift „*Der neue Fuldaer Hirtenbrief in seinem Verhältniß zur Wahrheit*"[69] (Textdokumentation →Anhang C). Diese Broschüre schickte Clemens August von Westphalen ohne Absenderangabe und Begleitschreiben Ende 1870 an Bischof E. W. Ketteler – mit dem handschriftlichen (Deckblatt-)Vermerk: „Kreuziget ihn! Zwar hat dies Mittelchen sich nicht allzeit als probat erwiesen; wenn aber niemand ein Wort mehr antworten kann und es auch nicht wagt, ihn weiter zu fragen, was bleibt euch dann noch anderes zu thun übrig?" Dem hochgestellten Adressaten war durch die ‚anonyme' Form freigestellt, zu reagieren.[70] Der Mainzer Bischof erkannte jedoch Wappen und Handschrift des Freundes; er bedankte sich am 13.12.1870 für die Zusendung. Der solchermaßen begonnene

---

[69] MICHELIS 1870*.

[70] Ludger von Westphalen meint: „Will man den Briefwechsel nach seinem inhaltlichen Gewicht beurteilen, so wird man zuerst fragen müssen, warum und mit welchem Ziel er überhaupt geführt worden ist. Veranlaßt ist er anscheinend durch den Wunsch W.s, den Mainzer Bischof und Konzilsvater durch seine persönlichen Beziehungen zur Stellungnahme zu einer Kampfschrift von Friedrich Michelis zu veranlassen und zu einer Erklärung zu bringen, die sich nicht mit der Definition des Konzils vom 18. Juli 1870 über die Unfehlbarkeit des päpstlichen Lehramtes deckte oder doch wenigstens über die einfache Forderung nach gläubiger Unterwerfung unter das neue Dogma hinausging. Darum die oft weitausgesponnenen theologischen Darlegungen, zu denen Michelis manches beigesteuert haben mag, darum seine aggressiven Ausflüge in die Kirchengeschichte, die Döllingers Argumente wiederholen, darum schließlich die heftigen Vorwürfe gegen die Haltung Kettelers und der sog. Minorität auf dem Konzil." (WESTPHALEN 1982, S. 206)

Briefwechsel sei zur vollständigen Lektüre empfohlen (→Anhang D.1-10); an dieser Stelle begnügen wir uns mit einigen grundlegenden Beobachtungen.

Beide Briefpartner haben Polemiken beigesteuert, die dann eskalierten und zum Abbruch des Austausches führten. Der hierbei vielleicht *tüchtigere* W.E. v. Ketteler erklärt direkt im ersten Brief vom 13. Dezember 1870, Priester wie Michelis, die so gemein von den Bischöfen dächten, gingen „hauptsächlich von Ansichten aus, welche eine perfide Lügenpresse verbreitet". – Am 13. Januar 1871 bekräftigt er: Michelis und seine Gesinnungsgenossen, die während des Konzils die Bischöfe ultimativ verleumdet hätten, verdienten keine Antwort – als Bischof habe er Wichtigeres zu tun, als ihnen mit Broschüren[71] zu antworten. An den befreundeten Grafen richtet er die Feststellung: „Du redest in Deinem Briefe von lauter Dingen, die Du entweder gar nicht kennst oder über die Du vielfach die ordinären Vorurtheile des vulgären Rationalismus zu haben scheinst." Der Vorwurf des bischöflichen Hochmutes ähnele dem, was *„uns die jüdische Presse täglich"* nachsagt. – Am 17. April 1871 rät der Bischof schließlich dem Freund (in alter Liebe und Freundschaft verharrend): „Schuster bleib bei Deinem Leisten! Alle Achtung vor Deiner Person und vor Deiner Einsicht; *aber über die Pflichten eines Bischofes und über die Lehren der Kirche steht Dir kein Urtheil zu!"* Den Schlusspunkt setzt ein inquisitorisches Verhör: „Bist Du ein gläubiger Christ? Bist Du ein gläubiger Katholik?"

Clemens August von Westphalen bekennt seinerseits am 21. Dezember 1870, er denke von den Bischöfen genau so „gemein" wie Michelis, da „ich Euch über gemeinmenschliche Mängel und Gebrechen durchaus nicht erhaben glaube". Ketteler wolle dem kritischen Priester nicht antworten; das findet der Graf unerhört: „Von einem so verweltlichten Standpunkt faßt Du die christliche Hierarchie also auf, wie allenfalls ein preußischer Major das Verhältniß zu einem Subalternen? Überaus coulant und geschwätzig mit Civilisten, einem

---

[71] Ketteler war aber ansonsten ein besonders eifriger Broschüren-Schreiber; vgl. z.B. später auch: KETTELER 1873* (u.a. gegen Michelis).

Unteroffizier gegenüber aber: still gestanden! s'Maul gehalten!" –
Am 28. Januar 1871 billigt W. den Bischöfen der Konzilsminderheit
zwar mildernde Umstände bezüglich ihres Verhaltens zu, konstatiert
aber: „Gefehlt, ja gesündigt habt Ihr in unsern Augen, das ist keine
Frage". Bezogen auf Unterstellungen des Gegenübers wird festgehalten, er kenne die „Überhebungen von solchen, die sich heben, als
hätten sie die Gottes-Gelehrtheit mit Löffeln gefressen". – Am 2.
März 1871 klagt der Graf, die Hierarchie habe sich angemaßt, für
treue Bekenner des bisherigen Glaubens den Himmel zu versperren;
man dürfe sich nicht wundern, wenn „urgermanische Fäuste" (!) sich
anschickten, das Hindernis wieder fortzuräumen. – Am 23. April
1871 meint er, auch die früher kritischen Bischöfe hätten sich „mit
der Sache [des Unfehlbarkeitsdogmas] persönlich identificirt" und
seien „mehr wie die bloßen Träger der Sache geworden"; es bleibt
„Euern Gegnern gar nichts Anderes mehr übrig, als Eure Personen
als solche nun auch selbst anzugreifen und sie nach Möglichkeit zu
discreditiren".

Der Bischof von Mainz wird wohl, wie Ludger von Westphalen
mit gutem Grund annimmt, kaum glücklich über diese Entwicklung
des schriftlichen Austauschs gewesen sein: „Auf eine Sachdiskussion
hat sich Ketteler nicht eingelassen. Sein erster Brief an W. mag wohl
überwiegend ein Akt der Höflichkeit gewesen sein, vielleicht verbunden mit der Hoffnung, den ihm als eigenwillig bekannten Jugendfreund von extrem antikirchlichen Schritten zurückhalten und
von Friedrich Michelis trennen zu können, mit dem der Mainzer
Bischof seit 1867 in literarischer Fehde lag. In den späteren Briefen
hat er sich immer wieder auf seine Würde zurückgezogen; nach seiner Auffassung vom kirchlichen Lehramt mußte er W. in der theologischen Streitfrage jede Sachkompetenz absprechen, so als ob ein
‚normaler Laie' hierzu Kritisches weder wissen könne noch sagen
dürfe. Dabei ist man nicht völlig überzeugt, daß dieses episkopale
Selbstbewußtsein wirklich so ganz ungebrochen gewesen ist, wie es
den Anschein haben sollte: Ketteler hatte sich zwar nach der Rückkehr aus Rom dem Dogmatisierungsbeschluß vom 18. Juli 1870, über

den er nicht mit abgestimmt hatte, sofort unterworfen und ihn in seiner Diözese amtlich bekanntgemacht, doch wird man unterstellen können, daß die Vorgänge auf dem Konzil ihn innerlich stark bewegt, ja mitgenommen hatten. Gewiß hätte es ihn in seiner Glaubensgewißheit nicht bedroht, wenn er sich mit dem angriffslustigen W. in ein theologisches Gefecht eingelassen hätte, doch mußte ihm jede Erinnerung an seine nicht eben glanzvolle Rolle in den Auseinandersetzungen mit der Majorität des Konzils und erst recht der Kurie fatal sein, und darum hat er es abgelehnt, sich ihretwegen zu rechtfertigen. Von den Vorwürfen W.s haben die theologischen wahrscheinlich den geringsten Eindruck auf Ketteler gemacht – hier mochte er sich mit einigem Recht als der stärkere fühlen –, doch der Schimpf, er sei feige gewesen, habe schmählich gekniffen usw., hat ihn, wie die Reaktionen zeigen, recht empfindlich berührt. Da wurde auch er grob und verdächtigte am Ende jede kritische Stellungnahme zum Vorgehen der Kurie und zur Konzilsarbeit als Feindseligkeit, während wir heute – nach dem Vaticanum II. und nach weiteren historischen und theologischen Untersuchungen – einiges Verständnis für sie aufzubringen vermögen."[72] – Stimmt es wirklich, dass Ketteler sich den *theologischen* Anfragen des Freundes[73] gegenüber überlegen fühlte? Warum hat er sie dann nicht beantwortet, etwa die einfache Überlegung, dass es doch kein eigenes „Sakrament der Unfehlbarkeit gibt" und deshalb am Ende womöglich der bloße Vorgang der *Papstwahl* – eine in historischer Hinsicht ja oftmals ganz unwürdige Sache – die Gnade (Befähigung) verleihen müsse, Dogmenverkündigungen vorzunehmen, die (aus sich heraus – ohne Zustimmung der Gesamtkirche) „unfehlbar" sind? (→D.6) Hatte der adelige Laie keine guten Gründe, die ihm mit Mainzer Bischofssiegel zuge-

---

[72] WESTPHALEN 1982, S. 207-208.
[73] Hierzu gehören im Briefwechsel z.B. auch Fragen nach: dem biblischen Zeugnis (Bekehrungsnotwendigkeit des *Simon Petrus*); der – ehedem auch von Ketteler so hoch gewichteten – Einmütigkeit (Unanimität) von Konzilien; dem Beistand des Heiligen Geistes (der doch nicht nur einem Einzelnen verheißen ist); oder der nunmehr erfolgten Degradierung der Bischöfe zum fakultativen „Beirat des Papstes".

sandte Broschüre „*Das unfehlbare Lehramt des Papstes*"[74] nicht als Antwort auf die Fragen, die er gestellt hatte, zu betrachten?

Welche Intentionen verfolgte der Graf auf Schloss Laer, dem ‚Wahrheitsliebe' förmlich als Gottesdienst galt, während seines heftigen Austausches mit Ketteler? Ludger von Westphalen schreibt: „W. behauptet, er habe die ‚leise Hoffnung ... gehegt, daß, wenn ich Dir als altem Freund nur recht derb mit der Wahrheit zu Leibe gehen und Dich damit rütteln könnte, mit dem alten Freunde auch der Bischof zum Bewußtsein kommen müsse' – so als ob es unter der Schale des kirchlichen Würdenträgers einen anderen Ketteler gäbe, den alten Freund und Standesgenossen, den eigentlichen Ketteler also, den man an seiner Ehre packen, den man zum Streit herauslocken und dessen kirchliche Haltung man auf diese Weise beeinflussen könne. Wollte er Ketteler aus seiner bischöflichen Würde sozusagen herausprügeln?"[75] So war es vielleicht. Ich glaube aber nicht, dass die Motive des Clemens A. von Westphalen sich mit Verweisen auf eine mögliche *agitatorische Verwertbarkeit* von bischöflichen Zeilen, „kritisch-rationalistisches Gedankengut" und die bekannte Abneigung gegen jegliche „Unterwerfung unter eine Autorität" gut erhellen lassen. – Der Graf wollte es den Bischöfen vor allem nicht

---

[74] KETTELER 1871. – Der Graf hat im Brief vom 2. März 1871 ausdrücklich das mit dieser Schrift verbundene bischöfliche Ansinnen geachtet, zu argumentieren statt bloß zu dekretieren; er betrachtete die Argumentation (bzw. Interpretations-Strategie) aber wohl nicht als redlich.

[75] WESTPHALEN 1982, S. 206-207. – Die unmittelbare Fortsetzung dieser Ausführungen erscheint mir weniger gelungen: „Wollte er ihn [Ketteler] zu Äußerungen veranlassen, die ihm und allen Gegnern des Dogmas bei ihrer Agitation hätten dienlich sein können? Wohl darum ist W. bei allem Aufwand an wissenschaftlicher Argumentation immer wieder schnell in einen stark polemischen Ton geraten; er vermag nicht zu verbergen, wie sehr sein kämpferischer Eifer für die vermeintlich reine und alte Lehre und gegen eine absolutistische Kirchenverfassung durchsetzt ist von kritisch-rationalistischem Gedankengut und den Argumenten der Liberalen, wie hinter all den breiten Darlegungen aber sein so stark ausgeprägtes Bedürfnis nach völliger Unabhängigkeit steht: Jedem Verlangen auf Unterwerfung unter eine Autorität widersetzt er sich und ist gescheit genug, dieses Widerstreben mit theologischen und kirchengeschichtlichen Argumenten zu begründen." (ebd., S. 207.) Das ist z.T. *Kettelers* Sicht!

durchgehen lassen, dass sie Kritiker wie den ihm verbundenen Friedrich Michelis einfach wie Luft behandeln, sich nicht erklären und alles weitere einfach „aussitzen". Er mochte auch nicht annehmen, dass ein ihm seit der Jugendzeit so nahestehender Hirte, der doch selbst Schwergewichtiges gegen den Konzilskurs vorgetragen hatte, sich jetzt auf Strategisches verlegt und von anderen Funktionsträgern mit rechtgläubigem „Parteiabzeichen" (!) nicht mehr unterschieden werden kann.

Der Versuch, den *Freund* so zum Reden zu bringen, dass er sich nicht unversehens unter der Bischofsmitra zu einem anderen, fremden Menschen – zur ‚*Amtsperson*' – verwandelt, ist dann freilich auf ganzer Linie misslungen.[76] Sogar einer der Fähigsten und Nachdenklichsten im Episkopat will keine Rede stehen und hat „selbst in einem freundschaftlichen Briefwechsel nicht einmal auf die einfältigsten Fragen und Bedenken eine Antwort" (→Anhang D.9). Im letzten – unbeantwortet gebliebenen – Brief an Ketteler vom 23. April 1871 teilt der Graf dem Jugendfreund mit, welches Opfer vor allem er selbst im Falle einer Veröffentlichung des Briefwechsels bringen muss: „Nicht allein, daß dann consequenter Weise ich mit meinem ganzen Hause der Excommunication verfallen würde, so täusche ich mich, selbst abgesehen von diesem eventuellen Extrem, nicht im

---

[76] Der Herausgeber des vorliegenden Bandes erinnert sich an dieser Stelle daran, wie er Mitte der 1980er Jahre einem Theologieprofessor (mit Ambitionen auf's Bischofsamt) im Tübinger Wilhelmsstift sinngemäß folgende Frage gestellt hat: Glauben Sie persönlich, dass die evangelischen Christen seit der Reformation nur annehmen, dass sie das Sakrament feiern, in Wirklichkeit aber lediglich ein ‚frommes Theater' aufführen? – Es gab keine *persönliche* Antwort auf diese Frage, so sehr ich sie auch wünschte, sondern nur eine ‚ausgewogene', völlig nichtssagende ‚amtliche Theologendeklaration'. Der Professor gilt noch heute – dreieinhalb Jahrzehnte später – als „liberaler Kardinal", was vermutlich auf Missverständnissen beruht. – Die Aufspaltung von ‚Amtspersonen' ist aber keineswegs etwas exklusiv „Römisches". Der altkatholische Primas Antonius *Jan* Glazemaker (1931-2018) erklärte in den 1990er Jahren im *amtlichen* Auftrag der Utrechter Bischofskonferenz der Synode der deutschen Altkatholiken, deren Entscheidung für eine volle Abendmahlsgemeinschaft mit evangelisch-lutherischen Christen sei unannehmbar und zu revidieren; im persönlichen Gespräch gab er dann unter vier Augen zu, selbst die strittige ‚Abendmahlsökumene' zu praktizieren.

Mindesten darüber, daß nicht allein alle mehr sentimentalen Seelen, wie sie ja die große Majorität bilden, sondern Alles, was zu unserer beiderseitigen Sipp- und Freundschaft gehört, mir die Freundschaft auf immer kündigen würde".

In Erinnerung an einen abendlichen Vorgang nach Abschluss des Konklaves 2013, in welchem sich ein neuer Bischof von Rom als ein Bedürftiger verneigte und den Segen der Gläubigen erbat, wollen wir hier noch eine besondere Beobachtung zum Briefwechsel anfügen. *Bischof* Wilhelm Emanuel von Ketteler lässt dem Jugendfreund wiederholt höchste Benediktionen zukommen, so schon am 13. Dezember 1870 in seinem ersten Schreiben: „Da Gott mich bestellt hat, in seinem Namen zu segnen, so segne ich auch Deine ganze Familie". Der *Laie* Clemens August von Westfalen wiederum antwortet im Bewusstsein seiner Berufung, dem anderen Gutes zuzusprechen, sogleich am 21.12.1870: „Deinen bischöflichen Segen aber, den Du uns, mir und den Meinen im Namen Gottes spendest, vermag ich nur mit der Versicherung zu erwidern, daß auch ich nicht aufhören werde, fort und fort inbrünstigst zu beten, daß Gott Dich und jeden kirchlichen Stand nicht weniger als den domnum apostolicum [Papst] selbst in seiner heiligen Religion bewahren – und, sollte von ihr einer abgewichen sein, in dieselbe zurückzuführen ihn *für würdig halten möge.*" Hier geht es um Augenhöhe – von Mensch zu Mensch[77] – und vor allem um jene Verbundenheit aller Kinder Gottes, die mit einer irrigen Zweistände-Konzeption von „Segnenden" und „Segensbedürftigen" zwangsläufig immer zerstört wird.

---

[77] Im seinerzeit *unveröffentlichten* Nachwort (→Anhang D.10) für eine geplante Edition des Briefwechsels schreibt Graf W. dem Bischof gar ins Stammbuch: „Zu Dir, Wilhelm, stehe ich in dem Verhältniß des Nächsten zum Nächsten, selbst ohne jeglichen Schein einer Anmaßung, zumal seitdem Du mit Deiner Unterwerfung unter die mit Majoritätsinfallibilität zu Stande gebrachte Dogmendictatur Dich Deiner höchsten geistlichen Würde, Dein Amt als berufener *testis fidei* zu wahren, begeben hast."

7. „Sᴇɴᴅꜱᴄʜʀᴇɪʙᴇɴ" ᴡɪᴅᴇʀ ᴅᴀꜱ Uɴꜰᴇʜʟʙᴀʀᴋᴇɪᴛꜱᴅᴏɢᴍᴀ (1873)

Wenn Ludger von Westphalen bei seinem Großvater eine „Neigung zu juristischen Deduktionen und auch zu spitzfindiger Rechthaberei"[78] konstatieren will, so bleibt in jedem Einzelfall der Kontext zu prüfen. Schon ein einzelnes Wort kann ja über den Aussagegehalt einer dogmatischen Definition entscheiden – und das ‚Spitzfindige' ist längst vorgegeben durch die Konzilspolitik der klerikalen Akteure. Zutreffend erkennt der Enkel aber aus den Briefen an Bischof W.E. von Ketteler, dass dem Grafen „die Frage der Unfehlbarkeit des Papstes durchaus nicht als Gelegenheit zu einer kirchenfeindlichen Agitation gedient hat, sondern ihm aufrichtige Sorge bereitete, ja daß er im Alter die Sache der Kirche als die seine angesehen hat"[79]. Im Entwurf zum Nachwort für die zeitweilig geplante Edition des Briefwechsels mit Ketteler habe „er sich selbst einen ‚Samaritan' genannt, womit der Abstand zu den ‚Rechtgläubigen' wohl zugegeben wird, gleichzeitig aber auch die Ernsthaftigkeit seiner Bedenken; seine Bemühungen um eine irgendwie geartete Abkehr vom Dogma

---

[78] Wᴇꜱᴛᴘʜᴀʟᴇɴ 1982, S. 208. – Abbildung oben: Illustration ca. 1870, „Aufzug Pius IX."
[79] Wᴇꜱᴛᴘʜᴀʟᴇɴ 1982, S. 208.

der päpstlichen Infallibilität sieht er als Samariterdienst an der tod-
wunden Kirche an, die unter die Räuber gefallen sei und um die er
sich – im Gegensatz zum Trott der gleichgültigen und feigen Priester
und Leviten – kümmere, und zwar ohne Rücksicht auf die Last, die
er damit auf sich lade"[80].

Um Pfingsten 1872 verwirft Clemens August von Westphalen
den Plan einer Veröffentlichung des Briefwechsels mit dem Mainzer
Bischof wieder und beginnt mit der Niederschrift seines – bis heute
im Bibliothekswesen ,anonym' geführten – „Sendschreibens an einen
infallibilistisch gesinnten Freund"[81]. So kann er den großen Skandal
(nebst unvermeidlichen Verletzungen) umgehen und ihm naheste-
hende Menschen schützen, gleichzeitig aber dennoch seinen ,laien-
theologischen Samariterdienst' für die verirrte Kirche angehen. In
der Auseinandersetzung mit W. E. von Ketteler 1870/71 liegt zweifellos der bedeutsamste Hintergrund für das Entstehen dieser Schrift.
Gerichtet aber ist das anonyme ,Sendschreiben' in seiner gedruckten
Form „an einen anderen Freund, den man mit Sicherheit in dem
Grafen von Galen erkennen kann"[82]. (Verifizieren ließe sich diese erst
im Jahrgang 1885 des „Altkatholischen Boten" gemachte Feststellung
über die konkreten Hinweise schon in der 1873er Erstauflage der
gräflichen Broschüre: Der Sohn des – realen oder fingierten – Send-
schreiben-Adressaten ist Patenkind des Verfassers, Geistlicher und
Urheber einer „Druckschrift über Präsentation und Patronat"[83].)

Dokumentiert wird zum Einstieg im Sendschreiben die Konstitution „Pastor aeternus" vom 18. Juli 1870 (lateinisch – deutsch); die
Broschüre behandelt nur die Frage der „Unfehlbarkeit", nicht den
päpstlichen Jurisdiktionsprimat: Die Kirche als ein „lebendiger Organismus", repräsentiert durch das „mit dem Primat" (d.h.: unter
dem Vorsitz des Bischofs von Rom) geeinte Kollegium der Bischöfe,

---

[80] WESTPHALEN 1982, S. 208.
[81] WESTPHALEN 1873*. Im vorliegenden Band →S. 119-145.
[82] Altkatholischer Bote – Heidelberg Jg. 1885, S. 174; nicht eingesehen, sondern hier
zitiert nach: WESTPHALEN 1983, S. 54 (Anmerkung 109). – *Kursivsetzung pb.*
[83] WESTPHALEN 1873*, S. 30-31.

kann in einmütigem Sinn bezeugen und erklären, „was immer und überall und von Allen als katholischer Glaube erkannt worden" ist. So etwa ließe sich die – im Gefolge eines Johann Adam Möhler verbleibende – Anschauung des Gesprächspartners Friedrich Michelis (→Anhang B), des befreundeten Bischofs W. E. v. Ketteler und einer breiten Theologenschar (vor 1870) wiedergeben. Die päpstliche „*Dogmendiktatur*" eines Einzelnen oder auch eine „*Majoritätsinfallibilität*" (parlamentarische Abstimmungs-Unfehlbarkeit) kann es im Einklang mit der überkommenen Auffassung nicht geben. Doch was soll nun überhaupt „Unfehlbarkeit" sein? Was bedeutet dieser Begriff, der in der Bibel gar nicht vorkommt? Für den Grafen hängt „Unfehlbarkeit" aufs engste – bis hin zur Identifizierung – zusammen mit dem verheißenen „Beistand des heiligen Geistes", der die gesamte Kirche beleben soll. Die neue vatikanische Doktrin vom 18. Juli 1870 ermangele allerdings schon des Grundlegendsten für das Verständnis kirchlicher Gemeinschaft; es fehle in ihr die Begrifflichkeit für „Einheit in der Vielheit" (Gemeinschaft in Verschiedenheit). Der römische Papst soll nunmehr – als autonomes Oberhaupt eines dann zwangsläufig *entseelten* Kirchenkörpers – wie eine Inkarnation des Heiligen Geistes gelten. Dann stellt sich freilich die Frage: Erhält der Papst die Kirche im Glauben oder der *Heilige Geist*?

Clemens August von Westphalen sieht als ‚Laientheologe' klarer als seine Zeitgenossen. Das Übel besteht nicht nur aus der Neuerung von 1870. Die konstruierte Unterscheidung „zwischen einer nur *hörenden* und einer dieser gegenüberstehenden *lehrenden* Kirche" verpfuscht bereits die „von Christus gewollte Einheit seiner Kirche". Wurde das Evangelium überhaupt verkündet, um aus „aphoristisch hinterlegten göttlichen Wahrheiten" ein riesiges Schulsystem „weit über die Grenzen der Denkmöglichkeit" hinaus abzuleiten (welches womöglich keinem der zwölf Apostel einsichtig wäre)? Hat man vergessen, dass die *Liebe* – als Inbegriff des Christentums – sich nicht (in unfehlbaren Lehrsätzen) dozieren lässt?

Das „Begehr nach fremden, aus der eigenen menschlichen Productivität geschnitzten Göttern" ist noch nicht überwunden: so kommt es erneut zur abgöttischen „Unterwürfigkeit unter einen sündigen Menschen" und zur Aufrichtung eines selbstgemachten „goldenen Kalbs in der Hierarchie". Nichts weniger steht auf dem Spiel als das Evangelium. Das Licht, das jeden Menschen erleuchtet, will man verdunkeln. Die Suche nach dem ‚Reich Gottes' soll aufhören. – Durch die Installation eines unfehlbaren Papstes, dessen Dogmenverkündigung „aus sich heraus" Geltung besitzt, hat die bislang bestehende „lehrende Kirche" gleichsam Suizid begangen. Aber der Graf bleibt mit seiner Kritik an dieser Stelle – ähnlich wie ehedem Martin Luther – noch nicht stehen. Auch die „Annahme: *ökumenische Concilien seien das unfehlbare Organ des heiligen Geistes*", kann als „Fälschung der Offenbarung" betrachtet werden. Die Klage, das Erste Vatikanum sei – aufgrund von Geschäftsordnung, Akustik der Konzilsaula oder noch ernsthafteren Gründen – kein Ökumenisches Konzil gewesen, überzeugt ihn nicht. (Auf solchem Argumentationsniveau ließe sich ja leicht auch die Gültigkeit anderer Konzilien, die als ökumenisch gelten, bezweifeln.) Die Glaubenden können ihre Berufung zu einem Leben der Gemeinschaft mit Gott im Heiligen Geist weder an einen großen Einzelnen noch an ein Kollektiv von unfehlbaren Lehrern delegieren. In allem ist schließlich innerhalb der christlichen Gemeinschaft *„von der Frucht auf den Baum"*, nicht „von dem Baum auf die Frucht" zu schließen. – Ganz so weit war Clemens August von Westphalen gegenüber W. E. von Ketteler noch nicht gegangen.

Den Kritikern des I. Vatikanums muss wohl in den 1870er Jahren sehr oft die alberne Frage gestellt worden sein, ob sie sich denn selbst für unfehlbar hielten. Der ‚Sendschreiber' gesteht freilich offen ein, dass auch in ihm – allzu menschlich – der „Drang nach Wahrheit" und die „Lust am Trug" miteinander im Streit liegen; es stehe hier auch „selbst bei dem reinsten *Wollen* das *Können* nicht im selben Verhältniß". Es kommt beim Lesen der Schlussabschnitte der Verdacht auf, dass der Verfasser gerne noch so etwas wie ein Glaubensbekenntnis mitteilen würde. Eine ‚Fortsetzung' wird es aber erst zwölf Jahre später geben …

8. Eine zweite Auflage:
„Infallibilismus und Katholizismus" (1885)

„Also, entweder *christlicher Idealismus*, oder *heidnischer
Formalismus* und *Materialismus*; – entweder Christenthum
im Geiste und in der Wahrheit, oder Heidenthum von neuem
durch den Teufel eingeschmuggelt unter der falschen Flagge
‚Christenthum'; – entweder der Kern der frohen Botschaft
Christi, oder die Schale, von der er im Verlaufe der Jahrhunderte
durch den Einfluß dieser Welt bis zur Unkenntlichkeit incrustiret
worden"[84]. (Clemens August von Westphalen)

Zu Allerheiligen 1884 verfasst Clemens August von Westphalen das
Nachwort für eine zweite Auflage seines ‚Sendschreibens', welche
dann im Spätsommer oder Herbst 1885 auch bei Max Cohen & Sohn
(Fr. Cohen)[85] in Bonn unter abgeändertem Titel und in neuer Ausstattung erscheinen wird: *„Infallibilismus und Katholicismus: Sendschreiben an einen infallibilistisch gesinnten Freund"* (vollständige pho-
tomechanische Dokumentation im vorliegenden Band: →S. 147-204).
Aus der 32seitigen Broschüre des Jahres 1873 ist jetzt ein Büchlein
von 56 Seiten geworden. Diese Umfangerweiterung resultiert vor
allem aus dem sehr ausführlichen Nachwort zur Neuauflage (Texter-
fassung ohne Frakturschrift: →S. 205-222), in welchem der Graf ein
Jahr vor seinem Tod in beeindruckender Weise Zeugnis ablegt über
seine theologische Kritik des Unfehlbarkeitsdogmas und seinen –
persönlichen – Glauben. Dieser Text enthält wirklich ‚Neues'. Die

---

[84] WESTPHALEN 1885, S. 46. – Beide Auflagen des ‚Sendschreibens' sind in der vorliegenden Edition nachzulesen. Ich verzichte in diesem Abschnitt darauf, die Verände-
rungen bzw. Bearbeitungen des *Hauptteils* in der zweiten Auflage – im Vergleich zur
Erstfassung von 1872/73 – zu untersuchen, und konzentriere mich stattdessen ganz
auf das 1884 niedergeschriebene *neue Nachwort*. Gleichwohl sind die Fassungen nicht
identisch. So spricht der Verfasser z.B. in der Erstausgabe von einer handgreiflichen
„Fälschung der Offenbarung", zwölf Jahre später aber von einer „Fälschung des
Evangeliums".
[85] Dies war 1885 *kein* jüdischer Verlag mehr; Friedrich Cohen (1836-1912) hatte sich
1881 taufen lassen.

Anonymität wird allein deshalb beibehalten, um angesichts des dar-
gelegten „Christianismus vagus" langjährige Weggefährten nicht zu
kompromittieren (bzw. zu schmerzlichen Schritten zu zwingen).

Abgesehen von einer anerkennenden altkatholischen Rezension
(→Anhang F.1) hat es offenbar in zwölf Jahren keinerlei öffentliche
Auseinandersetzung mit der Schrift gegeben. Zu berichten ist aber in
der zweiten Auflage von Bekehrungsversuchen („bald unter der
Maske eines ultramontanen Parlamentariers [...] – bald unter der
einer ehrwürdigen Matrone" – bald in der Gestalt „eines im Bekehrungsfache alter Sünder renommirten Klerikers"), die den Verfasser
von seinem utopischen Festhalten an der ‚Reich Gottes'-Bitte im
Vaterunser abbringen sollten. – Der Graf beansprucht als Autor ein
„durchaus selbstständiges Vorgehen meinerseits [...] und zwar gerade vom kirchlichen Standpunkte aus". Kategorisch lehnt er es ab,
mit antiultramontanen und antiklerikalen Kulturkämpfern irgendein
Bündnis einzugehen.[86] Viele würden wider den mächtigsten Teufel
‚Staat', der alles historisch Gewordene überwältige, Zuflucht suchen
beim Klerikalismus. Das sei einerseits verständlich, andererseits aber
auch tragisch. Denn Hilfe könne ja nicht ausgerechnet von jenen
kommen, die zuvor das Christentum verpfuscht haben.

Dass die Neuauflage der ‚Infallibilismus'-Schrift zunächst der
‚Societas Jesu' (im engeren Sinne) gewidmet ist, geht mit einer schar-
fen Kritik des Ordens einher, die aber nicht unerbittlich bis zum
Letzten ausfällt: Der Verfasser sieht sich „weit entfernt davon", den
Jesuiten „nun auch alles *Herz* für göttliche Wahrheit [...] absprechen
zu wollen".

---

[86] Ludger von Westphalen kommentiert dies so: „Der fast 80jährige W. hat das Nachwort zu seiner Broschüre mit einer Anspielung auf Johannes den Täufer beendet:
‚Auch ich bin nur die Stimme eines Rufenden in der Wüste: Verlasset nicht immer
weiter und weiter die Wege des Herrn. Amen.' – Das ist das Wort eines resignieren-
den Einzelgängers, der sich zwar in seiner angestammten katholischen Kirche nicht
heimisch fühlte, der sich aber auch den Altkatholiken nicht anschließen mochte, da sie
dem ‚Racker Staat' Handlangerdienste leisteten; er wußte, daß er isoliert war, und
nahm diese Vereinzelung bewußt auf sich als den Preis, den er für seine Freiheit zu
zahlen hatte" (WESTPHALEN 1982, S. 209). Ging es um *Freiheit* oder *Wahrhaftigkeit*?

An zweiter Stelle ist das Werk „in christlicher Nächstenliebe" auch der vom Grafen vollständig abgelehnten „Philosophie des Unbewußten"[87] gewidmet. Die handgreifliche „Kirchen-Geschichte" sei in der Tat kein Erweis der idealen Wahrheit des Christentums, doch daraus dürfe nicht die Konsequenz gezogen werden, das Gute nun (wie Eduard von Hartmann) „in der Zukunftsreligion eines renovirten Buddhaismus" zu suchen. Für die „Pseudo- und After-Philosophie" sei der Mensch nur „ein im Kampfe um das Dasein durch alle möglichen und unmöglichen Metamorphosen hindurch gegangenes, aus einem fingirten Urschlamme nach und nach erst im Verlauf der Jahrtausende entstandenes Naturprodukt" (das Nachwort enthält keine Perspektive für irgendeinen Brückenbau hin zur Evolutionstheorie). Der Verfasser selbst sieht die – für alle Zeiten zentralste – Frage nach dem Verhältnis von „Gott" und „Mensch" nirgendwo befriedigender gelöst „wie eben in der christlichen Offenbarung".

Noch einmal bringt C. A. von Westphalen seine Anfrage an das Erste Vatikanum auf den Punkt: „Wer ist es, den" Christus „als den allein unfehlbaren Träger des uns hinterlassenen heiligen Geistes [...] *gemeint* und gewollt hat?" Jene, die den Verkünder einer „ihrer Herrschaft über die Seelen ein Ende bereitenden Lehre am Kreuze hängen" sehen wollten, können es selbstverständlich nicht sein. Papst, Ökumenische Konzilien und alle irgendwie an Personen gebundenen (korporativen) ‚Subjekte' scheiden aus. „Kirche" im eigentlichen Sinn, das ist für den Grafen „die undefinirte, weil undefinirbare *Einheit und Allgemeinheit in ein und demselben heiligen Geiste*, die *Katholicität*, das Reich Gottes wie im Himmel also auch auf Erden". Es gehe darum, „den Geist und die Wahrheit des Christenthums von dessen historisch-gewordener Aeußerlichkeit zu unter-

---

[87] Der Verfasser scheint dem ‚Antidarwinismus' von Friedrich Michelis zu folgen – und bezieht sich im übrigen vermutlich auch auf dessen Untersuchung „*Die Philosophie des Bewußtseins*" (MICHELIS 1877*); der Name des als ‚Philosoph des Unbewußten' geltenden Eduard von Hartmann (1842-1906) taucht jedoch nicht auf in den Ausführungen des Grafen vom Westphalen, dem es in den entsprechenden kurzen Passagen vor allem um eine Apologie seines ‚christlichen Idealismus' gegenüber materialistischen Anschauungsweisen geht.

scheiden und auseinander zu halten". Die Ideologen eines sichtbaren
– im Sinne der Hegel'schen Katholizismuskritik ‚materialistischen' –
Kirchentums wähnen, „Gott" in einer Monstranz vor sich her zu
tragen (anstatt sich von Gott tragen zu lassen). Im Erlösungswerk
Christi kommt aber doch alles darauf an, die Trennung des entfrem-
deten bzw. verzweifelten Menschen von Gott (und die daraus resul-
tierende Destruktivität, *pb*) zu heilen. Eine solche ursprüngliche oder
geheilte Wirklichkeit versteht der Graf als „übersinnliche" bzw. „unsichtbare Kirche"[88] (im *Kontrast* zu kirchlichen Institutionen). In gewisser Weise sind ‚unsichtbare Kirche', ‚Gemeinschaft mit Gott im
heiligen Geist', ‚Katholizität' und ‚*Reich Gottes*' bei ihm austauschba-
re Begriffe. Entscheidend bleibt als Anschauung, was von einigen
zeitgenössischen Lobrednern und Kritikern des adeligen Verfassers
womöglich nicht wirklich verstanden wurde: Das ‚*Reich Gottes*' ist
keine sichtbare Kirche, ist nicht identisch mit irgendeinem äußeren,
historischen *Kirchenkomplex*. An dieser Stelle war der Graf ein überaus rechtgläubiger Christ – im Gegensatz zu jenen ultramontanen
Theologen, die das ‚Reich Gottes' förmlich mit einem klerikalen ‚Imperium Romanum' identifizierten.[89]

Zugeben muss man, dass von einem Glaubenserweis aus der empirischen *Kirchen-Geschichte* jetzt nicht mehr viel übrigbleibt.[90] So
idealistisch uns die gräfliche Schau der ‚unsichtbaren Kirche' (bzw.
des ‚Reiches Gottes') auch erscheinen mag, so praktisch wird der
Verfasser, wo es um den eigenen *Glaubensvollzug* geht: „Wie kann

---

[88] Zum richtigen Verständnis der Ausführungen des W. ist es m.E. zwingend, unter
„unsichtbarer Kirche" *nicht* etwa ein platonisches „Urbild" oder unerreichtes „Ideal"
der empirischen Kirche zu verstehen. Die „unsichtbare Kirche" ist bei ihm vielmehr
das „*Reich Gottes*", umfassender und anders als jedes denkbare konkrete Kirchenge-
bilde (dann wohl auch z.B. mit einschließend, was Karl Rahner als ‚anonymes Christentum' zu verstehen suchte).

[89] Im Zweiten Vatikanum 1962-65 wird die Kirche als „Zeichen und *Werkzeug* für die
innigste Vereinigung mit Gott sowie für die Einheit der ganzen Menschheit" (Lumen
gentium 1) verstanden, aber nicht mit dem von Jesus verkündeten ‚Reich Gottes' iden-
tifiziert.

[90] Hier ist wenig zu spüren von der Hochschätzung, die der Graf sonst als Konservativer dem „historisch Gewordenen" zollt.

man das Evangelium kennen lernen? – Durch Studiren niemals, wohl aber durch Probiren"; es ist notwendig bzw. alternativlos, „an der Hand des Evangeliums seinen Weg durchs Leben zu nehmen; […] wer es nicht ehrlich probirt, […] hat kein Urtheil über den Werth der evangelischen Lehre." Glaube, wie ihn der Graf versteht, hat mit *Erfahrung*[91] und ‚Orthopraxie' (Lebensrichtung) zu tun. – Bei den Ausführungen zum Doppelgebot der Gottes- und Nächstenliebe bleibt die Identifizierung von „Gott = Logos = Wahrheit" sehr vage (das Existenzielle besteht hier darin, sich geistig nicht korrumpieren zu lassen: *Gottesliebe* als Wahrheitsliebe). Erstaunliches eröffnet der adelige Verfasser uns dann mit seinen Gedanken zur *Nächstenliebe* im 1884 niedergeschriebenen Nachwort:

Wenn wir mit Blick auf Gebildete und Ungebildete, Vornehme und Geringe usw. uns richten nach „all den Unterscheidungen, die eben diese Welt zu *dieser* Welt machen, von denen wir aber mit aller Bestimmtheit wissen müßten, daß sie in den Augen Gottes das sind, was sie in der That nur sind, eitles, durchaus werthloses Blech, – hat der Teufel bereits von vornherein gewonnenes Spiel über uns. – Wer also alle diese Unterschiede zwischen Nächstem und Nächsten, namentlich den von ‚gebildet' und ‚ungebildet', nicht für das nimmt was sie sind: rein zufällige, nichtsnutzige Aeußerlichkeiten, die mit dem eigentlichen, dem innern wahren Werthe des Menschen platterdings nichts zu thun haben; wer in seinem Umgang und Verkehr mit seinen Mitmenschen diese Unterschiede nicht vollständig unberücksichtigt lassen kann, nicht einen jeden von ihnen für durchaus ebenbürtig und vollauf gleichberechtigt mit sich selbst anerkennen, und demgemäß sich nicht auf denselben Fuß, wie Brüder unter einander, mit ihm zu stellen vermag; – wer vielmehr der Meinung sein möchte, im Himmel allenfalls würde sich vielleicht ein solches Verhältniß

---

[91] Man mag sich hier ruhig an Karl Rahners Wort aus dem Jahr 1965 erinnern: „Der Fromme von morgen wird ein ‚Mystiker' sein, einer, der etwas erfahren hat, oder er wird nicht mehr sein."

von selbst ergeben, hienieden, auf dieser Welt aber, ginge so etwas nun einmal nicht an, in ihr dürfte man seiner Stellung in derselben doch nichts vergeben; – kurz, wer die Nächstenliebe nicht
übt, unbewußt wie ein Kindlein, für reifere Jahre freilich noch
besser, mit vollem Bewußtsein, – der hat sie nicht, kennt sie nicht,
nicht die Liebe für seinen Nächsten, aber auch nicht die Liebe für
seinen Gott, unsern gemeinsamen Vater; und hat also auch kein
Urtheil darüber, welchen Werth die Liebe für unsere eigene Heiligung besitzt."[92]

In den bislang vorliegenden Arbeiten zu Clemens August von Westphalen begegnet uns vorzugsweise die Annahme, dieser habe in
strikter Opposition gestanden zu egalitären Anschauungen – etwa
des ihm näher bekannten Ferdinand Lasalle. *Hier* jedoch lesen wir
kurz vor dem Tode veröffentlichte Sätze des betagten Grafen über
einen ‚christlichen Egalitarismus', die so unmissverständlich und
warmherzig ausfallen, dass man sie fast als Spiegelung einer erfah-
renen ‚Mystik der Nächstenliebe' zu lesen geneigt ist. Mit caritati-
vem Paternalismus hat das nichts mehr zu tun.

Im Gegensatz zum – ganz sicher nicht evangeliumsgemäßen –
tradierten Blut-Abstammungskult des ‚christlichen Adels' lässt das
Nachwort 1884/85 die Botschaft des Heilandes wieder erahnen. Clemens August von Westphalen fühlte sich zugehörig der Gesellschaft
Jesu (der *Societas Jesu* im weiten Sinne), aus welcher keine Instanz
der Welt ihn exkommunizieren konnte. Warum sollte er am Ende
seines Lebens das von Jesus angesagte und eröffnete ‚Reich' nicht –
u.a. auch aufgrund seines Austausches mit Menschen wie Lasalle –
tiefer verstanden haben als in jüngeren Jahren?

---

[92] WESTPHALEN 1885, S. 53-54. Vgl. ebd., S. 44: Der Glaubende erweist sich darin, dass
er „selbst den Geringsten unter" seinen Nächsten, „mit derselben Nachsicht, mit demselben Wohlwollen beurtheile und behandle wie sich selbst".

9. ALTKATHOLISCHE REAKTIONEN
AUF DIE ‚BROSCHÜREN' DES GRAFEN

Die altkatholische Rezeption der in zwei Auflagen gedruckten Ausführungen des Grafen wider die Lehre von einer päpstlichen Unfehlbarkeit wird im vorliegenden Band durch die Darbietung von
sechs Quellentexten aus der Zeitschrift „*Deutscher Merkur – Organ für
katholische Reformbewegung*" dokumentiert (→Anhang F.1-6). Am 25.
Oktober 1873 erscheint zunächst eine sehr ausführliche, zitatenreiche
Besprechung der Erstauflage des ‚Sendschreibens an einen infallibilistisch gesinnten Freund'.[93] Der ungenannte Rezensent[94] ist sich bewusst, dass ein Großteil der Leserschaft im Herbst 1873 keinen Bedarf mehr verspürt an einer erneuten Auseinandersetzung mit dem
vatikanischen ‚Unfehlbarkeits-Dekret', legt es jedoch den Nachdenk-
lichen ans Herz, sich „vollständig bekannt [zu] machen" mit der
Neuerscheinung. Ob er eine Ahnung verspürt, wer der anonymer
Verfasser ist, muss offenbleiben. Jedenfalls nennt die Rezension einige Punkte, die für entsprechende Spekulationen herangezogen werden müssten (der Verfasser geht auf das 70. Lebensjahr zu, hat ein
geistliches Patenkind mit Vornamen Clemens und steht in Opposition zur Bismarck'schen Theorie von „Blut und Eisen"). In der Schrift
werde scharfsinnig nachgewiesen, dass im Licht von Christi hoch-
priesterlichem Gebet (Johannes-Evangelium 17) mit dem „Begriff der
Kirche als der denkbar höchsten und vollkommensten moralischen
Person auf Erden der Begriff Pontifex, Papst, nimmermehr zusammenfallen könne". Das I. Vatikanum nötige der Tendenz nach die
Neukatholiken, „in der Person des jeweiligen Papstes den Fleisch
gewordenen heiligen Geist anzuerkennen" und zeichne sich aus
durch einen „Begriffsmangel für Einheit in der Vielheit" (die Ge-
samtheit der Gläubigen als „Herde" könne deshalb nicht als „Subjekt" gedacht werden). Die Katholizität als einmütiges Zeugnis des-

---

[93] DEUTSCHER MERKUR 1873.
[94] Bis auf weiteres können wir nur spekulieren, wer es ist. Sollte man vielleicht an
Franz Heinrich Reusch denken?

sen, „was immer und überall und von Allen als katholischer Glaube erkannt worden" ist, könne sich aber nur auf die gesamte Kirche (bis hin zu den Pfarrgemeinden) beziehen. Abgelehnt wird neben einer päpstlichen *„Dogmendiktatur"* auch die *„Majoritätsinfallibilität"* (reine Mehrheitsbeschlüsse von Konzilien).

Der Rezensent vermittelt die provokativsten Fragestellungen und Thesen des ‚Sendschreibens': Sind wirklich „göttlichem Willen gemäß [...] ökumenische Concilien das eigentliche Organ für den heiligen Geist"? Dürfen wir – zumal axiomatisch – die Gemeinschaft mit Christus im heiligen Geiste „so mir nichts dir nichts mit dem identificiren [...], was mit all seinem Zubehör als Hierarchie, als sogenannte lehrende Kirche sinnlich uns vor Augen steht"? Die vatikanische „Verpfuschung" eines rechten Verständnisses der kirchlichen Einheit wurzele „in der widernatürlichen Unterscheidung zwischen einer nur *hörenden* und einer *lehrenden* Kirche". – Hier ergeben sich weitere grundlegende Anfragen: Ist mit dem Auftrag zur Verkündigung des Evangeliums auch „die Ermächtigung gegeben, die göttlichen Wahrheiten schulgerecht zu systematisiren" und „weit über die Grenzen der Denkmöglichkeit Consequenzen zu ziehen", um schließlich „ein [...] theologisches System ex cathedra [...] zu dociren?" „Ist Liebe – und das ist ja doch der Inbegriff des Christenthums – überhaupt docirbar?" Dem Prolog des Johannes-Evangeliums zufolge ist uns das „Talent" zugedacht, das in unsere „Denkfinsternis" als Licht gekommene „Wort" (Logos) anzunehmen und hierdurch zu Kindern Gottes zu werden. Gott kann es also „nicht sein, der mit sich selbst im Widerspruch uns zumuthen will, das uns anvertraute Talent dann wieder zu *vergraben"* (und ersatzweise die äußeren Dekrete eines angeblich unfehlbaren Papstes anzunehmen). – Die anonyme Schrift des Clemens August von Westphalen erhält vom Rezensenten schließlich im „Merkur" der Altkatholiken die ‚Höchstnote': „Aus der gesammten altkatholischen Literatur ist uns keine Darlegung erinnerlich, welche so bündig und scharf wie die vorstehend skizzirte jene Frage behandelt, deren gewissenhafte Beantwortung unser Widerstand gegen Rom wie unser Streben nach Erneuerung der Kirche Christi zur Voraussetzung hat."

Zwölf Jahre später erscheint im gleichen Blatt am 26. September 1885 eine ebenfalls nicht namentlich gezeichnete Besprechung der zweiten Auflage der – wiederum ohne Verfassernamen und unter abgeändertem Titel gedruckten – gräflichen Schrift (*„Infallibilismus und Katholizismus – Sendschreiben an einen infallibilistischen Freund"*).[95] Aus dem Nachwort der „ungewöhnlich elegant ausgestatteten" Neuedition werden Passagen über zurückliegende ultramontane Bekehrungsbesuche beim Verfasser, den Grund der Anonymität (Rücksicht auf langjährige Freunde) und die Abneigung gegen Jesuiten zitiert. Der Rezensent scheint den Namen des achtzigjährigen Verfassers definitiv nicht zu kennen („offenbar kein Geistlicher und kein Gelehrter [...], aber ein Mann, der über religiöse Fragen viel und ernst nachgedacht"). Er zollt dem Werk höchstes Lob, macht jedoch Einschränkungen: „Der Verfasser gehört zwar nicht der altkatholischen Gemeinschaft an und steht nicht auf dem altkatholischen Standpunkte und wir sind in wichtigen Punkten nicht mit ihm einverstanden; aber seine Kritik des neuen Dogmas gehört zu dem Besten und Einschneidendsten, was darüber geschrieben worden ist." Auch wenn des Autors „dogmatische Anschauungen, vom Standpunkte der katholischen oder einer anderen christlichen Konfession betrachtet, nicht durchaus korrekt" seien, nehme er „es mit den sittlichen Ideen des Christentums sehr ernst". Die Einschränkungen beziehen sich vermutlich u.a. auf eine prinzipiell skeptische Einschätzung von Ökumenischen Konzilien in der Schrift.

Eine gute Woche nach Erscheinen dieser Rezension stirbt Clemens August von Westphalen. Das *„Organ für katholische Reformbewegung"* kann posthum am 16. Oktober 1885 enthüllen, dass er der Verfasser des ‚Sendschreibens' war[96] und berichtet am 29. November 1885 noch, dass die Hinterbliebenen des Grafen laut ‚zuverlässiger Quelle' alle noch vorhandenen Buchexemplare der zweiten Auflage

---

[95] DEUTSCHER MERKUR 1885a.
[96] DEUTSCHER MERKUR 1885b.

aufgekauft hätten.[97] Vom einstigen gräflichen Hauskaplan Friedrich Michelis, dem die ‚Kölnische Zeitung' in einer Ausgabe fälschlich die Autorenschaft des ‚Sendschreibens' zugeschrieben hatte, war im „Merkur" vom 1. November 1885 noch eine weitere Rezension der Schrift des Clemens August v. Westphalen erschienen[98]: Er zeigt sich berührt vom „haarfein einschneidenden Charakter der Schrift", die ihn aber gleichwohl nicht „aus dem Sattel" werfe. Der generellen dogmatischen Skepsis des Verfassers hinsichtlich der – „als eine geschichtliche Erscheinung" zu betrachtenden – allgemeinen Konzilien könne man „nach seiner idealen Auffassung der Kirche noch sehr wohl ein richtiges katholisches Verständnis abgewinnen". Doch gehe der Graf bei seiner – doch von Michelis selbst inspirierten – (augustinischen) Unterscheidung von *unsichtbarer* (idealer) Kirche und *sichtbarer* (historischer) Kirche zu weit. Denn „das Werk Christi in der Menschheit" sei „eben dies, daß die Idee der Kirche als eine sittliche (*nicht politische*) Realität sichtbar organisiert und repräsentiert in die Menschheit eintritt". Solche Anmerkungen ändern aber nichts an dem Umstand, dass F. Michelis dem zeitweiligen Arbeitgeber und langjährigen Gesprächspartner als Laientheologen hohen Respekt zollt.

Am 5. September 1891, also nach sechs weiteren Jahren, erinnert der „Deutsche Merkur" noch einmal an die zwei Auflagen und Hintergründe des gräflichen „Sendschreibens an einen infallibilistisch gesinnten Freund", um sodann erstmalig den Brief des Clemens von Westphalen an Bischof von Ketteler vom 21. Dezember 1870 zu veröffentlichen.[99] Über den sauerländischen Grafen wird aus diesem

---

[97] DEUTSCHER MERKUR 1885d (in diesem Artikel wiederholt Friedrich Michelis als Verfasser seine Einschätzung, dass der Graf „nicht eigentlich den positiv-katholisch-kirchlichen Standpunkt einhält", und bringt überdies weitere Beispiele für einen beschämenden Umgang der ‚Ultramontanen' mit Kritikern der 1870 neu kreierten Papstdogmen).

[98] DEUTSCHER MERKUR 1885c (der Inhalt dieses Artikels lässt es möglich erscheinen, dass Friedrich Michelis die Grafenschrift zu Lebzeiten des Clemens August von Westphalen *nicht* gekannt hat).

[99] DEUTSCHER MERKUR 1891.

Anlass so geurteilt: „Der alte Herr interessierte sich lebhaft für religiöse Fragen, nahm es sehr ernst damit, stand aber wohl kaum noch auf dem positiv-katholischen, ganz sicher nicht auf dem römisch-katholischen Standpunkte."

10. ÄCHTUNG DES TOTEN GRAFEN
DURCH DIE PADERBORNER BISTUMSLEITUNG –
WAHRHAFTIGE ARISTOKRATIE

Die Urenkelin des Grafen spricht in ihrer Untersuchung zur Infallibilitätsschrift des Vorfahren von „eine[r] Überlieferung in der Familie von Westphalen, nach der v. Westphalen kurz vor seinem Tode einen zum Zwecke seiner ‚Bekehrung' nach Schloß Laer gesandten Jesuitenpater hinausgeworfen habe. Auf jeden Fall befürchtete die Familie von Westphalen Komplikationen, denn sonst hätte sie [später, pb] kaum eine Einwilligung [zum kirchlichen Begräbnis, pb] einzuholen versucht. Es ist anzunehmen, daß das Paderborner Generalvikariat sich scheute, den ‚Erbküchenmeister des Fürstbistums Paderborn' zu exkommunizieren, obwohl v. Westphalens Beurteilung des Dogmas hinlänglich bekannt gewesen war."[100]

Die Neuauflage seiner Schrift gegen die Lehre von einer päpstlichen Unfehlbarkeit konnte Clemens August von Westphalen noch in Händen halten. Doch „am 4. Oktober 1885 abends gegen 10 Uhr ist der ‚Alte Herr' in Laer an einem Gehirnschlag gestorben. Der Tod kam für ihn und seine Umgebung überraschend, denn er hat bis zum letzten Tag in ungebrochener Frische im Kreis der Familie gelebt, seinen Besitz verwaltet und seine Meinungen verfochten. Oberrentmeister Boese hat die Todesnachricht dem ältesten Sohn Fritz in Kulm und den übrigen Familienmitgliedern, den Freunden und Bekannten mitgeteilt; Fritz W. ist sofort nach Laer gekommen und hat

---

[100] (Walburga v.) WESTPHALEN 1983, S. 53-54 (Anmerkung 104).

98

den Tod des Vaters im Namen der ganzen Familie angezeigt. Unterdes war am 5. Oktober schon auf Bitten der Witwe der Mescheder Vikar Franz Wilhelm Brügge, der wohl auch die Aufgaben des Schloßkaplans in Laer versah, zum bischöflichen Generalvikariat nach Paderborn gefahren, um die Erlaubnis zu einer kirchlichen Beerdigung zu erwirken"[101].

Ludger von Westphalen macht allerdings irreführende Angaben, wenn er folgendes zum Hintergrund der Rückfrage bei der Paderborner Kirchenleitung ausführt: „W. hatte ja noch 1885 die 2. Auflage seines ‚Sendschreibens an einen infallibilistisch gesinnten Freund' herausgegeben, in der er an seinen die Unfehlbarkeit des Papstes ablehnenden Thesen festgehalten und die er – im Unterschied zur 1. Auflage – *unter vollem Namen* hatte erscheinen lassen. So verweigerte die kirchliche Behörde ihre Einwilligung, und [Vikar] Brügge konnte aus Paderborn nur ein lakonisches ‚Nein' telegraphieren. Daraufhin wurde die Leiche nach Kulm überführt und dort am 10. Oktober beigesetzt."[102] – Die neu betitelte Schrift *„Infallibilismus und Katholizismus"* (1885) war aber in Wirklichkeit ebenso wie die Erstauflage *anonym* erschienen; auch im Buchexemplar der Bonner Universitätsbibliothek ist nur nachträglich der Urheber – mit falschem Todesdatum („Verfasser: Reichsgraf Clemens von Westphalen † 4. Sept. 1885") – handschriftlich auf dem Deckblatt eingetragen worden. Die öffentliche Aufdeckung der gräflichen Verfasserschaft durch altkatholische Organe erfolgte – mit Blick auf ehrende Nachrufe der ‚Ultramontanen'[103] nicht ohne süffisanten Unterton – erst *nach* Tod, Überführung des Leichnams und Bestattung des Clemens August

---

[101] WESTPHALEN 1982, S. 209.

[102] Ludger WESTPHALEN 1982, S. 209 (*Kursivsetzung* pb). – Diese *falsche* Darstellung korrigiert bereits Walburga WESTPHALEN 1983, S. 53 (Anmerkung 103).

[103] Vgl. auch WESTPHALEN 1983, S. 25: „Nach v. Westphalens Tod erschienen viele Nachrufe aus Politik und Gesellschaft. Am 6. und 7. Oktober feierten die rheinisch-westfälischen Zentrumsblätter – der ‚Westfälische Merkur' und die ‚Kölner Volkszeitung' – v. Westphalen mit einem Nachruf als einen der Ihrigen. [s. Altkatholischer Bote. Heidelberg, 23.10.1885.] Der Verfasser dieses Nachrufes muß von der Autorenschaft v. Westfalens an dem Sendschreiben nichts gewußt haben."

von Westphalen im fernen Böhmen – und zwar am 16. Oktober 1885: „Unsere ultramontane Presse hat dem am 4. v. Mts. auf seinem Schlosse Laer bei Meschede im Alter von 80 Jahren verstorbenen Reichsgrafen Klemens von Westphalen, Erbküchenmeister des Fürstentums Paderborn, ehrenvolle Nachrufe gewidmet. […] Aus diesem Grunde wird es sicherlich in römisch-katholischen Kreisen großes Interesse erwecken, wenn wir heute mitteilen, daß der in ganz Westphalen so viel verehrte Mann Verfasser einer lesenswerten Schrift: ‚Infallibilismus und Katholizismus‘ (Bonn, Cohen) ist, in welcher die Dogmatisierung des unfehlbaren Lehramtes des Papstes als eine ‚handgreifliche Fälschung des Evangeliums‘ nachgewiesen wird.“[104] (Textdokumentation: →Anhang F.3)

Die Ächtung des toten Grafen durch das kirchliche Beerdigungsverbot der Paderborner Bistumsleitung, die doch faktisch einer Feststellung seiner Exkommunikation gleichkommt, steht somit vermutlich *nicht* in Zusammenhang mit der – öffentlich bis dahin ja noch unbekannten – Verfasserschaft einer in zwei Auflagen veröffentlichten Schrift gegen den päpstlichen ‚Infallibilitäts‘-Anspruch. Walburga von Westphalen nimmt an, die Kirchenbehörde an der Pader habe die zeremonielle Segnung und Bestattung des Verstorbenen einfach deshalb verboten, weil der Graf „aus seiner Beurteilung der Verkündigung des Dogmas von der päpstlichen Unfehlbarkeit niemals ein Hehl gemacht“[105] hatte und sie vielen bekannt war.

Am 29. November 1885 teilt Friedrich Michelis im ‚Deutschen Merkur‘ noch ein beschämendes Nachspiel mit: „Ich erfahre aus zuverlässiger Quelle, daß die ganze noch vorhandene Auflage des gräflich westphälischen Buches: *Infallibilismus und Katholizismus* von der Familie aufgekauft ist, angeblich, weil die Schrift gegen den Willen des Verfassers veröffentlicht sei, was aber nicht richtig sein kann, weil der Verfasser ausdrücklich zwar seine Anonymität gewahrt

---

[104] DEUTSCHER MERKUR 1885b.
[105] DEUTSCHER MERKUR Jahrgang 1885, S. 350, zitiert und kommentiert in: WESTPHALEN 1983, S. 26 und 53 (die im Literaturverzeichnis des vorliegenden Bandes nicht aufgeführte Zeitungsquelle des Jahres 1885 habe ich selbst nicht eingesehen).

wissen will, die Absicht, daß sie veröffentlicht werden solle, aber
eben so ausdrücklich in der Schrift ausgesprochen hat und zwar mit
der näheren Bestimmung, daß sie den Jesuiten gewidmet wird, natürlich nicht aus Devotion gegen diese. Aus diesem letzten Umstande darf man wohl den Schluß ziehen, daß jene Maßregel durch die
Jesuiten ausgeführt ist, was, wie die Verhältnisse liegen, leicht durch
die [sehr wohlhabende, *pb*] Familie bewerkstelligt werden konnte"[106]
(Textdokumentation: →Anhang F.5). Die Mär von einer angeblich
wider Verfasserwillen – mit edler Ausstattung und zudem als Neuauflage – gedruckten Schrift ist freilich heute durch erhaltene ‚Kor-
rektur-Druckfahnen' aus dem Grafennachlass zusätzlich entlarvt.

Ludger von Westphalen beschließt seine Monographie über den
Großvater (1979/1982) mit folgender Gesamtschau des adeligen Nonkonformisten:

Für Clemens August von Westphalen ist „charakteristisch, daß er
immer als einzelner auftritt; sein Widerstand gegen das, was ihm
als bonapartistische Gewaltpolitik in Preußen vorkommt, ist das
Sichaufbäumen eines Mannes, der sich aus persönlichem Selbstgefühl und aus der Fülle geschichtlich gewachsener Anschauungen heraus dem liberal-bürokratischen Staat des 19. Jahrh. nicht
unterwerfen will, der dem Monarchen als selbstbewußter Vasall
entgegentritt und sich von ihm lossagt, wenn er das gegenseitige
Treueverhältnis als gebrochen ansieht. Wer hätte ihm auf diesem
Wege folgen sollen? Wer ließ sich nicht von den glänzenden Erfolgen der Politik Bismarcks blenden, die doch die Richtigkeit des
eingeschlagenen kleindeutschen Weges zu bestätigen schienen? –
Auch die Haltung W.s in der Infallibilitätsfrage ist bezeichnend:
Zwar lehnt er das Dogma gleich vielen gebildeten Katholiken
seiner Zeit ab, doch als sich aus seinen Gesinnungsgenossen eine
schismatische Kirche, der Altkatholizismus, zu formieren begann,
da hielt er sich von ihr zurück, und das schon deswegen, weil

---

[106] DEUTSCHER MERKUR 1885d.

Bismarck die Altkatholiken als Werkzeug gegen die [römisch-]
katholische Kirche im Kulturkampf zu verwenden suchte. – In
seinem Unabhängigkeitssinn, in seinem altständischen Konserva-
tivismus, in seinem durch die Beschäftigung mit Goethe gewon-
nenen Individualismus und begünstigt durch seinen Besitz hat
W. sich mehr und mehr zu einem Einzelgänger entwickelt, dessen ganze Liebe seiner Familie und seinen noblen Passionen –
dem Reiten, der Pferdezucht und der Jagd – galt und der seine
Arbeitskraft überwiegend seinen Gütern widmete. Diese selbst-
gewählte Isolierung und der sich daraus ergebende Mangel an
Wirkung in die Breite machen auch die Tatsache verständlich,
daß die Landesgeschichte einen so eigentümlichen Mann bisher
kaum wahrgenommen hat. – Ein kalter Menschenverächter war
W. durchaus nicht, oftmals sollten barsches Auftreten und grobe
Redensarten seine eher weiche, sentimentale Gemütsart verde-
cken. Er liebte es, sich als Grandseigneur und Patriarch zu geben,
seine Eigenarten und seinen Lebensstil zu kultivieren, und darum
mußte ihm der egalisierende demokratische Sozialismus, den
Ferdinand Lassalle prophezeit hatte, ein Greuel sein. Mit historischen Maßstäben gemessen war W. kein ‚großer Mann‘, aber der
Inbegriff eines bei aller Leidenschaftlichkeit noblen und überle-
genen Menschen – er war ein Herr, der den Wahlspruch seiner
Familie ernstgenommen hat: ‚Fais que dois, arrive que pourra!‘
(Tu, was Du mußt, komme, was will.)"[107]

Gott selbst spricht zu uns – da sein Wort ‚das Licht ist, das jeden
Menschen erleuchtet‘ (Logos-Lied im Johannes-Evangelium). Deshalb sind wir, seine Menschenkinder, nicht ermächtigt, uns dem äußeren Diktat der Dogmenproduktion einer anmaßenden Instanz der
klerikalen ‚Gottes-Stellvertretung‘ zu unterwerfen und dadurch unsere Würde als Adressaten der göttlichen Anrede gleichsam zu verkaufen (und sei es aus Gründen der Angstbetäubung). Das Tor zu

---

[107] WESTPHALEN 1982, S. 215-216. – Vgl. aber auch meine Anmerkungen zum ‚christlichen Egalitarismus‘ des betagten Grafen in Abschnitt 8 dieses einleitenden Textes.

unserer möglichen Schönheit würde verschlossen, wenn wir despo-
tischen Scharlatanen wie Pius IX. erlaubten, uns taub zu machen für
das *eine* Wort der Bejahung („Du"), welches allein uns leben lässt.
Solche Schau einer wahrhaftigen ‚Aristokratie' jedes Mitglieds der
menschlichen Familie ist, wie ich meine, die zentrale und für jede
Zeit gültige Botschaft des Clemens August von Westphalen (1805-
1885). Die ideologische Dogmen-Agitation der kirchlichen Hierarchie seiner Zeit betrachtete dieser ‚Laientheologe' als ein „*verweltlich-
tes*"[108] – rein (kirchen-)politisches – Treiben. Es verursachte ihm Ekel,
wenn man den christlichen Glauben solchermaßen zum Gegenstand
von Machtgeschäften verkommen ließ und hierbei u.a. auch mit
einer pragmatischen Zustimmung der vielen Gleichgültigen (oder
der politischen Profiteure des ‚Ultramontanismus') rechnete. Wer die
im vorliegenden Band dokumentierten Quellen studiert, wird zum
dem Schluss kommen: Der Graf war am Ende kein Heiliger, aber im
guten Sinne ein *frommer* Mann.

---

[108] Vgl. seinen Brief an Bischof v. Ketteler vom 21.12.1870: →Anhang D.2.

Zur politischen Betätigung des Grafen Clemens August von Westphalen (1805-1885)

Werner Neuhaus

Clemens August von Westphalen war einer der bekanntesten und einflussreichsten, aber auch skurrilsten und umstrittensten südwestfälischen Adeligen des 19. Jahrhunderts. Dass dies so war, lag auch an seinen politischen Überzeugungen und Aktivitäten, die daher im Folgenden kurz dargestellt werden sollen.[1]

Mitglieder des Hauses von Westphalen, das in Westfalen und Holstein, in Frankfurt, Nassau, Baden und Böhmen reich begütert war,[2] hatten zur Zeit des Alten Reiches hohe Staatsämter im Dienste der Habsburger Monarchie inne. Diese Verbindung zum Hause Habsburg sollte das Leben von Clemens August fundamental bestimmen, denn sein Vater fiel 1809 im Alter von nur 29 Jahren – sein ältester Sohn Clemens August war damals gerade vier Jahre alt – in österreichischen Diensten im Kampf gegen Napoleon. Der von Vater, Mutter und Großvater reich beerbte Stammhalter studierte Jura in Löwen, Berlin und Göttingen und leistete seinen Referendardienst in Münster ab, wo er 1829 Kunigunde von Ainholt heiratete. Wie viele seiner erstgeborenen Standesgenossen, widmete er sich zunächst der

---

[1] Die grundlegende Darstellung für das Leben von Westphalens ist die von seinem Enkel verfasste Biographie: Ludger Graf von WESTPHALEN: Aus dem Leben des Grafen Clemens August von Westphalen zu Fürstenberg (1805-1885), 2. verbesserte u. ergänzte Auflage. Münster 1982. [Kurztitel: WESTPHALEN 1982] Knappe Darstellung: Wolfgang VIEHWEGER: Die Grafen von Westphalen. Ein Geschlecht aus dem Uradel unseres Landes. Münster 2003, S. 121-138. [Kurztitel: VIEHWEGER 2003]

[2] Zum Grundbesitz des Hauses Westphalen vgl. WESTPHALEN 1982, S. 114-132.

Bewirtschaftung seiner Ländereien und Güter sowie, ebenfalls standesgemäß, der Reiterei und Jagd.

In die Zeit der 1830er Jahre fallen auch seine ersten politischen
Betätigungen. Wie zahlreiche andere landsässige katholische Adelige
wandte sich der äußerst wohlhabende von Westphalen gegen die
Reformbemühungen der preußischen Bürokratie[3], wobei besonders
die katastermäßige Erfassung des Grundbesitzes als Grundlage für
die Besteuerung generell beim westfälischen Adel auf erbitterte Kritik stieß.[4] Dennoch ließ sich Clemens August, auch dies war im 19.
Jahrhundert durchaus standesgemäß, als Kandidat für das Amt des
Landrats des Kreises Meschede aufstellen und wurde 1834 vom
Kreistag gewählt. Allerdings gab er dieses Amt bereits vier Jahre
später wieder auf, da der in seinen Augen subalterne Verwaltungs-
dienst ihm offensichtlich nicht die erhofften politischen Gestaltungs-
möglichkeiten bot, wie er dem preußischen König Friedrich Wilhelm
IV. in einem Brief mitteilte: Gerade Adelige wie er könnten König
und Vaterland in „freiem Dienst [...] oft wirksamer und fruchtbarer"
dienen „als der im Amte in gewiesene Schranken gehaltene, durch
Form und Kontrolle oft bis zur Erschlaffung und Lähmung gefessel-
te" Beamte.[5]

---

[3] Einer der entschiedensten Vertreter dieser westfälischen Adelsopposition, Werner
von Haxthausen, berichtete 1834, dass auch der Graf von Westphalen gegen das Vorgehen der preußischen Behörden Einspruch erhoben hätte, um „der Willkür der
Beamten Schranken zu setzen." Zit. nach Wilhelm SCHULTE: Volk und Staat. Westfalen
im Vormärz und in der Revolution 1848/49. Münster 1954, S. 766. [Kurztitel: SCHULTE
1954] – Der gut informierte Freiherr vom Stein schätzte in einer Denkschrift an den
Kronprinzen das Jahreseinkommen des Hauses von Westphalen im Jahre 1822 auf
70.000 Taler, eine Summe, die in Westfalen nur vom Hause Fürstenberg (100.000
Taler) übertroffen wurde: SCHULTE 1954, S. 113.
[4] Vgl. WESTPHALEN 1982, S. 50-53; Friedrich KEINEMANN: Vom Krummstab zur Republik. Westfälischer Adel unter preußischer Herrschaft 1802 – 1945. Bochum 1997, S.
218-238. [Kurztitel: KEINEMANN 1997]
[5] C.A. v. Westphalen an Friedrich Wilhelm IV., 20.10.1841, zit. bei Heinz REIF: Westfälischer Adel 1770-1860. Vom Herrschaftsstand zur regionalen Elite. Göttingen 1979, S.
653, Anm. 69. [Kurztitel: REIF 1979]

In die zweite Hälfte der 1830er Jahre fallen auch die sogenannten „Kölner Wirren", die in den vorwiegend katholischen preußischen Provinzen Rheinland und Westfalen große Beunruhigung hervorriefen.[6] Auslöser dieses Konfliktes zwischen katholischer Kirche und preußischem Staat war die Inhaftierung des Kölner Erzbischofs von Droste-Vischering, der sich geweigert hatte, die Möglichkeit einer nichtkatholischen Erziehung bei Kindern aus Mischehen zu akzeptieren. Wie fast alle seine katholischen Standesgenossen übte der Graf von Westphalen geharnischte Kritik an dieser in seinen Augen unerhörten Anmaßung des protestantischen preußischen Staates,[7] und als Vertreter der katholischen Adelsgruppe im westfälischen Provinziallandtag erhielt er sogar im April 1841 eine Privataudienz beim preußischen König, die jedoch für den Grafen das unerfreuliche Ergebnis hatte, dass er vom König unverrichteter Dinge mit brüsken Formulierungen nach Hause geschickt wurde und der Berliner Hof diese Abfuhr auch noch durch eine Kabinettsorder öffentlich machte. Der so gedemütigte Adelige teilte daraufhin dem preußischen König schriftlich mit, dass er ihm nicht mehr seinem Gewissen gemäß dienen könne, gab die preußische Staatsbürgerschaft auf und zog mit seiner Familie auf sein Gut Erbach in Nassau. Zwar leistete er nach dem Tod seiner Frau und der Rückkehr nach Meschede 1843 erneut den Lehnseid auf den preußischen König, aber die dem Konflikt zugrunde liegenden Ursachen wie das Problem der Freiheit der katholischen Kirche im protestantisch dominierten preußischen Staat und die Stellung der ständisch organisierten Volksvertretung gegenüber der Krone waren ungelöst und sollten später erneut auftauchen. Auch hier zu Tage tretende Charaktereigenschaften des Grafen wie „Streit- und Formulierungslust" sowie die Neigung

---

[6] Vgl. hierzu Friedrich KEINEMANN: Das Kölner Ereignis, sein Widerhall in der Rheinprovinz und in Westfalen, 1. Teil: Darstellung. Münster 1974. [Kurztitel: KEINEMANN 1974]

[7] Vgl. Friedrich KEINEMANN: Die Affäre Westphalen. Der Protest des Grafen von Westphalen zu Fürstenberg und Laer gegen die preußische Kirchenpolitik auf dem Westfälischen Provinziallandtag 1841 und seine Folgen, in: Westfälische Zeitschrift 123 (1973), S. 189-213 [Kurztitel: KEINEMANN 1973]; WESTPHALEN 1982, S. 63-77.

zu „extremsten Schritten", „Trotzhaltung" und „Widerborstigkeit" –
so die Formulierungen seines Biografen und Enkels Ludger von
Westphalen – werden uns noch mehrfach begegnen.

Kaum war über die „Affäre Westphalen" Gras gewachsen, als in
der zweiten Hälfte der 1840er Jahre Graf Clemens August in die
„Affäre Hatzfeldt" verwickelt wurde, die deutschlandweit für noch
mehr Furore sorgte als seine vorhergehenden Aktivitäten.[8] Der westfälische Magnat hatte die in großen finanziellen Schwierigkeiten
steckende Gräfin Sophie von Hatzfeldt in ihrem Scheidungsprozess
durch eine erhebliche Summe unterstützt, und der juristische Vertreter der Gräfin, der damals radikaldemokratische Student und spätere
Gründer der deutschen Sozialdemokratie Ferdinand Lassalle, hatte
diese Hilfsaktion publikumswirksam bekanntgemacht. Es ist viel
über die Motive dieser großzügigen Finanzhilfe des verwitweten
Aristokraten für seine gut aussehende junge Standesgenossin gerät-
selt und getratscht worden, aber zwei politische Motivstränge scheiden definitiv aus: Erstens gewährte von Westphalen das bedin-
gungslose Darlehen nicht an die verarmte, aber selbstbewusst auf
einer für den konservativ-erzkatholischen Magnaten völlig unakzep-
tablen sozialen und sexuellen Selbstbestimmung beharrenden Frau,
um sein Einverständnis mit deren feministischer Emanzipation zu
dokumentieren. Etwas gewunden teilte er Lassalle im Sommer 1844
mit, dass die Lebensweise von dessen Mandantin unmöglich als
nachzuahmendes Beispiel „einer emanzipierten Frauenwelt zum
erbaulichen Vorbild ungebundenen Venusdienstes" dienen könne.[9]

Erst recht kann sein finanzielles Engagement für das Duo Hatz-
feldt/Lassalle nicht als Unterstützung der radikaldemokratischen
Positionen Lassalles im Vormärz und während der Revolutionszeit

---

[8] Vgl. hierzu Werner NEUHAUS: Der „rothe Republicaner", sein „weißer Neger" und
der „weiße Rabe". Ferdinand Lassalle, Sophie von Hatzfeldt und Clemens August
Graf von Westphalen, in: Westfälische Zeitschrift 165 (2015), S. 335-352 [Kurztitel:
NEUHAUS 2015]; WESTPHALEN 1982, S. 77-96.

[9] Zit. nach WESTPHALEN 1982, S. 92.

von 1848/49 gesehen werden.[10] Noch in der Mitte der 1850er Jahre teilte er Lassalle seine Überzeugung mit, dass der Adel – entgegen den Forderungen der Landbevölkerung im März 1848 – „ohne alle Skrupel" wie „vor Zeiten [s]eine Vorfahren, wie auch die heilige Kirche selbst mitsamt ihren Vätern vom ausgetanen Lande [...] den Zehnten des Reinertrages" verlangen dürfe. Nach einem Besuch der Nationalversammlung in der Frankfurter Paulskirche äußerte er sich nur verächtlich über die intellektuelle und politische Minderwertigkeit der sich dort abspielenden Farce, und Jahre nach der Revolution teilte er dem späteren Arbeiterführer mit, dass ihn „die damals zu[r] Herrschaft anstrebende Demokratie wahrhaft anekelte" und er sich zu Lassalles sozialrevolutionärem „Evangelium [...] nicht wohl füglich bekennen" könne.

Eine andere Einstellung wäre auf Grund seiner Erfahrungen mit den revolutionären Ereignissen im Frühjahr 1848 auf seinem Schloss in Fürstenberg/Kreis Büren[11] auch erstaunlich gewesen. Dort hatten erboste Landbewohner das Schloss gestürmt und teilweise demoliert sowie das Archiv angesteckt, als sich Graf Clemens August auch unter Androhung von Gewalt zu keinerlei Zugeständnissen an die bessere Holz- und Huderechte sowie geringere Abgaben verlangenden Tagelöhner und Landarbeiter bereitfand. Der Grandseigneur hatte in der Nacht Hals über Kopf die Flucht zu Pferde nach Haus Laer bei Meschede antreten müssen. Der dort angebotene Schutz der mit Jagdgewehren und Knüppeln bewaffneten Mescheder Bürgerwehr erwies sich jedoch als nicht notwendig, weder Fürstenberger noch Mescheder Bürger oder Bauern, Tagelöhner oder Arbeiter versuchten Schloss Laer zu stürmen.

Während der westfälische Adelige und der preußische König Friedrich Wilhelm IV. bei der Bekämpfung der Revolution von 1848/49 noch an einem Strick gezogen hatten und auch bei der Reak-

---

[10] Vgl. zum Folgenden NEUHAUS 2015, S. 348ff (dort auch die Zitate).
[11] Vgl. hierzu Bernhard NOLTE: „Einem geschenkten Gaul schaut man nicht ins Maul!" Die Märzrevolution 1848 in Fürstenberg, in: Die Warte, 59. Jg., Nr. 98 (1998), S. 10-12 [Kurztitel: NOLTE 1998]; mit anderer Akzentsetzung: WESTPHALEN 1982, S. 96-114.

tionspolitik der 1850er Jahre übereinstimmten, kam es in den 1860er Jahren zu mehreren Konflikten zwischen Fürstenberg bzw. Mesche- de und Berlin. Zum einen gab Clemens August sein Amt als Land- tagsmarschall des westfälischen Provinziallandtages in Münster auf, nachdem ihn der preußische König Wilhelm I. gezwungen hatte, dem Monarchen und seinem Ministerpräsidenten Bismarck misslie- bige Passagen aus einer Rede zu streichen. In der Folgezeit wuchs das Missbehagen des westfälischen Adeligen an der kleindeutschen Politik des neuen preußischen Ministerpräsidenten Otto von Bis- marck, die auf eine Hinausdrängung des Hauses Habsburg aus dem Deutschen Bund abzielte. Wie andere katholische Standesgenossen hielt der auch in Böhmen Ländereien besitzende und mit dem Hause Habsburg durch manche Konnexionen verbundene westfälische Magnat diese auf einen deutschen „Bruderkrieg" hinauslaufende Politik Bismarcks für unannehmbar.[12] Im Gegensatz zu weiten Teilen der von einer Welle nationaler Begeisterung erfassten preußischen Öffentlichkeit hielt er auch nach dem Sieg Preußens bei Königgrätz im Sommer 1866 nicht mit seiner Kritik an der kleindeutschen Machtpolitik Bismarcks zurück, kündigte dem preußischen König seinen Treueid und verzichtete öffentlich auf die weitere Mitarbeit im preußischen Herrenhaus. Er verteidigte sogar das Verhalten sei- nes Sohnes Clemens, der als Offizier aus Protest gegen die preußi- sche Außen- und Kriegspolitik seinen Dienst in der preußischen Armee quittiert hatte. Vater und Sohn von Westphalen mussten nun mit dem Odium leben, das Bismarck gegen seinen innenpolitischen Gegenspieler formulierte: Clemens habe „die traurige Berühmtheit erlangt, der einzige preußische Offizier zu sein, der in dem letzten Kriege die Schmach der Desertion auf sich geladen" habe.[13]

---

[12] Vgl. zu diesem Themenkomplex Friedrich KEINEMANN: Auswirkungen des preu- ßisch-österreichischen Krieges 1866 auf die Haltung des katholischen Adels in der Provinz Westfalen, in: Westfälische Zeitschrift 119 (1969), S. 411-421. [Kurztitel: KEI- NEMANN 1969]

[13] Bismarck an Graf Eulenburg, 21.3.1867, zit. WESTPHALEN 1982, S. 169.

Viele von Bismarcks bürgerlich-liberalen und adelig-großdeut-
schen Gegnern verrieten ihre Prinzipien und liefen ins Lager des er-
folgreichen „Eisen-und-Blut" Kanzlers über, während einige der so-
zialistischen, katholisch-föderalistischen und altständisch-konser-
vativen Politiker und Denker bei ihrer grundsätzlichen Kritik an der
auf Krieg angelegten Strategie des preußischen Ministerpräsidenten
blieben.[14] Auch Clemens August von Westphalen gehörte zu diesen
Kritikern, und seine politischen Aktivitäten blieben selbst im fernen
Berlin nicht unbemerkt, wo sein Intimfeind Bismarck dem preußischen Innenminister von Eulenburg nach den Wahlen zum Parlament des Norddeutschen Bundes im März 1867 indigniert mitteilte,
„daß der Graf von Westphalen auf Laer" noch immer „in seinem
Wahlbezirke eine nicht zu unterschätzende politische Rolle spielen"
könne.[15] Als jedoch der einflussreiche münsterländer Adelige und
Bischof von Mainz Wilhelm Emmanuel von Ketteler trotz einiger
Einwände gegen Bismarcks Kurs das politische Ergebnis von Königgrätz – die führende Rolle Preußens in Deutschland – öffentlich ak-
zeptierte, waren die Würfel für die Annahme des Norddeutschen
Bundes durch den deutschen politischen Katholizismus gefallen.[16]
Dennoch beharrte Clemens August in der privat finanzierten Schrift
Meine Stellung zur Politik „Bismarck" (Mainz 1868) auf seiner prinzi-
piellen Kritik an der kleindeutschen borussischen Reichseinigungs-
politik. [Textdokumentation →Anhang: A] Jedoch waren seine –
allerdings nicht sehr energisch verfolgten – politischen Aktivitäten,
die u. a. auf die Gründung einer großdeutsch-föderalistisch-konser-
vativen Partei in den 1870er Jahren zielten, ebenso wenig erfolgreich
wie seine Betätigung im antipreußischen Deutschen Reformverein

---

[14] Vgl. den knappen Überblick bei Hans-Ulrich WEHLER: Deutsche Gesellschaftsgeschichte. Dritter Band. Von der „Deutschen Doppelrevolution" bis zum Beginn des
Ersten Weltkrieges 1848-1914, München 1995, S. 247-251. [Kurztitel: WEHLER 1995]
[15] Zit. nach WESTPHALEN 1982, S. 169.
[16] Vgl. Erwin ISERLOH: Die Katholiken und das Deutsche Reich von 1871. Bischof
Kettelers Bemühungen um die Integration der Katholiken in den kleindeutschen Staat,
in: Westfälische Zeitschrift 133 (1983), S. 57-73, bes. S. 62-66. [Kurztitel: ISERLOH 1983]

zehn Jahre zuvor.[17] Ähnlich wie wenige Jahre später bei seiner Kritik am vom I. Vatikanischen Konzil 1870 verkündeten Unfehlbarkeitsdogma zeigte sich, dass Clemens August von Westphalen nicht bereit war, sich auch von höchsten Autoritäten wie Kanzler, König oder Papst einschüchtern zu lassen. Prinzipientreu bis zur Dickköpfigkeit ging er seinen Weg in kirchlichen, sozialen und politischen Fragen. Trotz seiner Kritik an der römischen Kurie verteidigte er einerseits die Rechte der katholischen Kirche im Kulturkampf gegen den preußischen Staat und stritt andererseits mit Bischof von Ketteler über päpstliche Unfehlbarkeit und die Rolle des politischen Katholizismus im kleindeutschen, protestantisch dominierten Kaiserreich.

Neben seinem Engagement in der „Großen Politik" versuchte von Westphalen auch, die politischen Verhältnisse in seiner unmittelbaren Umgebung zu beeinflussen.[18] Besonders bei der Aufstellung von Kandidaten der im Entstehen begriffenen Zentrumspartei für die Wahlen zum Norddeutschen Reichstag im Jahre 1867 griff er massiv ein, um im neugeschaffenen Wahlkreis Olpe-Meschede-Arnsberg den konservativen katholischen Standesgenossen Hermann von Mallinckrodt durchzusetzen, was ihm mit Hilfe von Flugblättern, Zeitungsartikeln und Wahlveranstaltungen – sehr zum Missfallen Bismarcks – trotz einiger Hindernisse letztendlich gelang.[19] Auch bei den Nachwahlen zum Reichstag des Norddeutschen Bundes (1867), den folgenden Wahlen zum preußischen Landtag (1867) und dem Deutschen Reichstag (1871) trug er finanziell und publizistisch dazu bei, dass der katholische Rheinländer Peter Reichensperger den

---

[17] Vgl. hierzu WESTPHALEN 1982, S. 153ff; 177f.

[18] Vgl. zum Folgenden Dieter PFAU: Der Kreis Olpe und die Entwicklung zur Zentrumspartei im südlichen Westfalen (1852-1871), in: SüdWestfalen Archiv 16 (2016), S. 241-279, bes. S. 256-272 [Kurztitel: PFAU 2016]; ders.: 200 Jahre Geschichte des Kreises Olpe 1817-2017. Olpe 2017, S. 220-231. [Kurztitel: PFAU 2017]

[19] Vgl. die Darstellung einer von v. Westphalen einberufenen stürmischen Wahlveranstaltung in Grevenbrück bei PFAU 2017, S. 222f., die von Demokraten umfunktioniert wurde, was dem Grafen den Spott der satirischen Zeitschrift *Kladderadatsch* eintrug: vgl. die Kopie ebd. S. 222. [Text →Anhang: A]

Wahlkreis gegen liberale und konservative Mitbewerber gewann. Somit kann er als einer der Väter des politischen Erfolges des Zentrums im Sauerland bezeichnet werden, denn bis 1933 gewannen Kandidaten der katholischen Partei sämtliche Landtags- und Reichstagswahlen in den Gebieten des ehemaligen Herzogtums Westfalen. Darüber hinaus war er bis zu seinem Tode im Jahre 1885 geborenes und aktives Mitglied der Kreistage von Meschede, Paderborn, Warburg und Büren.

Man kann wesentliche Aspekte des patriarchalisch-aristokratischen Ehrencodexes dieses westfälischen Granden gut aus einem von ihm verfassten Trinkspruch ersehen, den sein Enkel Ludger von Westphalen in seiner Biografie des „Alten Herrn" veröffentlicht hat:[20]

Mit dem Schwerte sei dem Feind gewehrt
Mit dem Pflug der Erde Frucht gemehrt
Frei im Walde grüne seine Lust
Schlichte Ehre wohn' in seiner Brust
Das Geschwätz der Städte soll er fliehn
Von seinem Herde ohne Not nicht ziehn
So gedeiht sein wachsendes Geschlecht
Dies ist des Adels alte Sitt' und Recht.

Clemens August Graf von Westphalen lebte im 19. Jahrhundert, aber seine legitimistisch-altständischen politischen Ansichten und seine agrarisch-antikapitalistischen Überzeugungen waren tief verwurzelt in der vom Adel dominierten Welt des Alten Reiches, das zu Beginn des 19. Jahrhunderts unwiderruflich untergegangen war.

---

[20] Zit. nach WESTPHALEN 1982, S. 61.

Porträtbüste des Clemens August von Westphalen (1805-1885),
gefertigt von der Bildhauerin Elisabeth Ney – in Meschede-Laer 1862
(Reproduktion nach: SüdWestfalen Archiv 16. Jg. 2016)

Zeittafel

zum Lebensweg des Clemens August Wilhelm Liborius
Reichsgraf von Westphalen zu Fürstenberg
(1805-1885)[1]

1602: Haus Laer bei Meschede wird Familienbesitz derer von Westphalen zu Fürstenberg.

1725: Geburtsjahr von W.'s Urgroßvater Clemens August von Westphalen (1725-1777), dem älteren Bruder des Hildesheimer und Paderborner Fürstbischofs Friedrich Wilhelm von Westphalen (1727-1789).

1792: W.s Großvater Clemens August von Westphalen (1753-1818) wird in den erblichen Reichsgrafenstand erhoben; er war kaiserlicher Gesandter für Köln, Mainz, Trier („im Rang eines Geheimen Rates und Ministers") und 1805/06 für kurze Zeit gewählter Burggraf zu Friedberg (Titel beibehalten). 1801 agitierte er als ‚kaiserlicher Wahlkommissar' für die Wahl von Erzherzog Anton Viktor (jüngster Bruder des Kaisers Franz) zum Fürstbischof von Münster (1802 Verzicht der Wahlannahme mit Blick auf die politischen Umwälzungen).

1805: Am 12. April wird W. zu Frankfurt a. M. geboren; Taufpate ist der dort lebende, in zweiter Ehe mit Therese Gräfin von Bocholtz-Meschede vermählte Großvater, in dessen Haus W. den größten Teil seiner Kindheit verbringt. *Seine Eltern:* Friedrich Wilhelm von Westphalen (1780-1809) und Elisabeth Anna Gräfin von Thun-Hohenstein. *Seine Geschwister:* Maria Theresia (1806-1821), Otto Franz Raban (1807-1856), Rudolf Joseph (1808-1836).

---

[1] Benutzte Quellen für die Zeittafel: WURZBACH 1887*; WESTPHALEN 1982; WESTPHALEN 1983; Personeneintrag im Internet-Portal „Westfälische Geschichte", Abruf am 23.04.2020 (http://www.westfaelische-geschichte.de/per957).

1809: Am 19. April findet W.s Vater, Freiwilliger im österreichischen Heer gegen Napoleon, bei Regensburg den Tod.

1818: Der Großvater stirbt und hinterlässt nahezu seinen gesamten Besitz seinem Enkel W. (bis zur Volljährigkeit verwaltet von W.s Mutter und dem Stiefvater Josef v. Westphalen).

1824: Aufnahme des Jurastudiums in Löwen, wo W.s früherer Hofmeister (Erzieher) J. M. F. Birnbaum als Professor lehrt.

1825: W. wechselt an die Berliner Universität.

1827: Abschluss des Studiums in Göttingen.

1828: Ab April ist W. Referendar (Auskultator) am Oberlandesgericht in Münster.

1829: Volljährigkeit (Antritt des Erbes). W. heiratet die sieben Jahre ältere Gräfin Maria Kunigunde von Aicholt[2] (01.12.1798-10.01.1843); das Paar bekommt fünf Kinder: Friedrich Joseph (1830-1900), Joseph August (1831-1894), Elisabeth Maria (1834-1910), Max (1835-1862), Clemens Franz (1836-1887).

1829: W. ist Kreisdeputierter des Kreises Büren; Mitglied der Kreistage der Kreise Paderborn, Warburg und Meschede.

1831: Durch Kabinettsorder vom 13. Januar wird „dem Grafen Clemens von Westphalen als Besitzer der zum Familienmajorat des

---

[2] Annette von Droste-Hülshoff schreibt am 2.11.1828 einer adeligen Freundin: „Hier in Münster gibt's manches Neue [...] ein junger Graf Westphalen, der diesen Winter eine bedeutende Rolle gespielt hat, hauptsächlich seines Geldes wegen, da er 60.000 Rtl. Revenuen besitzt, hat sich durch keine unserer jungen Schönheiten wollen fesseln lassen, sondern statt dessen – er ist erst 24 Jahre alt – den Schüler, Zögling und achtungsvollen Bewunderer des Gräfin Kunigunde Aicholt, der Schwester der jungen Erbdrostin gemacht. Niemand dachte darüber nach, da Kunigunde bekanntlich schon über dreißig ist, bis vor wenigen Tagen die Verlobung der beiden bekanntgemacht wird. Die Verwunderung ist groß in Münster und die Niedergeschlagenheit noch größer, denn eben weil Westphalen sich für keine der jungen Damen erklärt hatte, außerdem aber höchst freundlich gegen jedermann war, so hoffte fast alles, was jung und schön, oder auch nur das erstere war, auf ihn." (zit. WESTPHALEN 1982, S. 27-28.)

Gräflich v. Westphalenschen Geschlechts gehörigen Güter in der Provinz Westfalen eine Virilstimme auf dem Westfälischen Provinziallandtag im Stand der Fürsten und Herren für sich und seine Nachkommen verliehen", gebunden an den „Erhalt und Besitz des Familienfideikommisses"[3].

1834: W.s Bewerbung um das Landratsamt in Meschede.

1835: Amtliche Ernennung W.s zum Landrat (Kreis Meschede).

1837: Der Kölner Erzbischof Clemens August Freiherr Droste zu Vischering (1773-1845), der kein Sachwalter der vordem am Rhein durchaus wirkmächtigen „katholischen Aufklärung" mehr ist, wird am 20.11. zusammen mit seinem Kaplan Eduard Michelis wegen seiner romtreuen Haltung in der „Mischehen-Frage" verhaftet; W. gehört zur Opposition des – nunmehr offen preußenkritisch profilierten – katholischen Adels in Westfalen gegen diese staatliche Maßnahme und steht in Verbindung mit dem inhaftierten Erzbischof, der seiner Ehefrau Kunigunde seit Kindertagen ein Beichtvater ist.

1838: Priesterweihe von Friedrich Michelis (1815-1886), der anschließend einige Jahre als Hausgeistlicher und Lehrer von W.s Kindern auf Schloss Laer bei Meschede tätig ist.

1839: Im Januar Entlassung W.s „aus dem Staatsdienst auf Gesuch (neben der Fülle der Privatgeschäfte konnte er die landrätlichen Pflichten nicht gebührend wahrnehmen)". – Am 28. Juni weilt der preußische Kronprinz (hernach: König Friedrich Wilhelm IV.) eine Nacht als Gast auf W.s Schlossgut in Laer bei Meschede.

1841: Ein Antrag W.s auf dem 6. Westfälischen Provinziallandtag zugunsten des vom preußischen Staat ‚festgesetzten' Erzbischofs v. Droste zu Vischering bringt ihm den Vorwurf der Majestätsbeleidigung ein sowie die Bloßstellung durch eine Kabinettsorder des Königs vom 1. April; W. betreibt seine Auswanderung (im September

---

[3] WESTPHALEN 1982, S. 59.

1841 erscheint die Beilegung der „Kölner Wirren" möglich, im Oktober kommt ein freundliches Schreiben des Königs, und 1843 kehrt W. nach Preußen zurück).

1843: Am 10. Januar stirbt Kunigunde, die erste Ehefrau; W. zieht mit den Kindern wieder nach Laer bei Meschede.

1847: Beginn des langjährigen Kontakts zwischen W. und Ferdinand Lasalle („Affäre" um die emanzipierte Gräfin Sophie von Hatzfeldt).

1848: Nachdem sich W. gegenüber sozialen Forderungen der Landbevölkerung verschlossen zeigt, stürmen Landbewohner sein Schloss in Fürstenberg (Kreis Büren) und setzen das gräfliche Archiv in Flammen.

1854: Am 12. Oktober wird W., der schon seit 1847 dem Vereinigten Landtag angehört, „zum erblichen Mitgliede des königlich preußischen Herrenhauses gewählt".

1858: Im Dezember wird W. (als keineswegs exponiertes Mitglied des westfälischen Provinziallandtags) zum Landtagsmarschall ernannt; bis 1865 erfolgt dann immer wieder seine Bestellung zu diesem Amt.

1863: W. heiratet nach zwei Jahrzehnten Witwerschaft die fast dreißig Jahre jüngere Cäcilie Charlotte Henriette Gräfin Lucchesini (geb. 28.12.1834, gest. 05.09.1909), die dann 1864 unter Anleitung von Friedrich Michelis zur katholische Kirche konvertiert; das Paar bekommt sechs Kinder: Franz Clemens (1864-1930), Wilhelm (1865-1875), Alexander (1866-1895), Johannes (1868-1951), Friedrich Lubbert (1872-1932), Otto Joseph (1875-1927).

1865: W. soll als Landtagsmarschall im Oktober eine Eröffnungsansprache zur 50jährigen Jubelfeier der Provinz Westfalen halten; der Text dieser Rede wird vom König höchstpersönlich zensiert.

1866: W.s vierter Sohn Clemens quittiert wegen Preußens Krieg gegen Österreich seinen Dienst als preußischer Offizier; W. selbst sagt sich vom preußischen Untertanenverband los und wird hernach aus Herrenhaus und Landtag ausgeschlossen.

1868: W. veröffentlicht im Mainzer Verlag von Franz Kirchheim eine Dokumentation zu seinen politischen Konflikten unter dem Titel: *Meine Stellung zur Politik „Bismarck".* *Gelegentliche Kundgebungen während der Jahre 1865-1868* (→Anhang: A).

1869: W.s ehemaliger „Hauskaplan" Prof. Friedrich Michelis wendet sich öffentlich gegen die – auch von anderen namhaften Theologen und der Mehrheit der deutschen Bischöfe abgelehnte – Propaganda für einen neuen Glaubenssatz über die sogenannte päpstliche Unfehlbarkeit (→Anhang: B). Am 8. Dezember wird in Rom feierlich das Vatikanische Konzil eröffnet.

1870: Am 18. Juli erfolgt in Rom die Dogmatisierung von Universaljurisdiktion („Allgewalt") und „Unfehlbarkeit" des Papstes; W. schickt dem befreundeten Mainzer Bischof von Kettlerer eine neue Protestschrift von Friedrich Michelis (daraus folgt vom 13.12.1870 bis zum 23.4.1871 ein beispielloser Briefwechsel zwischen Bischof und gräflichem „Laien"). →Anhang: C und D.

1872: W. kommentiert seinen Briefwechsel mit Ketteler am letzten Sonntag vor Pfingsten durch ein „Nachwort", nimmt dann aber Abstand vom Plan einer Veröffentlichung der Briefsammlung.

1873: W. veröffentlicht stattdessen im Bonner Verlag von Eduard Weber's Buchhandlung anonym ein *„Sendschreiben an einen infallibilistisch gesinnten Freund"* (Text wohl bereits abgeschlossen Pfingstzeit 1872) wider das Dogma von der päpstlichen Unfehlbarkeit. →S. 119f

1885: Eine zweite, wiederum anonym bleibende Auflage des „Sendschreibens" gegen das neue Papstdogma erscheint im Bonner Verlag Max Cohen & Sohn unter dem Haupttitel *„Infallibilismus und Katholizismus"* (umfangreiches neues Nachwort von W., verfasst Allerheiligen 1884). →S. 147-205. – Am 4. Oktober 1885 stirbt W. und die Paderborner Bistumsleitung verweigert ein kirchliches Begräbnis seines Leichnams in der Diözese Paderborn. Die altkatholische Presse enthüllt jetzt, dass W. Verfasser des „Sendschreibens" (1873/1885) wider die päpstliche Unfehlbarkeit ist, und die gräfliche Familie zieht durch Kauf die gesamte noch greifbare Auflage der Schrift aus dem Verkehr.

1891: Im ‚Deutschen Merkur' (5. September) wird erstmalig W.s Brief an Bischof Ketteler vom 21.12.1870 veröffentlicht.

[pb]

Juan de Valdés Leal (1622–1690): Finis Gloriae Mundi
commons.wikimedia.org

Sendschreiben an einen infallibilistisch gesinnten Freund

Text der Ersten Auflage
der anonymen Broschüre des
Clemens August von Westphalen
1873

Sendschreiben

an

einen infallibilistisch gesinnten Freund.

Sacro approbante Concilio, docemus et divinitus revelatum dogma esse definimus: Romanum Pontificem, cum ex cathedra loquitur, i. e. cum omnium Christianorum Pastoris et Doctoris munere fungens, pro suprema sua apostolica auctoritate doctrinam de fide vel moribus ab universa Ecclesia tenendam definit, per assistentiam divinam ipsi in beato Petro promissam, ea infallibilitate pollere, qua divinus Redemptor Ecclesiam suam in definienda doctrina de fide vel moribus instructam esse voluit: ideoque eiusmodi Romani Pontificis definitiones ex sese, non autem ex consensu Ecclesiae irreformabiles esse. Constitutio Pii IX. „Pastor aeternus" d. d. 18. Iulii 1870, Cap. 4.

Bonn,

Eduard Weber's Buchhandlung.

R. Weber & M. Hochgürtel.

1873.

Sendschreiben

an

einen infallibilistisch gesinnten Freund

[Anonym veröffentlichte Erstauflage der Broschüre
des Grafen Clemens August von Westphalen[1]]

Sacro approbante Concilio, docemus et divinitus revelatum dogma esse definimus: Romanum Pontificem, cum
ex cathedra loquitur, i. e. cum omnium Christianorum
Pastoris et Doctoris munere fungens, pro suprema sua
apostolica auctoritate doctrinam de fide vel moribus ab
universa Ecclesia tenendam definit, per assistentiam
divinam ipsi in beato Petro promissam, ea infallibilitate
pollere, qua divinus Redemptor Ecelesiam suam in definienda doctrina de fide vel moribus instructum esse
voluit: ideoque eiusmodi Romani Pontificis definitiones
ex sese, non autem ex consensu Ecclesiae irreformabiles
esse. Constitutio Pii IX. „Pastor aeternus" d. d. 18. Iulii
1870, Cap. 4.

---

[1] WESTPHALEN 1873* = [Anonym:] Sendschreiben an einen infallibilistisch gesinnten
Freund. Bonn: Eduard Weber's Buchhandlung (R. Weber & M. Hochgürtel) 1873. [32
Seiten] Digitales Exemplar: Bayerische StaatsBibliothek MDZ. http://mdz-nbn-resol
ving.de/urn:nbn:de:bvb:12-bsb11158830-0 [Auch hier *ohne* nachträgliche Verfasser-
angabe im ‚Katalog'.]

[//3//]

Als Vorwort

stehe hier für Leser, denen in der Muttersprache zu denken lieber und geläufiger sein möchte, die Uebersetzung des Motto's in's Deutsche, wie ich solche der Schrift des Bischofs Ketteler „*Das unfehlbare Lehramt des Papstes*", S. 1, entnehme:

„Mit Zustimmung des heiligen Concils lehren Wir und erklären es für einen göttlich geoffenbarten Glaubenssatz, daß der römische Papst, wenn er ex cathedra spricht, d. h. wenn er in Ausübung seines Amtes als Hirte und Lehrer aller Christen kraft seiner höchsten apostolischen Gewalt eine von der ganzen Kirche festzuhaltende Lehre über den Glauben oder die Sitten entscheidet, vermöge des göttlichen Beistandes, welcher ihm im heiligen Petrus versprochen wurde, mit jener Unfehlbarkeit ausgerüstet ist, mit [//4//] welcher der göttliche Erlöser seine Kirche zur Entscheidung einer den Glauben oder die Sitten betreffenden Lehre ausgestattet wissen wollte, und daß daher solche Entscheidungen des römischen Papstes aus sich selbst und nicht durch die Zustimmung der Kirche unveränderlich sind."

[//5//]

Lieber Freund!

Wie magst Du Deine Rednerei nur gleich so hitzig übertreiben? Ist es mir doch unbewußt, irgend Jemanden in meinem Briefe vom 23. v. M. dolus und mala fides zum Vorwurfe gemacht zu haben. Nur weil Du ganz allgemein von Nichtsnutzigkeit geschrieben hattest, ohne Dich darüber auszusprechen, was Du eigentlich als nichtsnutzig bezeichnet haben wolltest, ich aber nicht annehmen konnte, daß das seit

unserm letzten Zusammensein in der katholischen Welt ausgebrochene Schisma gleichgiltig und spurlos an Dir vorüber gegangen,
frug ich, was Du wohl unter Nichtsnutzigkeit verstanden. Denn für
eine handgreifliche Fälschung der Offenbarung, wofür ich die Dogmatisirung der päpstlichen Unfehlbarkeit nun einmal halten muß,
wäre „nichtsnutzig" selbst dann noch ein ziemlich gelindes Prädicat,
wenn man mala fides und dolose Absicht auch bei keinem der Mitwirkenden voraussetzen, sie sämmtlich nur für blinde Werkzeuge in der
Hand Satans, des Vaters der Lüge, halten wollte, der nicht ablassen
kann das Reich Gottes auf Erden zu gefährden. Zur Erkenntniß der
behaupteten handgreiflichen Fälschung der Offenbarung aber bedarf
es ja nicht erst theologischer Kenntnisse und weitläufiger Studien in
der Kirchengeschichte, in der Dogmatik und Exegese; vielmehr genügt für diese Erkenntniß schon vollständig das unbefangene Sich-
Bekanntmachen mit jenem corpus delicti resp. sacrilegii, das da lautet:
Docemus et definimus, Romanum Pontificem, cum doctrinam de fide vel moribus ab
universa Ecclesia tenendam definit, ea infallibilitate pollere, qua divinus Redemptor
Ecclesiam suam in definienda doctrina de fide vel moribus instructam esse voluit.
Also, mit der Befähigung, in der Glaubens- und [//6//] Sitten-Lehre
mit Unfehlbarkeit entscheiden zu können, hat der göttliche Erlöser
seine Kirche ausstatten wollen; wir lehren und erklären, daß, wenn
der römische Papst in der Glaubens- und Sitten-Lehre entscheide, er
mit jener Unfehlbarkeit ausgerüstet sei, und zwar derartig – wird zur
eventuellen Begegnung jeder möglicher Weise laxern Interpretation,
übrigens aber zum reinen Ueberfluß noch hinzugefügt, – daß deshalb auch – ideoque ejusmodi Romani Pontificis definitiones ex sese, non autem
ex consensu Ecclesiae irreformabiles esse. Nicht also weil der römische
Papst als Organ der gesammten Kirche die in Uebereinstimmung mit
ihr erklärte Glaubens- und Sitten-Lehre etwa irreformabel nur verkünde, sondern umgekehrt, weil seine Katheder-Entscheidungen an
und für sich irreformabel von der gesammten Kirche als unfehlbar
anzuerkennen, als solche von ihr festzuhalten seien – ab universa Ecclesia tenenda sunt.

Daß hier das Ecclesia infallibilitate instructa est als göttlich geoffenbarter Glaubenssatz postulirt wird; daß er als solcher für jeden gläubigen Christen ein Axiom und damit die Prämisse ist, aus der in Verbindung mit der weitern Annahme, Concilien seien die legale Vertretung dieser Kirche, gefolgert wird, mit Unfehlbarkeit eine Glaubenslehre zu definiren, stehe einem Concil zu; daß ferner derselbe Satz: Ecclesia infallibilitate instructa est, *der* Glaubenssatz ist, *den* zu definiren das Concil zur Aufgabe sich stellt; und daß mit der vorgeblichen Definirung dieses Satzes dem Subjecte und dem Prädicat desselben – *den* Worten »Ecclesia« und »instructa est«, *die* Worte »Romanus Pontifex« und »pollet« substituirt werden, während das Object »infallibilitate« unberührt dabei bleibt: – das Alles ist doch wohl handgreiflich, und kann es sich nur noch fragen, ob diese Substitution in den Worten denn [//7//] auch eine *wirkliche* und nicht vielleicht eine nur *scheinbare* Fälschung involvire, ob nicht bei einer nähern Feststellung der den Worten Ecclesia, Pontifex, infallibilitas, instructus – a – um esse und pollere zum Grunde liegenden Begriffe, der in der Offenbarung enthaltenen ewigen Wahrheit unbeschadet, der respective Aus- und Umtausch dieser Worte ein zulässiger wäre. Wie es z. B. als unzulässig nicht bezeichnet werden könnte, wenn bei dem Objecte des Satzes, dem Worte infallibilitas, das Wort spiritus sanctus substituirt würde, indem es den Offenbarungsworten selbst entsprechend eben so gut ja auch heißen könnte: Ecclesia Spiritu sancto instructa est.

Zunächst also, und zwar auf Grundlage der christlichen Offenbarung und der katholischen Tradition, die Begriffsfeststellung des Wortes »Ecclesia«.

Die Kirche als wirkliches Subject, als die Braut Christi, als die befähigte Trägerin des Objectes „Unfehlbarkeit", ist allerdings nur als Einheit denkbar, und zwar als jene Einheit, die Christus in seinem Gebete für ihre Erhaltung der Einheit Gottes vergleicht: *daß Alle Eins seien, Eins, wie du, Vater, in mir bist und ich in dir.* Als solche der Unfehlbarkeit theilhaftig sein zu können, ist sie aber sehr wohl denkbar, und als solcher ist sie ihr denn auch verheißen worden. Ihren einheitlichen, allgemeinen, d.i. katholischen Glauben, jenes semper et ubique et ab omnibus creditum haben berufene testes fidei einmüthig daher auch nur zu bezeugen und ihn damit zu constatiren und nicht bestellte dogmatislatores per maiora zu votiren und mit Unterwerfung der majorisirten Minorität ihn zu beschließen und ihn dann zu decretiren.

Mit diesem hier nur kurz skizzirten Begriff »Ecclesia« als einer moralischen Person und zwar der denkbar höchsten und vollkommensten moralischen Person auf Erden, kann der [//8//] Begriff »Pontifex« aber schon darum nicht zusammen fallen, weil er ja ein ihr integrirender Bestandtheil, Glied der Kirche ist, Grundstein und Mittelpunkt zwar, darum aber doch als pars pro toto nicht genommen, mit ihr nicht verwechselt, ihr nicht substituirt oder gar mit ihr identificirt werden kann, ohne Frevel daher auch nicht definirt werden darf: l'Eglise c'est le Pape – die Kirche, das ist der Papst. Denn es wäre das ja derselbe Unsinn, als wollte Einer behaupten: l'homme c'est la tête – der Mensch das ist der Kopf – doceo et definio, caput eâ animâ pollere, qua divinus Creator hominem suum instructum esse voluit, – ich lehre und erkläre, daß der Kopf mit derjenigen Seele ausgerüstet ist, mit der der göttliche Schöpfer seinen Menschen ausgestattet wissen wollte; womit besten Falls, d.i. bei der schonendsten und nachsichtigsten Deutung dieser, zugegeben, zweideutigen Redensart platterdings *nichts* gesagt wäre, nur eitle und unnütze Worte ausgesprochen würden, von denen Rechenschaft ablegen zu müssen selbst ein ökumenisches Concil für exemt nicht zu erachten, die nichtssagendste, nichtsnutzigste Phrase zu einem Dogma der katholischen Glaubenslehre erhoben wäre, oder – was man also vorauszusetzen selbst verpflichtet ist – wenn etwas damit gesagt sein soll, nur damit gesagt sein kann: der römische Papst, wenn er ex cathedra redet, d.i. wenn er kraft seiner höchsten apostolischen Gewalt über den Glauben oder die Sitten eine Lehre unabänderlich entscheidet, die von der gesammten Kirche als irreformabilis *ex sese* fest zu halten ist – damit *neben* oder meinetwegen auch *über* die Kirche gesetzt, jedenfalls als *dasjenige* Subject, qui doctrinam ab universa Ecclesia tenendam irreformabiliter definit, dem Subjecte Ecclesiae universae, a qua ea irreformabiliter ab eo definita doctrina tenenda est, *gegenüber* gestellt, – ist für sich mit jener [//9//] Unfehlbarkeit ausgerüstet, mit welcher nach *göttlichem* Willen als ihrer unsterblichen Seele, als ihrem Geiste, als heiligem Geiste die untheilbare Einheit der gesammten Kirche Christi hat ausgestattet sein sollen. Mit dieser Gegenüberstellung zur Kirche, mit diesem ex sese, non autem ex consensu Ecclesiae ist er dann – nicht etwa als abgetrenntes und damit nothwendig auch abgestorbenes Glied baar und verlustig jenes, die gesammte Kirche beleben sollenden heiligen Geistes, nein, gerade damit ist er erst recht lebendig, recht voll davon geworden, wenn es auch just beim Menschen nicht in Abrede gestellt werden könnte, daß mit dem Gegenüberstellen des Kopfes zum gesammten Leibe, mit der Operation des sog. Köpfens der Kopf nicht weniger wie der gesammte Leib entseelt werden müßte.

Angenommen aber selbst, wir wollten und könnten sammt unserm Gewissen dieser vaticanischen Anschauung rückhaltslos uns unterwerfen und die Fiction eines römischen Papstes gegenüber der gesammten Kirche als Wahrheit gelten lassen: mit unserm Gewissen kämen wir ja dann erst recht aus dem Regen in die Traufe, würden es dann so recht in Mitte jener Gedankenconfusion gestellt haben, in der das Vaticanum und dessen Commentatoren trostlos sich hin und her bewegen, indem sie Papst und Kirche gegensätzlich behandeln und so, bei nur einem Objecte, mit zwei Subjecten sich herum quälen. Wie Salomon durch die beiden Weiber mit dem Einen lebenden Kinde bedrängt, so käme dann auch unser Gewissen mit der verheißenen Unfehlbarkeit durch universa Ecclesia und Pontifex Romanus in's Gedränge, diese mit der ihr zur Seite stehenden Verheißung: Divini Redemptoris voluntate infallibilitate instructam esse, jener sich darauf steifend: ea infallibilitate pro suprema sua Apostolica auctoritate, Sacro approbante Concilio, pollere; und so bliebe [//10//] denn aus diesem Dilemma auch unserm Gewissen kein anderer Ausweg, als nun auch den heiligen Geist in Stücke zu hauen. Sollte Ecclesia aber dem zuvorkommen und – wie es ja in der That allen Anschein gewinnt, – lieber gänzlich auf ihr legitim empfangenes Object verzichten, als abgefunden mit einem todten Stücke sich einverstanden erklären wollen, so wäre damit ja –

allerdings nach der nur primitiven, practisch aber bewährten Rechts-
findungs-Methode Salomonischer Weisheit – Romanus Pontifex als
Lügner und Erschleicher eines ihm ungehörigen Objectes bloß gestellt, und auf einem qualvollen Umwege unser Gewissen da wieder
angelangt, wo der altkatholische Glaube von je her gestanden, dessen unabweisbare Consequenz aber zu dem Schlusse führt: Ideoque
eiusmodi Romani Pontificis definitiones ex consensu Ecclesiae, non autem ex sese
irreformabiles esse, weil ein ex cathedra loquens, ex sese irreformabiliter definiens
Pontifex Maximus, nach katholischem Begriffe wenigstens, ein nonsens,
als solcher gar nicht existent denkbar, gleich Null, und existent eben
nur in Coniunctione, in cohaerentia, in consensu Ecclesiae.

So viel zur Begriffsfeststellung von Pontifex und Ecclesia und zur
Begründung der Behauptung, daß in dem Satze: Ecclesia infallibilitate
instructa est ohne Fälschung desselben das Wort Pontifex dem Worte
Ecclesia nicht substituirt werden darf, während zugegeben werden
könnte, daß die Prädicate »instructus – a – um esse« und »pollere« als
Synonyma allenfalls und ohne daß darum der Sinn wesentlich entstellt würde, einander substituirt werden dürften, und es sich
schließlich also nur noch um das gemeinsame Object, um den Begriff
»infallibilitas« handeln würde.

Das Wort selbst kommt, so viel ich weiß, in der heiligen Schrift
nirgend vor, wohl aber wird Unfehlbarkeit mit Fug und Recht aus
allen jenen Stellen der heiligen [//11//] Schrift gefolgert, in denen
vom göttlichen Erlöser der Beistand des heiligen Geistes verheißen
wird. An keiner Stelle aber ist diese Verheißung einem Einzelnen
geworden, wenn auch das Vaticanum frisch weg, jedoch ohne Quellenangabe behauptet, im heiligen Petrus sei dieser Beistand den römischen Päpsten versprochen. Denn weder da, wo Petrus als Fels
der Kirche bezeichnet wird, noch auch da, wo er zu deren Leitung
berufen wird, geschieht der Unfehlbarkeit oder des heiligen Geistes
Erwähnung. Vielmehr bezieht sich diese Verheißung je nach den
verschiedenen Stellen entweder direct auf die Kirche als jene Einheit,
die von den Pforten der Hölle nicht überwunden werden soll, oder
sie ist an Alle gerichtet, an Alle nämlich, die, verharrend in der Ge-

meinschaft mit Christus, berufen werden, mit und in seinem heiligen Geiste die von ihm in seiner Kirche gewollte Einheit nun auch auf Erden zu verwirklichen. „Euch werde ich den Tröster senden – bei euch wird er bleiben in Ewigkeit – in euch wird er sein – ihr werdet ihn erkennen – euch wird er alles lehren und euch an alles erinnern, was immer ich euch gesagt – ihr werdet empfangen die Kraft des heiligen Geistes" und – dennoch! Wäre an den Versuch einer, wenn auch nur sophistischen Begründung jenes Dogmas neuesten Datums auf die Offenbarung überhaupt zu denken, sie wäre nur hier noch, nur in der Definirung des Begriffes spiritus sanctus denkbar noch möglich. In der einmal eingeschlagenen Richtung müßte nur auch resolut und consequent voran geschritten, nicht auf halbem Wege stehen geblieben, und mittels eines weitern kühnen Griffes definirt werden: Pontifex Romanus und kein Anderer sei ja eben jener der Kirche verheißene Tröster, der bei ihr bleiben soll in Ewigkeit, – jener verheißene Geist der Wahrheit, den die Welt nicht haben kann, weil sie ihn nicht sieht und ihn nicht kennt, – jener verheißene heilige Geist, welchen der [//12//] Vater im Namen des Sohnes sendet und der uns alles lehrt und uns an alles erinnert, was immer der Sohn uns gesagt hat – kurz und gut, und da wohl vorbereitet alles aufs schönste stimmt: Le Saint Esprit c'est Sa Sainteté le Pape, – *der heilige Geist, das ist Seine Heiligkeit der Papst.* Dann bekäme das infallibilitate pollere des Papstes, im Gegensatz zu dem infallibilitate instructam esse der Kirche vielleicht auch erst einen tiefern Sinn und die wahre richtige Bedeutung, und wären es dann eben keine Synonyma mehr. Nicht weil der Papst mit dem Beistande des heiligen Geistes *ausgestattet* sein soll – nam divinus Redemptor *Ecclesiam* suam, non autem Pontificem infallibilitate instructum esse voluit, vielmehr – quia divinus Redemptor Ecclesiam suam ea infallibilitate, qua ex sese *pollet* Pontifex, instructam esse voluit, wäre der Papst als von Haus aus der Unfehlbarkeit mächtig anzusehen, vorausgesetzt nämlich, daß er ex cathedra rede, i.e. cum omnium Christianorum Pastoris et Doctoris munere fungens, doctrinam de fide vel moribus *ab universa Ecclesia tenendam* definit, dann eben, wenn die gesammte Kirche *seines* heiligen Beistandes auch wirklich bedarf, wenn sie mit ihm, als ihrem unfehlbaren Geiste aus-

gestattet sein soll. Dann aber hätte auch der gläubige Neukatholik –
oder wenn Dir lieber ist, der neugläubige Katholik – analog dem
Glauben an die Menschwerdung des Sohnes Gottes in der Person
Jesu Christi, so auch in der Person des jeweiligen Papstes den Fleisch
gewordenen heiligen Geist anzuerkennen, als solchen ihn zu adoriren, und rückhaltlos sich seinen Kathedersprüchen zu unterwerfen.

Ob eine derartige Definition aber auch wohl opportun? das heißt,
ob sie auch dann noch opportun, wenn mehr wie eine bloß fromme
Meinung, ein Theologumenon, als welches, ohne daß ich entstellt
oder auch nur übertrieben hätte, sie [//13//] sich wahrlich schon breit
genug macht, ob wenn rite proclamirt *als göttlich geoffenbart* sein sollender Glaubenssatz – als ein Dogma, ob sie dann nicht etwa als
modernstes Heidenthum in optima forma erscheinen und damit zur
Zeit vielleicht noch inopportun sein möchte? – Die Frage ist freilich
mit Anwendung grammatischer und logischer Denkgesetze, wie sie
sonst – mögen sie nun von jedem Einzelnen oder von ganzen Collegien und Concilien gewissenhaft wahrgenommen und gehandhabt –
unwandelbar dieselben bleiben und somit auch zu einer und derselben Lösung führen müßten, – nicht zu entscheiden, da die Frage
nach Opportunität und Inopportunität zu jener Kategorie von Fragen gehört, für die nun einmal kein anderer Lösungsmodus bleibt
als allenfalls Knöpfe zählen oder, was ziemlich auf dasselbe hinausläuft, Stimmen sammeln und mit Unterwerfung der Minorität end-
giltig in pleno abstimmen zu lassen. Und so mag denn diese Frage
nach Opportunität oder Inopportunität einer solchen Definirung den
wieder aufzunehmenden Berathungen des ja nur vertagten Concils
zur Entscheidung vorbehalten bleiben.

Wenn ich demnach auch meine dahin ausgesprochene Meinung:
die Offenbarung sei am 18. Juli 1870 handgreiflich gefälscht worden,
aufrecht halten muß, und diese meine Meinung nach besten Kräften
erläutert und sachlich begründet zu haben glaube, so folgt daraus
doch noch keineswegs, womit Du mich zu schrecken denkst, als
müßte ich dann auch Allen, die meiner Auffassung entgegenstün-
den, dolus und mala fides imputiren. Durchaus nicht! Nicht nur Dir

gegenüber kommt mir so etwas nicht in den Sinn, sondern überhaupt nicht, so oft ich den Gegenstand mit Priestern und Laien von
allen Schattirungen des Infallibilismus, von den entschiedensten
Opportunisten von Hause aus, bis zu jenen, die sich nach schweren
Seelen- und Gewissenskämpfen [//14//] mit gebrochenem Herzen
unterworfen hatten, mündlich und schriftlich auch schon behandelt
habe. Guten Glaubens, in so fern ein unklarer Glaube als guter Glaube bezeichnet werden darf, also wenigstens nicht malae fidei halte ich
Euch Alle. Die psychologische Erklärung jenes scheinbaren Wider-
spruches: eine handgreifliche Fälschung der Offenbarung selbst bona
fide begehen zu können, und die begangene als solche nicht zu erkennen, meine ich eben nur in der richtigen Beurtheilung unserer
Zeit im Allgemeinsten suchen zu müssen, in dem herrschenden Einfluß, den sie auf die Zeitgenossen übt, und in der aus unserer Zeitrichtung hervorgegangenen Begriffsunfähigkeit oder, richtiger ausgedrückt, in dem aus gewohnheitsmäßig unvollständigem Denken
entstandenen Begriffsmangel für Einheit in der Vielheit, wie diesen
Begriff die von Christus gewollte Kirche zu ihrem Verständnisse
nothwendig doch voraussetzt. – Wem nämlich Einheit in der Vielheit, hier speciell Kirche, entweder nur nach grobwörtlicher Anwendung ein durch einen todten Mörtel gebundenes Steinconglomerat,
oder auch, nach Analogie des modernen Staates, eine zur Befriedigung ein und desselben Bedürfnisses, hier zur Uebung ein und desselben Ritus sich bekennende Vielheit von Einzelsubjecten, der
kommt dann allerdings in eine wirkliche und nicht erst simulirte
Verlegenheit, wo er wohl mit der dieser Kirche verheißenen Unfehlbarkeit eigentlich bleiben soll. Daß jede lebende Einheit nur aus einer
organisch geeinten Vielheit bestehe, das scheint, wenigstens in Anwendung auf die Kirche Christi, Euch ehrlichen Infallibilisten nicht
recht klar zu sein, wenn Ihr auch das, was man im bürgerlichen Leben mit juristischer Person und Rechtssubject bezeichnet, täglich vor
Augen habt, und auch mit uns Andern jeden Baum, auf den der
Gärtner als Object ein fruchttragendes Reis pfropft, als einheitliches
Subject anerkennen müßt, trotzdem dieses [//15//] einheitliche Sub-

ject nur in der Vielheit seiner zu einem lebenden Organismus geeinten Atome von Kohlen-, Stick-, Wasser- ec[t]. Stoffen besteht und auch äußerlich nur als Stamm, Wurzeln, Aeste, Zweige, Laub und Blüthen, sich sinnlich wahrnehmbar macht. Die Einheit der Kirche Christi dagegen ist Euch mehr die Heerde sich zusammen gefundener Individuen, die als solche eines einheitlichen Seins entbehrend auch keines einheitlichen Objectes theilhaftig sein könne, am wenigsten des Objectes der Unfehlbarkeit, trotzdem sie ihr doch verheißen worden. Und so seht Ihr Euch denn, indem Ihr Euch die Kirche, nach Eurer Anschauung die Heerde, als Subject nicht denken könnt, selbst salva bona fide zu einer unvermeidlichen Substitution gedrängt. Ist nämlich die Heerde kein Subject, so kann sie folgerichtig auch nicht Trägerin eines Objectes sein. Die von Christus verheißene Unfehlbarkeit aber will, soll sie nicht illusorisch sein, getragen werden. Dann allerdings bleibt zu denken nur zweierlei noch übrig: entweder daß ein jeweiliger Leithammel der Heerde jener Unfehlbarkeit mächtig sei – ea infallibilitate pollere – oder, um mich eines weniger prosaischen und vielleicht darum minder anstößigen Bildes zu bedienen, daß das an der Spitze eines Kranichzuges fliegende Individuum die unfehlbare Richtung einhalten und der ihm folgende Schwarm von Einzelindividuen instinctiv, d. i. bewußt- und gedankenlos nachziehen werde, – die *Dogmendictatur*; oder aber, daß jenes Object unfehlbar erkannter Wahrheit von Jedwedem pro rata für sich getragen werde, – die dann erst aus Wahlen und Abstimmungen nothwendig noch zu ertrahirende *Majoritätsinfallibilität*.

Wie bekannt, hatte beide Phasen der Anschauung schon Luther, – indem auch er den Baum vor lauter Aesten und Zweigen nicht sah oder – zu seiner Entschuldigung [//16//] sei es erwähnt – ihn vielleicht nur deshalb nicht sah, weil jener Baum seiner Blüthen und Blätter beraubt und in fremdstofflichen Anhang wie verhüllt und in Schnee zugeweselt [sic] ihm als solcher unkenntlich geworden war, – in seinem vielbewegten Leben durchmachen müssen, als tollster Infallibilist seiner Zeit, in Glaubenslehren – direct an den Papst appellirend, dann das Kind mit dem Bade ausgießend als Reformator andererseits, beide Anschauungen nach einander in Einer Person vertretend. Und selbst im bürgerlichen Leben sind wir ja, nachdem unserer fortschreitenden Zeit der Begriff der Einheit in der Vielheit mehr und mehr abhanden kam und darum auch die constitutio Ecclesiae Christi den weltlichen Constitutionen als Vorbild nicht mehr galt, damit aber das staatliche Zellengebilde organisch gegliederter, sich bedingender und ergänzender Stände (Stände nota bene in dem ursprünglichen Wortbegriffe, mehr dem modernen Terminus juristischer Personen entsprechend) nach und nach in Atome, in lauter Einzelindividuen, physische Personen sich auflöste, den Schwankungen zwischen beiden Theorien fortwährend unterworfen, während wir uns schmeicheln, auf dem juste milieu der so genannten constitutionellen Monarchie balanciren zu können.

Hier indessen kann es sich um das pro und contra zur Beurtheilung einer relativ größern Vortrefflichkeit dieser oder jener Verfassung für Staat und Kirche nicht handeln, und auch darum nicht, ob Christus für seine Kirche die eventuell beste, theoretisch plausibelste und in praxi bewährteste, auch für unsere Tage opportunste constitutio gewählt, sondern lediglich darum, welche constitutio er für dieselbe gewollt hat – voluit; ob also entweder[:]

a) *jene bis längst zu Recht bestehend anerkannte Form*, in der die Einheit im Glauben, die Katholicität den nationalen Specialkirchen, den bischöflichen Sprengeln, [//17//] den Pfarrgemeinden, den geistlichen Orden, den theologischen Facultäten, kurz dem Ganzen in der Unanimität des mit dem Primat geeinten Episcopates unter dem Beistande des heiligen, seines hinterlassenen Geistes gewahrt werden solle; in dem bloßen Definiren, dem nur nähern und präcisern Erklären dessen, was immer und überall und von Allen als katholischer Glaube erkannt worden, einmüthig bezeugt durch berufene Glaubenszeugen, die unter der Leitung des Papstes geeinten Bischöfe der gesammten katholischen Christenheit, – ob

b) die *Majoritätsinfallibilität*, – oder ob als noch denkbar Drittes

c) die *Dogmendictatur?*

Hätte er nun aber nicht die erste Form als das eigentliche Ideal einer wahrhaft conservativen Verfassung, unter welcher, wäre sie nur stets gewissenhaft beobachtet worden, dem Fortschritte in der Dogmatislatur dann allerdings ein sehr beschränkter Spielraum gewährt gewesen, hätte er statt ihrer jene sub *c* angeführte gewollt, sei's unter Verleihung eines bei jeder Papstwahl sich erneuernden persönlichen Charismas, sei's in Form einer mehr amtlichen, dann aber auch sacramentalen übernatürlichen Gnadenspende, sei's auch als mixtum compositum, wie Bischof Ketteler in seiner Schrift: Das unfehlbare Lehramt des Papstes S. 8 es sich zu denken scheint: so hätte er, wie er, den Primat wollend, an Simon Jonas' Sohn gewandt zu ihm gesagt: Du bist Petrus und auf diesen Felsen will ich meine Kirche bauen, so auch ferner bei Verheißung des bei seiner Kirche bleiben sollenden Geistes der Wahrheit, und dabei die Dogmendictatur wollend, sich an ihn gewendet und ihm es verheißen, ja er hätte, um uns seinen göttlichen Willen kund zu thun, sich an ihn wenden und ihm es verheißen müssen: „Und ich will den Vater bitten und er wird dir, so wie Allen, die nach [//18//] dir den Katheder besteigen werden, einen Tröster geben, damit er bei euch bleibe in Ewigkeit, den Geist der Wahrheit, welchen die Welt nicht empfangen kann, weil sie ihn nicht sieht und ihn nicht kennt; *du* aber und *deine Nachfolger* auf dem Stuhle Petri, *ihr* werdet ihn kennen, denn er wird bei euch bleiben und in ihnen sein. Der Tröster aber, der heilige Geist, welchen der Vater in meinem Namen senden wird, derselbe wird *ihnen* Alles lehren und *sie* an Alles erinnern, was immer ich dir gesagt habe. – Ich habe dir noch Vieles zu sagen, du kannst es aber jetzt nicht tragen; wenn aber jener Geist der Wahrheit kommen wird, der wird den *ex cathedra redenden Päpsten* alle Wahrheit lehren, und sie werden empfangen die Kraft des heiligen Geistes, welcher über sie kommen wird, und meine Zeugen sein in Jerusalem und in ganz Judäa und Samaria und bis an die Grenzen der Erde."

Da diese Worte nun aber weder in der hier absichtlichen Travestirung noch überhaupt κατ᾽ ἐξοχήν an Petrus gerichtet werden, und immer wieder nur an das Apostolat in toto, richtiger, an die unter

dieser Form von ihm gewollte Kirche, Petrus mit seinem Primat jedes Mal aber dabei unbeachtet und unberücksichtigt lassend: so hat
auch kein Mensch, und keine für ein ökumenisches Concil sich ausgebende, im selben Athem aber als solches sich selbst wieder
negirende Versammlung von Menschen, ja – um mit Paulus zu reden, – selbst kein Engel, und wenn er vom Himmel käme, Anspruch
auf Glaubwürdigkeit, wenn er zu lehren und zu erklären sich erfrecht: *Mit derjenigen Unfehlbarkeit, mit der der göttliche Erlöser seine
Kirche habe aus statten wollen, sei der Papst ausgestattet.* Denn, wohl
gemerkt! wofern ein Engel vom Himmel den Galatern anders predigen würde, ein Anderes, als ihnen im Evangelium überkommen,
[//19//] – nicht erst prüfen sollen sie dann, ob ein solcher denn auch
ein *richtiger* Engel, ob er auch wirklich vom Himmel komme. Nein,
Fluch sei ihm, er sei wer er wolle! Und der eigenen Fehlbarkeit wie
der seiner Mitapostel sich sehr wohl bewußt, – Petrus wohl am wenigsten davon ausgenommen, da er ihn ja in seiner dogmatisch irrigen Auffassung, zur Erlangung der Seligkeit bedürfe es neben dem
Erlösungswerke durch Jesum Christum auch noch der Aufrechthaltung und Beobachtung der Gesetze des alten Bundes, erst berichtigen mußte, – setzt der Apostel die Möglichkeit voraus: und wofern
wir ein Anderes predigen würden.

Und so meine ich denn, daß auch die Frage nach der Oekumenicität des Vaticanums – ob so und so viele Bischöfe in partibus infidelium
als testes fidei fidelium zulässig gewesen? – ob das Concil sich eine
octroyirte Geschäftsordnung habe gefallen lassen müssen, in deren
Folge der Schluß der Berathungen votirt werden konnte, bevor ein
jeder, der sich zum Worte gemeldet, gehört worden? – ob man bei
der Beschaffenheit der Concils-Aula sich überhaupt hätte hören und
verstehen können? – ob die Abstimmungen nicht beeinflußt gewesen? u. s. w. – für uns Nicht-Galater auch eine mehr untergeordnete
sein und bleiben könne. – An den *Früchten* sollen wir ja den Baum
erkennen, denn ein *guter* Baum kann keine schlechten Früchte bringen.

Und hierin *allein*, alter Freund, liegt der Grund des Auseinandergehens unserer gegenseitigen Auffassung: ich schließe von der
Frucht auf den Baum, Du schließest von dem Baum auf die Frucht.
Ich gehe mit dem Evangelium des Johannes davon aus: ἐν ἀρχῇ ἦν ὁ
λόγος καὶ ὁ λόγος ἦν πρὸς τὸν θεὸν καὶ θεὸς ἦν ὁ λόγος [Johan-
nes-Evangelium 1,1]: – ein logisch handgreiflich fehlerhafter Satz, in
einem unheilbaren innern Widerspruch mit sich selbst, – denn entweder [//20//] ist die Kirche unfehlbar, und zwar durch den unmittelbaren Beistand des heiligen Geistes, und dann ist sie es und neben
ihr kein Anderer; oder der Papst ist unfehlbar, so zwar, daß seine
Katheder-Entscheidungen nicht durch die Zustimmung der Kirche,
sondern aus sich selbst unabänderlich sind, und dann ist es wieder
nicht die Kirche unmittelbar durch den Beistand des heiligen Geistes, sondern erst durch die Vermittlung des Papstes, so neben ihm
her allenfalls; – eine sein sollende Definition, die aber keine Definition ist, weil die, wenn auch nur implicirte Negation dessen, was definirt werden soll, nicht zugleich und wieder Definition von dem sein
kann, was negirt wird; – dieses unevangelische: wasche den Pelz,
aber mach' ihn nicht naß; – das Offenhalten eines Hinterpförtchens
in dem ex cathedra, um, je nachdem es opportun, aus- und wieder
einschlüpfen zu können; – diese so geflissentlich zweideutige Sprache leibhaftiger Sophistik ist nicht das geoffenbarte Wort Gottes der
Wahrheit von Anbeginn – τοῦ λόγού ἐν ἀρχῇ, sondern so recht eigentlich die hinlänglich bekannte, nichtsnutzige Sprache des Lügners von Anbeginn – τοῦ ἀλόγού ἐν ἀρχῇ, und also kann der Baum,
der eine so geartete Frucht gezeitigt hat, der Baum nicht sein, der aus
dem von Christus im Evangelium gelegten Senfkorn gekeimt ist, der
in dem Logos von Anbeginn wurzelt, und dessen Nahrung und ausschließliche Lebens- und Existenz-Bedingung der heilige Geist Gottes sein und bleiben soll in Ewigkeit.

Und Du gehst mit dem Evangelium Matthäi am Letzten davon
aus: „So gehet denn hin, lehret alle Völker, taufet sie im Namen des
Vaters und des Sohnes und des heiligen Geistes, und lehret sie alles
halten, was ich euch geboten; und siehe! ich bin bei euch alle Tage

bis ans Ende der Welt." Mit dieser Mission ist in dem [//21//] Apostolate, dem sie geworden, und, weil bis an's Ende der Welt, auch in
dem Episcopate, in der ununterbrochenen Continuität des Apostolates, durch göttlichen Willen das Lehramt der Kirche eingesetzt worden, und diesem Lehramte, wenn es sich also unter dem Primate
Petri und unter Beobachtung aller vorgesehenen Cautelen zu einem
ökumenischen Concil vereinigt hat, die *bleibende* Gemeinschaft mit
Christus verheißen. Ein solches ökumenisches Concil aber ist das
Vaticanum; denn wenn selbst die als Minorität auf demselben sich
herausgestellte Opposition gegen jene Definition von der Unfehlbarkeit der Kirche die Oekumenicität des Concils anerkennt, sie feierlich
bezeugt und sich dem Concilsbeschlusse rückhaltslos unterwirft,
kann das Recht, dieselbe wieder in Frage stellen zu wollen, Niemanden mehr zugestanden werden; die Oekumenicität eines jeden Concils, von dem ersten in Nicäa an, müßte ja sonst wieder fraglich werden können. Auch das Vaticanum also ist die legale, von Christus
selbst gewollte Vertretung seiner Kirche auf Erden; dieser hat er den
Beistand des heiligen Geistes verheißen, damit die Unfehlbarkeit,
und also kann eine auf diesem Baume gewachsene Frucht auch wieder *nur* das geoffenbarte Wort Gottes sein, und jede, wenn auch noch
so vorurtheilsfreie und sachlich gehaltene Prüfung eines solchen mit
den ohnehin immer nur unvollkommenen, menschlich fehlbaren
Mitteln logischer und grammatikalischer Denkgesetze bleibt ein
nichtsnutziges Beginnen.

Nun aber meine ich wieder, gelange man auf syllogistischem
Wege zu der Ungeheuerlichkeit, Wachen und Beten sei ein nichtsnutziges Beginnen, statt dessen müsse man mit Roma locuta est, causa
finita est sich künstlich in einen sorglosen Schlaf wiegen lassen, daß
dann doch die eine oder die andere Prämisse dieses Syllogismus eine
noch nicht vollständig schon erwiesene, eine wohl noch discutable
sein [//22//] möchte, und wollte ich Dir, bevor wir uns gegen einander abgeschlossen hätten, doch erst einmal noch zu bedenken gegeben haben, ob denn jener Vordersatz, den Du mit der Verheißung in
Verbindung bringst, bis an das Ende der Welt würden die durch den

Erlöser geoffenbarten göttlichen Wahrheiten und für alle Menschen, die des guten Willens sind, dieselben gläubig sich zu bewahren und bestrebt danach zu leben, unter dem Beistand des heiligen Geistes den Einflüssen der Hölle zu widerstehen vermögen, – ob die mit dieser Verheißung in Verbindung gebrachte fernere Annahme: göttlichem Willen gemäß seien ökumenische Concilien das eigentliche, gewissermaßen ausschließliche Organ für jenen heiligen Geist, – ob diese Annahme denn auch schon ein über jedes wahrhaft christliche Gewissensbedenken erhabenes Axiom ist, oder ob es nicht vielleicht eine mehr willkürliche und damit unberechtigte petitio principii sein könnte, das was der göttliche Erlöser als die Gemeinschaft mit ihm im heiligen Geiste, als die Einheit mit ihm in seiner Kirche im Geiste und in der Wahrheit, in *idealer* Auffassung also verstanden wissen wollte, so mir nichts dir nichts mit dem identificiren zu dürfen, was mit all seinem Zubehör als Hierarchie, als so genannte lehrende Kirche *sinnlich* uns vor Augen steht, als ob die ewige Wahrheit nicht auch wieder *nur* im Geiste und in der Wahrhaft [sic] erfaßt, sich zu eigen gemacht und *damit* verwirklicht werden müsse, und statt dessen in greifbare Verbildung verkörpert, sinnlich uns nur zugänglich wäre. – Denn dieser Frage aus dem Wege gehen, ihr mit dem so beliebten Rückschluß von vornherein die Spitze abbrechen wollen: Wäre demnach die Kirche ideal nur zu verstehen, sei ihr damit ihre Realität genommen, dann sei sie auf den Flugsand subjectiver Auffassung gestellt und nicht, wie Christus es uns doch versprochen, auf den realen Felsen positiver Wahrheit gegründet, [//23//] – wäre mindestens ebenso verkehrt, als wollte ein Jünger der Mathematik argumentiren: könnte für ihn der Nachweis mit Zirkel und Maßstab je erbracht werden, der Inhalt des mit Kreide an die Schultafel gemalten *a b d e* auf der Hypothenuse einer, ein Rechteck sein sollenden Figur sei handgreiflich *ungleich* dem Inhalte beider detto construirten Quadrate der Katheten – dann auch käme er nicht mehr an dem Schlusse vorbei: ergo war Pythagoras ein Betrüger. Denn verkehrt darum wäre hier die argumentatio ad absurdum angebracht, weil neben dem ob wahr, ob falsch, noch als Drittes steht, daß *jede* Wahrheit, gleichviel ob sinnliche oder übernatürliche, verpfuscht werden kann, ohne damit widerlegt zu sein.

Die von Christus gewollte Einheit seiner Kirche, ist sie denn nicht aber schon verpfuscht, ja vollständig schon wieder aufgehoben durch die ihr durch und durch un- und widernatürliche Distinction zwischen einer nur *hörenden* und einer dieser gegenüberstehenden *lehrenden* Kirche? und ist mit jener Sendung der Apostel, hinzugehen unter alle Völker, das Evangelium allen Menschen, wie es ihnen selbst im täglichen Umgang mit Christus überkommen, zu verkünden und Alle, die des guten Willens sind, in die innere Gnade der Gemeinschaft mit Christus einzugehen, aufzunehmen durch die Taufe in seine Kirche, – ist mit dieser Aufforderung zur Erfüllung der allernächsten Pflicht christlicher Nächstenliebe, – wie es sich aber fast von selbst versteht, unter der ausdrücklichen Restriction, sich dabei wohl zu hüten, die Perlen nicht vor die Säue zu werfen, – ist damit denn auch schon der Auftrag und die Bevollmächtigung ertheilt, eine Hierarchie auf dieser Welt zu gründen und deren Segnungen wie die vermeintlichen Segnungen eines neuen deutschen Reiches Widersachern selbst mit Blut und Eisen, oder auch nur mit moralischem Zwang aufnöthigen zu sollen? Ist [//24//] auch nur die Ermächtigung schon so ohne weiteres damit gegeben, die im Evangelium aphoristisch hinterlegten göttlichen Wahrheiten schulgerecht systematisiren zu müssen und aus der Verquickung von willkürlichen Prämissen mit ewigen Wahrheiten bis an, und weit über die Grenzen der Denkmöglichkeit Consequenzen zu ziehen, und ein aus solch müßiger und leidiger Consequenzreiterei hervorgegangenes theologisches System ex cathedra dann zu dociren? Ist Liebe – und das ist ja doch der Inbegriff des Christenthums – überhaupt docirbar? oder ist sie nicht vielmehr nur in der gewissenhaften und treuen Erfüllung aller, aus jedem Liebesverhältnisse, sei's gegen Gott, sei's gegen einen Nächsten sich ergebenden Pflichten zu üben, und in dieser Uebung, recht eigentlich nur autodidaktisch also, zur höhern Vollkommenheit erst zu bringen? – Bedarf es also erst einer vermittelnden Belehrung zum Verständnisse dessen, was der göttliche Erlöser der Menschen von dem Uebel heidnischen Götzendienstes und jüdischen Pharisäismus als die *Summe aller Religion* bezeichnet: „Du sollst lieben den Herrn deinen Gott von deinem ganzen Herzen, und von deinem ganzen Gemüthe, und aus deiner ganzen Kraft und (wie er es billigend ergänzen läßt) mit ganzem Verstande; und lieben deinen Nächsten wie dich selbst", – bedarf es zum Verständnisse dessen, neben der Belehrung bei Johannes über die Wesenheit und den Begriff dieses Gottes, den wir als Christen lieben sollen, und der Erklärung bei Lukas, wer unser Nächster sei, erst noch einer anderweiten vermittelnden Belehrung? Hat das Bedürfniß nach vermittelnder Belehrung sich nicht vielleicht damit also erst herausgestellt, daß die göttliche Einfalt und das, was sie als die Summe aller Religion verstanden wissen will, uns in der Erbsünde empfangenen Menschen bei nur unvollständig überwundenem Begehr nach fremden, aus der [//25//] eigenen menschlichen Productivität geschnitzten Göttern nicht genügen wollte, und wir so der Versuchung zu widerstehen nicht vermochten, die uns von Christus überkommene Lehre nicht äußerlich, ceremoniell allein auszuschmücken – wogegen, da wir ja Gott aus ganzer Kraft, warum nicht also auch kraft unserer künstlerischen Begabung lieben sollen, weniger zu sagen wäre – sondern sie selbst *innerlich*, mit allerhand Mysterien und einer Reihe von sogenannten Glaubenssätzen bis zu dem vorjüngsten von der unbefleckten Empfängniß Mariä, *bereichern* zu müssen uns versucht und veranlaßt fanden? Dogmen, die dann allerdings unverständlich, an und für sich unzugänglich einem beschränkten Laienverstande, durch eine zur besondern Disciplin erhobene Theologie, eine fachgemäß betriebene Gottesgelahrtheit, einem – horribile dictu – *christlich* sein sollenden Schriftgelehrten- und Pharisäerthume, das nun seinerseits wieder der Controle eines unfehlbaren Lehramtes bedarf, einer hörenden Kirche erst vermittelt werden müssen?

Und wenn nun vollends die bisher sich so genannte Ecclesia docens als solche selbst sich wieder negirt, das angeblich aus göttlicher Bevollmächtigung abgeleitete, ihr daher ausschließlich zuständige unfehlbare Lehramt auf einen Dritten, einen Doctor omnium Christianorum subdelegirt, zu dem sie sich fortan nur als Ecclesia *tenens* doctrinam, irreformabiliter *ab eo* definitam zu verhalten habe, und als solche verhalten zu wollen sich für verpflichtet erklärt, damit vor Gott dem heiligen Geiste und vor aller Welt in abgöttischer, japanesisch-heidnischer Unterwürfigkeit unter einen sündigen Menschen, mit dem zur *unfehlbaren* Scheidung von falsch und wahr, heterodox und orthodox ihr anvertraut sein sollenden Infallibilitätsschwerte den Bauch eigenhändig sich aufschlitzt, und gegen eine solche [//26//] ihr gestellte Zumuthung nichts vorzubringen wußte als den erbärmlichen Einwand der Inopportunität, mit der fußfälligen Bitte, die Inopportunität dieser Procedur doch allergnädigst berücksichtigen zu wollen: ist es dann für jeden, der noch des guten Willens ist das Christenthum im Geiste und in der Wahrheit, und nicht bloß äußerlich mit dem Maule zu bekennen, noch nicht an der Zeit, allen Ernstes und unter Anrufung des heiligen Geistes nun auch seinerseits die Frage sich zu stellen, ob wir uns nicht etwa unversehens aus jener göttlichen Idee der Gemeinschaft mit Christus in seinem hinterlassenen Geiste, ein goldenes Kalb in der Hierarchie zurecht gemacht haben könnten, um das wir wie Kinder in der Unschuld ihres Herzens, wie Juden in der Wüste zur sinnlichen Befriedigung unklar gebliebener religiöser Bedürfnisse, eigentlich nur spielend singen und springen, tanzen und jubeln, und streiten, wenn einer das Spiel verderben will, unbekümmert darum, ob uns nicht über dem Spielen mit der Schale der Kern abhanden gekommen sein könnte?

Denn Gott bekennen als den ewigen Logos von Anbeginn; die Gleichwesenheit – ὁμοουσιότης beider Ausdrucksmittel „Gott" und „das Wort" als ein und denselben Begriff mit ganzer Kraft und reinem Verständnisse erfassen; Gott als den Logos lieben, das ist, das uns Menschen, die wir nach dem Ebenbilde Gottes geschaffen sind, von ihm nur anvertraute Talent nicht vergeuden in eiteln und unnützen Worten, es aber auch nicht vergraben wollen, sondern fruchtbar es anlegen in der Nächstenliebe, um es unserm Herrn und Gott als sein Eigenthum verdoppelt zurückstellen zu können, sobald er es von uns zurück verlangt: – das wäre doch wohl so ziemlich – hoffentlich auch nach Deiner Auffassung – jener Kern der christlichen Lehre, den wir, sollen wir für uns selbst des Erlösungswerkes [//27//] nicht wieder verlustig werden müssen, nicht von uns werfen dürfen. Wollen wir die ὁμοούσιότης von Gott und dem Worte aber aus ganzer Kraft und mit ganzem Verstande begreifen, so müssen wir vorab das Wort „Wort", τὸν λόγον, auf seinen unverdorbenen, ursprünglichen Sinn zurückzuführen uns angelegen sein lassen. Nun meint zwar Dr. Heinrich Faust, und mit ihm wohl Viele, sie könnten das *Wort* so hoch unmöglich schätzen, sie müßten's anders übersetzen; jedoch sehr mit Unrecht. Der im menschlichen Munde articulirte Laut an und für sich – *der*, freilich, kann es *nicht* sein, der aber ist ja nur bloß das laut gewordene *gedachte* Wort, weil anders als im Worte denken, ohne Wort denken, nicht denkbar ist, das auch unausgesprochene Wort das Denken erst verwirklicht, zum Denken erst im Worte wird, und in derselben Wechselwirkung das gehörte oder gelesene Wort unser Denken bedingt und bestimmt. Und so ist denn das Wort und das Denken wieder nur ein und derselbe, vollständig sich deckende Begriff mit der einzig zulässigen Unterscheidung allenfalls, daß das Denken der rein abstracte, unfaßbare Begriff – Gott – Θεός, während das Wort – ὁ λόγος, das Laut, das Substanz, das Fleisch gewordene Denken, daher in der Theologie auch ὁ λόγος vorzugsweise, jedoch mit Unrecht, als Gott Sohn genommen zu werden pflegt.

Ist nun aber der christlichen Auffassung gemäß Θεός καὶ ὁ λόγος ὁμοούσιος – Gott und das Wort ein und derselbe Begriff – worüber keinen Zweifel und keine abschwächende Deutung aufkommen zu lassen, Johannes durch die geflissentliche Wiederholung und den Tausch beider Ausdrucksmittel, bald den einen vor und dann wieder hinter dem andern, sich die gewissenhafteste Sorgfalt in dem Eingange zu seinem Evangelium angelegen sein läßt, – so ist Gott – Θεὸς ἐν ἀρχῇ, bei der Gleichwesenheit wieder von [//28//] Denken und Wort, das absolut logische, vollkommen exacte Denken von Anbeginn, und damit der Begriff des Allweisen, des Allwissens, des Ewigen, des Allgegenwärtigen; ist ὁ λόγος aber auch das Licht, welches erleuchtet *jeden* Menschen, der in diese Welt kommt (Joh. I. 9.), – ὁ λόγος jene Mitgift also, mit der schon in der Geburt für dieses Leben der göttliche Schöpfer seinen Menschen hat ausgestattet haben wollen, und zwar als das urwesentliche Unterscheidungsmerkmal – τὸ κρίτήριον κατ' ἐξοχήν – zwischen ihm, dem nach Gottes Ebenbilde geschaffenen Geschöpfe, und der gesammten übrigen belebten Schöpfung, von dem geringsten Moose bis zum Pavian und Schimpanse inclusive, nicht aber zu Eigen, und auch nicht in unbegrenztem Umfange, sondern zu zehn, zu fünf, oder auch nur zu Einem Talent – um als guter und getreuer, als liebender Knecht dasselbe nach besten Kräften entwickelt in jedem Augenblicke, in dem es von ihm zurückgefordert wird, seinem Herrn und Schöpfer verdoppelt zurückstellen zu können; ist somit weder das Wort selbst, noch auch die Gesetze, denen es unterworfen und nach denen allein es gehandhabt werden soll und kann, Menschenwerk; ist es Gottes Schöpfung, kann darum auch kein Mensch an diesen Gesetzen, die unwandelbar sind und so alt wie die Menschheit selbst, ja wie Gott selbst (ἐν ἀρχῇ ἦν ὁ λόγος) auch nur ein Jota ändern oder verbessern; sind sie als Gottes Schöpfung irreformab[e]l und als solche von uns heilig zu halten, und sollen wir sie auch nur zu unserm Heile gebrauchen; ist ὁ λόγος – das Wort Fleisch geworden und hat unter uns gewohnt, um uns vom Alogos, dem wir durch die Erbsünde verfallen waren, wieder zu erlösen; ist ὁ λόγος als das Licht in unsere Denkfinsterniß gekommen, um denen, die ihn aufnehmen, Macht zu geben, wieder Kinder Gottes zu werden: so kann ὁ λόγος – Gott es nicht sein, [//29//] der mit sich selbst im Widerspruch uns zumuthen will, das zur Ehre unseres Schöpfers und zum eigenen Heil uns anvertraute Talent dann wieder *vergraben* zu sollen, wenn es vor Allem uns Noth thut, wenn wir mit ihm das Reich Gottes und seine Gerechtigkeit suchen sollen. Und wenn also, von wem immer, gelehrt und erklärt wird, *nicht suchen* dürften wir das Reich Gottes und seine Gerechtigkeit, *octroyiren* müßten wir sie uns lassen durch einen unfehlbaren Papst; wenn wir, um glauben zu sollen, zu denken aufhören müssen; wenn es als die verdienstlichste Tugend gelehrt und

erklärt wird, nicht allein das als Glaube zu bekennen, was wir noch
nicht verstanden und begriffen haben, sondern selbst das, was *gegen*
jeden Begriff, *gegen* alle göttliche Gesetze des Denkens; wenn diese
schon an und für sich widersinnige Theorie nun noch durch die Forderung, eine handgreifliche Fälschung der Offenbarung als göttlich
geoffenbarten Glaubenssatz annehmen zu sollen, illustrirt wird, und
die rückhaltlose Unterwerfung unter eine solche Forderung zur unerläßlichen Bedingung für die Gemeinschaft mit Christus in seiner
heiligen Kirche gemacht wird; und das auf einem ökumenischen
Concil von der sogenannten lehrenden Kirche gefordert wird, und
zur Behauptung der von ihr in Anspruch genommenen Unfehlbarkeit als Pflicht gefordert werden muß: – so folgt, daß jene auf die
Offenbarung selbst gar nicht gegründete Annahme: *ökumenische Concilien seien das unfehlbare Organ des heiligen Geistes*, indem diese Annahme also nicht allein nicht auf die Offenbarung begründet ist,
sondern mit ihr im Widerspruch steht, weit entfernt davon, ein im
christlichen Glauben begründetes Axiom zu sein, nur eine frivole
und unberechtigte petitio principii ist, und daß zu prüfen es uns also
sehr wohl anstehe, [//30//] ob jener Infallibilitäts-Baum mit der auf
ihm gewachsenen Frucht, durch deren Genuß wir ohne eigenes Wachen und Beten, Suchen und Prüfen zur unfehlbaren Erkenntniß des
Guten und Bösen gelangen könnten, nicht etwa *der* Baum sein möchte, von dessen Frucht, verführt durch Alogos, schon einmal gekostet
zu haben dem Menschen schlecht genug bekommen ist.

Und nun zum Schluß dieser, trotz aller angestrebten Kürze dennoch etwas lang gerathenen Epistel noch eine Bitte. – Stelle mir, bitte,
nicht die so alberne, Euch Infallibilisten aber so geläufige Frage, ob
ich mich etwa für unfehlbar halte? Das sei fern! Denn traurig stände
es um mich, sollte ich nach einem Leben voll treuen Strebens nach
Wahrheit, nach manchem Irren und Fehlen, Fallen und Wiederaufstehen nun, an der Grenze der siebziger Jahre angelangt, der Illusion
mich hingeben wollen, nicht mehr irren und fehlen zu können. Ganz
abgesehen davon, ob es mir auch nur annähernd schon gelungen,
jenen Dualismus im Menschen, den Göthe [Goethe] mit dem Drang

nach Wahrheit und der Lust am Trug bezeichnet, überwunden zu haben, so steht selbst bei dem reinsten *Wollen* das *Können* nicht im selben Verhältniß. Das Dictum: *verba valent sicut nummi*[2] ist eben leider nicht wahr; dem Worte entspricht nicht überall ein so exacter Begriff wie der Zahl, und darum läßt sich auch mit Worten mit derselben mathematischen Genauigkeit wie mit Zahlen nicht rechnen. Meinst Du also in meinen Syllogismen Fehler oder auch nur Ungenauigkeiten finden zu müssen, so decke sie bloß und thue mir die Liebe, mich auf dieselben aufmerksam zu machen. Oder, wenn Du selbst nicht, lasse es Deinen Clemens, mein sehr liebes Pathenkind thun, dem als Priester und Theologen der Gegenstand ja noch näher liegt, und den ich aus seiner mir damals zugestellten Druckschrift über [//31//] Präsentation und Patronat zu meiner großen Freude als tüchtig durchgebildeten Denker habe schätzen lernen.

Und somit Gott befohlen!
   Dein
   alter Freund.

---

[2] [Etwa: Worte haben Wert wie (bare) Münzen.]

Nachwort zu dem Sendschreiben

Wie ich kaum anders erwarten konnte, blieb der vorstehende Brief, dem Inhalte nach wenigstens, unbeantwortet. Denn die Mittheilung wurde mir seiner Zeit allerdings: er sei eingegangen, die Auffassungen stünden sich jedoch zu schroff einander gegenüber – streiten in heiligen Dingen könne nicht frommen, mit Gottes Hilfe würde die Zeit die Gegensätze vermitteln – einstweilen könne und wolle man nur beten für die abgefallenen Glieder, daß sie mit Gottes gnädiger Hilfe der einzig wahren Autorität, der Kirche, sich wieder zuwenden und sich ihr unterwerfen möchten – und was derlei Redensarten mehr sind. Ich bin anderer Meinung. Darum, und auch aus der persönlichen Rücksicht, ein für alle Mal meinen Standpunkt klar gestellt zu haben, übergebe ich mein Sendschreiben, nachdem ich es wieder hervorgeholt, noch einmal durchgesehen, stellenweise umgearbeitet und mit Betrachtungen aus Briefen an [//32//] andere mir nahe stehende Personen über denselben Gegenstand vervollständigt habe, der Oeffentlichkeit, unberücksichtigt lassend, ob solche Betrachtungen, nach so langer Zeit reproducirt, nicht schon etwas veraltet erscheinen könnten, und zwar am besten, wie mir deucht, anonym. Denn was thun Namen hier zur Sache? Des Freundes Namen ist wohl für Niemanden von besonderm Interesse, und wer will, mag ihn meinetwegen für eine fingirte Persönlichkeit halten, und an den meinen könnte sich höchstens das Interesse der Neugierde knüpfen, da ich bei dessen Obscurität keine Autorität in Anspruch zu nehmen vermag, und also auch auf die Frage: wer bist du denn? und was sagst du von dir selbst? nur die negative Antwort hätte: Ich bekenne und leugne es nicht, ich bin nicht Elias, ich bin auch kein Prophet, ja – ich bin nicht einmal ein *namhafter dogmatischer Schriftsteller;* – auch ich bin eben nur die Stimme eines Rufenden in der Wüste: *Verlasset nicht den Weg des Herrn!*

Bonn, Druck von Carl Georgi.

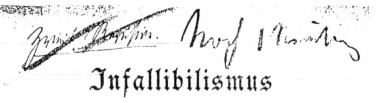

Infallibilismus

und

Katholicismus.

Sendschreiben

an einen infallibilistisch gesinnten Freund.

> „Sit ecclesia, ut divinus Redemptor,
> jam esse voluit, aut non est".

~~Zweite, durch neue Erörterungen vermehrte Auflage.~~

Bonn

Max Cohen & Sohn (Fr Cohen)

1885.

INFALLIBILISMUS
UND KATHOLIZISMUS

DIE ZWEITE AUFLAGE
DER ANONYMEN BROSCHÜRE DES
CLEMENS AUGUST VON WESTPHALEN
1885

Clemens August von Westphalen (1805-1885),
der anonyme Verfasser des Sendschreibens

Gemälde des Jahres 1863 von Friedrich Kaulbach
(commons.wikimedia.org)

Infallibilismus

und

Katholicismus.

Sendschreiben

an einen infallibilistisch gesinnten Freund.

Zweite, nochmals durchgesehene und in einem Nachworte
vervollständigte Auflage.

„Sit ecclesia, ut divinus redemptor
eam esse voluit, aut non est".

Bonn

Max Cohen & Sohn (Fr Cohen)

1885.

Der „Societas Jesu" einer Seits,

ander Seits aber auch der „Philosophie
des Unbewußten"

in christlicher Nächstenliebe

gewidmet.

Als Vorwort

stehe hier der Wortlaut der Constitutio Pii IX. — „Pastor
aeternus" de dato 18. Juli 1870. — Cap. 4:

„Sacro approbante Concilio docemus et divinitus revelatum dogma esse definimus: Romanum Pontificem, cum ex cathedra loquitur,
i. e., cum omnium Christianorum Pastoris et Doctoris munere fungens, pro suprema sua Apostolica auctoritate doctrinam de fide vel moribus
ab universa Ecclesia tenendam definit, per
assistentiam divinam ipsi in beato Petro promissam, ea infallibilitate pollere, qua divinus
Redemptor Ecclesiam suam in definienda doctrina de fide vel moribus instructam esse voluit;
ideoque ejusmodi Romani Pontificis definitiones ex sese, non autem ex consensu Ecclesiae
irreformabiles esse";
und für Leser, denen in der Muttersprache zu denken lieber
und geläufiger sein möchte, die Uebersetzung in's Deutsche, wie
ich solche der Schrift des Bischofs Ketteler „das unfehlbare Lehramt des Papstes" — Seite 1. (Verlag von
Franz Kirchheim — Mainz 1871) entnehme:

„Mit Zustimmung des heiligen Concils lehren
wir und erklären es für einen göttlich geoffenbarten Glaubensfatz, daß der römische Papst, wenn
er ex cathedra spricht, d. h. wenn er in Ausübung
seines Amtes als Hirte und Lehrer aller Christen
kraft seiner höchsten apostolischen Gewalt eine von
der ganzen Kirche festzuhaltende Lehre über den [3]

Glauben oder die Sitten entscheidet, vermöge des göttlichen Beistandes, welcher ihm im heiligen Petrus versprochen wurde, mit jener Unfehlbarkeit ausgerüstet ist, mit welcher der göttliche Erlöser seine Kirche zur Entscheidung einer den Glauben oder die Sitten betreffenden Lehre ausgestattet wissen wollte, und daß daher auch solche Entscheidungen des römischen Papstes aus sich selbst und nicht durch die Zustimmung der Kirche unveränderlich sind."

Lieber Freund!

Wie magst Du Deine Rednerei nur gleich so hitzig übertreiben? — Ist es mir doch unbewußt, in meinem letzten Briefe an Dich dolus und mala fides irgend Jemanden zum Vorwurfe gemacht zu haben. Nur weil Du ganz allge= mein von Nichtsnutzigkeit geschrieben hattest, ohne Dich darüber auszulassen, was Du denn eigentlich damit gemeint haben wolltest, und ich nicht annehmen konnte, daß das seit unserm letzten Zusammensein in der katholischen Welt ausgebrochene Schisma gleichgültig an Dir vorübergegangen, frug ich an, welche von den beiden Richtungen, den Neu= oder den Alt= Katholicismus, Du denn wohl mit nichtsnutzig bezeichnet haben wolltest? — Denn „nichtsnutzig" für eine handgreifliche Fälschung des Evangeliums, wofür ich wenigstens die Dog= matifirung des unfehlbaren Lehramtes des Papstes nun einmal halten muß, wäre auch selbst dann noch ein ziemlich gelindes Epitheton, wenn man dolus und mala fides bei keinem der Mitwirkenden voraussetzen, sie sämmtlich nur für blinde Werk= zeuge in der Hand Satans, des Vaters der Lüge halten wollte, der nicht ablassen kann das Reich Gottes auf Erden zu ge= fährden.

Zur Erkenntniß der behaupteten handgreiflichen Fälschung des Evangeliums bedarf es ja aber nicht erst theologischer Kenntnisse und weitläufiger Studien in der Dogmatik, der Exegese und in der Kirchengeschichte; vielmehr genügt für eine solche Erkenntniß schon vollständig das unbefangene, vorurtheils= freie Sich=bekanntmachen mit jenem corpus delicti, respective

[5]

sacrilegii, das, herausgeschält aus all dem unnützen Wort=
schwalle, in nuce lautet:

„docemus et definimus, Romanum Pontificem, cum
doctrinam de fide vel moribus ab universa Ecclesia
tenendam definit, ea infallibilitate pollere, qua divinus
Redemptor Ecclesiam suam in definienda doctrina de
fide vel moribus instructam esse voluit."

Also. — Mit der Befähigung, in der Glaubens= und
Sittenlehre mit Unfehlbarkeit entscheiden zu können, hat der gött=
liche Erlöser seine Kirche ausgestattet haben wollen; wir da=
gegen lehren und erklären, daß, wenn der römische Papst in
der Glaubens= und Sittenlehre entscheidet, er mit jener Un=
fehlbarkeit — ea infallibilitate — ausgestattet ist. Und zwar
derartig — wird zur eventuellen Begegnung jeder möglicher
Weise laxern Interpretation, übrigens aber zum reinen Ueber=
fluß noch hinzugefügt, daß deßhalb auch —

„ideoque ejusmodi Romani Pontificis definitiones ex
sese non autem ex consensu Ecclesiae irreformabiles esse."

Nicht also, weil der römische Papst als Organ der Kirche
eine in Uebereinstimmung mit ihr — in consensu Ecclesiae —
erklärte Glaubens= und Sittenlehre irreformabel etwa nur zu
verkünden habe, sondern umgekehrt, weil dessen Kathedralent=
scheidungen aus sich selbst — ex sese — irreformabel und
als solche von der gesammten Kirche auch festzuhalten sind,
— ab universa Ecclesia tenendae sunt.

Daß hier das „Ecclesia infallibilitate instructa
est"

a) als ein göttlich geoffenbarter Glaubenssatz postulirt wird
und als solcher für jeden gläubigen Christen ein Axiom
sei, aus dem, in Verbindung mit der weitern Annahme:
ökumenische Concilien seien die von Christus gewollte
legale Vertretung seiner Kirche, gefolgert wird, einen

[6]

Glaubensfaß mit Unfehlbarkeit definiren zu können, stehe allein einem Concil zu;

daß ferner

b) eben jener Satz „Ecclesia infallibilitate instructa est" der Glaubensfatz ist, den zu definiren das Concil zur Aufgabe sich stellt;

und daß endlich

c) mit der vorgeblichen Definirung dieses Glaubensfatzes, dem Subjecte und dem Prädicate desselben — den Worten „Ecclesia" und „instructa est", die Worte „Romanus Pontifex" und „pollet" substituirt werden, während das Object des Satzes „infallibilitas" durch diese Substitution unbeeinflußt bleiben soll —

das Alles ist doch wohl handgreiflich. — Und kann es sich also nur noch fragen, ob diese Substitution in den Worten denn auch schon eine wirkliche, und nicht vielleicht eine nur scheinbare Fälschung des Satzes involvire? — will sagen, ob nicht etwa bei einer nähern Feststellung der den Worten „Ecclesia" — „Romanus Pontifex" — „infallibilitas" — „instructum esse" — und „pollere" zum Grunde liegenden Begriffe, der respective Aus= und Umtausch dieser Worte, unbeschadet der in dem Evangelium enthaltenen ewigen Wahrheit, ein zu= lässiger sei? wie es zum Beispiel als unzulässig nicht bezeichnet werden könnte, wenn bei dem Objecte des Satzes, dem Worte „infallibilitas", das Wort „spiritus sanctus" substituirt würde, da es ja dem Wortlaute des Evangeliums selbst ensprechen= der, also wenigstens ebensogut, auch lauten könnte: Ecclesia spiritu sancto instructa est.

Zunächst also, und zwar auf der Grundlage der christ= lichen Offenbarung und der katholischen Tradition, zur Begriffs= feststellung des Wortes „Ecclesia."

Die Kirche — hier also als das Subject jenes Satzes — als die befähigte Trägerin des Objectes „infallibilitas", oder — wie sie durchaus zutreffend auch meist bezeichnet wird —

„die Braut Christi", ist allerdings nur als eine Einheit denkbar; und zwar als jene Einheit, die Christus in seinem Gebete für ihre Erhaltung — dem sogenannten oberpriester= lichen Gebete — der Einheit Gottes vergleicht:

„Heiliger Vater, erhalte sie in deinem Namen, die du mir gegeben hast, damit sie Eins seien; Eins, wie du Vater in mir bist, und ich in dir bin." (Joh. 17, 11 und 21).

Als solche die Trägerin des heiligen Geistes, beziehungs= weise die Trägerin der Unfehlbarkeit sein zu können, ist sie aber sehr wohl denkbar, und als solcher ist sie ihr denn auch verheißen worden. — Ihren einheitlichen, allgemeinen, das ist ka= tholischen Glauben, jenes Leninische „semper et ubique et ab omnibus creditum," haben berufene „testes fidei" ein= müthig — „unanimiter" — daher auch nur zu bezeugen und damit ihn zu constatiren, und nicht bestellte dogmatislatores per majora zu votiren, und, mit Unterwerfung der majorisirten Minorität, ihn zu beschließen, und ihn dann zu decretiren. — Vergleiche hiermit selbst noch die jüngsten vorvaticanischen, amtlichen Kundgebungen in dem Gesammthirtenbriefe der deut= schen Bischöfe (6. Sept. 1869) und insbesondere in dem Hirten= briefe des Bischofs Emanuel für die Diöcese Mainz (12. Nov. 1869).

Mit diesem hier nur kurz präcisirten Begriff „Ecclesia," als einer moralischen Person, und zwar der denkbar höchsten und vollkommensten moralischen Person auf Erden, kann der Begriff „Romanus Pontifex", als einer physischen Person, aber schon um deswillen nicht zusammenfallen, weil er ja ein inte= grirender Bestandtheil derselben, Glied der Kirche ist; Grund= stein und Mittelpunkt zwar, darum aber doch — wenigstens nicht in einer dogmatischen Definition — mit der rhetorischen Floskel „pars pro toto" ihr nicht substituirt, mit ihr nicht ver= wechselt, oder gar mit ihr identificirt werden darf; daher ohne Frevel auch nicht definirt werden könnte: l'Eglise, c'est le Pape — die Kirche das ist der Papst. — Denn es wäre das ja ganz derselbe Unsinn, als wollte Einer behaupten, der Mensch [8]

das ist das Herz — die Hand — oder meinetwegen auch —
der Kopf; — doceo et definio cor — manum — caput,
ea anima pollere, qua divinus Creator hominem suum instructum esse voluit — ich lehre und erkläre, daß z. B. der
Kopf mit derjenigen Seele ausgerüstet ist, mit welcher der
göttliche Schöpfer seinen Menschen ausgestattet hat haben
wollen. — Womit besten Falles, d. i. bei der schonendsten und
nachsichtigsten Deutung dieser — zugegeben, zweideutigen —
Redensart platterdings nichts gesagt wäre; nur eitle und unnütze
Worte ausgesprochen würden, von denen Rechenschaft am Tage
des Gerichts ablegen zu müssen (Math. 12, 36) selbst ein
ökumenisches Concil für exemt nicht zu erachten; die nichts=
sagendste, nichtsnutzigste Phrase zu einem Dogma der katho=
lischen Glaubenslehre erhoben wäre; oder — was man also
vorauszusetzen selbst verpflichtet ist, — wenn damit etwas ge=
sagt sein soll, damit nur gesagt sein kann:

Der römische Papst, wenn er ex cathedra spricht, i. e.
wenn er kraft seiner höchsten apostolischen Gewalt eine über
den Glauben oder die Sitten von der gesammten Kirche fest=
zuhaltende Lehre irreformabel aus sich selbst — ex sese —
entscheidet, die von der ganzen Kirche dann nun auch fest=
zuhalten ist, — damit neben oder meinetwegen über die
Kirche gestellt, jedenfalls als dasjenige Subject, quod doctrinam irreformabiliter definit, dem Subjecte „Ecclesia",
cui doctrina irreformabiliter definita tenenda est,
gegenüber gestellt — ist aus sich selbst, ex sese, mit jener
Unfehlbarkeit ausgerüstet, mit welcher nach dem Willen des
göttlichen Erlösers als ihrer unsterblichen Seele, als
ihrem Geiste, als dem heiligen Geiste, die untheilbare
Einheit seiner Kirche ausgestattet hat sein sollen. Mit dieser
Gegenüberstellung zu der Kirche, mit diesem „ex sese, non
autem ex consensu Ecclesiae" ist er dann — nicht etwa
als ein abgetrenntes und damit auch nothwendig abgestorbenes
Glied, baar und verlustig des die gesammte Kirche beleben

[9]

follenden heiligen Geistes; nein! — damit ist er erst recht
voll davon, recht lebendig geworden, wenn es auch just
beim Menschen nicht in Abrede gestellt werden könnte, daß
mit dem Gegenüberstellen des Kopfes zum gesammten Leibe,
mit der Operation des sogenannten Köpfens, der Kopf nicht
weniger wie der gesammte Leib entseelt werden müßte.

Angenommen aber selbst, wir wollten das Bild eines ge-
köpften Menschen, als ein zu materiell aufgefaßtes Analogon,
hier nicht gelten lassen, und könnten jener vaticanischen
Auffassung von Papst und Kirche, den einen definiens et docens doctrinam, die andere doctrinam tenens, ohne einen
tödtlichen Streich gegen beide zu führen zu brauchen, mit sammt
unserm Gewissen rückhaltlos uns unterwerfen; mit unserm
Gewissen kämen wir ja dann erst recht aus dem Regen in die Traufe,
hätten es dann so recht in Mitte jener Gedankenconfusion gestellt, in der das Vaticanum und dessen Commendatoren —
zumeist bischöflicher Autorität — sich wahrhaft trostlos hin
und her bewegen, indem sie Papst und Kirche als zwei sich
gegenüberstehende Subjecte behandeln, den einen erklärend und
belehrend, die anderen dessen Belehrung entgegennehmend und
festhaltend, und so bei nur einem Objecte, infallibilitate,
mit zwei Subjecten, Ecclesia und Romanus Pontifex, sich
herumquälen.

Wie Salomon von den beiden Weibern mit dem
einen lebenden Kinde bedrängt, so auch käme dann mit der
nur einen Unfehlbarkeit unser Gewissen durch die beiden Subjecte „Ecclesia“ und „Romanus Pontifex“ in's Gedränge.
Diese, mit der ihr zur Seite stehenden Verheißung: divini Redemptoris voluntate infallibilitate instructam esse; —
jener darauf sich steifend: ea infallibilitate ex sese pro
suprema sua Apostolica auctoritate, sacro approbante
concilio, pollere; und so bliebe denn aus diesem Dilemma auch
für unser Gewissen kein anderer Ausweg mehr übrig, als nun auch [10]

den heiligen Geist in Stücke zu hauen. — Sollte Ecclesia aber
dem zuvorkommen und — wie es ja in der That allen An=
schein gewinnt — auf ihr legitim empfangenes Object lieber
gänzlich verzichten, als abgefunden mit einem todten Stücke
desselben, sich einverstanden erklären wollen, so wären ja — aller=
dings nach der nur primitiven, practisch aber bewährten Recht=
findungs=Methode Salomonischer Weisheit — Romanus Pontifex
als Lügner und Erschleicher eines ihm ungehörigen Objectes
bloßgestellt, und unser Gewissen auf einem qualvollen Umwege
da wieder angelangt, wo der katholische Glaube während
achtzehnhundert Jahren gestanden[1]), dessen unabweisbare Con=
sequenz aber zu dem Schluße führen muß:

ideoque ejusmodi Romani Pontificis definitiones ex
consensu Ecclesiae, non autem ex sese irreformabiles esse.

Weil ein quasi heidnischer Pontifex maximus, qui, ex
cathedra loquens, doctrinam de fide vel moribus irreformabiliter ex sese definit, — wenigstens nach katholischen Be=
griffen, ein nonsens, — als solcher existent gar nicht denkbar,

---

1) Friedrich Leopold Graf zu Stolberg in dem Werke „Zwei
Schriften des heiligen Augustinus", 1818, Seite 275 sagt: Es ist den
Feinden der katholischen Religion in hohem Grade gelungen, manche
falsche Beschuldigung wider sie bei den Protestanten in Umlauf zu bringen,
und durch dreiste Wiederholung in Umlauf zu erhalten. Zu diesen durch=
aus unwahren Behauptungen gehört auch die falsche Behauptung, daß
wir den Papst für unfehlbar halten. — Und im Jahre 1826 unter
dem 25. Januar geben 30 irische Prälaten die eidliche Erklärung ab:
The Catholics of Ireland ... declare on oath, that it is not the
catholic faith, neither are they thereby required to belive, that
the Pope is infallible (Braun. Bibliotheca regularum fidei I.
364). — Auch das uralte, unter dem Segen mit dem Sanctissimum vom
Priester und der Gemeinde gesungene Gebet: „Te rogamus audi nos, ut
Dominum Apostolicum in sancta religione tua conservare digneris",
scheint dafür nicht zu sprechen, daß das heutige Dogma immer und
überall und von Allen geglaubt worden ist.

[11]

=0 ift; unb exiftent benfbar eben nur in conjunctione — in cohaerentia — in consensu Ecclesiae.

So viel zur Begriffsfeftftellung der Worte „Ecclesia" und „Romanus Pontifex" unb zur Begründung der Behaup= tung, daß in dem Saße „Ecclesia infallibilitate instructa est", das Subject „Pontifex" dem Subjecte „Ecclesia" ohne den Sinn des Saßes handgreiflich zu fälfchen, nicht fubftituirt werden kann, während zugegeben werden könnte, daß die Prä= dicate „instructum esse" unb „pollere" als Synonyma allen= falls, wenigftens ohne daß der Sinn hiermit wefentlich gefälfcht oder entftellt würde, einander fubftituirt werden dürften, und es fich alfo nur noch um das Object des Saßes — um den Begriff „infallibilitas" handeln würde.

Das Wort felbft kommt — fo viel ich weiß — in den vier Evangelien nirgend vor; wohl aber wird Unfehlbarkeit mit Fug unb Recht aus allen den Stellen des Evangeliums gefolgert, in denen vom göttlichen Erlöfer der Beiftand des heiligen Geiftes verheißen wird. An keiner Stelle der Schrift aber ift diefe Verheißung einem Einzelnen geworden, wenn das Vaticanum auch frifchweg, jedoch ohne Quellenangabe, behauptet, dem Papfte fei jener göttliche Beiftand im heiligen Petrus ver= fprochen worden — „ipsi assistentiam divinam in beato Petro promissam". Denn wenigftens weder da, wo Petrus als der Fels bezeichnet wird, auf den der göttliche Erlöfer feine Kirche bauen will (Math. 16, 18), noch auch da, wo er mit der Leitung derfelben beauftragt wird (Joh. 21, 15, 16 und 17) gefchieht der Unfehlbarkeit oder des heiligen Geiftes auch nur mit einer Silbe Erwähnung. Vielmehr bezieht fich diefe Verheißung — je nach den verfchiedenen Stellen — entweder direct auf die Kirche, die von den Pforten der Hölle nicht über= wunden werden foll, oder — fie ift an Alle gerichtet, an Alle näm= lich, die verharrend in der Gemeinfchaft mit Chriftus von ihm berufen werden, mit und in feinem heiligen Geifte die von ihm

[12]

gewollte Einheit — seine Kirche — nun auch auf Erden zu ver=
wirklichen.

Euch werde ich den Tröster senden — bei **Euch** wird er
bleiben in Ewigkeit. — In **Euch** wird er sein. — **Ihr** werdet
ihn erkennen. — **Euch** wird er Alles lehren und **Euch** an
Alles erinnern was immer ich Euch gesagt habe. — **Ihr**
werdet empfangen die Kraft des heiligen Geistes (nur bei=
spielsweise die Capitel 14, 15, 16 und 17 bei Johannes).

Und dennoch! Wäre an eine Begründung dieses Dogmas
neuesten Datums auf die christliche Offenbarung überhaupt
auch nur zu denken, sie wäre nur hier noch, nur in der Defi=
nirung des Begriffes „spiritus sanctus" denkbar noch möglich.
In der einmal eingeschlagenen Richtung müßte nur auch con=
sequent und resolut vorangeschritten, nicht auf halbem Wege
stehen geblieben, und mittels eines weitern kühnen Griffes definirt
werden:

Der römische Papst, und kein Anderer, ist ja eben jener
der Kirche verheißene andere Tröster — ὁ ἄλλος παράκλη-
τος — der bei ihr bleiben soll in Ewigkeit (Joh. 14, 16);
— jener verheißene Geist der Wahrheit, den die Welt nicht
haben kann, weil sie ihn nicht sieht und ihn nicht kennt
(daselbst V. 17); — jener verheißene heilige Geist, welchen
der Vater auf die Bitte des Sohnes sendet und der uns
Alles lehrt und an Alles erinnert, was immer der Sohn
uns gesagt hat (daselbst 26); — kurz und gut, und da ja
schon mit der, bis hierhin unbeanstandet gebliebenen Annahme
eines Stellvertreters Jesu Christi — τοῦ ἄλλου παρακλή-
του — Alles wohl vorbereitet aufs schönste stimmt: Der hei=
lige Geist, das ist Seine Heiligkeit der Papst —
Le saint Esprit, c'est Sa Sainteté le Pape.

Damit bekäme dann das „pollere" infallibilitate des
Papstes, im Gegensatz zu dem infallibilitate „instructam
esse" der Kirche, vielleicht auch erst einen tiefern Sinn und
die eigentliche, wahre Bedeutung; es wären dann beide hier

eben keine Synonyma mehr. Nicht weil der Papst mit der Un=
fehlbarkeit ausgestattet sein soll, — nam, divinus Redemptor
Ecclesiam suam infallibilitate instructam esse voluit;
— vielmehr, quia Ecclesia ea infallibilitate instructa est,
qua Romanus Pontifex ex sese pollet, wäre — und zwar
auf Grund der Offenbarung — der Papst unfehlbar; vorausge=
setzt, daß er ex cathedra redet, i. e. cum omnium Christia ·
norum pastoris et doctoris munere fungens, doctrinam de
fide vel moribus ab universa Ecclesia tenendam definit; —
dann eben, wenn die gesammte Kirche, seines heiligen Bei=
standes bedürftig, mit ihm, mit dem andern Tröster — τῷ
ἄλλῳ παρακλήτῳ, ausgestattet sein soll.

Folgerichtig müßte es dann nur auch weiter heißen: Dann
aber hat der gläubige Neukatholik — oder wenn Dir der Aus=
druck lieber sein sollte, der neugläubige Katholik — analog dem
Glauben an die Menschwerdung des Sohnes Gottes in der
Person Jesu Christi, so auch in der Person des jeweiligen
Papstes den Fleisch=gewordenen heiligen Geist anzubeten, und
damit denn auch seinen Kathedralentscheidungen rückhaltlos sich
zu unterwerfen.

Ob eine derartige Erklärung des unfehlbaren Lehr=
amtes des Papstes aber auch wohl opportun wäre? — das
heißt, ob sie selbst dann noch opportun, wenn mehr wie eine
bloß fromme Schulmeinung, ein Theologumenon, als wel=
ches sie, ohne daß ich entstellt oder auch nur übertrieben hätte,
wahrlich sich breit genug schon macht; — ob, wenn nun rite
proclamirt als ein geoffenbart sein sollender Glaubenssatz —
als ein Dogma der katholischen Kirche, — ob sie dann nicht
etwa als modernstes Heidenthum in optima forma erscheinen,
und damit zur Zeit nicht etwa inopportun wäre? — Die Frage
möchte freilich durch Anwendung grammaticalischer und
logischer Gesetze, wie sie sonst, mögen sie nun von einem
Einzelnen oder von ganzen Collegien und Concilien gewissen=
haft wahrgenommen und gehandhabt, unwandelbar dieselben

[14]

bleiben, und also auch zu ein und demselben Resultate und zu ein und derselben Lösung einer Frage führen müßten, nicht zu beantworten sein, da die Frage nach Opportunität, respective Inopportunität, zu jener Kategorie von Fragen gehört, für die nun einmal kein anderer Lösungsmodus bleibt, als allenfalls Knöpfe zählen, oder — was ziemlich auf dasselbe hinausläuft — Stimmchen sammeln, und mit Unterwerfung der majorisirten Minorität endgültig in pleno abstimmen zu lassen. — Und so mag denn die Frage nach der Opportunität resp. Inopportunität einer derartigen Definition der lehramtlichen Unfehlbarkeit des Papstes den wieder aufzunehmenden Verhandlungen des ja nur vertagten Concils zur Entscheidung vorbehalten bleiben.

Wenn ich nun auch meine dahin abgegebene Meinung: mit der Constitutio Pii IX „Pastor aeternus" sei das Evangelium handgreiflich gefälscht worden, aufrecht erhalten muß, und diese meine Meinung nach bestem Wissen und Gewissen erläutert, und dieselbe nach besten Kräften sachlich begründet zu haben glaube, so folgt daraus doch noch keineswegs — womit Du mich zu schrecken denkst — daß ich dann auch allen denen, die diese meine Meinung nicht theilten, dolus und mala fides persönlich imputiren müsse. — Durchaus nicht! Nicht Dir allein gegenüber kommt mir so etwas nicht in den Sinn, sondern überhaupt nicht, so oft ich den Gegenstand auch mit Laien und Priestern von allen Schattirungen des Infallibilismus, von den entschiedensten Opportunisten von Hause aus, bis zu jenen, die sich nach schweren Seelen= und Gewissens= kämpfen mit gebrochenem Herzen unterworfen hatten, mündlich und brieflich auch schon behandelt habe. Guten Glaubens — insofern nämlich ein unklarer Glauben als guter Glauben be= zeichnet werden kann, also wenigstens nicht malae fidei — halte ich Euch alle.

Die psychologische Erklärung des scheinbaren Wider= spruches: eine handgreifliche Fälschung des Evangeliums bona

[15]

fide begehen zu können, und die begangene als solche nicht
erkennen zu wollen; — meine ich eben nur in der objectiven
Beurtheilung unserer Zeit im allgemeinsten, in dem herrschen=
den Einfluß den sie auf die Zeitgenossen übt, und in der
aus unserer Zeitrichtung hervorgegangenen Begriffsunfähigkeit
oder — richtiger vielleicht ausgedrückt — in dem aus gewohn=
heitsmäßig unvollständigem Denken entstandenen Begriffsmangel
für Einheit in der Vielheit suchen zu sollen, wie diesen
Begriff die von Christus gewollte Kirche zu ihrem Verständnisse
nothwendig doch voraussetzt.

Wem nämlich „Einheit in der Vielheit" — hier spe=
ciell „Kirche" — nichts ist als, nach grob wörtlicher Anwendung,
ein durch einen todten Mörtel gebundenes Steinconglomerat,
— oder auch, nach Analogie der modernen Staats=Idee mit
ihrem fingirten contrat social, eine zur Befriedigung ein und
desselben Bedürfnisses — hier zur Uebung ein und desselben
ritualen Cultus — sich bekennende Vielheit von Einzel=Sub=
jecten; — der kommt dann leicht in eine wirkliche und nicht
erst mala fide simulirte Verlegenheit, wo er mit der
dieser Kirche verheißenen Unfehlbarkeit denn eigentlich blei=
ben soll.

Daß jede lebende Einheit nur aus einer organisch ge=
einten Vielheit bestehe, das eben — wenigstens in Rücksicht auf
die Kirche Christi — scheint Euch ehrlichen Infallibilisten nicht
recht klar zu sein, wenn Ihr auch das, was man im bürger=
lichen Leben unter „Rechtssubject" und „juristischer Per=
son" versteht, täglich vor Augen habt, und auch mit uns andern
jeden Baum, auf den vom Gärtner als Object ein fruchttragendes
Reis gepfropft worden, als einheitliches Subject anerkennen
müßt, trotzdem dieses einheitliche Subject doch nur in der Viel=
heit seiner zu einem lebenden Organismus geeinten Atome
von Kohlen=, Stick=, Wasser= 2c. Stoffen besteht, und auch
äußerlich nur als Stamm, Wurzeln, Aeste, Zweige, Laub,
Blüthen u. s. w. sinnlich sich wahrnehmbar macht. Die Ein=

heit der Kirche Christi dagegen ist Euch mehr die Vorstellung der Heerde von sich zusammenfindenden Einzel=Subjecten, die, weil eines einheitlichen Seins entbehrend, auch nicht die Trägerin eines einheitlichen Objectes — am wenigsten die Trägerin der Unfehlbarkeit sein könne, trotzdem sie ihr doch verheißen worden. Und so setzt Ihr Euch denn, indem Ihr Euch die Kirche, nach Eurer Anschauung „die Heerde", als Subject nicht denken könnt, zu einer unvermeidlichen Substitu= tion selbst salva bona fide gedrängt. Ist — so raisonirt Ihr durchaus nicht unlogisch — die Kirche kein einheitliches Subject, so kann sie folgerichtig auch nicht Trägerin eines Objectes sein; — die von Christus gewollte und verheißene Unfehlbarkeit aber will, soll sie nicht illusorisch bleiben, getragen sein. — Dann allerdings bleibt nur zweierlei zu denken noch übrig: Entweder, daß das Object unfehlbar erkannter Wahrheit von jedwedem pro rata für sich getragen werde — die dann aus Wahlen und Ab= stimmungen erst noch zu extrahirende parlamentarische Majo= ritäts=Infallibilität —; oder aber, daß ein jeweiliger Leit= hammel der Heerde jener Unfehlbarkeit mächtig sei — ea infal- libilitate pollere —, oder um mich eines weniger prosaischen und darum vielleicht minder anstößigen Bildes zu bedienen, daß das an der Spitze eines Kranichzuges fliegende Individuum die unfehlbare Richtung einhalten, und der ihm folgende Schwarm von Einzel=Subjecten dessen unfehlbarer Führung instinktiv, d. i. bewußt= und gedankenlos, nachziehen werde; hier also die päpstliche Infallibilität, und damit denn auch die päpst= liche Dogmendictatur.

Wie bekannt hatte schon Luther, indem auch er den Baum vor lauter Aesten und Zweigen nicht sah, oder — zu seiner Entschuldigung sei es erwähnt — ihn vielleicht nur darum nicht sah, weil jener Baum, zeitweilig seiner Blüthen und Blätter beraubt, in fremdstofflichen Anhang verhüllt, davon nieder ge= beugt und in Schnee zugeweselt, ihm als Baum unkenntlich geworden war, beide Phasen der Anschauung (in umge=

[17]

kehrter Richtung freilich) durchmachen müssen, als tollster In=
fallibilist seiner Zeit in Sachen des Glaubens und der Sitten
unmittelbar an den Papst appellirend, dann, als Reformator
andererseits das Kind mit dem Bade ausgießend, beide Auf=
faffungen hintereinander in einer Person vertretend. — Und
selbst im bürgerlichen Leben sind wir ja, nachdem unserer fort=
schrittlichen Zeit der Begriff für Einheit in der Vielheit mehr
und mehr abhanden gekommen, womit denn auch die constitutio
Ecclesiae Christi den weltlichen Konstitutionen als Vorbild
nicht mehr recht gelten wollte, und nachdem damit das staatliche
Zellengebilde sich organisch ergänzender und sich bedingender Stände
— (Stände, nota bene in dem ursprünglichen Wortbegriffe,
mehr dem modernen terminus technicus „juristische Personen"
entsprechend) — nach und nach sich gelockert hatte, bis es, unter
dem Schlagworte: „kein Staat im Staate" anathematisirt,
in die Atome seiner physischen Personen, die sog. citoyens,
— gleichberechtigte und gleichverpflichtete Staatsbürger — zerfallen
war, den Schwankungen zwischen den beiden Gegensätzen
von Volkssouveränität mit Parlaments=Infallibilität einerseits,
und Autokratie mit Dictatur andererseits, — dauernd unter=
worfen; während wir uns schmeicheln auf dem juste milieu der
sogenannten constitutionellen Monarchie balanciren zu können.

Hier indessen kann es sich um das pro und contra zur
Beurtheilung einer relativ größeren Vortrefflichkeit dieser oder
jener Verfassung für Staat und Kirche nicht handeln, und
auch darum nicht, ob der göttliche Erlöser für seine Kirche
die eventuell beste, theoretisch plausibelste und practisch bewähr=
teste, auch für unsere Tage opportunste constitutio gewählt,
sondern lediglich darum, welche constitutio er für dieselbe
gewollt hat — voluit:

ob also

a) die bis längst zu Recht bestehend anerkannte Form?

b) ob die parlamentarische Majoritäts=Infallibilität?

c) ob die päpstliche Dogmendictatur? [18]

Hätte er nun aber — wie es auf dem vaticanischen Concil gewissermaßen als etwas ganz selbstverständliches stillschweigend angenommen und vorausgesetzt worden, — nicht die während achtzehnhundert Jahren und noch bis vor längst, theoretisch wenigstens, zu Recht bestehend anerkannte Form gewollt, unter der die Einheit und Allgemeinheit im Glauben, die Katholicität, den einzelnen Pfarrgemeinden, den bischöflichen Sprengeln, den respectiven Nationalkirchen, den geistlicher Orden, den theologischen Facultäten, kurz, dem Ganzen, in der Unanimität des unter dem Beistande des heiligen — seines hinterlassenen Geistes geeinten Episcopate gewahrt bleiben sollte, in dem bloßen Bezeugen dessen, was immer und überall und von Allen als katholischer Glaube er- und bekannt worden, einmüthig — unanimiter — bestätigt und bekräftigt durch berufene „Glaubenszeugen", den unter der Leitung des Primates Petri geeinten Bischöfen der gesammten katholischen Christenheit; — sollte er diese constitutio Ecclesiae suae als das eigentliche Ideal einer wahrhaft conservativen Verfassung, unter der dann freilich, wäre sie nur stets gewissenhaft wahrgenommen worden, dem Fortschritt in der Dogmatik ein sehr beschränkter Spielraum gewährt gewesen; — sollte er sie also wirklich nicht gewollt gehabt haben, aber die parlamentarische Majoritätsinfallibilität (worüber zwischen uns beiden wenigstens keine Meinungsverschiedenheit bestehen dürfte) auch nicht, vielmehr die päpstliche Unfehlbarkeit, und damit dann auch selbstverständlich die päpstliche Dogmendictatur, und zwar nicht etwa erst vom 18. Juli 1870 an, sondern schon von vorne herein, sei es nun unter Verleihung eines bei jeder Papstwahl sich erneuernden persönlichen Charismas; — sei es als einer amtlichen, dann aber auch sacramentalen übernatürlichen Gnadenspende, der, als einem achten Sacramente, dem der Unfehlbarkeit, das äußere Zeichen der inneren Gnade noch abgehn würde, und für sie noch zu suchen wäre; — sei es, als ein mixtum compositum, wie Bischof Ketteler in seiner Schrift [19]

„das unfehlbare Lehramt des Papstes" S. 8, es sich zu denken scheint; — so würde er auch, um uns seinen göttlichen Willen kund zu thun, ebenso, wie er den Primat Petri in seiner Kirche wollend, an Simon, Sohn des Jonas gewendet, ihm gesagt hat:

„Und Du bist Petrus, und auf diesen Felsen will ich meine Kirche bauen" (Math. 16, 18),

so auch bei der Verheißung der Sendung und des Bei= standes des heiligen Geistes, und dabei die ihm zu ertheilende übernatürliche Gnade der Unfehlbarkeit, und also auch die päpstliche Dogmendictatur wollend, sich an ihn gewendet, und ihm es verheißen haben:

Und ich will den Vater bitten, und er wird **Dir** den andern Tröster — τὸν ἄλλον παράκλητον — geben, damit er in Ewigkeit bei **Dir** bleibe (Joh. 14, 16.), den Geist der Wahrheit, den die Welt nicht empfangen kann, denn sie sieht ihn nicht und kennt ihn nicht; **Du** aber wirst ihn erkennen, denn er wird bei **Dir** bleiben und in **Dir** sein (das. V. 17). Der Tröster aber, der heilige Geist, den der Vater in meinem Namen senden wird, derselbe wird **Dir** Alles lehren, und **Dich** an Alles erinnern, was immer ich Dir gesagt habe (das. V. 26). Ich habe **Dir** noch Vieles zu sagen, aber **Du** kannst es jetzt nicht tragen (das. 16, 12), wenn aber jener Geist der Wahrheit kommt, der wird **Dir** (nota bene wenn Du ex cathedra sprichst) alle Wahrheit lehren (das. V. 13). **Du** wirst die Kraft des heiligen Geistes empfangen, der über **Dich** kommen wird, und wirst mein Zeuge sein in Jerusalem, in ganz Judäa und Samaria und bis an die Grenzen der Erde (Apostgesch. 1, 8).

Da nun aber diese, wie die den Beistand des heiligen Geistes an unzähligen andern Stellen des Evangeliums ver= heißenden Worte, weder in der zum bessern Verständniß hier absichtlichen Travestirung aus der Plural= in die Singular= Form, noch überhaupt in irgend einer Form an Petrus mit Ausschluß aller Andern, jemals gerichtet worden, vielmehr immer wieder nur an die Gesammtheit seiner Jünger, will [20]

sagen, an den in ihnen gelegten Keim für seine über die ge=
sammte Menschheit sich ausbreiten sollenden Kirche; — Petrus
aber mit sammt seinem Primat allemal unbeachtet und uner=
wähnt dabei lassend; — da ferner die, auf die Stellung Petri
in der Kirche sich beziehenden, an ihn ausschließlich gerichteten
Worte:

> „Und ich sage Dir, Du bist Petrus, und auf diesen Felsen
> will ich meine Kirche bauen" (Math. 16, 18),

und zum andern Male:

> „Simon, Sohn des Jonas, liebst Du mich mehr wie
> diese, so weide meine Lämmer, weide meine Schafe" (Joh.
> 21, 15. 16. 17),

ohne die schamloseste Rabulisterei doch unmöglich gleichbe=
deutend mit Worten gedeutet werden könnten, die allenfalls
zu lauten gehabt hätten:

> l'Eglise c'est toi St. Pierre! — Du, mein alter Ego!
> mein „Stellvertreter auf Erden." — Σύγε, ὁ ἄλλος παράκλητος,
> bist im Grunde genommen ja eigentlich die Kirche schon
> selbst, „wenn du in Ausübung deines Amtes als Hirte und
> Lehrer aller Christen, kraft deiner höchsten Apostolischen
> Gewalt, die Lehre über den Glauben und die Sitten irrefor=
> mabel aus dir selbst entscheidest, i. e. wenn du ex cathedra
> sprichst"; — Lehren, die dann auch nur von allen Andern
> — Laien, Priestern und Bischöfen, letzteren den sog. testes
> fidei, festzuhalten sind — tenendae sunt, um die von mir
> gewollte Einheit und Allgemeinheit im Glauben, die Ka=
> tholicität, äußerlich wenigstens — und darauf kommt es ja
> hauptsächlich an — in der römischen Kirche darstellen zu
> können; —

und exegetisch an der andern Stelle:

> Liebst du mich, so füttere meine Schafe mit deinen irre=
> formabeln Kathedersprüchen; speise meine Lämmer mit der
> unfehlbaren Kathedral-Weisheit deines Fleisches, und tränke
> sie aus den Strömen des lebendigen Wassers deines Blutes;

[21]

— denn dein Leib ist wahrhaftig auch eine Speise, und
dein Blut ist wahrhaftig auch ein Trank, —
und da endlich, Spaß bei Seite, so dificil es auch sein mag,
saturam non scribere — auch der Vater im Himmel mit nichten
darauf sich beschränkt gehabt hat, seinen heiligen Geist auf
Petrus allein mit Ausschluß aller Andern herab zu lassen;
vielmehr der Bitte des Sohnes voll und ganz entsprechend,
ihn in der Gestalt feuriger Zungen ausgegossen hat über die
ganze im Gebete vereinte Gemeinde — Jünger wie Apostel —
Frauen und Männer, (Apostel-Gesch. 1, 14 und 2, 1, 4 ꝛc.) sie
sämmtlich erleuchtend und heiligend, und sie im Glauben an
den Sohn und sein heiliges Evangelium stärkend und befesti=
gend, und damit den vom Sohne gelegten Keim der katholischen
Kirche befruchtend, auf daß er gedeihe und bis an das Ende
der Tage wachse zu dem die ganze Menschheit beschattenden
Baume; so hat auch kein Mensch, und keine für ein ökumeni=
sches Concil sich ausgebende, im selben Athem aber als solches
sich selbst wieder negirende Versammlung von Menschen, ja —
um mit Paulus zu reden — selbst kein Engel, und wenn er
vom Himmel käme, Anspruch auf Glaubwürdigkeit, wenn er zu
lehren und zu erklären sich erfrecht:

Mit derjenigen Unfehlbarkeit — ea infallibilitate, mit welcher — qua, der göttliche Erlöser seine
Kirche ausgestattet hat haben wollen — Ecclesiam
suam instructam esse voluit, ist der römische Papst
ausgestattet — Definimus Romanum Pontificem
pollere. —

Denn wohl gemerkt, wofern ein Engel vom Himmel den
Galatern anders predigen würde, ein Anderes als ihnen im
Evangelium überkommen, nicht erst prüfen sollen sie dann, ob
denn ein solcher auch ein richtiger Engel, — ob er auch
wirklich vom Himmel komme, — nein — verflucht sei er! —
Und der eigenen, wie der seiner Mitapostel subjectiver Fehlbar=
keit sich sehr wohl bewußt — Petrus wohl am allerwenigsten

[22]

davon ausgenommen, da er ja deſſen dogmatiſch grundfalſcher
Auffaſſung: Zur Erlangung der Seligkeit bedürfe es noch
neben dem Erlöſungswerke durch Jeſum Chriſtum und der
Taufe auch der Aufrechthaltung und der Beobachtung der
Geſetze des alten Bundes und der Beſchneidung, um ſie zu be=
richtigen, erſt in's Angeſicht widerſtehn mußte, (Ap.=Geſch. C. 15
und Galater=Br. 2, 11 und 14) — ſetzt der Apoſtel die Mög=
lichkeit voraus: „und wofern wir ein Anderes predigen würden." —

Und ſo meine ich denn, daß auch die mehr formalen Fragen
wegen der Oekumenicität des vaticaniſchen Concils: ob ſo und
ſo viel Biſchöfe in partibus infidelium als testes fidei fidelium zuläſſig geweſen wären; — ob das Concil ſich eine
octroyirte Geſchäftsordnung habe gefallen laſſen müſſen, in
Folge deren der Schluß der Berathungen votirt werden konnte,
bevor ein jeder der ſich zum Worte gemeldet, gehört worden; —
ob man ſich bei der acuſtiſchen Beſchaffenheit der Concils=
Aula überhaupt hätte hören und verſtehen können; — ob die
Abſtimmungen nicht etwa beeinflußt geweſen u. ſ. w. u. ſ. w.
auch für uns Nicht=Galater mehr untergeordnete Fragen blei=
ben könnten.

An den Früchten ſollen wir ja den Baum erkennen; denn
ein guter Baum kann keine ſchlechte Früchte bringen, und
umgekehrt (Math. 7, 18 und Luc. 6, 44).

Und hierin, alter Freund! ganz allein liegt der Grund
des Auseinandergehens unſerer ſich ſo widerſprechender Auf=
faſſung. — Ich ſchließe von der Frucht auf den Baum; und
Du — wie ich wohl mit allem Grunde vorausſetzen muß —
ſchließeſt von dem Baum auf die Frucht. — Ich gehe mit dem
Eingange des Evangeliums Johannes davon aus:

„Ἐν ἀρχῇ ἦν ὁ λόγος, καὶ ὁ λόγος ἦν πρὸς τὸν θεόν,
καὶ θεὸς ἦν ὁ λόγος."

Ein logiſch handgreiflich fehlerhafter Satz, in einem un=
heilbaren innern Widerſpruche mit ſich ſelbſt — — denn entweder
iſt es die Kirche die unfehlbar iſt, und zwar unter dem [23]

unmittelbaren Beistande des heiligen Geistes, und dann ist
sie es auch allein, und neben ihr kein Anderer mehr; oder,
der römische Papst ist unfehlbar, so zwar, daß seine Cathe=
dralentscheidungen aus sich selbst, ex sese, und nicht erst ex
consensu Ecclesiae irreformabel sind, und dann ist es die
Kirche wieder nicht, die unter dem unmittelbaren Beistande
des heiligen Geistes unfehlbar ist, sondern sie ist es höchstens
nur noch als Ecclesia tenens doctrinam, durch die Vermitt=
lung des Papstes, so neben ihm her allenfalls; — eine sein
sollende Definition, die aber keine Definition ist, weil die,
wenn auch nur inplicite Negation dessen, was definirt werden
soll: „die Kirche ist unfehlbar" nicht wieder und zu=
gleich Definition von dem sein kann was negirt wird: „nicht
die Kirche, der Papst ist es, der unfehlbar ist"; — dieses wahr=
haft unevangelische: „Wasche den Pelz, aber mach ihn
nicht naß," das Offenhalten eines Hinterpförtchens in dem
„ex cathedra", — um, je nachdem es opportun, aus= und
wieder einschlüpfen zu können; — eine so geflissentlich zwei=
deutige Sprache leibhaftiger Sophistik ist nicht das zur Ver=
kündigung der ewigen Wahrheit, der frohen Botschaft, ge=
offenbarte Wort Gottes, der Wahrheit von Anbeginn — τοῦ
λόγου ἐν ἀρχῇ —, sondern so recht eigentlich die zur Verschleierung
und zur Fälschung des Gedankens mißbrauchte Sprache, das
hinlänglich als diplomatisch bekannte, nichtsnutzige Geschwätz
des Lügners von Anbeginn — τοῦ ἀλόγου ἐν ἀρχῇ. — Und also
kann ein Baum, der eine so geartete Frucht gezeitigt hat, der
Baum nicht sein, der aus dem vom göttlichen Erlöser im Evan=
gelium gelegten Senfkorn gekeimt ist, der in dem ewigen
Logos wurzelt, und dessen Nahrung und ausschließliche
Lebensbedingung der heilige Geist Gottes sein und bleiben soll
in Ewigkeit.

Und Du gehst mit so vielen Andern, wie es scheint, mit
dem Evangelium Mathäi am Letzten davon aus:

„So gehet denn hin, belehret alle Völker, taufet sie im

[24]

Namen des Vaters, und des Sohnes, und des heiligen Geistes, und lehret sie Alles halten, was immer ich euch geboten. Und siehe! Ich bin bei euch alle Tage bis an das Ende der Welt" (Math. 28, 19. 20).

Mit dieser Mission ist in dem Apostolate, dem sie geworden, und — weil bis an das Ende der Welt — auch in dem Episcopate, der ununterbrochenen Continuität des Apostolates, durch göttlichen Willen das Lehramt der Kirche eingesetzt worden; und diesem Lehramte, wenn es also unter dem Primate Petri und unter Beobachtung aller vorgesehenen Cautelen zu einem, darum auch sogenannten ökumenischen Concil sich vereinigt und als solches sich constituirt hat, die bleibende Gemeinschaft mit Christus verheißen worden. Ein solch ökumenisches Concil aber ist auch das Vaticanum; denn wenn selbst die als Minorität auf demselben sich herausstellende Opposition gegen jene Definition der Unfehlbarkeit die Oekumenicität des Concils anerkennt, sie feierlich bezeugt und dem Majoritätsbeschlusse rückhaltlos sich unterwirft, kann das Recht, die Oekumenicität des Concils wieder in Frage stellen zu wollen, Niemanden mehr zugestanden werden; die Oekumenicität eines jeden Concils, von dem ersten in Nicäa an, müßte ja sonst wieder fraglich werden können. Auch das Vaticanum also ist die legale, von Christus selbst gewollte Vertretung seiner Kirche auf Erden; dieser hat er den Beistand des heiligen Geistes verheißen und damit die Unfehlbarkeit; folglich kann eine auf diesem Baume gewachsene und auf ihm zur Reife gelangte Frucht auch wieder nur das geoffenbarte Wort Gottes sein; und jede, wenn auch noch so sachlich gehaltene Prüfung eines solchen mit den immer nur unvollkommenen, menschlich fehlbaren Mitteln logischer und grammaticalischer Denkgesetze bleibt ein nichtsnutziges Beginnen.

Nun aber meine ich wieder, daß, gelange man auf syllogistischem Wege zu der Ungeheuerlichkeit, Wachen und Beten — Suchen und Prüfen, sei ein nichtsnutziges Beginnen; statt dessen

müſſe man mit „Roma locuta est, causa finita est“, ſich ſorg=
los in einen künſtlichen Schlaf wiegen laſſen, in eine ſolche Ge=
dankenfolge ſich doch wohl ein πρῶτον ψεῦδος, ein Urfalſches
irgendwo eingeſchlichen haben müßte, — will ſagen, daß
die eine oder die andere Prämiſſe eines ſolchen Syllogismus
ein noch nicht vollſtändig ſchon erwieſenes Axiom ſein müſſe.
Und wollte ich Dir daher, bevor wir uns gegen einander ab=
geſchloſſen hätten, doch erſt noch einmal zu bedenken gegeben
haben, ob denn jener Unterſatz: Oekumeniſche Concilien
ſeien das eigentliche, gewiſſermaßen ausſchließliche
Organ des heiligen Geiſtes, den Du in die unmittelbare
Verbindung mit der göttlichen Verheißung bringſt: Unter dem
Beiſtande des heiligen Geiſtes würden die von dem
Erlöſer geoffenbarten göttlichen Wahrheiten für
alle Menſchen die des guten Willen ſind, dieſelben
gläubig ſich zu bewahren, bis an das Ende der Tage
den Einflüſſen der Hölle zu widerſtehn vermögen,
— ob jene Annahme denn auch ſchon ein über jedes wahrhaft
chriſtliche Bedenken erhobenes Axiom ſei, oder — ob es nicht
vielmehr eine mehr willkürliche und damit unberechtigte petitio
principii ſein dürfte, das, was der göttliche Erlöſer als die
Gemeinſchaft mit ihm und dem Vater in dem uns
hinterlaſſenem heiligen Geiſte, — das, was er als
die Einheit in ſeiner Kirche im Geiſte, in idealer
Auffaſſung alſo, verſtanden wiſſen wollte, ſo mir nichts dir
nichts mit dem identificiren zu dürfen, was mit all ſeinem Zu=
behör als Hierarchie ſinnlich uns vor Augen ſteht? — Als
ob die ewige Wahrheit nicht auch wieder nur im Geiſte und
in der Wahrheit erkannt, ſich zu eigen gemacht und da=
mit verwirklicht werden müßte, und ſtatt deſſen erſt in eine
greifbare Form gebracht, nur ſinnlich uns zugänglich wäre?
   Denn dieſer Frage aus dem Wege gehn, — ihr von vorne=
herein ſchon mit dem beliebten Rückſchluß die Spitze abbrechen
wollen:

[26]

Wäre demnach die Kirche ideal nur zu verstehn, sei
ihr damit ihre Greif= und Sichtbarkeit — ihre Realität
genommen; dann auch sei sie auf den stets fluctuirenden
Flugsand subjectiver Auffassung gestellt, und nicht, wie
Christus es uns doch ausdrücklich versprochen, auf den realen,
unwandelbaren Felsen positiver Wahrheit gegründet,
wäre mindestens eben so verkehrt, als wollte ein Jünger der
Mathematik argumentiren:

Könnte für ihn mit Zirkel und Maßstab der Nachweis
erbracht werden, der Inhalt des mit Kreide an die Wand=
tafel gemalten a b d e auf der Hypotenuse einer, ein rechtwink=
liches Dreieck sein sollenden Figur sei handgreiflich ungleich dem
Inhalte beider detto construirter Quadrate der Katheten, dann
auch käme er nicht mehr an dem Schlusse vorbei: ergo war
Pythagoras ein Betrüger.

Denn verkehrt darum wäre die argumentatio ad absurdum hier angebracht, weil neben dem „ob wahr — ob falsch"
noch als Drittes steht, daß jede Wahrheit, gleich viel ob
physische oder methaphysische, sinnliche oder übernatürliche,
verpfuscht werden kann, ohne damit auch schon widerlegt zu sein.

Die von Christus gewollte Einheit seiner Kirche, ist sie
denn nicht aber schon verpfuscht, ja, ist sie nicht schon theo=
retisch selbst, in ihrem wesentlichsten Princip, vollständig schon
wieder aufgehoben durch die ihr durch und durch un= und
widernatürliche Distinction zwischen einer nur hörenden und
dieser gegenüber stehenden lehrenden Kirche? — und ist mit
jener Sendung der Apostel: Hinzugehen unter alle Völker,
allen Menschen das Evangelium, wie es ihnen selbst im täg=
lichen Umgange mit dem Heilande überkommen, zu verkünden,
und Alle, die des guten Willens sind einzugehn in die innere
Gnade der Gemeinschaft mit Christus, aufzunehmen durch die
Taufe in seine Kirche; — ist mit dieser Aufforderung zur Er=
füllung der nächsten Pflicht christlicher Nächstenliebe (unter
der ausdrücklichen Restriction jedoch, sich dabei wohl zu hüten, [27]

die Perlen nicht vor die Schweine zu werfen, (Math. 7, 6),
ist damit denn auch schon der Auftrag und die Bevollmäch=
tigung ertheilt, eine Hierarchie zu gründen auf dieser Welt
und deren Segnungen, wie die vermeintlichen Segnungen eines
Neu=Deutschen Reiches, Widersachern selbst mit Blut und Eisen,
oder auch nur mit moralischem Zwange, aufnöthigen zu sollen?

Ist — so möchte ich mir gestatten des weitern zu fragen
— ist mit jenem Auftrage, die frohe Botschaft Christi allen
Völkern zu verkünden, schon so ohne weiteres auch die Er=
mächtigung ertheilt, die vom Heilande im Evangelium apho=
ristisch hinterlegten göttlichen Wahrheiten erst schulgerecht
scholastisch systematisiren zu müssen; — aus der Verquickung
von ewigen Wahrheiten mit willkürlichen Prämissen Conse=
quenzen bis an und weit über die Denkmöglichkeit zu debuciren,
und ein aus solch müßiger und leidiger Cosequenzreiterei hervor=
gegangenes theologisches System ex cathedra zu dociren?

Liebe? — und das ist ja doch der Inbegriff des ge=
sammten Christenthums, das größte und das erste Gebot
desselben, denn ein anderes als dieses gibt es nicht; (Marc. 12, 31)
— ist Liebe denn überhaupt docirbar? — oder ist sie nicht vielmehr
nur in der gewissenhaften und treuen Erfüllung aller, aus jedem
Liebesverhältnisse, sei's gegen Gott, sei's gegen den Nächsten,
ganz von selbst sich ergebenden Pflichten zu üben, und in
dieser Uebung — recht eigentlich also nur autodidaktisch —
zur höhern Vollkommenheit erst zu bringen?

Bedarf es also zum Verständnisse dessen, was der gött=
liche Erlöser der Menschen von den Uebeln des jüdischen Phari=
säismus und des heidnischen Götzendienstes als die Summe
aller Religion bezeichnet: „Du sollst lieben den Herrn deinen
Gott von deinem ganzen Herzen, und von deinem ganzen
Gemüthe, und aus deiner ganzen Kraft, — und lieben deinen
Nächsten wie dich selbst", noch neben der Belehrung durch
Johannes (Cap. 1, V. 1, 2, 3, 4) über den Begriff und die
Wesenheit des Gottes, den wir als Christen lieben sollen, und

[28]

der Erklärung bei Lucas (Cap. 10, B. 30—37), wer unſer
Nächſter ſei, einer anderweiten vermittelnden erklärenden Belehrung?

Und hat das Bedürfniß nach einer anderweiten vermittelnden
erklärenden Belehrung nicht etwa damit ſich vielleicht erſt herausge-
ſtellt, daß uns Menſchen, die wir nun einmal in der Erbſünde
empfangen ſind, die göttliche Einfalt und das, was ſie als die
Summe aller Religion bezeichnet, bei einem noch nicht vollſtändig ſchon überwundenen Begehr nach fremden, aus der
eigenen, der menſchlichen Productivität geſchnitzten Göttern
nicht genügen wollte, und wir ſo der Verſuchung zu wider-
ſtehen nicht vermochten, die von Chriſtus uns überkommene
Lehre nicht allein äußerlich, ceremoniell auszuſchmücken, — wogegen, da wir ja Gott aus ganzer Kraft, warum nicht alſo
auch kraft unſerer künſtleriſchen Begabung lieben ſollen,
weniger zu ſagen wäre — ſondern ſie ſelbſt innerlich mit allerhand Myſterien und einer Reihe von ſogenannten Glaubens-
ſätzen bis zu dem vorjüngſten von der unbefleckten Empfängniß
Mariä, bereichern zu müſſen, uns verſucht und veranlaßt
fanden? — Dogmen, die, allerdings ſo ohne weiteres unver-
ſtändlich, an und für ſich unzugänglich einem beſchränkten
Laienverſtande, durch eine zu einer beſonderen Disciplin erhobene Theologie, einer fachgemäß betriebenen Gottesgelahrtheit,
einem — horribile dictu — chriſtlich ſein ſollendem Schrift-
gelehrten- und Phariſäerthume, der hörenden Kirche erſt vermittelt werden müſſen?

Und wenn nun vollends dieſe ſich ſo nennende lehrende
Kirche als ſolche, — als Ecclesia docens —, ſich ſelbſt wieder
negirt, das vorgeblich aus göttlicher Vollmacht ihr ausſchließ-
lich zuſtändige unfehlbare Lehramt auf einen Dritten, einen
„Doctor omnium Christianorum‟ ſubdelegirt, zu dem ſie ſich
fortan nur als Ecclesia tenens doctrinam, irreformabiliter
ab eo definitam, zu verhalten habe, und als ſolche verhalten zu
wollen ſich für verpflichtet erklärt; wenn ſie damit vor aller Welt, [29]

und vor Gott dem heiligen Geiste, mit dem ihr zur haar=
scharfen Scheidung von wahr und falsch, von orthodox und
heterodox anvertraut sein sollendem Infallibilitätsschwerte in
abgöttischer, japanesisch=heidnischer Unterwürfigkeit unter einen
sündigen Menschen, den Bauch eigenhändig sich aufschlitzt und
gegen die Zumuthung, ein solches an sich zu vollstrecken, nichts
vorzubringen gewußt hat, wie den erbärmlichen Einwand der
Inopportunität, mit der fußfälligen Bitte, die Inopportunität
einer solchen Procedur doch allergnädigst berücksichtigen zu
wollen; — ist es dann für einen jeden, der noch des guten
Willens ist, das Christenthum im Geiste und in der Wahrheit
sich erhalten zu wollen und nicht bloß mit dem Maule
es zu bekennen, noch nicht an der Zeit, allen Ernstes und
unter Anrufung des heiligen Geistes nun auch seinerseits die
Frage sich zu stellen: ob wir aus jener göttlichen Idee der
Gemeinschaft mit Christus in seinem uns hinterlassenen heiligen
Geiste, uns nicht etwa in der Hierarchie ein goldenes Kalb zu=
recht gemacht haben könnten, um das wir nun, wie Kinder in
der Unschuld ihres Herzens, wie Juden in der Wüste, zur
sinnlichen Befriedigung eines unklar gebliebenen religiösen Be=
dürfnisses, eigentlich nur spielend tanzen, singen und jubeln,
und streiten, wenn Einer das Spiel verderben will; unbekümmert
darum, ob uns nicht über dem Spielen mit der Schale der
Kern abhanden gekommen sein möchte?

Denn,

Gott er= und be=kennen als den ewigen Logos
von Anbeginn; — die Gleichwesenheit — ὁμοουσιότης beider Ausdrucksmittel „Gott“ und „das
Wort“, mit ganzer Kraft und reinem Verständnisse
erfassen; — Gott als den ewigen Logos lieben, das
ist, das uns von ihm anvertraute Pfund „Logos“
nicht vergeuden wollen in eiteln und unnützen Wor=
ten, es aber auch nicht vergraben, sondern fruchtbar
es anlegen in der Nächstenliebe, um es in wucheri=

[30]

schen Zinsen verdoppelt unserm Herrn und Schöpfer als sein Eigenthum zurückerstatten zu können, sobald er es von uns zurückverlangt,

das wäre doch wohl so ziemlich — hoffentlich auch nach Deiner Auffassung — jener Kern der christlichen Lehre, den, sollen wir des Erlösungswerkes für uns selbst nicht wieder verlustig werden müssen, nicht von uns werfen dürfen.

Sollen und wollen wir es nun aber versuchen, die Gleichwesenheit — τὴν ὁμοουσιότητα — von „Gott" und „dem Worte" auch wirklich begreifen zu wollen, so müssen wir doch vor allem und vorab das Wort — „Wort" „τὸν λόγον" — auf seinen ursprünglichen unverdorbenen Begriff zurück zu führen uns angelegen sein lassen. Zwar meint Dr. Heinrich Faust, und mit ihm — wenn sie auch so ehrlich wie er damit nicht herauspoltern — wohl Viele, „sie könnten das Wort so hoch unmöglich schätzen, sie müßten's anders übersetzen"; jedoch sehr mit Unrecht. Der im menschlichen Munde articulirte Laut, der freilich kann es nicht sein. Der aber ist ja nur das laut gewordene gedachte Wort, das laut werdende Denken; denn ohne das Wort denken, anders als in dem Worte denken, ist nicht denkbar, weil das Wort das Denken erst verwirklicht, im Worte zum Denken erst wird, und in derselben Wechselwirkung das gehörte oder das gelesene Wort das Denken bedingt und, je nachdem, es dann bestimmt. Und so ist denn „das Wort" und „das Denken" wieder nur ein und derselbe Begriff, mit der einzig zulässigen Unterscheidung allenfalls, daß das Denken der abstrakte daher auch unfaßbare Begriff „Θεός", während „ὁ λόγος" das concrete, das substantielle, das Fleisch gewordene Denken; daher ὁ λόγος in der Theologie auch vorzugsweise als Gott Sohn genommen zu werden pflegt.

Ist nun aber — wenigstens der christlichen Offenbarung gemäß — Θεὸς καὶ ὁ λόγος ὁμοούσιος — Gott und das Wort nur ein und derselbe, sich vollständig deckende

[31]

Begriff, worüber keinen Zweifel und keine abschwächende Deutung aufkommen zu lassen, Johannes in dem Eingange zu seinem Evangelium, durch die geflissentliche Wiederholung und den steten Umtausch beider Synonyma, bald den einen vor, dann wieder hinter dem andern, die gewissenhafteste Sorgfalt sich angelegen sein läßt; so ist bei der Gleichwesenheit wieder von dem Denken und dem Worte, Gott — Θεὸς ἐν ἀρχῇ — das absolut logisch correcte Denken von Anbeginn, und damit die Vorstellung des Allweisen — des Allwissenden — des Ewigen — des Allgegenwärtigen.

Ist ὁ λόγος aber auch das Licht, welches erleuchtet einen jeden Menschen, der in diese Welt kommt (Joh. 1, 9), ὁ λόγος also jene Mitgift mit der der göttliche Schöpfer seinen Menschen schon in der Geburt für dessen irdisches Leben aus= gestattet hat haben wollen, und zwar als das urwesentliche Unterscheidungsmerkmal — τὸ κριτήριον κατ' ἐξοχήν — zwischen ihm, dem nach seinem Ebenbilde geschaffenem Geschöpfe, und der gesammten übrigen belebten Schöpfung, von dem geringsten Moose an bis zum Pavian und Chimpanse — nota bene, inclusive [1]), — nicht aber zu freiem Eigen und auch nicht in seinem unbeschränkten, göttlichen Umfange, sondern nur zu fünfen, zu zweien, oder auch nur zu einem Talente, einem jeden nach seiner Fähigkeit, — um es seinem Herrn und Schöpfer nach besten Kräften entwickelt und vermehrt, als guter und getreuer, als liebender Knecht verdoppelt zurückstellen zu können, so bald er es von ihm zurück verlangt (Matth. 25, 15—23 und Luc. 19, 15); — ist somit das Wort selbst, sind auch die Gesetze, denen es unterworfen ist und nach denen allein

---

1) Nach Blumenbachs vergleichender Anatomie spricht der Affe nicht — weil er nichts zu sagen hat. Gaumen, Zunge, Zahnstellung und Lippen sind zur Wortbildung, wie bei dem Menschen auch), ganz dazu geeignet, Worte zu articuliren; was ihm allein zum Sprechen fehlt, ist das in Worte faßbare Denken. — Und eitle, nichtssagende d. i. gedankenleere Worte nachschwätzen zu können, lernt selbst ein Papagei.

es gehandhabt werden soll und kann, nicht Menschenwerk,
sind sie Gottes Schöpfung; — kann darum auch kein Mensch
an diesen Gesetzen, die unwandelbar und so alt sind wie die
Menschheit selbst, ja, wie Gott selbst ($\grave{\varepsilon}\nu$ $\grave{\alpha}\varrho\chi\tilde{\eta}$ $\tilde{\eta}\nu$ $\acute{o}$ $\lambda\acute{o}\gamma o\varsigma$)
auch nur ein Jota ändern und verbessern; — sind sie als
Gottes Schöpfung irreformabel und als solche von uns heilig zu
halten; — sollen wir sie auch nur zu unserem Heile gebrauchen; —
ist $\acute{o}$ $\lambda\acute{o}\gamma o\varsigma$ als das Licht in unsere Denkfinsterniß gekommen,
um denen, die ihn aufnehmen, Macht zu geben wieder Kinder
Gottes zu werden (Joan. 1, 4 und 5, 9 und 12); — ist $\acute{o}$ $\lambda\acute{o}\gamma o\varsigma$
Fleisch geworden und hat er unter uns gewohnt, um uns vom
Alogos, dem wir durch die Erbsünde verfallen waren, wieder
zu erlösen (Joh. 1, 14); — so kann $\acute{o}$ $\lambda\acute{o}\gamma o\varsigma$ — Gott es nicht
wieder sein, der nun im Widerspruch mit sich selbst, uns zu-
muthen will, das zur Ehre unseres Schöpfers und zu unserem
eigenen Heile uns anvertraute Talent dann wieder vergraben
zu sollen, wenn es vor Allem uns noth thut, — wenn wir
mit ihm das Reich Gottes und seine Gerechtigkeit
suchen sollen (Matth. 6, 33).

Und wenn also, von wem immer, gelehrt und erklärt
wird: nicht suchen dürften wir das Reich Gottes und seine
Gerechtigkeit, octroyiren müßten wir sie uns lassen von einem
unfehlbaren Papste; — wenn wir, um glauben zu wollen und
um glauben zu können, zu denken aufhören müssen; — wenn
es für die verdienstlichste christliche Tugend gelten soll, nicht
allein das als Glaube zu bekennen, was wir noch nicht erkannt
und begriffen haben, sondern selbst das, was gegen jeden Begriff, gegen alle göttlichen Gesetze des Denkens; — wenn
diese an und für sich schon widersinnige, von einem vaticanischen enfant terrible so drastisch mit „credo, quia absurdum est" charakterisirte Theorie nun noch durch die Zumuthung illustrirt wird, selbst eine handgreifliche Fälschung
des Evangeliums als ein geoffenbartes Wort Gottes hin-
nehmen zu sollen, und diese Zumuthung nicht etwa von „Einem [33]

wem immer", sondern von der sogenannten lehrenden Kirche, und zwar sacro approbante concilio an uns gestellt wird, und die rückhaltlose Unterwerfung unter diese Zumuthung zu der unerläßlichen Bedingung für die Gemeinschaft mit Christus in seiner heiligen Kirche gemacht wird; — so folgt, daß die auf das Evangelium gar nicht zu begründende Annahme, öku= menische Concilien seien das allein unfehlbare Organ des der Kirche verheißenen heiligen Geistes, himmelweit davon entfernt, ein im christlichen Glauben begründetes Axiom zu sein, nur eine frivole durch nichts gerechtfertigte petitio principii ist, und daß es uns also trotz jenes „sacro approbante concilio" sehr wohl zusteht, genau und gewissenhaft zu prüfen, ob jener vaticanische Infallibilitäts=Baum mitsammt der auf ihm gewachsenen Frucht, durch deren Genuß wir in Sachen des Glaubens und der Sitten ohne eigenes Wachen und Beten, Suchen und Prüfen, zur Erkenntniß des Guten und Bösen gelangen würden, nicht etwa immer wieder nur ein und der= selbe Baum mit dem Baum sein könnte, von dessen Frucht — verführt durch Alogos — schon einmal gekostet zu haben, dem Menschen schlecht genug bekommen ist.

Denn immer ist es ja nur das alte verfluchte Lied: „Scientes eritis bonum et malum." — Ob nun scientes „sicut Deus" — ob „infallibiliter et irreformabiliter" scien- tes — ob „ex pomo" — ob „ex cathedra" scientes kann wahrlich dem Teufel einerlei sein. Und da er das Lied nicht weiter kann, so fängt er's, wenn auch nach Zeit und Um= ständen in etwa variirt, so doch in seinem eigentlichen Thema ganz unverfroren wieder von vorn an:

„Wissende und in Sachen des Glaubens und der Sitten Gutes und Böses Erkennende gleich ihm, dem allein unfehl= bar Wissenden, könntet ja — selbst ohne viel Kopfzerbrechens — auch ihr sein; wolltet nur auch ihr den in seinen logi= schen Denkgesetzen so unerbittlich eigensinnigen Tyrannen, jenen Johannäischen Abgott „τὸν λόγον" verleugnen und, statt [34]

seiner mich, den Befreier und Erlöser von allem und
jedem Denkzwange, „τὸν ἄλογον ἐν ἀρχῇ“ anbeten, und meinen
Catheder-Edicten, — selbst den absurdesten (die ja eben quia
absurda, ideo credenda et tenenda sunt) rückhaltlos
euch unterwerfen", —
ist doch wohl das eigentliche, nur nach Zeit und Umständen
in etwa variirte Thema des uralten, in die menschliche Denk=
faulheit und Denklüderlichkeit einlullenden und darum auch so
opportun ihr klingenden Liedes; dem Christus in seinem uns
von solchem Unsinn wie von dem Unsinn alles Uebels erlösen=
den Evangelium das „wachet und betet", „suchet und
prüfet", „wählet von Allem das Beste", also die unaus=
gesetzte Denkthätigkeit dann, wenn sie vor Allem uns noth
thut, wenn wir mit ihr das Reich Gottes und seine Gerechtig=
keit suchen sollen, und das (Math. 16, 23) gelegentlich auch
einmal an Petrus adressirte „Weiche von mir Satan, denn
du denkst nicht auf das was Gottes ist, sondern auf
das was des Menschen ist", entgegen hält.

Zum Schluß dieser trotz aller angestrebten Kürze den=
noch etwas lang gerathenen Epistel noch eine Bitte.

Stelle mir, bitte, nicht die so alberne, Euch Infallibilisten
aber so geläufige Frage, ob ich mich denn etwa für unfehlbar
halte? — Das sei fern! Denn traurig stünde es um mich,
wollte ich nach einem langen Leben voll treuen Strebens nach
Wahrheit, nach manchem Irren und Fehlen, Fallen und Wieder=
aufstehen, nun, an der Grenze der siebziger Jahre angelangt —
jetzt, bei dem Erscheinen der zweiten Auflage, in meinem voll=
endeten achtzigsten Lebensjahre — der Illusion mich hingeben,
nicht mehr irren und fehlen zu können.

Ganz abgesehen davon, ob es mir auch nur annähernd
schon gelungen, jenen Dualismus im Menschen, den Göthe mit
„dem Drang nach Wahrheit" und „der Lust am Trug" be=

[35]

zeichnet, überwunden zu haben, so steht, selbst bei dem reinsten
Wollen, das Können hier nicht im Verhältniß. Das Dictum
„verba valent sicut numi" ist eben leider nicht wahr. Dem
Worte — hier selbstverständlich dem menschlichen Worte —
entspricht nicht überall ein so exacter Begriff wie der Zahl, und
darum läßt sich auch mit Worten mit derselben mathematischen
Genauigkeit wie mit Zahlen und Münzen nicht rechnen, rechten
und richten. Meinst Du also, Fehler oder auch nur Unge=
nauigkeiten und daraus hervorgegangene Trugschlüsse in meinen
Syllogismen annehmen zu müssen, so spüre ja auf das sorg=
fältigste ihnen nach; decke sie schonungslos bloß, und thue mir
die Liebe, auf dieselben mich aufmerksam zu machen. Oder,
wenn Du selbst nicht, so lasse es Deinen Clemens, mein
sehr liebes Pathenkind thun, dem als Priester und Theologen
der Gegenstand ja noch näher liegt, und den ich aus seiner
mir damals zugestellten Druckschrift „über Präsentation und
Patronat" als einen tüchtig durchgebildeten Denker, zu meiner
großen Freude habe schätzen lernen.

Und damit Gott — τῷ λόγῳ — empfohlen!

Dein

alter Freund.

Pfingsten 1872.

Nachwort

zur
zweiten Auflage des vorstehenden Sendschreibens
geschrieben

im Jahre des Heiles 1884 — am Tage Aller Heiligen.

––––––

Wie ich kaum anders erwarten konnte, blieb das vor=
stehende, nun in zweiter Auflage zu veröffentlichende Send=
schreiben, wenigstens seinem Inhalte nach, unbeantwortet. Die
Mittheilung, es sei eingegangen, wurde mir zwar seiner Zeit,
jedoch mit dem Bemerken: die beiderseitige Auffassung des Be=
griffes „Kirche" weiche zu diametral von einander ab; — streiten
in heiligen Dingen könne zu nichts frommen; — schon Paulus
habe ja gesagt, „was dem Einen Thorheit ist, ist dem Andern
Weisheit, und was dem Andern wieder Weisheit ist, ist Jenem
Thorheit"; — mit Gottes Hülfe allein könne die Zeit solche
Gegensätze ausgleichen; — einstweilen könne und wolle man
daher nur beten für die von der Kirche abgefallenen Glieder,
daß sie durch Gottes Barmherzigkeit zurückgeführt würden in
den Schooß der allein seligmachenden Kirche; — und was der=
gleichen Redensarten mehr sind.

Ich bin anderer Meinung. Darum, hauptsächlich aber
um die am Schlusse meines Briefes an den Freund und dessen
Sohn gerichtete Bitte: die Frage nach der christlichen Unfehl=
barkeit doch um Gottes Willen nicht gar so leicht nehmen zu
wollen, und auf meine Bedenken gegen die päpstliche Infallibi= [37]

litätslehre, die ich geglaubt auf das Evangelium gründen zu
müssen, von demselben Standpunkte aus, und wenn möglich
berichtigend eingehen zu wollen, jetzt, nachdem diese Bitte
nicht allein vom Freunde unerhört geblieben, sondern auch,
nachdem sie mit der Veröffentlichung in der ersten Auflage an
einen jeden der sich dazu hätte berufen fühlen können, gestellt war,
während voller zwölf Jahre von dem gesammten Neukatholicismus
todt geschwiegen worden ist[1]), und statt jeder offenen, ehrlichen
Antwort der Versucher täglich zudringlicher bei mir auftritt,
bald unter der Maske eines ultramontanen Parlamentariers,
dem es ganz entschieden inopportun erscheinen will, sich die
Operationsbasis seiner parlamentarischen Thätigkeit selbst von
Freundesseite unter den Füßen wegziehen zu lassen, — bald
unter der einer ehrwürdigen Matrone von ihrem Ofenwinkel
aus, — bald in der Gestalt einer Filzlaus, eines im Bekeh=
rungsfache alter Sünder renommirten Klerikers, um es mir be=
greiflich zu machen: die Kirche Christi, wie ich sie mir dächte,
das Reich Gottes auf Erden, wie wir es im Vater=Unser
zu erbitten hätten, „daß es zu uns komme, wie im
Himmel also auch auf Erden", sei ja die pure
Utopie, und eben darum, statt jener utopischen, unsichtbaren Kirche,
sei die sichtbare, die römische Kirche eingesetzt worden; glaubte ich
meine Frage nach der christlichen Unfehlbarkeit und deren Träger,
die ich nun einmal für jeden gläubigen Christen für eine eminent
brennende Frage halten muß, und um sie nicht vollends wie=
der verglimmen zu lassen, in einer zweiten Auflage wiederholen
zu sollen.

Denn in aller Gemüthsruhe es abwarten zu wollen, es
könnte ja am Ende doch noch gelingen, mit dem, seit dem Er=
scheinen meiner Schrift in der ersten Auflage inscenisirten Cul=

---

1) Der Altkatholicismus allerdings hatte im Jahrgange 4, Nr. 43
seines Mercurs der Schrift anerkennend Erwähnung gethan und dieselbe
als beachtenswerth seinen Lesern empfohlen gehabt.

turkampfe, den Menschen den Infallibilismus, den Ultramon=
tanismus, den Jesuitismus und Klerikalismus, oder wie die
vermeintlich staatsgefährlichen Teufel sonst benamst werden
mögen, und die ich nur insofern für Teufel halten möchte, als
sie als Fälscher und Verderber des Evangeliums sich aufspielen
wollen, durch Beelzebub den obersten der Teufel — den
Racker „Staat", (wie König Friedrich Wilhelm IV. in seiner
naiven Derbheit ihn nannte,) — austreiben zu können; müßte
ich mit dem Versumpfen=lassen=wollen meiner Frage nach dem
wahren, dem eigentlichen Träger der christlichen Unfehlbarkeit,
für durchaus gleichbedeutend halten.

Abgesehen davon, daß selbst mit der eventuellen Erfüllung
des frommen Wunsches, dem Reiche des Satans in einem mit
Consequenz und mit Erfolg durchgeführten Culturkampfe ein
für allemal den Garaus machen zu können, meine mehr
theoretisch wissenschaftliche Frage so recht gründlich, wie ich wohl
wünschen möchte, noch nicht beantwortet wäre; so könnten ja
überhaupt nur diejenigen, nicht aber auch ich auf dem einge=
schlagenen Wege jenes pium desiderium für realisirbar halten,
denen im Ganzen wie im Einzelnen das Evangelium eine
Thorheit ist, oder diejenigen, die zwar auf dem Boden des
praktischen Christenthums zu stehen behaupten, die aber in
ihren weltlichen, internationalen Sorgen und Mühen und bei
Verfolgung derselben, in ihren diplomatischen Künsten, in dem
Maße sich dem Evangelium entfremdet gehabt haben, daß
ihnen selbst die — ich möchte wohl sagen — allereinfältigste
von allen im Evangelium verkündeten göttlichen Wahr=
heiten: „Unsinn ist es, den Menschen den einen Teufel
durch den andern Teufel austreiben zu wollen", zu
einer unbegreiflichen Wahrheit geworden ist, — ja, denen
in ihrer eiteln Ueberhebung der Macht über das Recht die
Augen für göttliche Wahrheiten selbst dann noch nicht auf=
gehen wollen, wenn vor ihren Augen immer weitere und grö=
ßere Massen von Menschen — und wahrlich nicht von der [39]

schlechtesten Sorte — dem Klerikalismus sich zuwenden, weil sie in ihm den letzten einzig noch übrig gebliebenen Damm gegen die Ueberfluthung des alles historisch Gewordene hinwegspülenden Racker „Staat" bis aufs Aeußerste halten zu müssen glauben, selbst wenn dieser Damm von dem betreffenden Deichhauptmanne, (hier selbstverständlich, dem Klerus als Sammtbegriff,) bei seiner letzten Restauration auch nach ihrem Dafürhalten so gründlich verpfuscht worden, daß er einer richtigen Hochfluth zu widerstehen kaum noch im Stande sein dürfte; — wohingegen diejenigen, die ihn durchstochen und hinweggespült wissen wollen, den nunmehr uneingedeichten, frei frisch froh sich hin und herbewegen könnenden Racker in sein nach ihrer Ansicht richtiges Fahrwasser, in sein von ihnen erträumtes Zukunfsbett leiten zu können gedenken.

Kein Alliancevertrag also, kein Trutz= und Schutz=Bündniß gegen den Klerikalismus, ja selbst keine Entente cordiale zwischen mir, der ich festhalte an den im Evangelium geoffenbarten Wahrheiten, und jenem fortwährenden Metamorphosen unterworfenen und nur unter jeder Metamorphose in seiner Vielfräßigkeit sich stets gleichbleibenden Racker! Vielmehr ein durchaus selbstständiges Vorgehen meinerseits ist es, und zwar gerade vom kirchlichen Standpunkte aus, wofür ich nun abermals die Feder ergreife.

Um nun aber meine Frage wegen der Unfehlbarkeit, wenn wieder nur in's Blaue gerichtet, nicht abermals dem Schicksale der Versumpfung preiszugeben, um sie vielmehr gleich vor die richtige Schmiede zu bringen, widme und adressire ich sie vorab und vor allem an die sog. Societas Jesu. Und dieß um so mehr, als dieselbe ziemlich allgemein und ohne daß dem von irgend einer Seite widersprochen worden, als die eigentliche intellectuelle Urheberin jenes Coup d'Eglise gilt; auch wenn ich gegen die Benennung „Societas Jesu", in diesem engern Sinne, mich erst zu verwahren hätte, indem ich diese Benennung einer ganz andern, viel weitern Societas [40] vindicire, und in jenem engern Sinne um so mehr als eine unberechtigte und unchristliche Usurpation perhorrescire, als auch ich zu der Ansicht mich bekenne: „Si cum Jesuitis, non cum Jesu itis." — Sie hat nun aber, wenn auch nur durch Verjährung, sich in den Besitz dieser Adresse einmal gesetzt, und nehme ich also, ohne mich damit präjudiciren zu müssen, weiter keinen Anstand, meine Fragen und Bedenken unter dieser Adresse ihr zu allernächst zur Beherzigung zu unterbreiten; weit entfernt davon, nun auch alles Herz für göttliche Wahr= heit ihr absprechen zu wollen. Und um diese meine Zweifel und Bedenken auch leicht verständlich und kurz und bündig mit der evangelischen Rede „Ja", beziehungsweise „Nein" be= antwortlich zu gestalten, bin ich von neuem bemüht, die Frage nach dem wahren Träger christlicher Unfehlbarkeit nochmals bündig zu reassumiren, und articulire sie hiermit also:

Wer ist es, den als den allein „unfehlbaren Träger des uns hinterlassenen heiligen Geistes Christus gemeint und gewollt hat? — Oder um die Fragestellung dem vatica= nischen Jargon möglichst anzubequemen —:

Quis est, quem infallibilitate pollere divinus Redemptor voluit? Je nachdem man also das „pollere" verdeut= schen will:

Wer ist es, der, dem göttlichen Willen gemäß, der Un= fehlbarkeit mächtig ist? — mit ihr ausgerüstet ist? — sich ihrer zu erfreuen hat? u. s. w.

Ist es der römische Papst, wenn er ex cathedra spricht? i. e. wenn er in Sachen des Glaubens oder der Sitten eine von allen Christen festzuhaltende Lehre irreformabel ex sese definirt?

Ist es das ökumenische Concil, wenn es unter Beobachtung aller vorgeschriebenen Formalien und vorgesehenen Caute= len ein ihm unterbreitetes Theologumenon entweder ana= thematisirt oder aber, approbante sacro concilio, dasselbe zu einem Dogma der katholischen Glaubenslehre erhebt? [41]

Ist es überhaupt irgend ein sinnlich wahrnehmbares, greif-
und sichtbares, an eine oder mehrere Fleisch-gewordene Personen gebundenes, reales Subject, wenn es rite constituirt
sich legitimirt gehabt hat, der gesammten Christenheit den
heiligen Geist verdolmetschen zu können?

Oder aber,

Ist es das ideale Subject, „seine Kirche", die der
göttliche Erlöser der Menschen von den Uebeln des heidnischen
Götzendienstes und des jüdischen Pharisäismus bei der Verheißung des Beistandes seines uns hinterlassenen heiligen Geistes,
ohne alle cum — si — wenn — und aber, und nur im festen
Vertrauen darauf, daß, so wie der Vater im Himmel sein Gebet erhören werde, so auch, daß es bis an das Ende der Tage
noch immer Menschen auf Erden geben werde die des guten
Willens sind, die von ihm gewollte Kirche nun auch zu verwirklichen, ist es seine Kirche, die er als die allein befähigte Trägerin
der christlichen Unfehlbarkeit gemeint und gewollt hat? —
jene übersinnliche Einheit, für die er gebetet hat

῾Ίνα πάντες ἕν ὦσιν — ut omnes unum sint — daß
Alle Eins seien, Eins wie er, der Sohn Eins in dem Vater,
ist, und Eins der Vater in ihm, dem Sohne? — jene geistig
bleibende Gemeinschaft mit ihm und dem Vater in dem
heiligen Geiste, für die er am Kreuze gestorben ist? —
Ecclesia sua, quam Spiritu sancto instructam esse, ideoque infallibilitate pollere, voluit?

Ist sie es, die seinen ihr hinterlassenen heiligen Geist unmittelbar, d. i. unvermittelt durch irgend welchen Dritten, von ihm
empfängt, und ihn bis an das Ende der Tage selbstständig
trägt; — oder aber, ist sie es nicht, und ist es statt ihrer
irgend ein sinnlich wahrnehmbares, an eine oder mehrere Fleisch-
gewordene Personen gebundenes, reales Subject, das den heiligen
Geist empfängt und trägt, um ihn der Kirche erst vermitteln
und verdolmetschen zu sollen? — That's the question.

Das aber ist inplicite auch die Frage nach dem Sein

[42]

ober dem Nichtsein der Kirche Christi. — To be or not to be.
— Sit Ecclesia, ut divinus Redemptor eam esse voluit, aut
— non est.

Denn wäre sie es nicht, wäre es nicht jene über=
sinnliche Einheit in dem einen, von Christus ihr
hinterlassenen heiligen Geiste, — die freilich, weil sie
mit den Händen nicht zu greifen, mit den Augen nicht zu
sehen ist, auch damals schon von Juden und Heiden als die
unbegreiflichste Thorheit eines halbverrückten Phantasten ver=
lacht und verspottet worden; — wäre es nicht jene im hei=
ligen Geiste auch nur geistig bleiben sollende Gemein=
schaft mit Gott dem Vater und dem Sohne, die den
Pharisäern des alten Bundes auch schon in dem Maße zum
Aergerniß gereichte, daß sie nicht Ruhe finden konnten, bis sie
den Verkünder einer solch gotteslästerlichen, ihrer Herrschaft
über die Seelen ein Ende bereitenden Lehre am Kreuze hangen
hatten; — müßte es nun auch für uns, die wir nach seinem
Namen Christen uns nennen, thöricht und ärgerlich, akatholisch
und gotteslästerlich sein, die Kirche als eine nur überfinnliche
Idee, einen nicht erst verkörperten Begriff, für die allein befä=
higte Trägerin des heiligen Geistes sich denken zu wollen,
während es doch unfraglich christlicher und katholischer Glaube
ist, das Object, das empfangen und getragen werden soll —
den heiligen Geist, nicht etwa sinnlich wahrnehmbar, nicht an
eine Fleisch=gewordene Person gebunden, vielmehr nur über=
sinnlich sich denken zu dürfen;

wäre der Sohn Gottes Mensch geworden und hätte er
unter uns gewohnt, nicht dafür, um uns von dem Uebel des
Materialismus und des Formalismus, der Lüge und der
Heuchelei, im Princip zu erlösen; — wäre er als das Licht
in unsere Denkfinsterniß nur dazu gekommen, um mit der Be=
kämpfung des specifisch=jüdischen Pharisäismus Raum und
Platz zu machen für ein Pharisäerthum des neuen Bundes;
wären wir, seine Jünger, also nicht etwa dafür von ihm

[43]

berufen worden, daß nun auch ein jeder für sich selbst, unbe=
kümmert um das Thun und Treiben, um den Glauben oder
den vermeintlichen Unglauben Anderer, vorab und vor allem
seine eigene Heiligung an der Hand der uns verkündeten frohen
Botschaft suche und anstrebe; daß ein jeder das erste und
größte Gebot halte: „Du sollst den Herrn deinen Gott
lieben aus deinem ganzen Herzen, aus deiner ganzen
Seele, aus deinem ganzen Gemüthe, und aus deinen
ganzen Kräften, und lieben deinen Nächsten wie
dich selbst" (Marc. 12, 34), und zwar damit es erfülle, daß er
Vater und Mutter, Weib und Kinder eher verlasse, als dem Gotte
der Wahrheit nicht folgen zu wollen; daß er die einmal erkannte
Wahrheit aus keinerlei Opportunitätsrücksichten je verleugne,
oder sie auch nur unter den Scheffel stelle; und daß er, gegenüber
seinem Nächsten, in seinem ganzen Verhalten, dem activen wie
dem passiven, selbst den Geringsten unter ihnen, mit derselben
Nachsicht, mit demselben Wohlwollen beurtheile und behandle wie
sich selbst; und daß damit denn auch Alle zusammen, Mann für
Mann, Einer für Alle und Alle für Einen, lebendiges Zeug=
niß reden sollten für die Aechtheit, für die Wahrheit, für
die Wirklichkeit der von ihm gemeinten und gewollten Kirche,
die ja nichts anderes sein will, und nichts anderes sein kann
als das: „Zu uns komme dein Reich, und dein Wille
geschehe wie im Himmel also auch auf Erden";

wären wir, die Bekenner seiner Kirche, vielmehr dazu von
ihm berufen, seine übersinnliche und darum selbstverständ=
lich auch unsichtbar gebliebene Kirche nun vorab und vor
allem in eine sichtbare, mit allen fünf Sinnen (den für Weih=
rauch empfänglichen Geruchsinn nicht ausgeschlossen) sinnlich
wahrnehmbare Kirche erst umwandeln und verkörpern zu
sollen; keineswegs bloß darum, um die mehr sinnlich, materia=
listisch veranlagte Seite unserer Doppelnatur dabei auch in
etwa kitzeln und erbauen zu müssen, — unserer nun einmal
angebornen Herzenshärtigkeit einigermaßen auch Rechnung

tragen zu dürfen; — **nein**! — um seine Kirche damit erst
befähigen zu müssen, den ihr verheißenen heiligen Geist,
den ihr hinterlassenen andern Tröster, in einem unter
eum — si — wenn — und aber haarscharf definirten Sub=
jecte, nun auch wirklich erst empfangen und tragen zu können;
sei's in einem, aus einer Anzahl sündiger Menschen constituirten
Concil, sei's in der Person eines infallibeln Pontifex Maximus;
    müßte ein solch sinnlich wahrnehmbares, an eine oder
mehrere Fleisch=gewordene Personen gebundenes Subject, das
empfängt und trägt, mit dem Objecte, das empfangen
und getragen wird, ganz unvermeidlich dann aber auch in
einem Begriff zusammenfließen, wäre von ihm trennbar gar
nicht mehr zu denken; — denn, in concreto: ist z. B. Romanus
Pontifex, cum ex cathedra loquitur, der Empfänger und der
Träger der Unfehlbarkeit, respective der Empfänger und der
Träger des heiligen Geistes; so ist er eben, wenn er ex cathe=
dra spricht, d. i. wenn er es für opportun hält ex cathedra
zu sprechen, der Unfehlbare selbst; respective, er selbst
der in ihm und mit ihm Fleisch=gewordene heilige
Geist; —
    so wäre auch — oder richtiger, dann ist bereits die
Kirche, die Christus gemeint und gewollt hat — die undefinirte,
weil undefinirbare Einheit und Allgemeinheit in ein und
demselben heiligen Geiste, die Katholicität, das
Reich Gottes wie im Himmel also auch auf Erden, dessen ein=
zigste aber auch unerläßliche Existenzbedingung ja eben das
Empfangen und das Tragen des heiligen Geistes ist, für alle
die, denen in ihrer Denkfaulheit und Denküberlichkeit es der
Mühe nicht werth ist, oder gar für die, die aus weltlichen
Opportunitätsrücksichten nicht den Willen haben, den Geist und die
Wahrheit des Christenthums von dessen historisch=gewordener
Aeußerlichkeit zu unterscheiden und auseinander zu halten; und für
alle die Aermsten, denen es nun einmal nicht gegeben sein mag,
den Kern von der Schale trennen zu können; mit einem Worte,

[45]

für alle die, die der Kirche ihre unerläßliche Existenzbedingung — das ist ja das Empfangen und das Tragen des heiligen Geistes — absprechen und auf einen Andern übertragen wollen; ganz ebenso wie für Juden und Heiden, die sich gegen die Wirklichkeit eines nur idealen Begriffes sperren, eben nicht existent, — für sie existirt sie nicht; der Teufel, ein Taschenspieler, hat ihnen, wenn auch gerade nicht durch Hexerei, so doch durch seine Geschwindigkeit im Voltenschlagen den Begriff der von Christus gemeinten und gewollten Kirche escamotirt; ihnen ein anderes Bild — einen Buben, oder auch einen König — dafür untergeschoben; und damit und dafür stecken sie denn, ganz einerlei ob in einem antiken, ob in einem modernen Paganismus, von neuem bis über die Ohren; dessen Charakteristikum das Verkörpern=wollen des rein Geistigen, der Materialismus und der Formalismus ja eben ist.

Also, entweder christlicher Idealismus, oder heidnischer Formalismus und Materialismus; — entweder Christenthum im Geiste und in der Wahrheit, oder Heidenthum von neuem durch den Teufel eingeschmuggelt unter der falschen Flagge „Christenthum"; — entweder der Kern der frohen Botschaft Christi, oder die Schale, von der er im Verlaufe der Jahrhunderte durch den Einfluß dieser Welt bis zur Unkenntlichkeit incrustiret worden; — ἦ̓ Θεὸς ὁ λόγος, — ἦ̓ ὁ ἄλογος ἐν ἀρχῇ, — ist die Alternative, ist das „aut, aut", vor das wir, freilich nicht zum ersten mal, aber doch wohl noch kein mal in einem so kategorischen Imperativ wie diesmal durch das vaticanische Decret Pii IX d. d. 18. Juli 1870, — gestellt sind. — Und da wir nun einmal den beiden Herrn „Gott" und „dem Teufel" — der Wahrheit und der Lüge, nicht dienen sollen, ja, selbst beim besten Willen ihnen beiden zugleich nicht wohl dienen könnten; — denn entweder werden wir die Wahrheit „lieben", und dann auch die Lüge „hassen"; oder aber, wollten wir auch nur in Einem der Lüge „anhangen", die Wahrheit im Ganzen „vernachlässigen"; — [46]

ich selbst aber in meinem beschränkten Laienverstande einen Aus=
weg aus diesem Dilemma zu finden nicht vermag, so richte
ich hiermit an die Societas Jesu im engern Sinne des Wortes
die Frage, ob sie für die Societas Jesu im weitern, im eigent=
lichen Sinne des Wortes — zu der auch ich mich bekenne, und
aus der für excommunicirt mich ansehen zu wollen mir gar
nicht einfällt, — ein Hinterpförtchen mit ihrer weltberühmten
Dialektik noch ausfindig zu machen wohl in der Lage wäre?

Nicht weniger wie dem Jesuiten-Orden und dessen Affi=
liirten aber glaubte ich meine Schrift auch den Affiliirten der
„Philosophie des Unbewußten" widmen zu sollen, auch an sie
mich wenden zu dürfen. Sind sie doch, wollte auch ich sie nur
für Samaritaner halten, mindestens meine Nächsten eben so gut
wie jene Priester und Leviten, die, voraussichtlich unbekümmert
um meinen Nothschrei wegen des unter die Räuber gefallenen
Evangeliums, in ungestörter Gemüthsruhe ihrer Straße weiter
ziehen werden.

Ihnen, den Philosophen des Unbewußten, ist es ja nur
wie seiner Zeit auch schon Göthe ergangen, daß ihnen vor
lauter Kirchengeschichte alles Denken geworden zu Nichte; indem
sie in ihr nichts fanden, als was eben darin gestanden: das
fortwährende herüber und hinüber Schreien der nichtsnutzigsten
scholastischen Silbenstechereien; — von einem heiligen Geiste
keine Spur, — Alles nur Tonsur; — und das, durchaus nicht
immer unblutige Boxen zwischen Arianern und Orthodoxen,
bis nach der fast vollständigen Ausrottung des Arianismus
die siegreich gebliebene Orthodoxie, in dem — man möchte wohl
sagen, tragikomischen — Schisma, dem eiteln Gezänke über das
im Grunde ganz selbstverständliche und darum auch ganz gleich=
gültige und überflüssige „Filioque", in zwei feindlich sich
gegenüberstehende Heerlager, die abendländische lateinische,
und die morgenländische griechische Orthodoxie, sich gespalten [47]

hat; sie selbst aber die contradictio in adjecto, die in dem zusammengesetzten Worte „Kirchen-Geschichte" steckt, unbe= wußt dabei mit hinuntergeschluckt hatten. Denn ist die Kirche, wie selbst die, die sie dociren, es leugnen zu wollen wohl kaum den Muth haben werden, die von Christus nur geoffenbarte Schöpfung Gottes, das ursprüngliche, nur durch die Erb= sünde gestörte, und durch das Erlösungswerk Christi wieder hergestellte Verhältniß zwischen Gott, dem Schöpfer, und dem Menschen, seinem Geschöpfe; so hat sie noch neben diesen beiden Momenten, dem ihrer Störung durch den Teufel und ihrer restitutio in integrum durch den Sohn Gottes, keine Geschichte mehr; kann keine Geschichte, keine weitere Fort= bildung und Entwicklung mehr haben, — est, ut divinus Crea- tor eam voluit. Und ist also das, was sie Kirchen-Geschichte zu nennen belieben, eben weiter nichts, als das Aufzählen all der Geschichten und Geschichtchen des menschlichen Aberwitzes, der es sich herausgenommen hat, an der Schöpfung Gottes herum zu pfuschen.

Was Wunder, wenn nun gerade die, denen die unver= mittelt gebliebene Begriffsverwechselung von „gottgeschaffe= ner" Kirche und von „historisch=gewordener" Kirche zur Veranlassung geworden, sich von allem s. g. positiven Christen= thume los zu sagen, die trotzdem aber die göttliche Wahrheit sich erhalten hatten, daß der Mensch, weil er eben Mensch und keine pure Bestie ist, nicht vom Brode allein lebt, und also noch neben den Fragen: „Was sollen wir essen? was werden wir trinken?" „Womit könnten wir uns bekleiden, und womit uns herausputzen?" „Was wäre denn wohl noch für uns zu annectiren?" — auch eine Antwort auf die Frage haben möchten: „Wo sollen wir das Reich Gottes suchen und seine Gerechtigkeit?" „wo wäre das, was uns vor Allem noth thut, zu finden?" — denn einmal das Reich Gottes und seine Gerechtigkeit gefunden, müßte ja alles andere uns zugegeben sein; — wenn sie mit der unbewußt hinuntergeschluckten und un= [48]

verdaut im Magen gebliebenen contradictio in adjecto „Kirchen=
Geschichte", dieser Frage gegenüber, anstatt das Gute,
das einzig wahre Gute, das ihnen in der frohen Botschaft
Christi so nahe liegt, zu ergreifen, nun immer weiter und weiter
schweifen, bis sie meinen, in der Zukunftsreligion eines reno=
virten Buddhaismus es gefunden zu haben.

Ihnen also, die mit mir den Ausgangspunkt alles Denkens
darin erkennen zu müssen glauben, daß der Mensch, in
Mitte der gesammten Schöpfung ein durchaus eigenartiges,
von allen andern Geschöpfen darin grundwesentlich ver=
schiedenes Geschöpf sei, daß er allein es ist, der da spricht,
der da denkt; der allein das Bedürfniß hat, ein höheres
Wesen als sich selbst und seines Gleichen verehren und,
wenn auch nur in der Gestalt eines rohen Klotzes es an=
beten zu müssen; der allein das Verlangen hat, sich einen
Begriff machen zu wollen von wahr und falsch, von recht und
unrecht; und die mit mir also wohl auch darin einverstan=
den sein dürften, daß es barster Unsinn ist, recht eigentlich
nur eine Pseudo= und After=Philosophie, die, indem sie zu
philosophiren sich anschickt, zunächst sich erst selbst negiren
müßte um behaupten zu wollen, der Mensch sei kein eigenartiges,
in seinem ganzen Sein unverändertes und unveränderliches,
kein fertig aus dem Willen des Schöpfers hervorgegangenes
Geschöpf; er sei vielmehr ein im Kampfe um das Dasein
durch alle möglichen und unmöglichen Metamorphosen hindurch
gegangenes, aus einem fingirten Urschlamme nach und nach
erst im Verlauf der Jahrtausende entstandenes Naturprodukt,
das heutige zweihändige Säugethier — vulgo „Mensch".

Nicht jenen After= und Pseudophilosophen also, die in ihren
Sophismen nur ihre eigene Eitelkeit lieben, — den redlichen,
wahren Philosophen, denen es ernstlich darum zu thun ist, die
Wahrheit um ihrer selbst willen zu lieben, möchte ich die Frage
gestellt haben: Ob sie bei ihren comparativen philosophisch=histo= [49]

rischen Studien, die die gesammte Menschheit, die bewußte
wie die unbewußte Philosophie, von jeher und auch wohl für
alle Zukunft zum Denken herausfordernden Probleme „Gott"
— „Mensch" — und das „bezügliche Verhältniß zwischen beiden", irgendwo und irgendwie besser, d. i. der menschlichen Fassungsgabe zugänglicher und dieselbe befriedigender
lösend gefunden haben, wie eben in der christlichen Offenbarung?

Freilich, zu einer gewissenhaften Beantwortung dieser
Frage gehörte vorab das volle Verständniß des Christenthums,
— und gar so leicht, wie man wohl denken möchte, ist das
eben nicht. Auch hier, und hier, wo es sich um ein Höchstes,
um das Sein oder Nicht-Sein der Gottheit Christi handelt,
mehr wie sonstwo, gilt die Anerkennung des Axioms „Probiren geht vor Studiren". Und möchte ich zum besseren
Verständniß und zur Begründung dieser meiner Thesis, daß
eben auch hier Probiren vor Studiren geht, wohl noch einmal
mich als Eideshelfer auf meinen alten Göthe beziehen, und auf
ihn mich stützen dürfen, wenn derselbe gleich zu Anfang seiner
„Maximen und Reflexionen" in einem sich selbst gestellten
Frage- und Antwortenspiele sagt:
„Wie kann man sich selbst kennen lernen? — Durch Betrachten niemals, wohl aber durch Handeln. Versuche deine
Pflicht zu thun und du weißt gleich was an dir ist."
indem ich diese, sicher sehr tiefsinnige Reflexion aus dem Subjectiven in's Objective übertrage, und nun sage:
Wie kann man das Evangelium kennen lernen? — Durch
Studiren niemals, wohl aber durch Probiren. Versuche nur
einmal auch ganz dem Evangelium gemäß zu leben, und du
weißt gleich, was du an der frohen Botschaft Christi hast.
Und in der That, das Evangelium zum Gegenstand und
zum Vorwurf abstracter Studien machen zu wollen, dafür ist
es eigentlich doch wirklich zu einfältig — zu göttlich. Wo
aber nichts heraus zu studiren ist, wird erfahrungsmäßig um [50]

so mehr hinein stubirt, und welch haarsträubender Blöd= und
Unsinn bei einem solch müßigen theoretischen Hineinstubiren
wieder heraus kommt, das ist ja ziemlich das Einzige,
was wir aus der Kirchengeschichte lernen könnten, und ist
an den Resultaten der sog. Theologie aller Secten und aller
Zeiten sattsam mit Händen zu greifen.

Nun hat aber das Probiren=wollen freilich auch seine
Haken. Hier möchte man wieder sagen: Es ist des Guten zu
viel auf einmal, um es auf sich zu nehmen und es tragen zu
können. Nur zu leicht mißtraut man dabei seinen Kräften,
und ergeht es einem dann wie jenem reichen Jüngling im Evan=
gelium, der es wohl einsah, daß die Nachfolge Christi der
einzig richtige Weg zu einem vollkommenen, ungetrübten Glücke,
zur wahren, eigentlichen Seligkeit sei; der trotzdem aber
weinend sich abwandte, weil er sich nicht entschließen konnte, so
vieles Andere, an dem sein Herz sonst noch hing, zurückzulassen.

Einerlei indessen, mag es, je nach der verschiedenen Lebens=
stellung, hauptsächlich aber je nach der verschieden veranlagten
Natur eines jeden, dem einen schwerer, dem andern leichter
werden, an der Hand des Evangeliums seinen Weg durchs
Leben zu nehmen; dabei bleibe ich, wer es nicht ehrlich probirt,
wer in der treuen Nachfolge Christi sein Bestes, seinen
inneren Frieden nicht ganz und ausschließlich sucht, nicht
nach dem Vorbilde unseres Erlösers, — dessen Leben und Sterben
ja auch nicht, wie man zu sagen pflegt, auf Rosen ge=
bettet war, — anstrebt; wer nicht alles Andere, wenn es ihm
dabei versagt bleibt, willig und ohne Murren und eitles Lamentiren
als etwas Überflüssiges entbehrt, oder, je nachdem, als etwas
Zugegebenes dankbar mit in den Kauf nimmt, hat kein
Urtheil über den Werth der evangelischen Lehre. — Und wollten
wir es uns nur erst klar machen, was eigentlich unter jenem
„ersten und größten" Gebot: „Gott lieben über Alles
und seinen Nächsten wie sich selbst" — denn, „ein an=
deres, größeres Gebot als dieses giebt es nicht, und

[51]

ber, der es weise erkannt und begriffen hat, ist nicht ferne mehr vom Reiche Gottes" (Marc. 12, 34) — denn eigentlich zu verstehen sei; dann, meine ich, ginge das Probiren, dieses Gebot halten zu wollen, auch nicht über unsere Kräfte.

Gott aber „lieben über Alles" — ja, was soll denn das eigentlich heißen? — was gehört denn wohl dazu? — womit denn ist das auch zu bethätigen? — das wäre doch wohl die nächste Frage für einen jeden, der auch nur daran denken will, dieses Gebot nun wirklich auch zu erfüllen.

Ist unser Gott der christliche Gott, also, der Gott der Wahrheit aber, — ἔστιν ὁ Θεὸς ὁ λόγος, καὶ ὁ λόγος ὁ Θεός, Gott und das Wort und die Wahrheit nur ein Begriff; kann dem Menschen jede Sünde und Lästerung nach= gelassen werden, die Lästerung wider den Geist aber nicht (Matth. 12, 31) und das passive Verhalten gegenüber einer Lästerung wider den Geist also wohl auch nicht; — und ist „lieben über Alles", mit Hintansetzung jeder Rücksichtnahme für alles Andere, Einem anhangen; so ist die Antwort auf die Frage: „Wie können wir Gott über Alles lieben?" damit gegegeben, daß wir eben die Wahrheit lieben über Alles, das heißt, daß wir einer einmal erkannten Wahrheit jede an= dere Rücksichtsnahme unterordnen. Nicht also bloß, daß wir nicht lügen, kein falsches Zeugniß reden, sondern auch, daß wir den Vorspiegelungen des Versuchers: wir wären ja noch gar nicht dazu berufen worden, Zeugniß zu reden, wider= stehen, und auch unaufgefordert und ohne dazu extra berufen zu sein, offenes Zeugniß ablegen für die von uns erkannte Wahrheit, eben, aus purer Liebe für die Wahrheit.

Wer aber als echter Philister, dem es als solchem durch= aus unpractisch erscheinen möchte und darum unerfindlich bleibt, warum man sich denn veranlaßt sehen könnte, eine sogenannte Ueberzeugung nun auch an die große Glocke hängen zu wollen, und sie laut werden zu lassen, anstatt in aller Gemüthsruhe weiter mit den Wölfen zu heulen, und sie ruhig für sich zu

behalten, — mit Pilatus (Joh. 18, 38) sich hinter die verlogene
Frage verkriechen wollte:

Ja Freundchen! „Was aber ist Wahrheit"?

oder im feinsten Tone eines geriebenen Weltmannes:

Würden Sie nicht vielleicht von der Freundlichkeit für mich
sein, mich bekannt machen zu wollen mit Ihrer angebeteten
Schönheit, die Sie so eben — wenn ich richtig gehört habe —
mit dem so überaus reizend klingenden Namen „Aletheia"
anriefen, und der vorgestellt zu werden, sich mir leider noch
keine Veranlassung und Gelegenheit in meinem Leben hat
ergeben wollen, —

der freilich wird es nie begreifen lernen was es heißt, die
Wahrheit lieben über Alles.

Und „lieben unfern Nächsten wie uns selbst"? —
ist denn das schon so klar und selbstverständlich, daß es des
Nachdenkens gar nicht mehr bedürfte, wer denn wohl unser
Nächster sei? — Denn, wer zwischen Nächstem und Nächsten noch
Unterschiede machen will, — und wer thäte das wohl nicht! —
dem mag der Eine nahe, der Andere näher sein, einen Nächsten
aber kennt er nicht, noch weniger liebt er ihn wie sich selbst.
Mit diesen Unterscheidungen aber, die wir nun einmal durch
unsere socialen und conventionellen Verhältnisse machen zu sollen
uns veranlaßt sehen: den Gebildeten ebenbürtig und gleichbe=
rechtigt, den Ungebildeten aber unebenbürtig, tief unter uns
stehend; den Vornehmen unterthänig und katzenbucklig, den
Unterthänigen barsch, vornehm und herrschgewaltig; den, von
dem allenfalls ein Gegendienst zu erwarten wäre, rücksichtsvoll,
den, von dem nichts zu haben ist, rücksichtslos, u. s. w.
— mit einem Worte, mit all den Unterscheidungen, die eben diese
Welt zu dieser Welt machen, von denen wir aber mit aller
Bestimmtheit wissen müßten, daß sie in den Augen Gottes das
sind, was sie in der That nur sind, eitles, durchaus werth=
loses Blech, — hat der Teufel bereits von vornherein gewonnenes
Spiel über uns. — Wer also alle diese Unterschiede zwischen

[53]

Nächstem und Nächsten, namentlich den von „gebildet" und „un=
gebildet", nicht für das nimmt was sie sind: rein zufällige,
nichtsnutzige Aeußerlichkeiten, die mit dem eigentlichen, dem innern
wahren Werthe des Menschen platterdings nichts zu thun
haben; wer in seinem Umgang und Verkehr mit seinen Mit=
menschen diese Unterschiede nicht vollständig unberücksichtigt
lassen kann, nicht einen jeden von ihnen für durchaus eben=
bürtig und vollauf gleichberechtigt mit sich selbst anerkennen,
und demgemäß sich nicht auf denselben Fuß, wie Brüder unter
einander, mit ihm zu stellen vermag; — wer vielmehr der
Meinung sein möchte, im Himmel allenfalls würde sich viel=
leicht ein solches Verhältniß von selbst ergeben, hienieden, auf
dieser Welt aber, ginge so etwas nun einmal nicht an, in ihr
dürfte man seiner Stellung in derselben doch nichts vergeben; —
kurz, wer die Nächstenliebe nicht übt, unbewußt wie ein Kind=
lein, für reifere Jahre freilich noch besser, mit vollem Be=
wußtsein, — der hat sie nicht, kennt sie nicht, nicht die Liebe
für seinen Nächsten, aber auch nicht die Liebe für seinen Gott,
unsern gemeinsamen Vater; und hat also auch kein Urtheil dar=
über, welchen Werth die Liebe für unsere eigene Heiligung
besitzt.

Damit, geneigter Leser, laß mich — um Dir nicht auf
die Dauer gar zu langweilig werden zu müssen — denn
auch das Nachwort zu meinem Sendschreiben schließen. Ohne=
hin ist es ja immer nur das fortwährende Wiederkauen ein
und desselben Gedankens, — des Gedankens nämlich:

    Eine sinnlich wahrnehmbare, reale, sichtbare Kirche,
mag sie nun aussehen wie sie will, unter andern also auch die
s. g. römisch=katholische Kirche mit ihrer Hierarchie unter
der monarchischen Spitze eines Pontifex Maximus infallibilis, die mit äußerlichem Gepränge kommt (Lucas 17, 20),

von der man also sagen kann: Ecce! — Siehe, hier ist sie,
siehe, dort, (daf. V. 21) — in der Aula des ökumenischen Concils
ist sie, — im Vatican bei einem Pastor et Doctor omnium
Christianorum ist sie; — in der man auf den Wunsch, einen
Tag des Menschensohns zu sehen (daf. V. 22), beschieden wird:
Siehe, der Frohnleichnamstag ist so ein Tag; siehe, hier
ist Christus in der Monstranz; siehe dort im Tabernakel ist
er, — ist jenes vom Heilande vorausgesehene und von ihm
vorhergesagte Reich dieser Welt, vor dem er gewarnt hat,
nicht hin zu gehn, ihm nicht nachfolgen zu wollen (Luc.
17, 23 und Matth. 24, 23), ist der absolute Gegensatz, —
die entschiedenste Antithese zu seiner, der unsichtbaren Kirche,
dem Reiche Gottes, von dem man nicht sagen kann: Siehe,
hier ist es, siehe, dort. Denn, ecce, das Reich Gottes
ist innerhalb euch (Luc. 17, 21).

Und sollte dieser Gedanke nicht ohnehin auch schon Dein
eigener Gedanke sein, den Du dann naturgemäß, um ihn Dir
vollständiger zu assimiliren, schon aus Dir selbst immer wieder
ruminiren müßtest — („nüerrücken“, wie man hier zu Lande
auf plattdeutsch sagt), — so kann es Dir auch nichts helfen,
Dir ihn von einem andern vor= und wiederkauen zu lassen.

.

Wie aber schon bei der ersten, so auch bei der zweiten
Auflage meiner Schrift, möchte ich das beneficium anonymitatis mir erhalten wissen. Nicht etwa im eigenen, persönlichen
Interesse, als hätte ich Scheu, unter der Nennung meines
Namens eine von mir erkannte Wahrheit nun auch öffentlich zu
bekennen. Gott möge mich vor der feigen Schwächlichkeit bewahren,
noch einmal sagen zu wollen: Ich kenne diese anonyme Broschüre
nicht; sondern nur im Interesse derer, die von Alters her in
einem freundschaftlichen Verkehr zu mir gestanden und nun,
wenn sie mich als Autor dieses, — vielleicht auch nach ihrer

[55]

Meinung kirchenläſterlichen, den ſo verrufenen Christianismus vagus apotheoſirenden Pamphlets, das wohl vor manchem
andern auf den Index librorum prohibitorum geſetzt zu werden
verdiene, ſelbſt beim beſten Willen nicht ingnoriren könnten, in
Verlegenheit kommen möchten, wie ſie ſich denn fortan zu mir
zu ſtellen hätten; — hauptſächlich aber darum, weil ich wirklich
nicht einzuſehen vermag, was denn eigentlich Namen hier zur
Sache thun ſollen.

Des Freundes Name und der ſeines Sohnes iſt wohl
für niemanden von beſonderm Intereſſe, und wer will, mag
ſie meinetwegen beide für fingirte Perſönlichkeiten halten. Und
an meinen Namen könnte ſich doch höchſtens das Intereſſe der
Neugierde knüpfen, da ich bei deſſen Obſcurität keinerlei Auctorität in Anſpruch zu nehmen vermag, und alſo auch auf die
Frage: „Wer biſt du denn, und was ſagſt du von dir
ſelbſt?" nur die negative Antwort hätte: Ich bekenne und leugne
es nicht, ich bin nicht derjenige, welcher es gewagt hätte, und
dem es unter dem Beiſtande des heiligen Geiſtes gelungen,
den Begriff des chriſtlichen Gottes in den drei Worten zu begreifen:

$ΘΕΌΣ$ $'ΕΣΤΙΝ$ $Ό$ $ΛΌΓΟΣ$ — **Gott iſt das Wort.**

Ich bin nicht Johannes der Evangeliſt, ja — ich bin nicht
einmal ein namhafter dogmatiſcher Schriftſteller; auch ich
bin nur die Stimme eines Rufenden in der Wüſte:

Verlaſſet nicht immer weiter und weiter die
Wege des Herrn.

Amen.

Univerſitäts-Buchdruckerei von Carl Georgi in Bonn.

[56]

Nachwort zur zweiten Auflage des vorstehenden
Sendschreibens, geschrieben im Jahre des Heiles 1884,
am Tage Aller Heiligen[1]

[Neue Texterfassung]
[//37//]

Wie ich kaum anders erwarten konnte, blieb das vorstehende, nun in zweiter Auflage zu veröffentlichende Sendschreiben, wenigstens seinem Inhalte nach, unbeantwortet. Die Mittheilung, es sei eingegangen, wurde mir zwar seiner Zeit, jedoch mit dem Bemerken: die beiderseitige Auffassung des Begriffes „Kirche" weiche zu diametral von einander ab; – streiten in heiligen Dingen könne zu nichts frommen; – schon Paulus habe ja gesagt, „was dem Einen Thorheit ist, ist dem Andern Weisheit, und was dem Andern wieder Weisheit ist, ist Jenem Thorheit"; – mit Gottes Hülfe allein könne die Zeit solche Gegensätze ausgleichen; – einstweilen könne und wolle man daher nur beten für die von der Kirche abgefallenen Glieder, daß sie durch Gottes Barmherzigkeit zurückgeführt würden in den Schooß der allein seligmachenden Kirche; – und was dergleichen Redensarten mehr sind.

Ich bin anderer Meinung. Darum, hauptsächlich aber um die am Schlusse meines Briefes an den Freund und dessen Sohn gerichtete Bitte: die Frage nach der christlichen Unfehlbarkeit doch um Gottes Willen nicht gar so leicht nehmen zu wollen, und auf meine Bedenken gegen die päpstliche Infallibilitätslehre, [//38//] die ich geglaubt auf das Evangelium gründen zu müssen, von demselben Standpunkte aus, und wenn möglich berichtigend eingehen zu wollen, jetzt, nachdem diese Bitte nicht allein vom Freunde unerhört geblieben, sondern auch, nachdem sie mit der Veröffentlichung in der ersten

---

[1] Textquelle | WESTPHALEN 1885 = [Clemens August von Westphalen:] Infallibilismus und Katholicismus. Sendschreiben an einen infallibilistisch gesinnten Freund. Zweite, nochmals durchgesehene und in einem Nachworte vervollständigte Auflage. Bonn: Max Cohen & Sohn (Fr. Cohn) 1885, S. 37-56.

Auflage an einen jeden[,] der sich dazu hätte berufen fühlen können, gestellt war, während voller zwölf Jahre von dem gesammten Neu-katholicismus todt geschwiegen worden ist[2], und statt jeder offenen, ehrlichen Antwort der Versucher täglich zudringlicher bei mir auf-tritt, bald unter der Maske eines ultramontanen Parlamentariers dem es ganz entschieden inopportun erscheinen will, sich die Operati-onsbasis seiner parlamentarischen Thätigkeit selbst von Freundessei-te unter den Füßen wegziehen zu lassen, – bald unter der einer ehr-würdigen Matrone von ihrem Ofenwinkel aus, – bald in der Gestalt einer Filzlaus, eines im Bekehrungsfache alter Sünder renommirten Klerikers, um es mir begreiflich zu machen: die Kirche Christi, wie ich sie mir dächte, das Reich Gottes auf Erden, wie wir es im Vater-Unser zu erbitten hätten, *„daß es zu uns komme, wie im Himmel also auch auf Erden"*, sei ja die pure Utopie, und eben darum, statt jener utopischen, unsichtbaren Kirche, sei die sichtbare, die römische Kir-che eingesetzt worden; glaubte ich meine Frage nach der christlichen Unfehlbarkeit und deren Träger, die ich nun einmal für jeden gläu-bigen Christen für eine eminent brennende Frage halten muß, und um sie nicht vollends wieder verglimmen zu lassen, in einer zweiten Auflage wiederholen zu sollen.

Denn in aller Gemüthsruhe es abwarten zu wollen, es könnte ja am Ende doch noch gelingen, mit dem, seit dem Erscheinen meiner Schrift in der ersten Auflage inscenisirten Culturkampfe, [//39//] den Menschen den Infallibilismus, den Ultramontanismus, den Jesuitis-mus und Klerikalismus, oder wie die vermeintlich staatsgefährlichen Teufel sonst benamst werden mögen, und die ich nur insofern für Teufel halten möchte, als sie als Fälscher und Verderber des Evange-liums sich aufspielen wollen, durch Beelzebub den obersten der Teu-fel – den Racker „Staat", (wie König Friedrich Wilhelm IV. in seiner naiven Derbheit ihn nannte,) – austreiben zu können; müßte ich mit dem Versumpfen-lassen-wollen meiner Frage nach dem wahren,

---

[2] [1] Der Altkatholicismus allerdings hatte im Jahrgange 4, Nr. 43 seines Merkurs der Schrift anerkennend Erwähnung gethan und dieselbe als beachtenswerth seinen Le-sern empfohlen gehabt.

dem eigentlichen Träger der christlichen Unfehlbarkeit, für durchaus
gleichbedeutend halten.

Abgesehen davon, daß selbst mit der eventuellen Erfüllung des
frommen Wunsches, dem Reiche des Satans in einem mit Consequenz und mit Erfolg durchgeführten Culturkampfe ein für allemal
den Garaus machen zu können, meine mehr theoretisch wissenschaftliche Frage so recht gründlich, wie ich wohl wünschen möchte,
noch nicht beantwortet wäre; so könnten ja überhaupt nur diejenigen, nicht aber auch ich aus dem eingeschlagenen Wege jenes pium
desiderium für realisirbar halten, denen im Ganzen wie im Einzelnen
das Evangelium eine Thorheit ist, oder diejenigen, die zwar auf dem
Boden des praktischen Christenthums zu stehen behaupten, die aber
in ihren weltlichen, internationalen Sorgen und Mühen und bei Verfolgung derselben, in ihren diplomatischen Künsten, in dem Maße
sich dem Evangelium entfremdet gehabt haben, daß ihnen selbst die
– ich möchte wohl sagen – allereinfältigste von allen im Evangelium
verkündeten göttlichen Wahrheiten: *„Unsinn ist es, den Menschen den
einen Teufel durch den andern Teufel austreiben zu wollen"*, zu einer unbegreiflichen Wahrheit geworden ist, – ja, denen in ihrer eiteln
Ueberhebung der Macht über das Recht die Augen für göttliche
Wahrheiten selbst dann noch nicht aufgehen wollen, wenn vor ihren
Augen immer weitere und größere Massen von Menschen – und
wahrlich nicht von der [//40//] schlechtesten Sorte – dem Klerikalismus sich zuwenden, weil sie in ihm den letzten einzig noch übrig
gebliebenen Damm gegen die Ueberfluthung des alles historisch
Gewordene hinwegspülenden Racker „Staat" bis aufs Aeußerste
halten zu müssen·glauben, selbst wenn dieser Damm von dem betreffenden Deichhauptmanne, (hier selbstverständlich, dem Klerus
als Sammtbegriff,) bei seiner letzten Restauration auch nach ihrem
Dafürhalten so gründlich verpfuscht worden, daß er einer richtigen
Hochfluth zu widerstehen kaum noch im Stande sein dürfte; – wohingegen diejenigen,·die ihn durchstochen und hinweggespült wissen wollen, den nunmehr uneingedeichten, frei frisch froh sich hin
und herbewegen könnenden Racker in sein nach ihrer Ansicht rich-

tiges Fahrwasser, in sein von ihnen erträumtes Zukunfsbett leiten zu können gedenken.

Kein Alliancevertrag also, kein Trutz- und Schutz-Bündniß·gegen den Klerikalismus, ja selbst keine Entente cordiale zwischen mir, der ich festhalte an den im Evangelium geoffenbarten Wahrheiten, und jenem fortwährenden Metamorphosen unterworfenen und nur unter jeder Metamorphose in seiner Vielfräßigkeit sich stets gleichbleibenden Racker! Vielmehr ein durchaus selbstständiges Vorgehen meinerseits ist es, und zwar gerade vom kirchlichen Standpunkte aus, wofür ich nun abermals die Feder ergreife.

Um nun aber meine Frage wegen der Unfehlbarkeit, wenn wieder nur in's Blaue gerichtet, nicht abermals dem Schicksale der Versumpfung preiszugeben, um sie vielmehr gleich vor die richtige Schmiede zu bringen, widme und adressire ich sie vorab und vor allem an die sog. Societas Jesu. Und dies um so mehr, als dieselbe ziemlich allgemein und ohne daß dem von irgend einer Seite widersprochen worden, als die eigentliche intellectuelle Urheberin jenes Coup d'Eglise gilt; auch wenn ich gegen die Benennung „Societas Jesu", in diesem engern Sinne, mich erst zu verwahren hätte, indem ich diese Benennung einer ganz andern, viel weitern Societas [//41//] vindicire, und in jenem engem Sinne um so mehr als eine unberechtigte und unchristliche Usurpation perhorrescire, als auch ich zu der Ansicht mich bekenne: „Si cum Jesuitis, non cum Jesu itis." – Sie hat nun aber, wenn auch nur durch Verjährung, sich in den Besitz dieser Adresse einmal gesetzt, und nehme ich also, ohne mich damit präjudiciren zu müssen, weiter keinen Anstand, meine Fragen und Bedenken unter dieser Adresse ihr zu allernächst zur Beherzigung zu unterbreiten; weit entfernt davon, nun auch alles *Herz* für göttliche Wahrheit ihr absprechen zu wollen. Und um diese meine Zweifel und Bedenken auch leicht verständlich und kurz und bündig mit der evangelischen Rede „Ja", beziehungsweise „Nein" beantwortlich zu gestalten, bin ich von neuem bemüht, die Frage nach dem wahren Träger christlicher Unfehlbarkeit nochmals bündig zu reassumiren, und articulire sie hiermit also:

Wer ist es, den als den allein unfehlbaren Träger des uns hinterlassenen heiligen Geistes Christus *gemeint* und gewollt hat? – Oder
um die Fragestellung dem vaticanischen Jargon möglichst anzubequemen –:

Quis est, quem infallibilitate pollere divinus·Redemptor voluit? Je nachdem
man also das „pollere" verdeutschen will:

Wer ist es, der, dem göttlichen Willen gemäß, der Unfehlbarkeit
mächtig ist? – mit ihr ausgerüstet ist? – sich ihrer zu erfreuen hat?
u.s.w.

Ist es der römische Papst, wenn er ex cathedra spricht? i.e. wenn er
in Sachen des Glaubens oder der Sitten eine von allen Christen festzuhaltende Lehre irreformabel ex sese definirt?

Ist es das ökumenische Concil, wenn es unter Beobachtung aller
vorgeschriebenen Formalien und vorgesehenen Cautelen ein ihm
unterbreitetes Theologumenon entweder anathematisirt oder aber,
approbante sacro concilio, dasselbe zu einem Dogma der katholischen
Glaubenslehre erhebt? [//42//] Ist es überhaupt irgend ein sinnlich
wahrnehmbares, greif- und sichtbares, an eine oder mehrere Fleisch-
gewordene Personen gebundenes *reales* Subject, wenn es rite constituirt sich legitimirt gehabt hat, der gesammten Christenheit den heiligen Geist verdolmetschen zu können?

Oder aber,

Ist es das *ideale* Subject, „*seine Kirche*", die der göttliche Erlöser der
Menschen von den Uebeln des heidnischen Götzendienstes und des
jüdischen Pharisäismus bei der Verheißung des Beistandes seines
uns hinterlassenen heiligen Geistes, ohne alle cum – si – wenn – und
aber, und nur im festen Vertrauen darauf, daß, so wie der Vater im
Himmel sein Gebet erhören werde, so auch daß es bis an das Ende
der Tage noch immer Menschen auf Erden geben werde die des guten Willens sind, die von ihm gewollte Kirche nun auch zu verwirklichen, ist es *seine Kirche*, die er als die allein befähigte Trägerin der
christlichen Unfehlbarkeit gemeint und gewollt hat? – jene übersinnliche Einheit, für die er gebetet hat[:]

Ἵνα πάντες ἕν ὦσιν – ut omnes unum sint – daß Alle Eins seien, Eins wie er, der Sohn Eins in dem Vater, ist, und Eins der Vater in ihm, dem Sohne? – jene geistig bleibende Gemeinschaft *mit ihm und dem Vater in dem heiligen Geiste*, für die er am Kreuze gestorben ist? – Ecclesia sua, quam Spiritu sancto instructam esse, ideoque infallibilitate pollere, voluit?

Ist sie es, die seinen ihr hinterlassenen heiligen Geist unmittelbar,·d.i. unvermittelt durch irgend welchen Dritten, von ihm empfängt, und ihn bis an das Ende der Tage selbstständig trägt; – oder aber, ist sie es nicht, und ist es statt ihrer irgend ein sinnlich wahrnehmbares, an eine oder mehrere Fleisch-gewordene Personen gebundenes, reales Subject, das den heiligen Geist empfängt und trägt, um ihn der Kirche erst vermitteln und verdolmetschen zu sollen? – That's the question.

Das aber ist inplicite auch die Frage nach dem Sein [//43//] oder dem Nichtsein der Kirche Christi. – To be or not to be. – Sit Ecclesia, ut divinus Redemptor eam esse voluit, aut – non est.

Denn wäre *sie* es nicht, wäre es nicht *jene übersinnliche Einheit in* dem *einen, von Christus ihr hinterlassenen heiligen Geiste*, – die freilich, weil sie mit den Händen nicht zu greifen, mit den Augen nicht zu sehen ist, auch damals schon von Juden und Heiden als die unbegreiflichste Thorheit eines halbverrückten Phantasten verlacht und verspottet worden; – wäre es nicht jene im *heiligen Geiste auch nur geistig bleiben sollende Gemeinschaft mit Gott dem Vater und dem Sohne*, die den Pharisäern des alten Bundes auch schon in dem Maße zum Aergerniß gereichte, daß sie nicht Ruhe finden konnten, bis sie den Verkünder einer solch gotteslästerlichen, ihrer Herrschaft über die Seelen ein Ende bereitenden Lehre am Kreuze hangen hatten; – müßte es nun auch für uns, die wir nach seinem Namen Christen uns nennen, thöricht und ärgerlich, akatholisch und gotteslästerlich sein, die Kirche als eine nur übersinnliche Idee, einen nicht erst verkörperten Begriff, für die allein befähigte Trägerin des heiligen Geistes sich denken zu wollen, während es doch unfraglich christlicher und katholischer Glaube ist, das Object, das empfangen und getragen wer-

den soll – den heiligen Geist, nicht etwa sinnlich wahrnehmbar, nicht
an eine Fleisch-gewordene Person gebunden, vielmehr *nur* übersinn-
lich sich denken zu dürfen;

wäre der Sohn Gottes Mensch geworden und hätte er unter uns
gewohnt, nicht dafür, um uns von dem Uebel des Materialismus und
des Formalismus, der Lüge und der Heuchelei, im *Princip* zu erlösen;
– wäre er als das Licht in unsere Denkfinsterniß nur dazu gekommen, um mit der Bekämpfung des specifisch-jüdischen Pharisäismus
Raum und Platz zu machen für ein Pharisäerthum des neuen Bundes;

wären wir, seine Jünger, also nicht etwa dafür von ihm [//44//] berufen worden, daß nun auch ein jeder für sich selbst, unbekümmert
um das Thun und Treiben, um den Glauben oder den vermeintlichen Unglauben Anderer, vorab und vor allem seine eigene Heiligung an der Hand der uns verkündeten frohen Botschaft suche und
anstrebe; daß ein jeder das erste und größte Gebot halte: *„Du sollst
den Herrn deinen Gott lieben aus deinem ganzen Herzen, aus deiner ganzen Seele, aus deinem ganzen Gemüthe, und aus deinen – ganzen Kräften,
und lieben deinen Nächsten wie dich selbst"* (Marc.12,84), und zwar damit es erfülle, daß er Vater und Mutter, Weib und Kinder eher verlasse, als dem Gotte der Wahrheit nicht folgen zu wollen; daß er die
einmal erkannte Wahrheit aus keinerlei Opportunitätsrücksichten je
verleugne, oder sie auch nur unter den Scheffel stelle; und daß er,
gegenüber seinem Nächsten, in seinem ganzen Verhalten, dem activen wie dem passiven, selbst den Geringsten unter ihnen, mit derselben Nachsicht, mit demselben Wohlwollen beurtheile und behandle wie sich selbst; und daß damit denn auch Alle zusammen,
Mann für Mann, Einer für Alle und Alle für Einen, lebendiges Zeugniß reden sollten für die Aechtheit, für die Wahrheit, für die Wirklichkeit der von ihm gemeinten und gewollten Kirche, die ja nichts
anderes sein will, und nichts anderes sein kann als das: *„Zu uns
komme dein Reich, und dein Wille geschehe wie im Himmel also auch auf
Erden"*;

wären wir, die Bekenner seiner Kirche, vielmehr dazu von ihm berufen, seine *übersinnliche* und darum selbstverständlich auch *unsichtbar* gebliebene Kirche nun vorab und vor allem in eine *sichtbare*, mit allen fünf Sinnen (den für Weihrauch empfänglichen Geruchsinn nicht ausgeschlossen) *sinnlich wahrnehmbare* Kirche erst umwandeln und verkörpern zu sollen; keineswegs bloß darum, um die mehr sinnlich, materialistisch veranlagte Seite unserer Doppelnatur dabei auch in etwa kitzeln und erbauen zu müssen, – unserer nun einmal angebornen Herzenshärtigkeit einigermaßen auch Rechnung [//45//] tragen zu dürfen; – **nein**! – *um seine Kirche damit erst befähigen zu müssen*, den ihr verheißenen heiligen Geist, den ihr hinterlassenen *andern Tröster*, in einem unter cum – si – wenn – und aber haarscharf definirten Subjecte, nun auch wirklich erst empfangen und tragen zu *können*; sei's in einem, aus einer Anzahl sündiger Menschen constituirten Concil, sei's in der Person eines infallibeln Pontifex Maximus;

müßte ein solch sinnlich wahrnehmbares, an eine oder mehrere Fleisch-gewordene Personen gebundenes Subject, das *empfängt und trägt*, mit dem Objecte, das *empfangen und getragen wird*, ganz unvermeidlich dann aber auch in einem Begriff zusammenfließen, wäre von ihm trennbar gar nicht mehr zu denken; – denn, in concreto: ist z.B. Romanus Pontifex, cum ex cathedra loquitur, der Empfänger und der Träger der Unfehlbarkeit, respective der Empfänger und der Träger des heiligen Geistes; so ist er eben, wenn er ex cathedra spricht, d.i. wenn er es für opportun hält ex cathedra zu sprechen, der *Unfehlbare* selbst; respective, *er selbst der in ihm und mit ihm Fleisch-gewordene heilige Geist*;

so wäre auch – oder richtiger, dann ist bereits die Kirche, die Christus gemeint und gewollt hat – die undefinirte, weil undefinirbare *Einheit und Allgemeinheit in ein und demselben heiligen Geiste*, die *Katholicität*, das Reich Gottes wie im Himmel also auch auf Erden, dessen einzigste aber auch unerläßliche Existenzbedingung ja eben das Empfangen und das Tragen des heiligen Geistes ist; für alle die, denen in ihrer Denkfaulheit und Denklüderlichkeit es der Mühe nicht werth ist, oder gar für die, die aus weltlichen Opportunitätsrücksichten nicht den Willen haben, den Geist und die Wahrheit des Christenthums von dessen historisch-gewordener Aeußerlichkeit zu unterscheiden und auseinander zu halten; und für alle *die* Aermsten, denen es nun einmal nicht gegeben sein mag, den Kern von der Schale trennen zu können; mit einem Worte, [//46//] für alle die, die der Kirche ihre unerläßliche Existenzbedingung – das ist ja das Empfangen und das Tragen des heiligen Geistes – absprechen und auf einen Andern übertragen wollen; ganz ebenso wie für Juden und Heiden, die sich gegen die Wirklichkeit eines nur idealen Begriffes sperren, eben *nicht existent*, – für sie existirt sie nicht; der Teufel, ein Taschenspieler, hat ihnen, wenn auch gerade nicht durch Hexerei, so doch durch seine Geschwindigkeit im Voltenschlagen den Begriff der von Christus gemeinten und gewollten Kirche escamotirt; ihnen ein anderes Bild – einen Buben, oder auch einen König – dafür untergeschoben; und damit und dafür stecken sie denn, ganz einerlei ob in einem antiken, ob in einem modernen Paganismus, von neuem bis über die Ohren; dessen Charakteristikum das Verkörpern-wollen des rein Geistigen, der Materialismus und der Formalismus ja eben ist.

Also, entweder *christlicher Idealismus*, oder *heidnischer Formalismus* und *Materialismus*; – entweder Christenthum im Geiste und in der Wahrheit, oder Heidenthum von neuem durch den Teufel eingeschmuggelt unter der falschen Flagge „Christenthum"; – entweder der Kern der frohen Botschaft Christi, oder die Schale, von der er im Verlaufe der Jahrhunderte durch den Einfluß dieser Welt bis zur Unkenntlichkeit incrustiret worden; – ἤ Θεὸς ὁ λόγος, – ἤ ὁ ἄλόγος ἐν ἀρχῇ, – ist die Alternative, ist das „aut, aut", vor das wir, freilich nicht zum ersten mal, aber doch wohl noch kein mal in einem so kategorischen Imperativ wie diesmal durch das vaticanische Decret Pii IX d. d. 18. Juli 1870, – gestellt sind. – Und da wir nun einmal den beiden Herrn „Gott" *und* „dem Teufel" – der Wahrheit *und* der Lüge, nicht dienen sollen, ja, selbst beim besten Willen ihnen beiden zugleich nicht wohl dienen *könnten*; – denn entweder werden wir die Wahrheit *„lieben"*, und dann auch die Lüge *„hassen"*; oder aber, wollten wir auch nur in Einem der Lüge „*anhangen*", die Wahrheit im Ganzen „*vernachlässigen*"; – [//47//] ich selbst aber in meinem beschränkten Laienverstande einen Ausweg aus diesem Dilemma zu finden nicht vermag, so richte ich hiermit an die Societas Jesu im engern Sinne des Wortes die Frage, ob sie für die societas Jesu im weitern, im eigentlichen Sinne des Wortes – zu der auch ich mich bekenne, und aus der für excommunicirt mich ansehen zu wollen mir gar nicht einfällt, – ein Hinterpförtchen mit ihrer weltberühmten Dialektik noch ausfindig zu machen wohl in der Lage wäre?

Nicht weniger wie dem Jesuiten-Orden und dessen Affiliirten aber glaubte ich meine Schrift auch den Affiliirten der „Philosophie des Unbewußten" widmen zu sollen, auch an sie mich wenden zu dürfen. Sind sie doch, wollte auch ich sie nur für Samaritaner halten, mindestens meine Nächsten eben so gut wie jene Priester und Leviten, die, voraussichtlich unbekümmert um meinen Nothschrei wegen des unter die Räuber gefallenen Evangeliums, in ungestörter Gemüthsruhe ihrer Straße weiter ziehen werden.

Ihnen, den Philosophen des Unbewußten, ist es ja nur wie seiner Zeit auch schon Göthe ergangen, daß ihnen vor lauter Kirchengeschichte alles Denken geworden zu Nichte; indem sie in ihr nichts fanden, als was eben darin gestanden: das fortwährende herüber und hinüber Schreien der nichtsnutzigsten scholastischen Silbenstechereien; – von einem heiligen Geiste keine Spur, –Alles nur Tonsur; – und das, durchaus nicht immer unblutige Boxen zwischen Arianern und Orthodoxen, bis nach der fast vollständigen Ausrottung des Arianismus die siegreich gebliebene Orthodoxie, in dem – man möchte wohl sagen, tragikomischen – Schisma, dem eiteln Gezänke über das im Grunde ganz selbstverständliche und darum auch ganz gleichgültige und überflüssige „Filioque", in zwei feindlich sich gegenüberstehende Heerlager, die abendländische lateinische, und die morgenländische griechische Orthodoxie, sich gespalten [//48//] hat; sie selbst aber die contradictio in adjecto, die in dem zusammengesetzten Worte „*Kirchen-Geschichte*"·steckt, unbewußt dabei mit hinuntergeschluckt hatten. Denn ist die Kirche, wie selbst die, die sie dociren, es leugnen zu wollen wohl kaum den Muth haben werden, die von Christus nur geoffenbarte Schöpfung Gottes, das ursprüngliche, nur durch die Erbsünde gestörte, und durch das Erlösungswerk Christi wieder hergestellte Verhältniß zwischen Gott, dem Schöpfer, und dem Menschen, seinem Geschöpfe; so hat sie noch neben diesen beiden Momenten, dem ihrer Störung durch den Teufel und ihrer restitutio in integrum durch den Sohn Gottes, keine Geschichte mehr; kann keine Geschichte, keine weitere Fortbildung und Entwicklung mehr haben, – est, ut divinus Creator eam voluit. Und ist also das, was sie Kirchen-Geschichte zu nennen belieben, eben weiter nichts, als das Aufzählen all der Geschichten und Geschichtchen des menschlichen Aberwitzes, der es sich herausgenommen hat, an der Schöpfung Gottes herum zu pfuschen.

Was Wunder, wenn nun gerade die, denen die unvermittelt gebliebene Begriffsverwechselung von *„gottgeschaffener"* Kirche und von *„historisch-gewordener"* Kirche zur Veranlassung geworden, sich von allem s.g. positiven Christenthume los zu sagen, die trotzdem aber die göttliche Wahrheit sich erhalten hatten, daß der Mensch, weil er eben Mensch und keine pure Bestie ist, nicht vom Brode allein lebt, und also noch neben den Fragen: „Was sollen wir essen? was werden wir trinken?" „Womit könnten wir uns bekleiden, und womit uns herausputzen?" „Was wäre denn wohl noch für uns zu annectiren?" – auch eine Antwort auf die Frage haben möchten: *„Wo sollen wir das Reich Gottes suchen und seine Gerechtigkeit?"* „wo wäre das, was uns vor Allem noth thut, zu finden?" – denn einmal das Reich Gottes und seine Gerechtigkeit gefunden, müßte ja alles andere uns zugegeben sein; – wenn sie mit der unbewußt hinuntergeschluckten und unverdaut [//49//] im Magengebliebenen contradictio in adjecto *„Kirchen-Geschichte"*, dieser Frage gegenüber, anstatt das Gute, das einzig wahre Gute, das ihnen in der frohen Botschaft Christi so nahe liegt, zu ergreifen, nun immer weiter und weiter schweifen, bis sie meinen, in der Zukunftsreligion eines renovirten Buddhaismus es gefunden zu haben.

Ihnen also, die mit mir den Ausgangspunkt alles Denkens darin erkennen zu müssen glauben, daß der Mensch, in Mitte der gesammten Schöpfung ein durchaus *eigenartiges*, von allen andern Geschöpfen *darin grundwesentlich verschiedenes* Geschöpf sei, daß er allein es ist, der da spricht, der da denkt; der allein das Bedürfniß hat, ein höheres Wesen als sich selbst und seines Gleichen verehren und, wenn auch nur in der Gestalt eines rohen Klotzes[,] es anbeten zu müssen; der allein das Verlangen hat, sich einen Begriff machen zu wollen von wahr und falsch, von recht und unrecht; und die mit mir also wohl auch darin einverstanden sein dürften, daß es barster Unsinn ist, recht eigentlich nur eine Pseudo- und After-Philosophie, die, indem sie zu philosophiren sich anschickt, zunächst sich erst selbst negiren müßte um behaupten zu wollen, der Mensch sei kein eigenartiges, in seinem ganzen Sein unverändertes und unveränderliches, *kein fertig* aus dem Willen des Schöpfers hervorgegangenes Geschöpf; er sei vielmehr ein im Kampfe um das Dasein durch alle möglichen und unmöglichen Metamorphosen hindurch gegangenes, aus einem fingirten Urschlamme nach und nach erst im Verlauf der Jahrtausende entstandenes Naturprodukt, das heutige zweihändige Säugethier – vulgo „Mensch".

Nicht jenen After- und Pseudophilosophen also, die in ihren Sophismen nur ihre eigene Eitelkeit lieben, – den redlichen, wahren Philosophen, denen es ernstlich darum zu thun ist, die Wahrheit um ihrer selbst willen zu lieben, möchte ich die Frage gestellt haben: Ob sie bei ihren comparativen philosophisch-historischen [//50//] Studien, die die gesammte Menschheit, die bewußte wie die unbewußte Philosophie, von jeher und auch wohl für alle Zukunft zum Denken herausfordernden Probleme „*Gott"* – „*Mensch"* – und das „*bezügliche Verhältniß zwischen beiden"*, irgendwo und irgendwie besser, d.i. der menschlichen Fassungsgabe zugänglicher und dieselbe befriedigender lösend gefunden haben, wie eben in der christlichen Offenbarung?

Freilich, zu einer gewissenhaften Beantwortung dieser Frage gehörte vorab das volle Verständniß des Christenthums, – und gar so leicht, wie man wohl denken möchte, ist das eben nicht. Auch hier, und hier, wo es sich um ein Höchstes, um das Sein oder Nicht-Sein der Gottheit Christi handelt, mehr wie sonstwo, gilt die Anerkennung des Axioms *„Probiren geht vor Studiren"*. Und möchte ich zum besseren Verständniß und zur Begründung dieser meiner Thesis, daß eben auch hier Probiren vor Studiren geht, wohl noch einmal mich als Eideshelfer auf meinen alten Göthe beziehen, und auf ihn mich stützen dürfen, wenn derselbe gleich zu Anfang seiner „Maximen und Reflexionen" in einem sich selbst gestellten Frage- und Antwortenspiele sagt:

> „Wie kann man sich selbst kennen lernen? – Durch Betrachten niemals, wohl aber durch Handeln. Versuche deine Pflicht zu thun und du weißt gleich was an dir·ist."

indem ich diese, sicher sehr tiefsinnige Reflexion aus dem Subjectiven in's Objective übertrage, und nun sage:

Wie kann man das Evangelium kennen lernen? – Durch Studiren niemals, wohl aber durch Probiren. Versuche nur einmal auch ganz dem Evangelium gemäß zu leben, und du weißt gleich, was du an der frohen Botschaft Christi hast.

Und in der That, das Evangelium zum Gegenstand und zum Vorwurf abstracter Studien machen zu wollen, dafür ist es eigentlich doch wirklich *zu einfältig – zu göttlich*. Wo aber nichts heraus zu studiren ist, wird erfahrungsmäßig um [//51//] so mehr *hinein* studirt, und welch haarsträubender Blöd- und Unsinn bei einem solch mäßigen theoretischen Hineinstudiren wieder heraus kommt, das ist ja ziemlich das Einzige, was wir aus der Kirchengeschichte lernen könnten, und ist an den Resultaten der sog. Theologie aller Secten und aller Zeiten sattsam mit Händen zu greifen.

Nun hat aber das Probiren-wollen freilich auch seine Haken. Hier möchte man wieder sagen: Es ist des Guten zu viel auf einmal, um es auf sich zu nehmen und es tragen zu können. Nur zu leicht mißtraut

man dabei seinen Kräften, und ergeht es einem dann wie jenem reichen Jüngling im Evangelium, der es wohl einsah, daß die Nachfolge
Christi der einzig richtige Weg zu einem vollkommenen, ungetrübten Glücke, zur wahren, eigentlichen Seligkeit sei; der trotzdem aber
weinend sich abwandte, weil er sich nicht entschließen konnte, so
vieles Andere, an dem sein Herz sonst noch hing, zurückzulassen.

Einerlei indessen, mag es, je nach der verschiedenen Lebensstel-
lung, hauptsächlich aber je nach der verschieden veranlagten Natur
eines jeden, dem einen schwerer, dem andern leichter werden, an
der Hand des Evangeliums seinen Weg durchs Leben zu nehmen;
dabei bleibe ich, wer es nicht ehrlich probirt, wer in der treuen Nachfolge Christi sein Bestes, seinen inneren Frieden nicht ganz und ausschließlich sucht, nicht nach dem Vorbilde unseres Erlösers, – dessen
Leben und Sterben ja auch nicht, wie man zu sagen pflegt, auf Rosen
gebettet war, – anstrebt; wer nicht alles Andere, wenn es ihm dabei
versagt bleibt, willig und ohne Murren und eitles Lamentiren als
etwas Überflüssiges entbehrt, oder, je nachdem, als etwas Zugegebenes dankbar mit in den Kauf nimmt, hat kein Urtheil über den
Werth der evangelischen Lehre. – Und wollten wir es uns nur erst
klar machen, was eigentlich unter jenem „ersten und größten" Gebot: *„Gott lieben über Alles und seinen Nächsten wie sich selbst"* – denn,
*„ein anderes, größeres Gebot als dieses giebt es nicht, und [//52//] der, der
es weise erkannt und begriffen hat, ist nicht ferne mehr vom Reiche Gottes"*
(Marc. 12, 34) – denn eigentlich zu verstehen sei; dann, meine ich;
ginge das Probiren, dieses Gebot halten zu wollen, auch nicht über
unsere Kräfte.

Gott aber *„lieben über Alles"* – ja, was soll denn das eigentlich heißen? – was gehört denn wohl dazu? – womit denn ist das auch zu
bethätigen? – das wäre doch wohl die nächste Frage für einen jeden,
der auch nur daran denken will, dieses Gebot nun wirklich auch zu
erfüllen."

Ist *unser* Gott der *christliche* Gott, also, der Gott der Wahrheit aber
–, ἔστιν ὁ Θεὸς ὁ λόγος, καὶ ὁ λόγος ὁ Θεὸς, Gott und das Wort
und die Wahrheit nur ein Begriff; kann dem Menschen jede Sünde

und Lästerung nachgelassen werden, die Lästerung wider den Geist aber nicht (Matth. 12, 31) und das passive Verhalten gegenüber einer Lästerung wider den Geist also wohl auch nicht; – und ist *„lieben über Alles"*, mit Hintansetzung jeder Rücksichtnahme für alles Andere, Einem anhangen; so ist die Antwort auf die Frage: „Wie können wir Gott über Alles lieben?" damit gegeben, daß wir eben die *Wahrheit* lieben über Alles, das heißt, daß wir einer einmal erkannten Wahrheit jede andere Rücksichtnahme unterordnen. Nicht also bloß, daß wir *nicht* lügen, kein *falsches* Zeugniß reden, sondern auch, daß wir den Vorspiegelungen des Versuchers: wir wären ja noch gar nicht dazu berufen worden, Zeugniß zu reden, widerstehen, und auch unaufgefordert und ohne dazu extra berufen zu sein, offenes Zeugniß ablegen für die von uns erkannte Wahrheit, eben, aus purer Liebe für die Wahrheit.

Wer aber als echter Philister, dem es als solchem durchaus unpractisch erscheinen möchte und darum unerfindlich bleibt, warum man sich denn veranlaßt sehen könnte, eine sogenannte Ueberzeugung nun auch an die große Glocke hängen zu wollen, und sie laut werden zu lassen, anstatt in aller Gemüthsruhe weiter mit den Wölfen zu heulen, und sie ruhig für sich zu [//53//] behalten, – mit Pilatus (Joh.18,38) sich hinter die verlogene Frage verkriechen wollte:

Ja Freundchen! *„Was aber ist Wahrheit"*?
oder im feinsten Tone eines geriebenen Weltmannes:

Würden Sie nicht vielleicht von der Freundlichkeit für mich sein, mich bekannt machen zu wollen mit Ihrer angebeteten Schönheit, die Sie so eben – wenn ich richtig gehört habe – mit dem so überaus reizend klingenden Namen *„Aletheia"* anriefen, und der vorgestellt zu werden, sich mir leider noch keine Veranlassung und Gelegenheit in meinem Leben hat ergeben wollen, –

der freilich wird es nie begreifen lernen was es heißt, *die Wahrheit lieben über Alles.*

Und *„lieben unsern Nächsten wie uns selbst"*? – ist denn das schon so klar und selbstverständlich, daß es des Nachdenkens garnicht mehr bedürfte, wer denn wohl unser Nächster sei? – Denn, wer zwischen Nächstem und Nächsten noch Unterschiede machen will, – und wer thäte das wohl nicht! – dem mag der Eine nahe, der Andere näher sein, einen Nächsten aber kennt er nicht, noch weniger liebt er ihn wie sich selbst. Mit diesen Unterscheidungen aber, die wir nun einmal durch unsere socialen und conventionellen Verhältnisse machen zu sollen uns veranlaßt sehen: den Gebildeten ebenbürtig und gleichberechtigt, den Ungebildeten aber unebenbürtig, tief unter uns stehend; den Vornehmen unterthänig und katzenbucklig, den Unterthänigen barsch, vornehm und herrschgewaltig; den, von dem allenfalls ein Gegendienst zu erwarten wäre, rücksichtsvoll, den, von dem nichts zu haben ist, rücksichtslos, u.s.w. – mit einem Worte, mit all den Unterscheidungen, die eben diese Welt zu *dieser* Welt machen, von denen wir aber mit aller Bestimmtheit wissen müßten, daß sie in den Augen Gottes das sind, was sie in der That nur sind, eitles, durchaus werthloses Blech, – hat der Teufel bereits von vornherein gewonnenes Spiel über uns. – Wer also alle diese Unterschiede zwischen [//54//] Nächstem und Nächsten, namentlich den von „gebildet" und „ungebildet", nicht für das nimmt was sie sind: rein zufällige, nichtsnutzige Aeußerlichkeiten, die mit dem eigentlichen, dem innern wahren Werthe des Menschen platterdings nichts zu thun haben; wer in seinem Umgang und Verkehr mit seinen Mitmenschen diese Unterschiede nicht vollständig unberücksichtigt lassen kann, nicht einen jeden von ihnen für durchaus ebenbürtig und vollauf gleichberechtigt mit sich selbst anerkennen, und demgemäß sich nicht auf denselben Fuß, wie Brüder unter einander, mit ihm zu stellen vermag; – wer vielmehr der Meinung sein möchte, im Himmel allenfalls würde sich vielleicht ein solches Verhältniß von selbst ergeben, hienieden, auf dieser Welt aber, ginge so etwas nun einmal nicht an, in ihr dürfte man seiner Stellung in derselben doch nichts vergeben; – kurz, wer die Nächstenliebe nicht übt, unbewußt wie ein Kindlein, für reifere Jahre freilich noch besser, mit vollem Bewußtsein, – der hat sie nicht, kennt sie nicht, nicht die Liebe für seinen Nächsten, aber auch nicht die Liebe für seinen Gott, unsern gemeinsamen Vater; und hat also auch kein Urtheil darüber, welchen Werth die Liebe für unsere eigene Heiligung besitzt. –

Damit, geneigter Leser, laß mich – um Dir nicht auf die Dauer gar zu langweilig werden zu müssen – denn auch das Nachwort zu meinem Sendschreiben schließen. Ohnehin ist es ja immer nur das fortwährende Wiederkauen ein und desselben Gedankens, – des Gedankens nämlich:

Eine sinnlich wahrnehmbare, reale, *sichtbare* Kirche, mag sie nun aussehen wie sie will, unter andern also auch die s.g. *römisch*-katholische Kirche mit ihrer Hierarchie unter der monarchischen Spitze eines Pontifex Maximus infallibilis, die mit äußerlichem Gepränge kommt (Lucas 17,20), [//55//] von der man also sagen kann: Ecce! – Siehe, hier ist sie, siehe, dort, (das. V. 21) – in der Aula des ökumenischen Concils ist sie, – im Vatican bei einem Pastor et Doctor omnium Christianorum ist sie; – in der man auf den Wunsch, einen Tag des Menschensohns zu sehen (das. V. 22), beschieden wird: Siehe, der Frohnleichnamstag ist so ein Tag; siehe, hier ist Christus in der Monstranz; siehe dort im Tabernakel ist er, – ist jenes vom Heilande vorausgesehene und von ihm vorhergesagte Reich *dieser Welt*, vor dem er gewarnt hat, nicht hin zu gehn, ihm *nicht* nachfolgen wollen (Luc. 17, 23 und Matth. 24, 23); ist der absolute Gegensatz, – die entschiedenste Antithese zu *seiner*, der unsichtbaren Kirche, dem Reiche Gottes, von dem man *nicht* sagen kann: Siehe, hier ist es, siehe, dort. Denn, ecce, *das Reich Gottes ist innerhalb euch* (Luc. 17, 21).

Und sollte dieser Gedanke nicht ohnehin auch schon Dein eigener Gedanke sein, den Du dann naturgemäß, um ihn Dir vollständiger zu assimiliren, schon ans Dir selbst immer wieder ruminiren müßtest – ("nüerrücken", wie man hier zu Lande auf plattdeutsch sagt), – so kann es Dir auch nichts helfen, Dir ihn von einem andern vor- und wiederkauen zu lassen.

Wie aber schon bei der ersten, so auch bei der zweiten Auflage meiner Schrift, möchte ich das beneficium anonymitatis mir erhalten wissen. Nicht etwa im eigenen, persönlichen Interesse, als hätte ich Scheu, unter der Nennung meines Namens eine von mir erkannte Wahrheit nun auch öffentlich zu bekennen. Gott möge mich vor der feigen Schwächlichkeit bewahren, noch einmal sagen zu wollen: Ich kenne diese anonyme Broschüre nicht; sondern nur im Interesse derer, die von Alters her in einem freundschaftlichen Verkehr zu mir gestanden und nun, wenn sie mich als Autor dieses, – vielleicht auch nach ihrer [//56//] Meinung kirchenlästerlichen, den so verrufenen Christianismus vagus apotheosirenden Pamphlets, das wohl vor manchem andern auf den Index librorum probibitorum gesetzt zu werden verdiene, selbst beim besten Willen nicht ignoriren könnten, in Verlegenheit kommen möchten, wie sie sich denn fortan zu mir zu stellen hätten; –·hauptsächlich aber darum, weil ich wirklich nicht einzusehen vermag, was denn eigentlich Namen hier zur Sache thun sollen.

Des Freundes Name und der seines Sohnes ist wohl für niemanden von besonderm Interesse, und wer will, mag sie meinetwegen beide für fingirte Persönlichkeiten halten. Und an meinen Namen könnte sich doch höchstens das Interesse der Neugierde knüpfen, da ich bei dessen Obscurität keinerlei Auctorität in Anspruch zu nehmen vermag, und also auch auf die Frage: *„Wer bist du denn, und was sagst du von dir selbst?"* nur die negative Antwort hätte: Ich bekenne und leugne es nicht, ich bin *nicht* derjenige, welcher es gewagt hätte, und dem es unter dem Beistande des heiligen Geistes gelungen, den Begriff des christlichen Gottes in den drei Worten zu begreifen:

ΘΕΟΣ ΈΣΤΙΝ Ὁ ΛΟΓΟΣ – **Gott ist das Wort.**

Ich bin nicht Johannes der Evangelist, ja – ich bin nicht einmal ein namhafter dogmatischer Schriftsteller; auch ich bin nur die Stimme eines Rufenden in der Wüste:

Verlasset nicht immer weiter und weiter die Wege des Herrn.

ANHANG

Meine Stellung zur Politik „Bismarck".

Gelegentliche Kundgebungen während der Jahre
1865—1868

nebst einem Anhange erläuternder Anlagen

für einen weitern Kreis aphoristisch reproducirt

von

Graf von Westphalen.

Motto:

„Wenn dem Faß der Boden eingeschlagen ist,
fließt der Wein aus." —

Reflexion frei nach Göthe.

Der Ertrag zum Vortheil des Mescheder Krankenhauses.

Mainz 1868.

Verlag von Franz Kirchheim.

A.
Meine Stellung
zur Politik „Bismarck"

Gelegentliche Kundgebungen während der Jahre
1865-1868

nebst einem Anhang erläuternder Anlagen
für einen weitern Kreis aphoristisch reproducirt.[1]

von
[Clemens August]
Graf von Westphalen

Mainz 1868
Verlag von Franz Kirchheim

---

[1] WESTPHALEN 1868* = [Clemens August] Graf von Westphalen: Meine Stellung zur
Politik „Bismarck". Gelegentliche Kundgebungen während der Jahre 1865-1868, nebst
einem Anhang erläuternder Anlagen, für einen weitern Kreis aphoristisch reproducirt. Mainz: Verlag von Franz Kirchheim 1868. [59.S.] [„Der Ertrag zum Vortheil des
Mescheder Krankenhauses"]

INHALT, ZUGLEICH VORWORT

I. Periode.
Vor dem Bundesbruche; Jubiläum 1865 zu Münster.

1. Eröffnungsrede als Landtags-Marschall von Westphalen zu der 50jährigen Jubelfeier der Provinz gehalten zu Münster vor dem Königlichen Schlosse daselbst am 18. October 1865 – dem Jahrestage der Schlacht von Leipzig – und bedeuten die mit gesperrten Typen gedruckten Stellen die von Sr. Majestät höchsteigenhändig censurirten, daher nicht gesprochenen, und die in Klammern stehenden, die dafür eingeschalteten Worte [→S. 228]

2. Schreiben an Sc. Excellenz den Herrn Landtags-Commissar Staatsminister a. D., Ober-Präsidenten von Westphalen, Dr. utrisque juris von Düesberg zu Münster, mit der Erklärung: nicht in der Lage zu sein, als Marschall auch ferner der Führung der Provinzial-Landtags-Obliegenheiten mich unterziehen zu wollen, vom 24. October 1865 [→S. 230]

II. Periode.
Bundesbruch 1866 und Constituirung des norddeutschen Bundes 1867.

1. Kündigungs-Erklärung au das hohe Herrenhaus der preußischen Monarchie d. d.. Haus Laer, 28. Juli 1866 [//IV//] [→S. 231]

2. Eine Serie von Wahlaufrufen an die Wähler der combinirten Kreise, Olpe-Meschede-Arnsberg, zum constituirenden Parlamente für den norddeutschen Bund vom 21. Januar bis 21. März 1867 zu Gunsten der Kandidaten: Hermann von Mallinckrodt, gewählt am 12. Februar mit 7139 von 12,319 und Peter Reichensperger, gewählt am 29. März mit 7769 von 12,208 abgegebenen Stimmen; in 7 Inseraten des Arnsberger Central-Volksblattes, des Mescheder und des Olper Kreisblattes veröffentlicht [→S. 232]

III. Periode.

Außerordentlicher Communal-Landtag für das Herzogthum Westphalen vom 13. Januar 1868 und XIX. ordentlicher Provinzial-
Landtag zu Münster 1868.

1. Protestschreiben an Se. Excellenz den Herrn Landtags-Commissar
von Düesberg wegen unterlassener obwol gesetzlich vorgeschriebener Ladung zu demselben vom 19. Januar 1868 [→S. 242]

2. Circularschreiben an die Mitglieder des Communal- wie des Pro-
vinzial- Landtages von Westphalen zur Beleuchtung einer Entgegnung des Protestschreibens sub 1 Seitens des gewählten Vorsitzenden des Communal-Landtages vom 2. März 1868 [→S. 245]

3. Abschiedsworte an die Collegen des westphälischen Provinzial-
Landtages zu Münster, gesprochen am 18. März 1868, nach stenographischer Aufzeichnung [→S. 249]

[IV.] Erläuternde Anlagen.

1. Clausulae concernentes aus den Reden von Twesten und Kanngießer, gehalten in der 47. Sitzung des Hauses der Abgeordneten am
20. December 1866, betreffend die Vereinigung der Herzogthümer
Holstein und Schleswig mit der preußischen Monarchie (nach dem
stenographischen Bericht) [→S. 275]

2. Historische Schilderung der Vorgänge in der Vorwahl-Versammlung zu Grevenbrück am 30. Januar 1867 nach der poetischen Auffassung des Kladderadatsch in seiner Nro. 6 des 20sten Jahrganges
vom 10. Februar 1867 [→S. 275]

3. Entgegnung des gewählten Vorsitzenden des am 13. Januar 1868
versammelt gewesenen Communal-Landtages des Herzogthums
Westphalen, Freiherrn von Lilien, in Sachen die Nichteinladung des
Grafen von Westphalen zu dem genannten Landtage betreffend, d.
d.. Arnsberg, 14. Februar 1868 [→S. 278]

4. Antwort Sr. Majestät des Königs Friedrich Wilhelm des IV. an
Professor Arndt in Bonn vom 18. März 1849, zuerst veröffentlicht in

dem Nathusius'schen Volksblatte und nachgedruckt in Nro. 22 der Augsburger allgemeinen Zeitung vom 22. Januar 1861 [→S. 284]

5. In Allerhöchstem Auftrage erlassenes Einladungsschreiben Sr. Excellenz des Herrn Oberpräsidenten von Westphalen, Freiherrn von Vincke, zur Erbhuldigungsfeier der deutschen Provinzen nach Berlin vom 27. August 1840 [→S. 288]

6. Rede Sr. Majestät Friedrich Wilhelms des IV. an die Mitglieder der Ritterschaft bei Ableistung des Huldigungs-Eides am 15. October 1840 [→S. 288]

[//2//]

I. PERIODE.
VOR DEM BUNDESBRUCHE; JUBILÄUM 1865 ZU MÜNSTER.

1.

Eröffnungsrede als Landtags-Marschall von Westphalen zu der 50jährigen Jubelfeier der Provinz gehalten zu Münster vor dem Königlichen Schlosse daselbst am 18. October 1865 – dem Jahrestage der Schlacht von Leipzig; und bedeuten die mit gesperrten Typen gedruckten Stellen die von Sr. Majestät Höchsteigenhändig censurirten, daher nicht gesprochenen, und die in Klammern stehenden, die dafür eingeschalteten Worte.

Ew. Majestät haben die hohe Gnade gehabt, mit Ihrer Majestät der Königin und dem gesammten Königlichen Hause die heutige Jubelfeier Ihrer getreuen Westphalen durch Allerhöchst Ihre persönliche Gegenwart verherrlichen zu wollen, und es ist vor Allem der allerunterthänigste Dank, den ich Ew. Majestät im Namen der ganzen Provinz hiefür auszusprechen habe.

Diese Jubelfeier, die wir heute schon, nach einem erst fünfzigjährigen Zeitabschnitte begehen, ist aber eben darum eine in allen Herzen um so tiefer gefühlte, als noch Mancher unter uns weilt, der als

Jüngling die Befreiungskriege mitgekämpft, der Erbhuldigung eingedenk ist, die wir an dieser Stelle Ew. Majestät Hochseligen Herrn
Vater, dem in Gott ruhenden Könige Friedrich Wilhelm dem Dritten,
glorreichen Andenkens, geleistet, und der damit verbundenen Freu-
digkeit und hochgehobenen Stimmung; und auch unsere jüngere
Generation, unter dem segensreichen Scepter der Hohenzollern auf-
gewachsen, diesem Ereignisse – in der Geschichte so groß, wie es nur
wenige sind – noch nahe steht. Denn mit der Vereinigung und Wie-
dervereinigung unseres engeren Vaterlandes in Ew. Majestät Monarchie, feierten damals ja unsere Väter mit ganz Deutschland dessen
Wiedergeburt aus *tiefster Schmach und Schande* (Erniedrigung) und
grenzenlosestem Elende; und [//3//] da die göttliche Vorsehung solche Zustände der Erniedrigung über Einzelne wie über ganze Völker, nur als gerechte Strafe *für begangene Sünden* verhängt, so dürfen
wir uns nicht verhehlen, daß auch *Deutschland* (wir) ohne eigenes
Verschulden eine solche Erniedrigung nie hätte erfahren können.

Ein Volk aber, das sich als solches bereits selbst aufgegeben hatte, – statt
sich mindestens das Gefühl und das Bewußtsein treuer Angehörigkeit zu
wahren, in egoistischen Partikularismus und gegenseitige Befehdung zerfal-
len – zu deren Forderung mit dem Auslande in Separatbündnisse getreten
war, – Bündnisse überhaupt nur schloß, nicht um sie in Treue und Glau-
ben, wie sie sich unter Angehörigen verstehen, zu halten, – sondern nur
dann, und auch nur so lange sie dem nächsten Interesse passen mochten; –
ein Volk, das in seiner nationalen Entsittlichung so tief gesunken war, daß
in dessen höheren und höchsten Schichten, mit der Verläugnung vaterlän-
discher Gesinnung auch die Muttersprache aufgegeben ward, – mußte end-
lich auch von Gott verlassen, einem fremden Eroberer zur Beute fallen. Das
hat uns denn auch die Geschichte mit strafender Gerechtigkeit bestätigt,
und wenn Gott in seiner unendlichen Barmherzigkeit durch den tollen
Uebermuth und die schrankenlose Selbstverblendung, womit er unsern
Feind und Peiniger in's Verderben stürzte, uns aus unserm Elende noch
einmal erlösen half, – wenn wir hier zusammenstehn, die Erinnerung an
diese Erlösung vom fremden Joche – (um) die Rückkehr unter ein väter-
liches Regiment, dessen Segnungen wir während eines halben Jahr-

hunderts nun dankend genießen – zu feiern; dann Ew. Majestät geziemt es dem ernsten Sinne des Westphalen, nicht etwa daß er aus-
breche in *gottvergessenen* (ungemessenen) Jubel über eine glücklich
überstandene Vergangenheit, sondern vielmehr daß er eingedenk
dieser Vergangenheit feierlich gelobe: fortan mit echtem deutschen
Sinn für Wahrheit und Recht an angestammter Sitte und Gesinnung,
und damit nur um so fester auch an Ew. Majestät und an Ew. Majestät Königlichem Hause, als seinen angestammten Herrschern von
Gottes Gnaden, in gottesfürchtiger Treue und Ergebenheit zu halten
bis in den Tod.

Und damit Landsleute! die Ihr Euch als die Vertreter der einzelnen Landestheile und Kreise zu dieser feierlichen Handlung hier
eingefunden habt, fordere ich Euch auf, die Erbhuldigung [//3//]
hiemit feierlichst wiederholend mit mir einzustimmen in den freudigen Ruf: Gott segne und erhalte unser erhabenes Herrscherpaar, –
Hoch lebe König Wilhelm! Hoch lebe Königin Augusta! Hoch! und
abermals Hoch! und nochmals Hoch!

2.
Schreiben an Se. Excellenz den Herrn Landtags-Commissar, Staatsminister a. D.,
Oberpräsidenten von Westphalen, Dr. utriusque juris von Düesberg zu Münster
mit der Erklärung: nicht in der Lage zu sein, als Marschall auch ferner der
Führung der Provinzial-Landtags-Obliegenheiten mich unterziehen zu wollen,
vom 24. Oktober 1865.

Ew. Excellenz mit den Vorgängen während der Jubiläums-Feier in
Münster vollständig bekannt, beehre ich mich die ganz ergebenste
Mittheilung zu machen, daß, – nachdem Se. Majestät der König Allerhöchst für nöthig erachtet hatten, mir Wort für Wort vorzuschrei-
ben, was ich aus der von mir zur Einsicht vorgelegten Rede zu sagen, und was ich nicht zu sagen, – ich mich nicht mehr in der Lage
glaube, dem Amte eines Landtags-Marschall für die Provinz Westphalen würdig vorstehn zu können.

Gestützt auf unsere mehrjährige, amtliche wie außeramtliche Bekanntschaft, glaube ich Ew. Excellenz nicht erst ausdrücklich versichern zu müssen, daß mich zu dem Entschluß: eine mir lieb gewordene Wirksamkeit aufzugeben, nicht rein persönliche Rücksichten, wie etwa gekränkte Autoren-Eitelkeit, oder dergleichen, bestimmen. Wenn aber bei der so ernst-feierlichen Veranlassung eines 50jährigen Landes-Jubiläums, der Provinz die ihren Landesvater mit offenen kindlichen Armen auf das Loyalste empfängt nicht gestattet sein soll durch ihr, von dem Könige selbst bestelltes Organ, etwas mehr als bloße Phrasen zu sagen, oder – wenn dafür gehalten werden sollte, ich hätte meine Stellung als Organ der Provinz dabei mißbrauchen wollen: dann habe ich bei der einen wie anderen Auslegung nicht den mindesten Zweifel, das mir bisher anvertraut gewesene Amt nicht ferner führen zu dürfen. Jedenfalls hatte ich [//4//] nach meinem Gefühl, wenn auch freilich erst auf ……., der Provinz das Recht vergeben, bei dieser Veranlassung an ihren König etwas mehr wie ein nichtssagendes Wort richten zu dürfen; und wenn dies allgemein sehr unerfreulich empfunden worden, so kann ich diese wol berechtigte Empfindung nur einiger Maßen damit sühnen, daß ich von einem Amte, welches ich gerade im entscheidenden Augenblick zu wahren nicht vermochte, meinen Rücktritt erkläre.

II. PERIODE.

BUNDESBRUCH 1866 UND

CONSTITUIRUNG DES NORDDEUTSCHEN BUNDES 1867.

1.

Kündigungs-Erklärung an das hohe Herren-Haus der preußischen Monarchie
d. d. Haus Laer, 28. Juli 1866.

Hohes Haus! Meinen allerunterthänigsten Homagial-Eid hatte ich Sr. Majestät dem Könige von Preußen als *deutschem Bundesfürsten* geschworen; konnte und durfte auch als Deutscher, Höchst Ihm *nur* in dieser seiner Eigenschaft, als einem *Fürstlichen Mitgliede* des, zur dau-

erndenEinigung Deutschlands *unkündbar* geschlossenen, durch die heiligsten Verträge *beschworenen,* die bündigsten Eide *bekräftigten,* mit dem Blute auch meines Vaters besiegelten Staaten-Bundes, einen Eid der Huldigung und Unterthanen-Treue leisten.

Mit dem *Bundesbruche,* und nach der von Sr. Majestät Regierung auf das unzweideutigste abgegebenen Erklärung: die dem Deutschen Volke von Gott gesetzte Obrigkeit als einen nur noch *„so genannten"* Bundestag, zu Recht bestehend *nicht mehr anerkennen zu wollen,* – mit dem Hinfall also jener unerläßlichen Bedingung meines, Sr. Majestät dem Könige von Preußen geleisteten Homagial-Eides, muß ich nach den unbeugsamen Gesetzen einer unwandelbaren Rechts-Logik, auch *diesen selbst für hinfällig geworden* erachten, [//6//] kann daher an den Berathungen des Hohen Hauses ferner mich nicht mehr betheiligen wollen, und bitte von dieser meiner Erklärung actenmäßig Kenntniß zu nehmen.

2.

Eine Serie von Wahlaufrufen an die Wähler der combinirten Kreise, Olpe-Meschede-Arnsberg, zum constituirenden Parlamente für den norddeutschen Bund vom 21. Januar bis 21. März 1867 zu Gunsten der Candidaten: Hermann v. Mallinckrodt, gewählt am 12. Februar mit 7139 von 12319 und Peter Reichensperger, gewählt am 29. März mit 7769 von 12208 abgegebenen Stimmen; in sieben Inseraten des Arnsberger Central-Volksblattes, des Mescheder und des Olper Kreisblattes veröffentlicht.

Erstes Inserat vom 21. Januar 1867.

Zur Wahl eines Abgeordneten für das norddeutsche Parlament aus den vereinten Kreisen Olpe-Meschede-Arnsberg sind als Candidaten, der Herr Ober-Präsident v. Düesberg Seitens der ministeriellen Partei und der Herr Advokat-Anwalt Elven Seitens der Fortschritts-Partei aufgestellt morden. Neben diesen beiden Parteien, die in der Gesammtbevölkerung des Wahlkreises – dem eigentlichen Kern des alten kölnischen Sauerlandes – eine nur verschwindend kleine Minderheit darstellen, will die große Mehrheit aber eben so wenig von einem ministeriell-gesinnten Beamten, wie von einem fortschrittlichen Freimaurer etwas wissen. Denn wie sie in confessioneller Beziehung sich treu zum alten unverfälschten Katholicismus bekennt, so hält sie in politischer Beziehung, mit analogem festen Glauben, Hoffen und Lieben auch fest an den ewig unwandelbaren Grundsätzen des Rechts, wie sie ja schon in den zehn Geboten niedergelegt sind, und verabscheut daher die Anmaßung, ein á la Twestens Zukunftsrecht*² aus der Maue**³ schütteln zu wollen. Soll nun dieser Mehrheit unserer Bevölkerung die Wahl für einen Abgeordneten durch die beiden genannten [//7//] Minderheits-Parteien, die ohnehin ja über die Voraussetzung: das Recht durch die Macht gestalten zu können, vollkommen einverstanden, und nur darüber im Streite sind, wer von ihnen die Macht, und mit der Macht jenes gefälschte Recht haben solle, nicht über dem Kopf weggenommen werden, so muß die Mehrheit der Wähler sich auch über einen, *ihre* Grundsätze vertretenden Candidaten bei Zeiten einigen, um einer Zersplitterung der Stimmen, einer Niederlage und damit dem Siege der Minderheit vorzubeugen. Um eine solche Einigung herbeizuführen, glaube ich eine Vorberathung der gleichgesinnten Wähler vorschlagen zu dürfen, und bitte Jeden, der sich den Sinn für ewiges, unwandelbares Recht offen erhalten hat, am Mittwoch, den 30. d. Mts., Morgens 9½ Uhr, in der Posthalterei zur Grevenbrücke an der Lenne zu diesem Zweck mit mir zu sammen kommen zu wollen.

Zweites Inserat vom 31. Januar 1867.

Gesinnungsgenossen die an der gestrigen von mir ausgeschrieben[en] Wahlversammlung zu Grevenbrück sich zu betheiligen verhindert waren, die Mittheilung: daß, nachdem ich mich da hin erklären mußte, aus dem der Versammlung näher mitgetheilten Grunde ein Mandat selbst nicht annehmen zu können, und nachdem auch der in der Versammlung anwesende Ehren-Amtmann Plaßmann Allenhof dringend bat, in Rücksicht seiner Unabkömmlichkeit, auch

---

² *Vergleiche Anlage 1. Seite 47 [im vorliegend Band →S. 275].
³ **„Maue" platt niederdeutsch = dem hochdeutschen „Aermel".

ihm das Mandat nicht zumuthen zu wollen; die Versammlung einmüthig dahin schlüssig wurde: zunächst Hermann v. Mallinckrodt
zu Düsseldorf, auf's wärmste allseitig und auch von seinem langjährigen Collegen im Abgeordnetenhause, Amtmann Plaßmann, empfohlen, als Candidaten unserer Partei aufzustellen, und unverhofften
Falls einer Nichtannahme-Erklärung seiner Seits, Dr. Fritz Michelis
(Allenstein), z. Z. Mitglied des Hauses der Abgeordneten zu Berlin,
allen Wählern bestens zu empfehlen, fernere Mittheilung vorbehal-
tend.

Drittes Inserat vom 6. Februar 1867.
Anschließend an meine vorläufige Mittheilung vom 31. v. Mts. über
das Resultat der Grevenbrücker Vorwahlversammlung [//8//], kann
ich den Gesinnungsgenossen nunmehr die erfreuliche Kundgebung
machen, daß der aus Beschluß der Versammlung als Candidat primo
loco hervorgegangene Hermann von Mallinckrodt auf die an ihn
ergangene Anfrage wegen Annahme eines Mandats mit „Ja, in Gottes Namen!" geantwortet hat.

Damit wäre denn für die in meinem Aufruf vom 21. v. Mts. vo-
rausgesetzte Mehrheit der Bevölkerung unseres Wahlkreises der
Boden der angestrebten Einigung gefunden, und zwar in einer Persönlichkeit, wie wir sie bewährter, zuverlässiger und befähigter nicht
erwarten konnten, und will ich es nunmehr, nachdem ich glaube zu
diesem löblichen Zwecke das Meine nach Kräften beigetragen zu
haben, getrost abwarten: ob ich meine Landsleute richtig erkannt
und gewürdigt, ob eine Betheiligung an der Wahlhandlung am 12.
eine so allgemeine sein wird, daß unser Candidat mit entschiedener
Mehrheit aus derselben hervorgehen wird, oder aber ob unsere Gegner Recht behalten sollen, die bereits per Telegraph in alle Welt po-
saunt haben: „ich sei schon mit meinem Einigungsversuch *gründlich*
durchgefallen."

Vor Allen aber ersuche ich diejenigen Wähler, die der Ansicht
waren: ich selbst wäre der Nächstberufene gewesen, durch Ueber-
nahme des Mandats der Stimmung des Wahlkreises den entspre-

chendsten Ausdruck zu geben, das mir geschenkte Vertrauen nicht darum wieder mir entziehen, und deßhalb in ihrem Interesse und in ihrer Thätigkeit für die gute Sache erlahmen zu wollen, weil ich erklären zu müssen glaubte, die Wahl aus wichtigen, durchaus unegoistischen Gründen, nicht annehmen zu dürfen; sondern dieses Vertrauen mir zu erhalten, und es damit zu bethätigen, daß sie ihren ganzen Einfluß auf ihre Nachbarn geltend machen – nicht etwa dahin, den Einen oder Andern auf unsere Seite zu ziehen und Proselyten zu machen, denn in der Mehrheit sind und bleiben mir ja so schon ohnehin, – sondern vielmehr belehrend zu wirken: daß es Pflicht und Ehrensache für Jedermann sei, sein persönliches Wahlrecht auch seiner Ueberzeugung gemäß auszuüben. Denn nur – wie schon einmal gesagt – in der lässigen Betheiligung der großen Mehrheit liegt die Gefahr, daß Minderheitsparteien uns die Wahl über dein Kopf wegnehmen. [//9//]

Viertes Inserat vom 17. Februar 1867.
Gebt dem Kaiser, was des Kaisers – und Gott, was Gottes ist. – Der Ausfall unserer Wahl hat es bewahrheitet, daß in dem Kern des alten kölnischen Sauerlandes die bei Weitem größte Mehrheit der Bevölkerung noch aus freien, unabhängigen Männern besteht. *Gegen* den Willen derselben vermochten die beiden Minderheits-Parteien, so wenig durch amtliche Einflüsse, wie durch Aufgebote gewerkschaftlich abhängiger Arbeiter, weder einen ministeriellen, noch einen fortschrittlichen Candidaten durchzusetzen; und wenn das gute alte Sprichwort: „Mit Speck fängt man Mäuse, aber keinen alten Sauerländer" sich auch nicht ausnahmslos bewährt hat – denn Mancher mag sich doch durch eitle Vorspiegelungen zu einer Stimm-Abgabe haben verleiten lassen, die ihm nicht vom Herzen ging, – für die Sauerländer im Ganzen, ist das Wort doch Wahrheit geblieben. Vor aller Welt haben es die unabhängigen Männer unseres Wahlkreises dargethan, daß, wenn es ihnen darauf ankommt, sich zu einigen und an einem Strange zu ziehen, sie sich den Vertreter ihrer Ansichten und Grundsätze von keiner Seite her und von Niemanden octroniren

zu lassen brauchen; und in diesem zur That gewordenen Bewußtsein liegt eben der große Werth des Ergebnisses vom 12. Februar. Wer immer unser Candidat für das norddeutsche Parlament sein sollte, wenn er aus seiner Vergangenheit uns nur die Gewähr zu bieten vermochte: die Auffassung von einem ewig unwandelbaren Recht, wie es der Menschheit in seinen Grundzügen schon in den zehn Geboten gekennzeichnet worden, mit uns zu theilen und dasselbe auch bei jeder Veranlassung mit Muth und Geschick zur Geltung zu bringen, gewillt und befähigt zu sein, kam mir daher immer nur als die untergeordnete Frage vor, über die man sich ohne besondere Vorliebe für Diesen oder Jenen einigen könne und müsse; und erst nachdem die in Grevenbrück versammelt gewesenen Wähler durch Majoritätsbeschluß für Hermann von Mallinckrodt sich entschieden hatten, wurde er von mir als Candidat der Partei bezeichnet und als solcher den Wählern empfohlen, und nur dem einträchtigen Zusammenwirken aller Parteigenossen allein ist der Erfolg zu danken. Diesen Dank nun aber auch auszusprechen allen den wackeren Männern, die zur Förderung eines hohen sittlichen [//10//] Zweckes vom Tage von Grevenbrück bis zum Wahlsiege treu zu mir gestanden, wie auch allen Denen, die die Reinheit des Strebens jener wackern Männer anerkennend , unserer Führung vertrauend gefolgt sind, nehme ich beim Schlüsse unserer einträchtigen Thätigkeit aus tiefstem Herzen wahr.

Fünftes Inserat vom 6. März 1867.
Nachdem unser Abgeordneter am s. g. norddeutschen Reichstage, Hermann v. Mallinckrodt, auch in dem Wahlkreise Beckum-Warendorf-Lüdinghausen in einer engeren Wahl die Majorität erlangt hat, und entschlossen ist, diese Wahl anzunehmen, da gegen zu diesem Zweck unser Mandat niederzulegen, steht uns eine Neuwahl unvermeidlich nahe bevor.

Ohne mich jetzt schon des Näheren darauf einlassen zu können, unter welchen Umständen dieser sein Entschluß gefaßt worden, glaube ich vorläufig dennoch schon seinen Wählern aus erlangter eigener Ueberzeugung die Versicherung schuldig zu sein, daß ihn selbst aus dieser auffallend scheinenden Handlungsweise ein Vorwurf nicht trifft; der Anlaß hierfür viel mehr in einem fast unbegreiflichen Fehler jener Seite, die es am 30. Januar zu Grevenbrück übernommen hatte, sich seiner Zusage zu vergewissern, zu suchen ist.

Da inzwischen nun aber auch unser Candidat secundo loco, Fritz Michelis im Wahlkreise Kempen gewählt worden, und auf meine Anfrage mir mitgetheilt hat, daß er leider dort bereits angenommen, daher bei uns ablehnen müsse; ich es mir aber herauszunehmen nicht gesonnen bin, auch nur vorschlagsweise und damit scheinbar, dem Wahlkreise einen Abgeordnetenoctroyiren zu wollen; so ersuche ich hiermit abermals alle Wähler, die sich den Grundsätzen meines Aufrufs vom 21. Januar angeschlossen hatten und sich für eine würdige Vertretung unseres Wahlkreises interessiren , auch gesonnen sind, unsern zu fassenden Beschlüssen die erforderliche Thätigkeit bei ihrer Ausführung zuzuwenden, am Mittwoch, den 13. d. Mts., Nachmittags 12½ Uhr, wieder in der Posthalterei zur Grevenbrücke zur Einigung über eine Candidatur mit mir zusammen kommen zu wollen. Um aber jedem Mißverständnisse – absichtlichen wie unabsichtlichen – vorzubeugen, erkläre ich hiermit [//11//] ausdrücklich, daß zu der in Vorschlag gebrachten Versammlung nur diejenigen Wähler unsers Wahlkreises geladen werden, die bei der Wahl vom 12. Februar d. J. ihre Stimme auf Hermann v. Mallinckrodt abgegeben, und dieses gethan zu haben, erforderlichen Falls auf Ehrenwort versichern zu wollen bereit sind; indem ich bei jedem Inwohner unsers Wahlkreises, sei er nun Sauerländer oder Nicht-Sauerländer, so viel Loyalität voraussetze, daß er wenigstens nicht selbst unter Abgabe eines falschen Ehrenwortes, ungeladen sich da eindrängen oder einschleichen wird, nur um Störung zu machen, wo er gebeten war, fortzubleiben*[4].

---

[4] *Ueber den Hergang in Grevenbrück der die schroff gestellte Bedingung rechtfertigt vergleiche Anlage 2. Seite 47 [im vorliegend Band →S. 275].

Sechstes Inserat vom 10. März 1867.

Von vielen Seiten unseres Wahlkreises geht mir die Mittheilung zu: einer noch erst herbeizuführenden Einigung über die Candidatur zu einer Ersatz-Wahl bedürfe es gar nicht mehr, nachdem Peter Reichensperger erklärt habe: das von Hermann v. Mallinckrodt niedergelegte Mandat annehmen, es auch jeder anderen eventuellen Wahl vorziehen zu wollen. Unter dieser Voraussetzung, die ich gern als eine richtige annehme, – denn ich wenigstens wüßte nicht, wer uns und unsere Gesinnungen besser vertreten sollte, – bin ich es sehr wohl zufrieden, mir und Andern den lästigen Weg bis zum Mittelpunkte unseres Wahlkreises sparen zu können, und ziehe somit meine Einladung vom 6. zu einer Vorwahl-Versammlung in Grevenbrück am 13. d. Mts. hiermit wieder zurück. Dieses aber auch um so lieber, als, sollte diese Voraussetzung selbst eine richtige nicht sein, sondern von irgend einer Seite unserer Partei eine andere Candidatur als eine entsprechendere gewünscht werden, es ja Jedem so gut wie mir frei stünde, in seinem Namen eine Vorwahl-Versammlung für sämmtliche Partei-Genossen unter den erforderlichen Garantieen ihrer Reinhaltung, herbeizuführen. Einem Ruf, dem, sollte er erfolgen, dann zu entsprechen, ich sicher unter den Ersten sein würde. [//12//]

Siebentes Inserat vom 21. März 1867.

Von Hermann von Mallinckrodt, dem ich das Inserat des Herrn H. Kreutz in Nr. 10 des Olper Kreisblattes zu seiner Kenntnißnahme mitgetheilt hatte, geht mir nachstehende Entgegnung auf dasselbe mit der Ermächtigung zu, sie in der zu nächst erscheinenden Nummer jenes Blattes einrücken zu lassen. Ich glaube diese Ermächtigung aber nicht zu überschreiten, wenn ich gleichzeitig auch das Arnsberger Central-Volksblatt und das Mescheder Kreisblatt – deren Lesekreise bei der bevorstehenden Wahl das gleiche Interesse, haben – um deren Aufnahme angehe. Dieselbe lautet:

Das Olper Kreisblatt vom 9. d. M. enthält ein Inserat des Herrn H. Kreutz*[5] zu Olperhütte, worin der selbe sagt: „Wenn der Herr Graf von Westphalen und die betr. Herren Geistlichen gewußt oder daran gedacht hätten, daß Herr von Mallinckrodt im preuß. Abgeordnetenhause meist mit der feudalen Partei und für die Militär-Reorganisation mit der 3jährigen Dienst zeit gestimmt hat und gerade deßhalb sein Mandat in dem doch gewiß gut katholischen Wahlbezirk Münster verloren hat, so würden sie aus Grundlage der Verfassung und gerade der von ihnen besonders hervorgehobenen 10 Gebote wahrscheinlich zu anderem Resultate gelangt sein. – Und wenn unsere Bürger, Bauern und Arbeiter gute preußische und deutsche Patrioten und nicht gewillt sind, lieber 3 als 2 Jahre im stehenden Heere ihre Söhne und Brüder dienen zu lassen, so werden sie in Zukunft nicht ohne strenge eigene Prüfung, ihnen unbekannten Candidaten die Stimme geben, sie werden fragen:

„Wer bist Du, was willst Du?"

und darnach ohne blinden Glauben an Andere selbst beurtheilen, ob der Candidat ihren Anforderungen und den Interessen des Landes entspricht!"

Zur Steuer der Wahrheit bemerke ich hierzu: [//13//]

1. den Wahlbezirk Münster habe ich nie in meinem Leben vertreten.

2. für die 3jährige Dienstzeit habe ich nie in meinem Leben gestimmt, wohl aber habe ich gegen viele Anträge der damaligen sog. Fortschrittsparteien gestimmt, welche trotz allem Gerede von Fortschritt, die Gäule dennoch hinter den Wagen spannten und also auch, obgleich sie die Majorität des Hauses erlangten, dennoch die 2jährige Dienstzeit nicht herbeigeführt haben.

3. Was meine Beurtheilung der gegenwärtigen politischen Lage anlangt, so habe ich mich darüber bereits auf dem Reichstage offen ausgesprochen.

Berlin, den 17. März 1867.

H. v. Malinckrodt

---

[5] *Herr Kreutz war langjähriger Abgeordneter für Iserlohn-Altena und somit College des Hrn. v. Mallinckrodt.

Während Herr Kreutz also vom Standpunkt *der freien Forschung gegen den blinden Glauben an Andere* mit scheinbarer Entrüstung auftritt, beansprucht er als General-Pächter denselben für sich allein. Ob für Wahres oder Unwahres, darauf kommt es dabei nicht an. Genug, wenn die Verdächtigung ihren Zweck erreicht hat, darüber hinaus braucht man sie dann nicht weiter aufrecht zu erhalten. Die Lüge – die Entstellung und Verkehrung alles Thatsächlichen *hat ihre Schuldigkeit gethan*, – sie kann gehen. Man kann sie ja dann nachträglich noch immer, entweder stillschweigend wieder fallen lassen, oder sie hintendrein auch wol gar noch als solche anerkennen und sich ihrer als eines guten Witzes, resp. eines geheiligten Mittels zur Erreichung hoher Zwecke rühmen, und dabei versichert bleiben, daß die zahlreichen Gelehrten vom Fache des sich bewußten und des sich unbewußten höheren Blödsinns – um mich der Redeweise meines Freundes Kladderadatsch zu bedienen – in solch cynischer Schamlosigkeit eine noch gar nie dagewesene Offenheit und in ihr das Non plus ultra staatsmännischer Weisheit bewundern.

Gegenüber den Angriffswaffen der Verdächtigung, als geistigem Gifte, und der Verleumdung, als verstecktem Dolche, stünde nun aber jeder, der sich derselben nicht gleichfalls zu bedienen für berechtigt hielte, wehrlos da, wollte er nicht wenigstens zum Prügel rücksichtslosester Grobheit greifen; und [//14//] mag mir Herr Kreutz die Handhabung desselben also auch zu Gute halten, und dieses vielleicht um so eher, als er ohnehin es ja schon durchgefühlt haben muß, daß, wenn ich diesmal auch nur den Sack rakte*⁶, ich doch eigentlich den *Esel* dabei bedacht haben wollte. Die naheliegende Frage: wer der Esel nun aber sei? ist allerdings eine nicht leicht zu beantwortende; denn es ist eben überhaupt nicht Dieser oder Jener, ja nicht einmal die Species der Briloner Nachtigall en bloc**⁷ oder etwa nur Herr Braß in seiner N. D. Allgemeinen, sondern was ich treffen wollte, ist ganz allgemein jene Praxis – Princip mag und kann

---

⁶ *„raken", sauerländisch-Platt; gleichen Stammes mit dem hochdeutschen „reichen, erreichen , erfassen, packen, treffen."

⁷ **Von zu lokalem Interesse [‚Briloner Nachtigallen' = Esel].

ich es nicht nennen, – die die Gesetze der Sittlichkeit, Ehrenhaftigkeit und der rücksichtsvollen Anerkennung des *berechtigten* Daseins unseres Nächsten, ohne die der Verkehr unter den Menschen im Privatleben gar nicht denkbar wäre, in ihrer Gültigkeit und Anwendung auch auf das politische Leben, als Thorheit verlacht, Treue und Glauben auf jenem Felde für albern und entbehrlich hält, damit das eigentlichste Kriterium zwischen Mensch und Vieh ignorirt, nur Zweck und Erfolg als staatliches Gewissen erkennen will, und so den nackten Cynismus als höchste, allein seligmachende Staatsweisheit proclamirt.

Gerade in der Reaktion gegen diese Praxis hat ja aber unsere Partei, bei dem Anstoß, der ihr durch die Anwendung des direkten Wahlsystems wurde, sich zusammengefunden, und indem sie diese Praxis, nicht im Privatleben allein, sondern auch im öffentlichen Leben als verwerflich, weil unsittlich und unchristlich, ja mehr als das, – denn auch der Jude steht auf dem Boden der göttlichen zehn Gebote – als heidnisch und zwar im schlimmsten Sinne des Wortes verabscheut; hat sie, ohne jede weitere Verabredung und Organisation sich als die bei Weitem mächtigste Partei unseres Wahlkreises herausgestellt. Ihre nicht mehr zu läugnende Existenz bedeutet damit aber, selbst ohne Unterschätzung ihrer nächstgelegenen Aufgabe, Mehr und Höheres, als die bloße Beschickung eines Parlaments. Auf Treue und Glauben geeint, überdauert sie, so lange sie sich ihrer Grundlage bewußt bleibt, jedes Mandat. [//15//] Wie sie aber für die Wahl von Hermann von Mallinckrodt eingetreten, so wird sie hoffentlich gestärkt und gefestigt im Bewußtsein ihrer Zusammengehörigkeit, auch halten an der Wahl für Peter Reichensperger, als dem anerkannt würdigsten und befähigtsten Vertreter ihrer Grundsätze.

Gesinnungsgenossen! Nicht also darum allein handelt es sich am 29., daß wir mit ein paar Stimmen Majorität gegen die andern Parteien unsern Candidaten durchsetzen, sondern außerdem noch darum, daß wir auf ihre Frage:

„Wer seid ihr, – was wollt ihr?"

ihnen die Antwort auch Mann für Mann nicht schuldig bleiben wollen.

III. Periode.
Außerordentlicher Communal-Landtag für das Herzogthum Westphalen vom 13. Januar 1868 und ordentlicher XIX. Provinzial Landtag zu Münster 1868.

1.
Protestschreiben an Se. Ezcellenz den Herren Landtags-Commissar, Staatsminister a. D., Oberpräsidenten von Westphalen, Dr. utriusque von Düesberg wegen unterlassener obwol gesetzlich vorgeschriebener Ladung zu demselben vom 19. Januar 1868.

Ew. Excellenz

haben Sich für berechtigt gehalten, mich von der Theilnahme des auf den 13. cur. zu Arnsberg einberufen gewesenen Communal-Landtags für das Herzogthum Westphalen einseitig auszuschließen, indem Sie meine gesetzlich vorgeschriebene Ladung zu demselben einfach unterließen, so daß ich erst nachträglich von dessen stattgefundener Tagfahrt und den darauf geführten Verhandlungen außeramtlich Kunde erhielt; und haben den geladenen und erschienenen übrigen Mitgliedern desselben gegenüber, diese Ihre vermeintliche Berechtigung zu jener auffälligen Unterlassung, aus dem Inhalte meines bekannten Schreibens an das Herren-Haus d. d. Laër, den 28. Juli 1866 abzuleiten versucht.

Richtig ist allerdings, daß ich in jenem Schreiben, und zwar zu meinem tiefsten Bedauern, mich zu der Erklärung veranlaßt fand, – daß – da ich Sr. Majestät dem Könige von Preußen in Höchstdessen notorischer, Allerhöchsten Eigenschaft eines deutschen Bundes-Fürsten gehuldigt, mit dem durch mich unverschuldet erfolgten Hinfall jener unerläßlichen Vorbedingung, ich die fortbestehende Integrität meines geleisteten Huldigungs-Eides, zu Recht bestehend auch nicht ferner mehr anzuerkennen [//17//] vermöchte; da ja die Präsumtion: als hätte ich mit dieser Handlung der Eidesleistung, also damals schon, eventuell auch auf meine Nationalität als Angehöriger eines, resp. mehrerer deutschen Bundesstaaten, und damit implicite auch auf meine Angehörigkeit zur Gesammtheit des deutschen Staatenbundes – meines Vaterlandes – einen ausdrücklichen Verzicht leisten können oder wollen – zumal bei meinen und meiner Familie Antecedenzien – eine pure Absurdität involviren würde.

Eben so unzweifelhaft richtig wie diese Thatsache, ist aber auch der Umstand, daß – wenn zwar diese meine Rechts-Deduction eine Widerlegung bisher noch keines Wegs zu erfahren gehabt, im Gegentheil! eine von der Königlichen Staatsanwaltschaft, wegen derselben als frivol und damit Majestätsbeleidigend und verbrecherisch, gegen mich eingeleitete Untersuchung, als unbegründet kurzer Hand wieder auf sich hat beruhen bleiben müssen, hieraus doch noch lange nicht folgt, daß dieselbe darum auch schon die Allerhöchste Billigung und Zustimmung erlangt haben sollte. So lange Se. Majestät der König aber diese meine Erklärung, in Allergnädigster Würdigung der Stichhaltigkeit ihrer Motive nicht bestens acceptirt, und daraus dann ein neues Rechtsverhältniß sich eventuell entwickelt haben sollte, bleibt dieselbe eben nur meine einseitig-subjective Auffassung, und damit auch lediglich nur mir selbst es überlassen, welche Konsequenzen ich für mich aus derselben abzuleiten für nöthig oder ersprießlich erachten möchte; in wie fern ich bei Handlungen und beispielsweise bei der Theilnahme an Verhandlungen auf Grund meiner ständischen Befugnisse, mit meiner Erklärung in Gewissensconflicte zu gerathen Veranlassung haben könnte, oder nicht. Und wie ich aus derlei Rücksichten meine Stellung im Herren-Hause aufgegeben, so habe ich anderer Seits, ohne jegliche Beschwerniß meines Gewissens, zu wiederholten Malen an den Kreistagen von Meschede, Büren und Warburg nach wie vor mich betheiligt, und daselbst unter Anderm auch den vereitelten amtlichen Versuchen, im Schooß dieser Versammlungen selbst eine Beanstandung meiner Betheiligung zu provociren, angewohnt; habe auch ferner nicht verfehlt, Ew. Excellenz sehr gefälligen Ladung zur Theilnahme der, auf den 13. April 1867 angesetzten Tagfahrt der ständischen Commission für den Westphälischen Bezirksstraßen-Bau-Fonds, gehorsamst Folge zu geben. Weder Ew. [//18//] Excellenz, noch dem Herrn Minister des Innern, noch dem gesammten Staatsministerium, noch überhaupt irgend Jemanden kann ich aber die Befugniß zugestehen, aus meinen subjectiven Meinungen und Urtheilen, sofern dieselben nicht in unstatthafter Form geäußert, oder zu strafbaren Handlungen geführt haben, worüber in einem Rechtsstaate die Gerichte, nicht aber Ew. Excellenz zu erkennen haben, die als bloße Anschauungen also [g]enau dieselbe Berechtigung wie beispielsweise die Ew. Excellenz Selbst haben, willkürliche Schlußfolgerungen auf mich in Anwendung bringen zu wollen, die damit denn auch jeder rechtlichen Grundlage vollständig entbehren.

Es erübrigt mir nach dem Gesagten, nur noch hiermit Ew. Excellenz meine ergebenste Beitritts-Erklärung zu dem Protest anzuzeigen, den die Mitglieder der Ritterschaft: Graf von Plettenberg, Freiherr von Schorlemer und Freiherr von Ledebur, in der Verhandlung vom 13. zu Protocoll gegeben und durch eine spätere Collectiv-Eingabe näher motivirt haben, indem auch ich, alle in jener ungesetzlich constituirten Versammlung gefaßten Beschlüsse, namentlich den, wegen eines, auf die Steuerpflichtigen des Bezirks zu repartirenden Steuer-Zuschlages für null und nichtig und Jedermann gegenüber für unverbindlich hiermit erkläre.

Da der Austrag unserer, zu meinem aufrichtigsten Bedauern entstandenen Differenz zunächst vor die Kompetenz des bevorstehenden Prov.-Landtags gehört, so habe ich geglaubt die Mitglieder desselben durch Mittheilung dieses Schreibens in wortgetreuer Copie, jetzt schon von der Sachlage in Kenntniß setzen zu dürfen, um einer allenfallsigen Ueberrumpelung derselben hiermit vorzubeugen.

Ew. Excellenz
ganz ergebenster ec.

2.
Circularschreiben an die Mitglieder des Communal- wie des Provinzial-Landtages
von Westphalen zur Beleuchtung einer Entgegnung*[8] des Protestschreibens sub I.
Seitens des gewählten Vorsitzenden des Communal-Landtages, vom 2. März 1868.

Der „erwählte Vorsitzende" des am 13. Januar l. J. [//19//] Petitione
principii qua rite constituirt behaupteten Communal-Landtages des
Herzogthums Westphalen, hat an die Mitglieder des Communal-
wie des Provinzial-Landtags auf die, bei Sr. Excellenz dem Herrn
Landtags-Commissar eingelegten Proteste wegen rechtswidriger
Constituirung des fr. Communal-Landtages, *seine* Entgegnung gelangen lassen.
Dieser Entgegnung abermals entgegnen zu wollen, schien mir
langweilig und überflüssig, und glaubte ich daher, um nicht gleichfalls weitläufig werden zu sollen, mich nur darauf zu beschränken,
die in der Entgegnung eingestreuten einzelnen Behauptungen zu
ercerpiren, und sie in Form von Thesen, wie sie Kandidaten höherer
Grade, oft gegen besseres Wissen und nur zur Erprobung ihrer
Schlagfertigkeit in der Dialektik auf zustellen pflegen, meinen Land-
tags-Collegen in nuce vorführen zu dürfen; da es ja abgesehen von
dem immerhin möglichen Einfluß, den diese „Entgegnung" auf die
Proteste selbst haben könnte, vom allgemeinsten Interesse ist, ein
derartiges Programm unseres, auch für die nächste Landtags-
Periode präsumtiven Herrn Vice-Landtags-Marschalls zu besitzen.
In stricter Fassung und von dem concreten Fall abstrahirt, dürfte
dasselbe in folgenden Sätzen sich formuliren:

Thesis I<u>ma</u>
Da nach §. 28 des Stände-Gesetzes vom 27. März 1824 dem Landtags-Commissar die Prüfung der Wahlprotocolle nach Form und
Inhalt in der Weise zusteht, daß er die Wahl entweder als gültig
anerkennt, oder eine Neuwahl anordnet (und – füge ich ergän-
zend hinzu – er auch die Documente der von Sr. Majestät zu Vi-

---

[8] *Vgl. Anlage 3. Seite 50 ff [im vorliegend Band →S. 278 ff].

rilstimmen Berufenen zu prüfen hat); so ist er auch jeder Zeit befugt, eine von ihm bereits als gültig anerkannte Wahl (und jede durch ihn zu einer Virilstimme berechtigt anerkannte Persönlichkeit) ohne Weiteres wieder zu cassiren; und wie er nach §. 32 l. c.*[9] die Mitglieder des Provinzial-Landtages besonders einzuladen hat, so hat er ohne H. und nach Belieben sie auch [//20//] wohl einmal *besonders nicht einzuladen.* (conf. Anlage 3. S. 51, Z. 8-16.)

Thesis II[da]
Der Fahneneid, der Eid der Staatsdiener und der Huldigungseid der Ritterschaft *bedürfen,* entgegen dem Rechtsgrundsatze: daß jedes Versprechen zu seiner Gültigkeit, von dem, dem es *gegeben* werden soll, auch *angenommen* werden müsse, ausnahmsweise *eines Acceptes nicht*; da in der *Forderung Dessen* dem der Eid geschworen werden soll, *daß er geschworen werden müsse,* und nachdem er in Folge dieser Forderung geleistet worden, ein Accept keines Wegs zu erkennen ist. (conf. Anlage 3. S. 52, Z. 16-20.)

Thesis III[ia]
Wenn in einem gegebenen Falle *von der Anwendung eines Gesetzes selbstverständlich keine Rede sein kann,* beispielsweise von der Anwendung des Gesetzes vom 23. Juli 1847 wegen Entziehung oder Suspension ständischer Rechte wegen bescholtenen oder angefochtenen Rufes; tritt allemal Cabinets-Justiz an die Stelle des Gesetzes, (conf. Anlage 3. S. 53, Z. 25-31.)

Thesis IV[ta]
Die reiflich prämeditirte Nicht-Einladung (Siehe Thesis I[ma].) eines Landtags-Mitgliedes um damit seine Betheiligung an den Berathungen und Beschlüssen des selben zu verhindern, *involvirt mit*

---

9 * §. 32 des Gesetzes vom 27. März 1824 lautet: „Die Ladung der Mitglieder zu dem für die Eröffnung des Landtages bestimmten Tage geschieht zu gehöriger Zeit durch Unsern Commissarius."

Nichten die factische Suspension seiner ständischen Befugnisse,
(conf. Anlage 3. S. 54, Z. 5-8.)

Thesis V[la]
Wo immer eine Frage der Allerhöchsten Entscheidung *unterbreitet*
worden, wird derselben in *keiner Weise*, vielmehr am allerwenigsten dann vorgegriffen, wenn der Besitzstand *nicht respectirt* wird.
(conf. Anlage 3. S. 54, Z. 1-5.)

Wenn es nun auch nicht, wie schon oben gesagt, in meiner Intention
liegen kann, gegen diese Thesen öffentlich als Opponent [//21//] auftreten zu wollen, da sie ja ohnehin für den bevorstehenden Provinzial-Landtag, muthmaßlich zu den interessantesten Disputationen ein
überreiches Material bieten; so kann ich mich doch nicht auch stillschweigend zu einer wesentlichen Fälschung verhalten, die – ob
absichtlich oder unabsichtlich, mag als unerheblich dahingestellt
bleiben – in die „Entgegnung" sich eingeschlichen hat. Es lautet
nämlich auf Seite 51, Zeile 28-32 derselben die clausa concernens
respectiva wörtlich:

„der Graf von Westphalen, nachdem er in seinem Schreiben an
das Herrenhaus vom 28. Juli 1866 den Sr. Majestät dem Könige
geleisteten Huldigungs-Eid wegen Bundesbruchs Seitens Sr. Majestät Regierung ausdrücklich für hinfällig erklärt hat ec.",

während doch jede redliche und unbefangene Einsicht in die wenigen nüchternen Zeilen des citirten Schriftstückes zu der Anerkennung reinster Objectivität der Auffassung nöthigen müßte. Denn um
keines Haares Breite hatte ich den enggezogenen Kreis beschränkten
Unterthanen-Verstandes dabei zu überschreiten mir gestattet. Ob –
wie Eingeweihte einerseits behaupten, der Bundesbruch vom Jahre
66 durch einen bundeswidrigen Beschluß hervorgerufen wurde? ob
– wie von Augen- und Ohren-Zeugen andererseits berichtigend ent-
gegnet wird, derselbe nur durch ein unglückliches Mißverständniß,

durch die tragikomisch-thatsächliche Verwechselung eines Majori-
täts-Beschlusses mit einem gar nicht zur Abstimmung gekommenen
Antrage Seitens des Bundestagsgesandten Herrn von Savigny herbeigeführt morden? – ob das Eine wie das Andere unwesentlich, von
besonderem Einfluß auf die Geschicke des deutschen Vaterlandes
nicht war; vielmehr das einseitig gefühlte Bedürfniß nach Machtent-
faltung der preußischen Spitze, behufs Neugestaltung der vaterlän-
dischen Verhältnisse, wie ein solches ursprünglich von dem sog.
National-Verein ausgegangen und angeregt worden, dann – als moralische Eroberungen unzureichend und zu zeitraubend befunden
wurden, der Weg der Expropriation mit Blut und Eisen sicherer zum
Ziele führend als allein practisch erkannt ward; der Bundesbruch
daher auch ohne jegliche Bedeutung formaler Vorwände so wie so
sich vollzogen habe? – sind Fragen, die bei der unabsehbaren Trag-
weite des Ereignisses, und den noch nicht zu übersehenden Folgen
die dasselbe auf die Entwicklung der deutschen [//22//] Verhältnisse,
vielleicht selbst auf die von ganz Europa üben könnte, die kritische
Historiographie wol noch über unsere Lebensdauer hinaus beschäftigen mögen, mir aber von meinem Standpunkte aus viel zu ferne
lagen, um in einem öffentlichen Documente ein endgültiges Urtheil
mir anmaßen zu wollen. Mir viel mehr genügte das nackte Factum
des Bundesbruchs zur Beurtheilung meiner Stellung zu demselben
als Unterthan, und daß dieses Factum genau mit denselben Worten,
wie ich sie in meiner Erklärung an das Herrenhaus wiedergab, durch
den Staatsanzeiger zu meiner, wie zu der eines jeden Preußischen
Unterthanen Kenntniß offiziell gebracht worden war. – Und wenn
ich hier es auch nur mit dem erwählten Vorsitzenden des am 13.
Januar l. J. rite (?) constituirten Communal-Landtags für das Herzogthum Westphalen zu thun habe, so kann ich doch, zur Wahrung
meines Standpunktes nicht umhin ihn zu ersuchen, von dieser meiner Berichtigung seiner Entgegnung geneigte Notiz nehmen zu wollen.

3.
Abschiedsworte an die Collegen des westphälischen Provinzal-Landtags zu
Münster, gesprochen am 18. März 1868; nach stenographischer Aufzeichnung.

Zunächst muß ich Sie bitten, meine Herren, bei dem Friedensschluß,
zu dessen Feier wir uns hier versammelt haben, die Friedenspfeifen
nicht ausgehen lassen zu wollen, da dieses Fest, nach meinem Dafürhalten, auch äußerlich einen specifisch vertraulichen Charakter
nicht verläugnen sollte.

Den nächsten Anlaß aber zu Friedenspräliminarien gab ein
Schreiben des Herrn Landtags-Commissars vom 22. d. M. an mich
folgenden Inhalts (liest):

„Nachdem dem Herrn Minister des Innern davon Anzeige erstat-
tet worden, daß Ew. Hochgeboren die Sitzungen des zur Zeit versammelten Westphälischen Provinzial-Landtags vom 15. und 16.
d. M., obwohl Sie zu dem Landtage von mir, als dem zu der
[//23//] Legitimationsprüfung der einzelnen Mitglieder gesetzlich
zunächst berufenen Landtags-Commissarius, nicht eingeladen
worden, dennoch besucht und die Sitzung vom 16. d. M., der von
dem Landtags-Marschall an Sie gerichteten Aufforderung ohnge-
achtet, nicht verlassen haben, bin ich von dem Herrn Minister des
Innern mittelst Erlasses vom 18, d. M. auf Grund des Art. VI. der
Verordnung vom 13. Juli 1827*[10] – Ges.-Samml. 1827 S. 109 – und
im Einverständnisse mit dem Königlichen Staats-Ministerium,
beauftragt worden, Ihnen den Zutritt zu den ferneren Sitzungen
des Provinzial-Landtags nicht zu gestatten, so lange Ihre, an das
Herrenhaus gerichtete Erklärung vom 28. Juli 1866 fortbesteht,
wonach Sie sich von dem geleisteten Homagial-Eide losgesagt,

---

[10] *Artikel VI. lautet: „Den vormaligen unmittelbaren Reichsständen ist der Zutritt auf
den Landtagen nur nach vorhergegangener Huldigung nach Vorschrift des §. 3 Unserer Instruction vom 30. Mai 1820, den übrigen Mitgliedern des Standes der Fürsten
und Herren und der Ritterschaft, sowie den Besitzern landtagsfähiger Rittergüter die
Wahl und Wählbarkeit in der Ritterschaft nur nach vorher abgeleistetem Homagio zu
gestatten."

und sich damit jedenfalls des Rechtes, die entsprechenden ständischen Befugnisse auszuüben, begeben haben.

Aus Grund des mir ertheilten Auftrages, wird Ihnen hierdurch der Zutritt zu dem Provinzial-Landtage mit dem Bemerken untersagt, daß mir zur Sicherung der Ausführung dieser Maßregel die erforderlichen Vollmachten ertheilt worden sind.

Der Königliche Landtags-Commissarius
von Düesberg."

Wenn ich nun dieses Schreiben in Beziehung auf mein ferneres Verhalten in Erwägung nahm, so hatte ich die Wahl zwischen dreierlei einzuschlagenden Wegen.

Erstens konnte ich mich zu diesem Schreiben des Herrn Landtags-Commissars verhalten, wie ich mich auch gegen sein Schreiben vom 12. d. M. verhalten hatte, in welchem mir mitgetheilt worden, daß er auf Grund der Allerhöchsten Ordre [//24//] vom 26. Februar ermächtigt sei, meine Ladung zu dem Landtage zu unterlassen; indem ich auch dieses wie jenes unberücksichtigt ließ, und mein Verharren in der Behauptung des Besitzes eines wolerworbenen Rechtes fortsetzte. Ich habe mich hier des kühnen Ausdruckes „wolerworbenen Rechtes" bedient, und dies nicht ohne Vorbedacht, denn da das Recht, auf dem Landtage von Westphalen und zwar auf der Bank der Fürsten und Herren zu erscheinen, mir in der Verleihungsurkunde auf Grund der Verdienste meiner Vorfahren, deren Rechtsnachfolger ich bin, ertheilt worden, so darf ich es ohne Anmaßung auch als ein wolerworbenes bezeichnen. Wenn mein Recht auf jenes Prädikat aber auch einen Anspruch nicht machen könnte, hätte es mir dennoch zugestanden, meinen Besitz in demselben zu behaupten und die Aufforderung des Herrn Landtags-Commissar: in Folge Auftrages des Herrn Ministers des Innern und im Einverständnis; mit dem Königl. Staatsministerium, dasselbe aufzugeben, vollständig zu mißachten. Denn so bald ich ein Recht in dessen faktischem Besitz ich unzweifelhaft bin, behaupten will, kann mir dieses Recht ohne processualisches Verfahren, oder ohne ein auf verfassungsmä-

ßigem Wege erlassenes Gesetz weder durch einen einzelnen Minister, noch durch das gesammte Staatsministerium willkürlich entzogen, oder ich bei dessen Wahrung und Ausübung auch nur behin-
dert werden. Aber, meine Herren, wohin hätte dieser fernere Widerstand geführt? Der Herr Landtags-Commissar zeigt mir in dem
Schreiben zugleich an: „er habe zur Sicherung der Ausführung jener
Maßregel, mir den Zutritt zu dem Landtage zu untersagen, die erforderlichen Vollmachten ertheilt erhalten." Worin anders können
diese Vollmachten aber bestehen, als eben darin, daß, wenn ich auch
ferner noch in der Aufrechthaltung meines Rechts verharren sollte,
er meinem Zutritt zu den Sitzungen einen materiellen Widerstand
entgegen zu setzen habe. Und wozu hätte das geführt? Einfach zu
einem kindischen Scandal. Bis zu einem solchen die Sache zu treiben, konnte in meiner Absicht nicht liegen, und verwarf ich diese
erste Alternative daher vollständig. Ich ließ mir dabei genügen, daß
mir von dem Herrn Landtags-Commissar die Mittheilung gemacht
wurde: er hielte sich für bevollmächtigt, zur Sicherung der Ausführung seiner Maßregeln jedes Mittel in Ausführung zu bringen. Zwar
hätte ich wenigstens den Nachweis einer solchen Bevollmächtigung
[//25//] verlangen können, wie ich durch unsern Herrn Landtags-
Marschall auch den Nachweis verlangt hatte, über die angebliche
Ermächtigung des Commissars, meine Einladung zu dem Landtage
zu unterlassen, die er, wie er geltend machte, auf eine, mir aber völlig unbekannte, Allerhöchst erlassene Ordre begründete. Gestatten
Sie mir, Ihnen auch von diesem kurzen Schriftstücke das bereits vom
12. d. M. datirt, durch Verlesen vollständige Kenntniß zu geben
(liest):

„Mit Beziehung auf die durch meine Amtsblatt-Bekanntmachung
vom 6. d. M. zur öffentlichen Kenntniß gebrachte Einberufung
des Westfälischen Provin-zial-Landtages auf den 15. d. M, unter-
lasse ich nicht, Ew. Hochgeboren davon zu benachrichtigen, daß
ich durch Erlaß des Herrn Ministers des Innern vom 4. d. M., auf
Grund der von Seiner Königlichen Majestät unter dem 26. Febru-

ar d. J. erlassenen Allerhöchsten Ordre ermächtigt worden bin, Ihre Einladung zu dem am 15. d. M. zusammentretenden Westphälischen Provinzial-Landtage zu unterlassen.
Der Königliche Landtags-Commissarius.
Ober-Präsident von Westphalen
von Düesberg."

Ich verlangte also durch Vermittelung des Herrn Landtags-Marschall, jene zwar citirte, aber weder mir persönlich insinuirte, geschweige denn in irgend einem öffentlichen Organ publicirte Allerhöchste Ordre vorab einsehen zu dürfen. Dieses Verlangen aber blieb unerfüllt, und es liegt also die Vermuthung nahe, daß, wenn diese Allerhöchste Ordre sich aus dem Portefeuille des Herrn Ministers des Innern nicht entfernen durfte, sie durch irgend einen Form-Mangel darin zurückgehalten worden, vielleicht weil sie den Anforderungen des Art. 44 der Verfassungs-Urkunde*[11] nicht entsprach. Ueber 8 Tage haben wir, trotz allen Drängens, auf ihr Erscheinen vergeblich gewartet, und nun bezieht sich das Ihnen zu Anfang verlesene [//26//] Rescript gar nicht mehr auf dieselbe, vielmehr auf einen Beschluß des Königl. Staats-Ministeriums. Im Grunde wäre hier also meine Renitenz um so mehr eine vollberechtigte, auch aus formalen Gründen gewesen, da bekanntlich unser Herr Landtags-Commissar als solcher, weder von einem einzelnen Minister, noch von dem gesammten Königl. Staats-Ministerium Aufträge entgegen zu nehmen hat, vielmehr als Königlicher Commissar dem Landtage gegenüber nur von Sr. Majestät Höchstselbst.

Indeß für mich stand wenigstens fest, daß unser Herr Landtags-Commissar zur Sicherung der Ausführung jener Maßregel: mir den Zutritt zu den fernern Sitzungen nicht zu gestatten, die erforderlichen, ihm ertheilten Vollmachten für maßgebend ansehe, und meine Bedenken gegen dieselben nicht theile. Und so glaubte ich diese

---

[11] *Artikel 44 der Verfassungs-Urkunde lautet: „Die Minister des Königs sind verantwortlich. Alle Regierungs-Akte des Königs bedürfen zu ihrer Gültigkeit der Gegenzeichnung eines Ministers, welcher dadurch die Verantwortlichkeit übernimmt."

amtliche Mittheilung zur Basis meines ferneren Verhaltens machen zu dürfen; denn wenn ein ehrenwerther Mann, – und das ist unser Herr Landtags-Commissar in Aller Augen, und ich selbst kenne ihn als solchen aus einer langjährigen Geschäftsverbindung, – wenn mir also ein ehrenwerther Mann eine derartige Drohung in Aussicht stellt, so muß ich auch annehmen, daß er sie vorkommenden Falles zur Ausführung bringen wird. Für die Wahrung meines Rechts war mir daher die Drohung allein schon vollständig genügend. Nicht Rechtsgründen gegenüber wich ich zurück, denn die zum reinen Ueberfluß herangezogene Verordnung vom 13. Juli 1827 werden wol auch Sie, meine Herren, nicht als ein Argument gegen mich erkennen wollen – sondern der in bestimmte Aussicht gestellten Gewalt weiche ich, und auf dem rein praktischen Gebiete kann auch ich nicht umhin, den Satz anerkennen zu müssen: *„Macht geht vor Recht."* – Ich verwarf also diese erste Alternative bei Beurtheilung meines ferneren Verhaltens und beschloß, meinen Widerstand auf Grund der Glaubhaftigkeit des Herrn Landtags-Commissars, als ehrenwerthen Mannes, nicht ferner fortsetzen zu wollen.

Wollte ich das aber nicht, so lag noch ein Auskunftsmittel vor. Die in Aussicht gestellten Sicherungs-Maßregeln jenes Verbots meines Erscheinens in den Sitzungen, sind nämlich gewissermaßen nur bedingt angedroht, indem es in dem Schreiben höher oben heißt: so lange Ihre an das Herrenhaus gerichtete Erklärung vom 28. Juli 1866 fortbesteht, wonach Sie [//27//] sich von dem geleisteten Homagial-Eide losgesagt. – Selbst von Freunden, die bis hierhin zu meiner Sache als einer gerechten und correcten gestanden, wurde mir nun der Rath ertheilt, auf das mir indirekt gebotene Auskunftsmittel einzugehen, indem sie argumentirten: es sei mir in mein Schreiben an das Herrenhaus etwas hineininterpretirt, was gar nicht darin stünde, nämlich die positive Erklärung meiner Lossagung vom Eide. Das stünde nicht darin; auch hätte ich das wol nicht einmal intendirt. Ich hätte ja nur ein subjectives Erachten ausgesprochen, gewissermaßen als etwas Fragendes, als etwas Bedenkliches hingestellt: ob unter den eingetretenen Umständen mein Homagial-Eid überhaupt noch in seiner vollen Integrität fortbestehe, oder ob derselbe nicht vielmehr als hinfällig geworden zu erachten sei; und auf diesem rein theoretischen Gebiete hätte ich mich zwar allerdings für die letztere Ansicht erklärt, damit aber noch keineswegs auch auf dem praktischen Gebiet und im juristischen Sinne eine Lossagung von meinem Eide mit allen Folgen und Consequenzen erklärt. Ich könne mich unter diesen Voraussetzungen also wol füglich dazu herbeilassen, mein fragliches Schreiben in diesem Sinne zu deklariren. Eine derartig geltend gemachte Auslegung lag nun allerdings nahe genug, und wäre für mich auch wol unbedenklich zu geben gewesen, obmol es immer so eine Sache ist, sich selbst zu interpretiren. Mein Bedenken dabei aber war: „Kommst du auf diesem Wege auch zum Ziele?" Und diese Frage konnte ich nicht anders, als mit „Nein" beantworten. Denn, wenn ich heute auch mein fragliches Schreiben deklaratorisch in dieser Weise interpretirt hätte, wenn ich gesagt hätte: „Ich protestire gegen diese und jede über den Wortlaut hinausgehende Auslegung; meine Worte enthalten diese erweiterte Auffassung nicht, und auf die Worte allein kann es rechtlich doch nur ankommen, dann, glaube ich, werden Sie mein Bedenken wol begründet finden meine Herren, daß ich damit keineswegs genügt, und alle Hindernisse meines Erscheinens auf dem Landtage nicht beseitigt gehabt hätte. Der Schwerpunkt liegt vielmehr in den Worten: So lange Ihre an das Herrenhaus gerichtete Erklärung fortbesteht. – Auf dieses Thema, auf die Revocation meiner eigenen Worte einzugehen, war aber eine Zumuthung, die man mir bei meinem Charakter nicht stellen konnte. Es liegt nun zwar ein Präcedens eines [//28//] großen Mannes vor; aber jedem großen Manne in jeder Beziehung die Fußstapfen nachtreten zu wollen, ist auch so eine Sache. Ihnen allen ist die Geschichte bekannt. Das Anekdötchen ist heut zu Tage in dem Munde fast jeden Schulkindes, vielleicht eben nur als ein erfundenes Anekdötchen, wie uns eine unkritische Historiographie deren so viele aufbindet. Doch einerlei. Es wird erzählt und geglaubt, daß zu jenen Zeiten, als mittelalterliche Finsternis noch auf Europa lagerte, zur Zeit der Gewissens-Inquisition, ein gewisser Galilei auch einmal ein

Erachten gehabt habe. Er erachtete nämlich, es sei falsch, annehmen zu wollen, die Erde stehe still, und die Sonne bewege sich um sie. Er sei vor die sogenannte Inquisition gezogen worden, weil man geglaubt, in diesem Erachten eine gemeinschädliche, wie man es damals nannte, ketzerische Anschauung finden zu müssen, und sei unter Bedrohung von Entziehung garantirter Menschenrechte zur Revocation seiner erkannten Wahrheit bestimmt worden. Er that es, drehte sich um, und dachte halblaut: „eppur si muove", zu deutsch: und er ist dennoch hinfällig geworden. Von solchen reservationes mentales, meine Herren, bin ich nun einmal entschieden kein Freund, wie ich im weitem Verlauf meiner Rechtfertigung Ihnen darzuthun noch Gelegenheit haben werde, und stand dieser Gewissensscrupel mir also im Wege, meine gethane Aeußerung förmlich wieder zurückzunehmen. – Wollte ich das aber nicht, mit einer bloßen Deklaration kamen wir schwerlich weiter. Im günstigsten Falle wurde dieselbe von dem Herrn Landtags-Commissar höchstens ad referendum entgegen genommen; eine neue Rückfrage nach Berlin; ein neues achttägiges Warten unserer Seits auf eine Entscheidung, und nach abermaligen 8 Tagen die Sachlage gerade in demselben Stadium, in dem ich heute zu wählen und mich zu entscheiden habe. Ich mußte also auch dieses Expediens verwerfen.

Ich wähle daher ein Drittes, enthalten in einer Erklärung aus eigener Initiative an den Herrn Landtags-Marschall, und erlaube mir, Ihnen dasselbe hiermit vorzulesen (liest):

„Ich erkläre mich um des Friedens Willen bereit, mein behauptetes Recht: auf dem Provinzial-Landtage für Westphalen aus dem Titel der mir und meiner Familie Allerhöchst verliehenen Virilstimme-Berechtigung erscheinen, und an dessen Verhandlungen auch ohne [//29//] specielle Ladung mich betheiligen zu dürfen, – nicht weiter geltend machen zu wollen, unter der Bedingung, daß es mir gestattet werde, in einem Lokale außerhalb des Ständehauses, und an einem mit dem Herrn Landtags-Marschall noch zu vereinbarenden nächsten Tage, sämmtliche Mitglieder des Landtages, die zu diesem Berufe unter entsprechender Anweisung der Herren Aus-schußdirigenten für die Dauer dieser Privat-Versammlung von allen amtlichen Funktionen und Verpflichtungen von ihm ausdrücklich entbunden werden, zu einem Abschieds-Worte und zur Entgegennahme meiner Rechtfertigung, sowohl in Beziehung meines, trotz unterlassener Ladung erfolgten Erscheinens, als auch in Beziehung meines hiermit erklärten freiwilligen Austritts aus dem Landtage zu einer Versammlung einladen zu dürfen.

Münster, den 21. März 1868."

Dieser Ausweg wurde acceptirt, und wurde in Folge dessen mir gestattet, die Herren einzuladen, und zwar unter der mir gegebenen Garantie, daß Sie für die Dauer, die dieser Zweck der Rechtfertigung meiner Handlungsweise meinen Collegen gegenüber in Anspruch nehmen würde, von allen Landtags-Obliegenheiten beurlaubt seien.

Es war aber eine natürliche Rücksichtsnahme meiner Seits gegen unsern Herrn Landtags-Marschall, den ich zu meinem Bedauern hier nicht anwesend finde, der in der Voraussicht daß mir zu meiner Rechtfertigung die Zeit von 2 Stunden genügen würde, auf 12 Uhr eine Sitzung anberaumt hatte, wenn ich punkt 10 Uhr schon darum bat, daß die Herren ihre Plätze einnehmen möchten. – Doch nach dieser Abschweifung wieder zur Sache.

Wie ich vorhin schon angedeutet hatte, scheint mir nämlich der Art. VI. der Verordnung vom 13. Juli 1827 hier ganz ungehörig herangezogen, denn es besagt eben dieser Artikel weiter nichts, als daß mein Zutritt auf dem Landtage nur nach vorher abgeleistetem Homagi zu gestatten gewesen sei, und da dieser Bedingung seiner Zeit in optima forma genügt ward, so kennen Sie in Folge dessen in mir einen Ihrer ältesten Collegen, ja selbst Ihren langjährigen Vorsitzenden und Leiter Ihrer Geschäfte. Nun soll die Sache aber so gedreht [//30//] werden , als sei sie durch mein Schreiben an das Herrenhaus vom 29. Juli 1866 in einen früheren Stand zurück versetzt worden. Erlauben Sie mir daher, daß ich auf eine Analyse dieses

Schriftstückes, als eines, nach meiner Auffassung, vor das ganz ungehörige Forum einer erneuten Legitimations-Prüfungs-Behörde geschleppten corpus delicti näher eingehen darf.

Zunächst wird dieses Schriftstück als eine Erklärung bezeichnet, und ich gebe zu, daß diese Bezeichnung selbst im streng juristischen Sinne eine zutreffende ist. Ich erkläre nämlich dem Herrenhause, und zwar an seine Adresse: daß ich mich an den Berathungen des hohen Hauses ferner nicht mehr betheiligen wolle, – und weiter nichts. Das „Warum nicht" ist eben nur Motiv dieser Erklärung, keines Wegs eine Erklärung selbst. Denn 1. ist die fragliche Stelle nach Form und Inhalt nicht anders als Motiv zu deuten; 2. wäre es höchst unjuristisch, einem Dritten etwas erklären zu wollen, was diesen gar nichts angeht; 3. sollte eine derartige, in ihrer Adresse an einen Dritten gänzlich verfehlte, also irrthümliche Erklärung dennoch als solche aufgefaßt werden können, so fehlte der Accept dessen, an den sie eigentlich zu richten gewesen wäre. – Denn, meine Herren, in dem Ansinnen, sich seiner aus einem Rechtsverhältniß abgeleiteten Rechte zu begeben, ohne ihn gleichzeitig seiner Verpflichtungen zu entbinden, darin werden Sie doch wol keinen Accept einer Kündigungserklärung jenes Rechtsverhältnisses erkennen wollen.

Aber, meine Herren, ich begreife, daß es für Manchen schwer sein mag, sich von Vorurtheilen wieder frei zu machen. Haben diese einmal Wurzel geschlagen, man mag noch so redlich dagegen kämpfen, sie treiben immer wieder Wasserloden, wie es der Forstmann nennt. Es liegt in der menschlichen Natur, daß, wenn sie einmal eine subjektive Auffassung ergriffen hat, sie sich nur schwer von Neuem auf einen rein objektiven Standpunkt versetzen kann. Am leichtesten kommt man noch dazu, wenn man vorab von dem concreten Falle an sich ganz abstrahirt und ihn in einem Spiegelbilde unbefangenen Blicks in's Auge faßt, eine Praxis die Malern sehr geläufig ist. Erlauben Sie mir daher, Ihnen ein derartiges Spiegelbild, – ein Analogon, – eine Parallele zu meinem Falle vorzuführen, die ich mir angelegen sein lassen werde mit mathematischer Genauigkeit zu construiren.

[//31//] Nehmen wir an, im Hause der Abgeordneten säße schon während mancher Sitzungs-Periode ein Quidam, dessen Legitimations-Prüfung seiner Zeit auch zu der geringsten Beanstandung keine Veranlassung gegeben hätte; auch hätte derselbe vor Beginn seiner parlamentarischen Thätigkeit den vorgeschriebenen Eid auf die Verfassung rite abgeleistet. Zufällig wäre dieser Quidam aber ein eifriger Schüler und Anhänger des bekannten Professor Dr. *Carl Vogt*, – der Fall ist ja doch wol denkbar. – Ich weiß nun nicht, wenn ich weiter fortfahre, ob ich nicht Herrn Vogt Unrecht thue. Ich habe nämlich nie eines seiner naturphilosophischen Werke studirt, oder auch nur gelesen, noch auch jemals seinen populären Vorträgen in dieser Doktrin gelauscht; ich weiß davon nur durch Hören-Sagen. Doch handelt es sich ja hier überhaupt nur um eine Fiktion, und nehme ich also getrost an, daß Herr Dr. Vogt, als Materialist vom reinsten Wasser, die Thesis behauptet: „es sei nichts wirklich, was sich durch die äußern fünf Sinne nicht erfassen ließe; nichts reell, was nicht real, nichts real, was nicht auch reell sei. Alles was der Mensch sich außerdem als wahr und wirklich denke sei reines Hirngespinnst; daher auch der Begriff der Gottheit ein leerer Wahn. Ja es geht noch weiter: selbst das Spiritualistische im Menschen selbst, – Seele – namentlich eine Gewissensstimme, mit der Recht von Unrecht unterschieden werden könne, sei ein Blendwerk; der Mensch sei eben nur einfach eine Affenspecies und weiter nichts." – Ich wiederhole, ich weiß nicht, ob ich zu viel sage, und bin gern bereit, wenn ich Herrn Vogt zu nahe getreten sein sollte, indem ich schlecht berichtet worden, ihm jederzeit Abbitte thun zu wollen.

Nun, dieser Schüler und Anhänger jener Philosophie und zugleich Mitglied des Abgeordneten-Hauses käme, auch gezwungen durch die unbeugsamen Gesetze einer unwandelbaren Logik, zu dem Schluß: ergo ist der Eid überhaupt, seiner innersten Natur nach, und implicite auch der Eid auf die Verfassung eine reine Affencomödie. Gehen wir weiter: Vielleicht vor Jahr und Tag hätte nun dieser Herr eine Veranlassung gehabt, – möge sie in einer geschäftlichen, oder außergeschäftlichen Beziehung geboten worden sein, –

immer aber, wie der Jurist sagt, in re inter alios gesta, – diese seine Anschauung zur Aussprache zu bringen, ja sie wäre vielleicht selbst [//32//] in einem von ihm ausgegangenen Schreiben schwarz auf weiß ihm nachweisbar gewesen. Und nun erlaube ich mir die Frage an die geehrten Herren, namentlich an unsre drei Collegen, die zugleich Mitglieder des Abgeordneten-Hauses zu sein die Ehre haben, ob es wol denkbar sei, daß aus einer zufällig gethanen Kundgebung über ein philosophisches Thema, aus dem gelegentlich geäußerten Erachten über den moralischen Werth des Eides, der Anlaß zu einer erneuten Legitimations-Prüfung dem hohen Hause vorgeschwebt hätte? Denn ob hier eine Commission und endgültig das Plenum über die Legitimation der Mitglieder zu erkennen hat, und bei uns ein Commissar, das ist doch wol unwesentlich. Sollten Sie es aber für unwesentlich nicht halten, indem was dort undenkbar ist, hier nicht das geringste Bedenken erregt , so versetzen wir eben die Scene auf eine andere Bühne; nehmen mir an, jener Quidam hätte unter uns gesessen, oder, – wenn Sie daran Anstoß nehmen, und es lieber sehn sollten ihn anderswo zu wissen, bin ich gern bereit, Ihren Wünschen entgegen zu kommen, – er hätte in irgend einem Provinzial-Landtage der Preußischen Monarchie, und zwar, um ganz correct in meinem Bilde zu bleiben und in Berücksichtigung des Art. VI. der Verordnung vom 13. Juli 1827 auf der Bank der Fürsten und Herren oder der der Ritterschaft gesessen, und der betreffende Herr Landtags-Commissar wäre gegen ihn genau in derselben Weise verfahren, wie er sich bevollmächtigt erklärt, gegen mich eingeschritten zu sein, – Hand aufs Herz! meine Herren, – sind Sie nicht überzeugt, daß, wenn der Vorfall auch nur zur Kunde eines Mitgliedes des Abgeordneten-Hauses gekommen, gleich in der nächsten Sitzung ein wahres Hagelwetter von Interpellationen über den Ministertisch hergefahren wäre: „ob ein hohes Staatsministerium Kenntniß von diesem Vorgehn erhalten? Wer die Verantwortung für eine so schreiende Verletzung des Art. 27 der Verfassungs-Urkunde übernehmen wolle? Ob die Gewissensfreiheit, das unveräußerliche, uralte Menschenrecht der Gedanken-Zollfreiheit über den Haufen gestoßen? Ob über Nacht der moderne Rechtsstaat escamotirt, und in einen mittelalterlichen Inquisitionsstaat verkehrt werden solle?" – und was derlei schöne Redensarten mehr sind.

Nun, meine Herren, ich hatte Ihnen eine absolut correcte Parallele versprochen, und bis auf einen gewissen Punkt glaube ich mein Versprechen gehalten zu haben. Von da ab nehmen [//33//] dann aber beide Linien allerdings eine divergirende Richtung an, ja sie weichen eigentlich diametral von einander. Die Parallele zwischen jenem Quidam und meiner Wenigkeit hat nämlich da ihr Ende erreicht, wo es sich um die Beurtheilung des Eides handelt, den ich für die menschliche Gesellschaft für ein ebenso heiliges wie unentbehrliches Gut halten muß. Lebten wir im Zustande evangelischer Unschuld, lebten wir als wahre Jünger Christi, diente seine göttliche Lehre uns zur alleinigen Richtschnur all' unsrer Handlungen, beobachteten wir jede seiner Mahnungen und Warnungen, und so auch jene, daß wir von jedem eitel und unnütz gesprochenen Worte Rechenschaft abzulegen hätten; während mir umgekehrt eine Pflichtversäumnis darin erkennen, wenn mir nicht Tag für Tag tausend und aber tausend eitle und unnütze Worte unsrem Nächsten an den Kopf geworfen nur uns der socialen Rücksicht, daß die Conversation, und wäre sie auch eine noch so schaale und leere, ja nicht durch unsre Versäumniß in's Stocken gerathen dürfe, – beobachteten wir diese göttliche Warnung, ja dann allerdings könnten wir uns auch wörtlich an die Weisung halten: „Eure Rede sei Ja, Ja und Nein, Nein." Dann hätte eben jedes „Ja" und jedes „Nein" die Bedeutung und den Werth eines Eides, es wäre selbst ein Eid. Da dem aber so nicht ist, da es uns zur andern Natur geworden, mehr eitle und unnütze Worte im Munde zu führen, als wahre und bedeutende, – denn eitel und unnütz ist jedes Wort, mit dem mir nicht eine Wahrheit, und sei es auch die unbedeutendst scheinende, zu fördern und zu klären bestrebt sind; da dem also nicht so ist, so bedürfen mir für uns selbst eines äußern Zeichens, um ein wahres von einem eitlen, ein bedeutungsschweres von einem unnützen Worte zu unterscheiden, und unter der Anrufung des heiligsten Namens Gottes prüfen wir beim Eide unser Gewissen, ob wir ein „Ja" bis an das Ende unserer Tage mehr halten, ob wir mit einem „Ja", oder „Nein". die Wahrheit aufrecht halten – für sie zeugen wollen. Und was die sogenannten reservationes mentales betrifft, so erkläre ich mich dahin: daß jede mala fide heimlich gehaltene reservatio mentalis um von ihr einen gelegentlichen Gebrauch zu machen, dem prämeditirten Eidbruche resp. dem beabsichtigten Meineide gleich zu achten sei. Der Eid aber ist ein doppeltes Verhältnis ein actives und ein passives, ein Geben und Empfangen [//34//] und daher wahr und heilig zu halten auf der einen wie auf der andern Seite, und darum auch jede reservatio Seitens des Acceptanten des Eides ebenso verwerflich, wie Seitens dessen der den Eid leistet. Und ferner ist auch jeder Eid seiner Natur nach nur ein bedingter, wie überhaupt für die menschliche Fassungsgabe jeder Begriff nur ein bedingter sein kann. Bei einem absoluten Abstractum hört alles Denken auf, es zerplatzt, wenn wir es begreifen wollen, als Seifenblase. Fällt daher bei einem eidlich erhärteten Verhältnisse eine oder die andere oder mehrere unerläßliche Bedingungen selbst auch gegen den Willen und das Zuthun beider Contrahenten durch eine außerhalb ihrer Willenssphäre wirkende vis maior, so wird mit dem Hinfall des Bedingenden auch das Bedingte, hier das Verhältniß selbst hinfällig.

Diese allgemeinen Betrachtungen vorausgeschickt, gestatten Sie mir, wieder auf unser corpus delicti zurückzukommen. Denn, wenn ich auch glauben darf Sie vollständig davon über zeugt zu haben, daß es formal ungehörig war, dasselbe vor einem unzuständigen Forum zum Anlaß einer erneuten Legitimationsprüfung für meine Mitgliedschaft auf dem Landtage zu nehmen, so ist es mir außerdem doch auch noch ein Bedürfniß, meinen Herrn Collegen auch in Rücksicht auf dessen materiellen Inhalt Rechenschaft abzulegen.

Bei einem correkten Syllogismus, – und ich glaube in meinem Schreiben an das Herrenhaus die streng syllogistische Form gewissenhaft beobachtet zu haben, kommt es nur auf die Vordersätze an. Sind die richtig, so übernimmt die unwandelbare Logik die Verantwortung für den Nachsatz und enthebt uns derselben vollständig.

Meine Vordersätze aber sind in den Worten enthalten: „Als Deutscher konnte und durfte ich nur einem deutschen Bundes-Fürsten huldigen" und b. „der Bundesbruch ist zugestandene Thatsache." Für die Thesis sub a. Ihnen einen vollgültigen, staatsrechtlich-juridischen Beweis liefern zu wollen, – die sub d. bedarf als etwas Zugestandenes keines Beweises mehr, – dürfte zu weitführend erscheinen. Auch darf ich mir nicht anmaßen ein Collegium logicum-juridicum mit Anwendung auf diese meine Thesis Ihnen lesen zu wollen. Nicht auf den Beweis der Unfehlbarkeit derselben Ihnen gegenüber kommt es mir ja auch an, – denn wenn Sie sich an Ihren Eid, selbst in Ihrem Gewissen, moralisch gebunden [//35//] glauben wollen, so habe ich nichts dagegen; mir ist es nur darum zu thun, auch für meine Auffassung, als einer subjectiv-berechtigten, nicht absolut verwerflichen und frevelhaften, Ihre Nachsicht und Duldung in Anspruch zu nehmen.

Toleranz ist nun allerdings eine Tugend, die man mehr in religiösen Beziehungen als auf dein juristischen Gebiete zu üben und in Anspruch zu nehmen gewohnt ist; jedoch nach meiner Auffassung nicht mit Recht. Zwischen beiden Disciplinen meine ich nämlich eine große Homogenität erkennen zu müssen; denn beide Wissenschaften, Theologie wie Jurisprudenz, haben das gemeinsame Ziel, mit Beachtung der Gesetze der Logik, die Forschung, Läuterung und Klärung der Wahrheit bis in die äußersten dem menschlichen Geiste faßbaren Sphären zu fördern. Und wenn in größerer Allgemeinheit das auch für jede wahre Wissenschaft zu gelten hat, so liegt doch ein wesentlicher Unterschied darin daß, während Historiographie und Naturwissenschaft die Wahrheit auf dem thatsächlichen und dem materiellen Gebiete zu läutern haben, Theologie und Jurisprudenz, in dem rein geistigen, ethischen Element des Menschen sich bewegen und darin leben. Ist es also gestattet, auf dem Felde der Theologie die wahre, die christliche Toleranz walten zu lassen und in Anspruch nehmen zu dürfen, warum nicht auch in juristischen Anschauungen da, wo wir eine mala fides vorauszusetzen nicht berechtigt sind? Als captatio benevolentiae und tolerantiae aber erlauben

Sie mir mich auf eine Auctorität zu beziehen, die wenn sie auch diese Thesis: „als Deutscher konnte und durfte ich auch nur einem
deutschen Fürsten huldigen"*12, nicht gerade mit meinen Worten
aufgestellt, und mit Argumenten begründet hat, doch füglich von
mir sehr wol in Anspruch genommen werden darf. Und diese Autorität,meine Herren, ist eben keine geringere, als die unseres jetzt in
[//36//] Gott ruhenden, so hoch verehrten Königs Friedrich Wilhelm
des IV. Und zwar darf ich mich auf ihn wieder nicht allein deßwegen
beziehen, weil er während einer langen segensreichen Regierung
unser König und Herr war, sondern außerdem noch als auf eine
wissenschaftliche Autorität auf dem Gebiete des Staatsrechts überhaupt und speziell auf dem Gebiete des Staatsrechts seiner Monarchie und des deutschen Bundesrechts im eminentesten Sinne des
Wortes. Denn schon als Kronprinz hatte er es erkannt, daß wenn er
dereinst dem ihm von Gott gestellten, schweren und hochwichtigen
Beruf eines Königs von Gottes Gnaden im wahren Sinne des Wortes,
eines wahrhaft von Gott begnadigten Herrschers entsprechen wolle,
er seine eminenten geistigen Naturanlagen nicht brach liegen lassen
dürfe. Früh schon, lange Jahre bevor er zur Ausübung seiner Berufspflichten gelangt war, hatte er erkannt, daß die Vorschule eines
christlichen Regenten nicht ausschließlich nur auf dem Erercirplatze
und auf dem Mannövrirfelde, oder nebenher nur noch in dem Studium der Hof-Etiquette und in der Zungenfertigkeit beim Gebrauch
der französischen Sprache bis zu einer Vollkommenheit, daß er mit
einem echten Pariser darin wetteifern könne, zu bestehen habe; daß
es ernsterer Studien bedürfe, wenn er seinem Berufe getreu, gerüstet
sein wolle auf alle Fälle, auch auf solche, wo in kritischen Momenten
bei eintretenden Umwälzungen im Staatenleben die Entscheidung

---

12 *Absichtlich hatte ich hier schlichtweg „einem deutschen Fürsten" gesagt, weil deutscher Bundesfürst ein reines superfluum ist, da zur Zeit des deutschen Bundes nur ein
Bundesfürst überhaupt ein deutscher Fürst sein konnte. Im weiteren Sinne mögen
auch der Czaar aller Reussen und die Königin von Großbrittanien, weil Oldenburger
und Welfen, noch als deutsche Fürsten gelten können, in staatsrechtlichem Sinne sind
sie es eben so wenig wie ein Hohenzoller, Glücksburger, Coburger auf dem Thron von
Rumänien, Griechenland und Belgien.

über Wohl und Wehe, ja, was noch weit wichtiger ist, über Recht und Unrecht in seiner Hand liegen könne; und daß in solchen Momenten der Fürst als ein von Gott verlassener zu beklagen sei, der dann statt aus eigener Gewissensüberzeugung zu handeln, sich auf Gnade und Ungnade dem Rathe irgend eines Staatsmannes zu überantworten habe, der zufällig gerade im Besitz des Ohres der Majestät sich befände, wie man sich in der Hofsprache auszudrücken pflegt.

Ich darf wol nicht befürchten, bei Beurtheilung meines Hochseligen Königs zugleich als wahren Fachgelehrten und als Autorität auf dem Gebiete des Staatsrechts und der deutschen Staatsrechtsgeschichte einer Uebertreibung bezüchtigt werden zu können. Dennoch erlauben Sie mir, meine Herren, einen Beleg für die Berechtigung dieser meiner Beurtheilung anzuführen.

Manchem, der – sei es weil er einer jüngern Generation angehört, sei es weil er in feinem Lebensberuf seinem [//37//] Könige zu fern stand, – ein eigenes, ausgeprägtes Urtheil über die sämmtlichen geistigen Fakultäten des Hochseligen sich nicht gebildet hat, dürfte es erwünscht sein auf eine Nachlassenschaft desselben aufmerksam gemacht worden zu sein, aus der das wenigstens bis zur Evidenz hervorgeht, daß er auf jenen wissenschaftlichen Gebieten sich vollständig heimisch gefühlt und sie frei beherrscht habe. Damit erlaube ich mir, Sie auf einen nachgelassenen Brief dieses Königs zu verweisen, der zwar bei seinem Erscheinen ein außergewöhnliches Interesse erregt hat und damit in weiten Kreisen bekanntgeworden, später freilich, – wie das ja der Weltlauf mit sich dringt, – durch neuere Ereignisse und interessantere Tagesfragen überholt, wieder mehr der Vergessenheit anheimgefallen ist.*[13] Dieser Brief nun war gerichtet an einen von ihm geachteten und verehrten Mann, ja man möchte wol sagen an einen alten Freund, dem er eine so treue Gesinnung und Neigung all' sein Leben bewahrt hatte, daß es seine erste Regententhat war, ihn in seine Beamtenwürde, an der er seit langen Jahren eine Einbuße zu erleiden gehabt hatte, in integrum zu restituiren.

---

[13] * Siehe Anlage 4. Seite 55 ff [im vorliegend Band →S. 284ff].

Dieser Mann hatte sich seinem Königlichen Freunde genaht, mit der, ich möchte sagen, kniefälligen Bitte, nicht im eigenen Interesse oder dem seiner Dynastie, selbst nicht in dem seiner Monarchie, – nein, nur im Interesse des gesammten deutschen Vaterlandes, das ihm so weit ging „als die deutsche Zunge klingt und Gott im Himmel Lieder singt", nur im Interesse und aus Liebe für diesen großen, reichen Volksstamm, die ihm aus dem sogenannten deutschen Reichsparlamente, das gerade zu jener Zeit vorübergehend in Frankfurt tagte, anzubietende Kaiserkrone nicht ablehnen zu wollen. Und lesen Sie den Brief, der auf diese Zumuthung folgte! Mit welcher Tiefe auf die Materie in ihrem ganzen Umfang eingegangen wird! Mit welcher längst fertigen, rein objektiv gehaltenen Beurtheilung das Thema behandelt und erschöpft wird! Immer liebevoll und nachsichtig gegen den weniger gut unterrichteten Freund, und nur der Versuchung selbst mit einem entschiedenen „Weiche von mir Satan!" begegnend. Seien Sie versichert! Wer immer eine [//38//] Materie so bespricht, dem ist sie auch eine längst geläufig gewordene, der beherrscht sie auch ganz.

Wie ich aber nun dazu komme Friedrich Wilhelm IV. als Autorität zu citiren für meine These: „Als Deutscher konnte und durfte ich nur einem deutschen Fürsten huldigen", das lassen Sie mich Ihnen in Kürze darthun.

Könige schreiben keine Compendien wie Professoren, aber was sie wollen ist aus ihren Handlungen zu lesen.

Als Friedrich Wilhelm IV. 1840 zur Thronbesteigung gelangte, ordnete er für seine sämmtlichen Unterthanen nach seiner Weise eine allgemeine Erbhuldigung an. Mit der Anordnung der Ausführung hatte er sich aber Höchstselbst befaßt, und dieselbe nicht etwa einem Ober-Hof-Ceremonienmeister überlassen. Denn Alles und Jedes sollte dabei eine Bedeutung haben, sollte aus einem historisch-staatsrechtlichen Boden entsprossen sein. Und so darf auch meiner Ansicht nach keine Anordnung dabei, und wäre es die geringste, als eine zufällige und gleichgültige aufgefaßt werden. Was aber war die auffälligste von diesen Anordnungen? Mitten durch seine Monarchie zog er eine wahre Demarkations-Linie, und theilte so dieselbe gewissermaßen in zwei getrennte Reiche, verbunden gleichsam nur, wie durch eine Personal-Union; beschied als unabhängiger selbstständiger Monarch seine getreuen Preußen und Polen für den 10. September zur Entgegennahme ihrer Huldigung nach seiner Haupt- und Residenzstadt Königsberg; und uns Angehörige des deutschen Staatenbundes auf den 15. October nach Berlin, um ihm da, als einem deutschen Fürsten, als einem Mitgliede des deutschen Fürsten- und Städtebundes unsre Gelöbnisse darzubringen.*14 – Oder sollte ich dem Einwände zu begegnen haben: Das sei doch eine sehr sophistisch gezwungene Auslegung jener äußerlichen Anordnung; damals hätte es eben noch kein ausgebildetes Eisenbahnnetz gegeben, und so hätte dieselbe keinen andern Grund gehabt, als den Preußen und Polen ein paar Landmeilen weiterer Reise nach Berlin, uns die weite Reise nach Königsberg sparen zu wollen. – Nein! meine Herren! Was ich in dieser Anordnung erkennen zu müssen glaube ist tieferer Bedeutung. Se. Majestät wollte bei dieser hochheiligen Handlung der Entgegennahme der Eide von [//39//] Tausenden seiner deutschen Unterthanen, durch diese Trennung, durch diese *Ausscheidung aller undeutschen Elemente*, eine feierliche Verwahrung, vielleicht nur vor seinem eigenen feinfühlenden, hochempfindlichen Gewissen, gegen jede etwa denkbare Verdächtigung einlegen, als hätte er für kommende Fälle, für mögliche Fälle in denen die zu Recht bestehende Form der deutschen Einheit in Trümmer gehen könne, sich resp. seiner Dynastie eine reservatio mentalis vorbehalten wollen, um einmal sagen zu können: Eure Erbhuldigung habt ihr mir pure und unbedingt *nur* als einem Könige von Preußen geschworen, und als solcher halte ich euch beim Wort. Was kümmert den Unterthan der Zerfall des Vaterlandes? Ihr seid und bleibt Preußen, und möcht euer Deutschthum verschmerzen, so gut ihr könnt. – Und halten Sie diese meine Auslegung mit den Worten zusammen, die bei jenem Anlaß von Sr. Majestät gesprochen worden, namentlich jene im Königli-

---

14 *Siehe Anlage 5. Seite 58 [im vorliegend Band →S. 288].

chen Schlosse bei der Huldigung der Ritterschaft*[15], – einen innern Widerspruch mit meiner Auffassung werden Sie wenigstens ganz gewiß zu entdecken nicht vermögen.

Und damit beantwortet sich denn des Weiteren auch die Frage die mir schon so häufig gestellt worden: Ob denn ich etwa bei Leistung meines Gelöbnisses – bei der Aussprache jenes *„klarsten, schönsten Lautes der Muttersprache, – dem ehrenfesten Ja!"* mir Vorbehalte gemacht hätte, die, wie es schien, ich jetzt zur Geltung bringen wolle? Gewiß nicht! – nicht einen! Ich bekenne hier, – daß ich im unerschütterlichen Vertrauen auf den Bestand auch des öffentlichen Rechts, sonder Arg und Hinterlist, vollständig arglosen Sinnes und Herzens, meine Huldigung dargebracht habe, und es daher als eine doppelte Perfidie erkennen müßte, wollte ich nun hintendrein meiner Seits, zur Begründung meiner Auffassung reservationes geltend machen, an die ich nie gedacht hatte.

An Sie, meine speciellen Herren Gegner aber, die Sie auf dem Standpunkt des specifischen Preußenthums stehen, und durch separatistischen Partikularismus und nach meiner Ansicht ganz falsch verstandenen Royalismus verleitet, sich gegen mich und meine Auffassung fanatisch verhalten zu müssen für [//40//] berechtigt glauben, die Sie meine Berührung, wie die eines Aussätzigen meiden, daher Toleranz von Ihnen beanspruchen zu wollen ein eitles Ansinnen wäre; an Sie muß ich am Schlüsse meiner Rede doch noch eine Gewissensfrage zu stellen mir gestatten, gewissermaßen reconveniendo gegen Ihre Incriminationen und gegen Ihre Anatheme, die Sie mir entgegenschleudern und mit denen Sie meine bona fides zu verdächtigen bestrebt sind.

Was halten Sie, meine Herren Gegner, von dem Huldigungseide, den hannoversche Unterthanen seiner Zeit dem König Georg V. geschworen? Besteht derselbe in seiner vollen Integrität noch fort, oder ist er hinfällig geworden? Tertium non datur, gerade bei der Heiligkeit des Eides.

---

[15] *Siehe Anlage 6. Seite 58ff [im vorliegend Band →S. 288 ff].

Sie hören es, nicht mir stelle ich diese Frage, denn Gott Lob habe ich sie nicht zu beantworten. Auch weiß ich sehr wol, daß beide Fälle sich keineswegs vollständig decken. Denn während ich für unsern Eid schon den Bundesbruch als jene vis major geltend mache durch die das Verhältnis hinfällig geworden, liegen dort noch die Mittelglieder des aus dem Bundesbruche entstandenen Kriegs, des Eroberungsrechts und der Depossedirung vor; und andrer Seits der Unterschied, daß, während König Wilhelm die vollendete Thatsache auch als eine zu Recht gewordene anerkennt, König Georg gegen dieselbe als eine rechtlich geworden sein sollende protestirt, sie als solche nicht anerkennt, ja mit ausgesprochener, im Vertrauen auf Gott wurzelnder Zuversicht einer vollständigen restitutio in integrum entgegen harrt. Allein für Sie, meine Herren Gegner, kann hier ein Bedenken nicht weiter Platz greifen; für Sie muß der hannoversche Eid als hinfällig geworden zu erachten sein; denn wäre er das nicht, mit welchem Recht, in welcher Consequenz könnten und dürften dann die, die ihn in seiner Integrität fortbestehend sich in ihrem Gewissen an ihn gebunden glauben, als Rebellen und preußische Deserteurs behandelt, verfolgt und bestraft werden? Für Sie gibt es daher nur die Antwort: „er müsse für hinfällig geworden erachtet werden." Wenn nun aber gleichzeitig behauptet wird, der Huldigungseid sei keineswegs durch Umstände und Verhältnisse der Person dessen, dem er geschworen worden, bedingt, er sei vielmehr ein rein persönlicher: nun, meine Herren Gegner, die reine [// //] Person König Georg des V. die steht doch noch ebenso integer da, nach wie vor Langensalza, – nach, wie vor seiner Depossedirung, – oder, ist Ihnen der neueste terminus technicus genehmer, – nach wie vor seiner Expropriation ? Und sollte dieses Dilemma Ihnen, wie ich hoffe, einiges Kopfzerbrechen verursachen, so bedenken Sie dabei, daß es nicht wohlgethan, auch nicht evangelisch sei, unbekümmert um den eigenen Balken mit den Splittern im Auge des Nächsten sich zu speziell beschäftigen zu wollen. –

Und nun, meine Herren, zum eigentlichen Abschied. Vor Allem aber bitte ich, verlangen und erwarten Sie von mir keinen reichhalti-

gen Thränenerguß, weder Thränen die aus einem wirklich tiefge-
rührten Herzen quellen, noch viel weniger sogenannte Krokodillen-
Thränen. Ich bin vielleicht in dieser Beziehung verschieden von
manchem Andern besaitet. Aus einem bessern Verhältnisse nämlich,
aus einem Verhältnisse, aus dem ich eine gewisse Befriedigung und
vollständige Gewissensberuhigung mitnehme, scheide ich viel heit-
reren und froheren Muthes, als aus einem, bei dem ich mir nicht
sagen darf, ich habe Alles gethan, um es, so viel an mir war, zum
Besten zu gestalten, aus welchem mir also unangenehme, störende
Erinnerungen zurückbleiben; da wird mir das Scheiden viel schwerer. Und glauben Sie nicht, daß das nur ein theoretisch-künstlich-
construirtes Princip sei. Im Gegentheil! Ich hatte wol schon lange
diese Praxis unbewußt geübt, bevor sie mir erst kürzlich in einem
recht auffallenden Beispiel zum Bewußtsein und zur Erkenntnis gelangt war. Und verlangen Sie keinen Namen, so habe ich auch keinen Grund, mit der Mittheilung dieses Falles zurückzuhalten. Lange,
sehr lange schon stand ich in innigster Verbindung mit einem Manne, freilich so ungleich an Jahren, daß während ich auf der Scheide
vom Mannes- in das Greisenalter stehe, er auf der vom Jünglings- in
das Mannesalter steht. Und dennoch waren wir so zu sagen ein Herz
und eine Seele; wir differirten in keiner Hauptsache und tolerirten
Abweichungen in Nebensachen ohne innern Zwang; hauptsächlich
widmeten wir uns denselben Thätigkeiten und zogen dabei einen
Strang. Was dem Einen zu schwer oder weniger nach seiner Neigung war, nahm ohne Verabredung der Andere auf sich; das Verhältniß war ein vollständig collegialisches. Und wenn das Jahr um
war, wurde nicht erst [//42//] nachgeschlagen nach Soll und Haben in
einem Contobuche; das Saldo übertrug sich herüber und hinüber
von Jahr zu Jahr, und zum Abschluß ist es nie gekommen. Dieses
Verhältniß, so innig und schön, so herzerhebend es war, wurde nun
urplötzlich durch einen Zufall, auch durch eine vis major zerrissen
und aufgelöst, und zwar nicht etwa vorübergehend, nein, nach aller
menschlichen Berechnung für den Rest meiner Lebensdauer. Und
dennoch, nie habe ich den Abschied, nie habe ich das äußerliche

Ende eines Verhältnisses gemüthlichern und frohern Sinnes hingenommen, als gerade bei diesem. Es ist ja auch eigentlich so wider-
sinnig, so paradox gerade nicht. Was sind denn überhaupt die Abschiede von den einzelnen Abschnitten im Leben? Sollten sie einen
andern Charakter haben, als der große Abschied aus dem Leben
selbst? Und das meine Herren, ist doch wol keine Frage; wer immer
tüchtig und thätig, edel hülfreich und gut gelebt, dem wird auch ein
schöner und freudiger Tod beschieden sein, während umgekehrt
der, der ein faules, lüderliches, sünd- und lasterhaftes, verlogenes
und heuchlerisches Leben hinter sich läßt, ein Leben voll Neid, Miß-
gunst und Schadenfreude, in der letzten Todesstunde sich drehen
und winden mag, wie er will, – wir mögen darum dennoch die All-
barmherzigkeit Gottes hoffend für ihn erbitten, – aber mit dem erhe-
benden, schönen Tode ist es vorbei.

Wenn das aber für den Abschied aus dem Leben selbst gilt, warum nicht auch für die einzelnen Abschiede während des Lebens?
Und so, meine Herren, lassen Sie mich auch den Abschied von Ihnen
auffassen. Denn als die Pflicht an mich herangetreten war, die Führung des Landtages zu übernehmen, – und „was ist Pflicht"? stellt
Göthe sich die Frage, und beantwortet sie mit den zwei einfältigen
Worten: „die Forderung des Tages"; – als also diese Pflicht an mich
herangetreten war und ich mich ihr unterziehen wollte, da mußte ich
sie auch als solche in's Auge fassen. Großthaten zu vollführen und
Lorbeeren zu pflücken, wie Sie mir gern glauben werden, daran
dacht ich nicht, dazu war die Stellung nicht angethan. Der Mecha-
nismus der Maschine, deren Leitung ich als Motor übernehmen sollte, war ein zu schwerfälliger, ihre Aufgabe eine zu gemessene, um
mir nicht gestehen zu müssen, daß das Endresultat unserer Verhandlungen und Beschlüsse wohl unter jeder Führung ein und dasselbe
bleiben würde. Dennoch ist es [//43//] mir noch sehr wol erinnerlich,
wie ich bei einer speciellen Gewissenserforschung , mir hauptsächlich zwei Aufgaben gestellt hatte; und ich glaube sie im Ganzen und
Großen nie außer Acht gelassen zu haben.

Die erste dieser Aufgaben war, den eisernen Marschallsstab, den mir unser ständisches Gesetz aus dem Jahre 1824 in die Hand legte, nicht zu wuchtig auf meinen Herren Collegen lasten lassen zu dürfen; im Gegentheil den Druck, den er nach unserer Organisation nun einmal nothwendig äußern mußte, nicht zu verstärken, vielmehr zu versuchen, ihn möglichst in der Schwebe zu halten. Und ob ich dem Vorsatze dieser meiner Aufgabe zu genügen stets treu geblieben, müssen die Herren besser zu beurtheilen wissen, wie ich selbst; aus den Augen habe ich ihn wenigstens keinen Augenblick gelassen. Es war dies auch die bei Weitem leichtere Aufgabe, leichter als die mir gestellte zweite.

Als ich diese Stelle übernahm, – ich muß es Ihnen bekennen meine Herren, hatte es mich mit einem gewissen Mißbehagen berührt, wie die Mitglieder der einzelnen Curien fast kastenmäßig schroff sich gegenüberstanden; ein allgemeines Abschließen nicht allein, sondern ein vollständiges Mißtrauen hüben und drüben. Von einer billigen Verständigung, geschweige denn von einem collegialischen Einklang, in der That auch keine Spur, vielmehr eine vollständig klaffende Spaltung. Meine zweite mir gestellte Aufgabe war also, soviel in meinen Kräften stände diese schroffe Kluftung nach und nach auszuebnen. Und da meine ich denn, wir wären diesem Ziele während meiner Amtsthätigkeit doch um einige Schritte näher gerückt. Ich meine bemerkt zu haben, daß Sie, meine Herren, (nach der Seite der Abgeordneten der Städte und Landgemeinden gewendet) es nicht mehr für unbedingt nothwendig ansehen, daß Ihnen gegenüber nur aufgeblasene, selbstsüchtige Junker die Plätze einnehmen müßten; Sie haben auf diesen Stühlen Männer von wahrer, aufopfernder Thätigkeit und wärmsten Interesses für das Gesammtwohl der Provinz kennen gelernt und Sie zu schätzen verstanden. Und Sie, meine Herren, (nach der Seite der Ritterschaft gewendet) Sie sind doch auch zu der Ueberzeugung gekommen, daß nicht jeder Vertreter der Städte unserer Provinz und der Landgemeinden immer ein Demokrat vom reinsten Wasser und ein rother Republikaner sein müsse. [//44//] Auch Sie haben der Ueberzeugung Raum gegeben, wie manches vortreffliche Element für die gemeinsame Thätigkeit, zumal in unsern bleibenden Commissionen da drüben zum Wohl der Provinz seinen Platz einnimmt. – An die Stelle der zur Regel gewordenen schroffen Vorurtheilung sind immer häufigere Ausnahmen getreten.

Wenn man mir nun aber entgegnete: Guter Freund! da wiegst du dich doch in einer zwar sehr wohlgefälligen, aber nichtsdestoweniger großen Illusion. Das ist ja rein lächerlich! Das Faktum geben wir allerdings zu, daß du dir aber daraus ein Verdienst ableiten willst, das ist eitle Einbildung. Wie kann überhaupt der Einzelne auf solche Verhältnisse, sei es einen günstigen sei es einen ungünstigen Einfluß üben? Und dennoch meine Herren, ich weiß ich habe etwas dazu gethan, und zwar damit daß, während ich hier die erste Stellung unter Ihnen einnahm, primus inter pares war, ich auch darauf bedacht sein mußte der erste zu sein, der, wie man sagt, das Eis zu brechen habe, mit dem Beispiele vorzutreten, indem ich meinen Vorsatz stets vor Augen hielt: auch meinen ältesten, treuesten Freund als keinen Andern zu behandeln, wie einen neu Hinzugetretenen, auch wenn seine politischen Ansichten durchaus nicht die meinen, er mir außerdem auch keinen persönlich sympathischen Eindruck machen sollte; indem ich eben bestrebt war im weitesten Sinne Gleichheit in allen geschäftlichen Berührungen, und Toleranz zu üben. Und Toleranz meine Herren, ist auch so ein Wort das viel im Munde geführt und nur selten geübt wird. Soll sie aber mehr wie ein leeres Wort, selbst mehr wie eine bloße Stimmung sein, soll sie eine echt christliche werden, d. h. nicht gleichbedeutend mit Indifferenz und Gleichgültigkeit, sondern aus der Nächstenliebe entspringen, die uns mahnt einen jeden Nächsten mit Einschluß des Samaritan, wenn auch nicht wie, doch als unsern Bruder zu lieben, soll sie eben werkthätig werden, so müssen wir uns doch erst der Mittel und Wege bewußt werden sie auch wirklich üben zu können. Und – wollen Sie mir noch eine und letzte Abschweifung gestatten – so meine ich: wer sich zu werkthätiger Toleranz verpflichtet fühle, der habe vor Allem nach den guten Eigenschaften seines Nächsten zu spähen, sie mit Sorgfalt herauszufinden, sich mit ihnen in Berührung zu setzen, und in dieser Berührung erst das brüderliche Verhältniß [//45//] anzubahnen; die weniger guten Eigenschaften aber vorab wenig stens passiv zu toleriren und sich durch sie nicht stören zu lassen. Und dann sind es auch wieder die guten Seiten allein nicht, die wir vorzugsweise zu beachten haben, auch die guten Stimmungen unseres Nächsten haben wir abzupassen, wenn wir werkthätige Toleranz üben wollen, die bei einer gereizten und feindlichen Stimmung sonst oft mehr schaden als nützen könnte. – Nur bei einer gewissen Sorte Eigenschaften, da hört meine aktive Toleranz auf, ja wird auch meine passive oft auf so harte Probe gestellt, daß sie nicht besteht. Falschheit, Verlogenheit und Heuchelei sind Eigenschaften, bei denen auch in Beziehung auf Toleranz Hopfen und Malz verloren geht, weil sie eben von solchen Eigenschaften auch nie als wahre Toleranz erkannt wird, sondern wieder nur als Falschheit, Verlogenheit und Heuchelei aufgefaßt werden kann; da bekenne ich hat mein Latein in der Toleranz ein Ende. – Doch lassen Sie mich nicht zu weit abschweifen. Wer von den altern Mitgliedern unserer Versammlung meiner amtlichen, mehrjährigen Thätigkeit mit etwas psychologischem Nachdenken und beobachtend gefolgt sein sollte, wird mich ja ohnehin längst verstanden haben.

Und so bin ich denn am Schluß, und am Schluß komme ich wieder auf mein äußerliches Verhältnis; zum Landtage zurück, und möchte Ihnen zum Schluß wieder vergegenwärtigen, womit ich begonnen: mit der Erklärung an unseren Herrn Landtagsmarschall, um des Friedens Willen sei ich bereit freiwillig auf mein behauptetes Recht temporär verzichten zu wollen, meinen Rechtsansprüchen vorab keine weitere Folge geben zu wollen. Selbstverständlich brachte meine Lage den ganzen Landtag in Mitleidenschaft. Denn das, meine Herren, versteht sich ja von selbst, daß wenn ein Mitglied einer Corporation in Ausübung seiner aus dieser Mitgliedschaft fließenden Rechte gekränkt wird, die ganze Corporation mitleidet. Man kann eben Niemanden, auch nur das letzte Glied des kleinen Fingers schädigen, ohne damit den ganzen Körper geschädigt zu haben. Es lag somit dem ganzen Landtag wie ein Alp auf der Brust; fast Jeder dachte, hier geht etwas vor an einem unserer Mitglieder, was nicht in der Ordnung ist; sollen wir uns dazu passiv verhalten, sollen wir dazu schweigen? Es war das ein Gefühl, das ich vollständig begreife und welches ich, hätte es sich um einen Andern gehandelt, ganz gewiß getheilt [//46//] haben würde. Um nun, – wenn auch ohne mein Verschulden, – nicht noch weitere Störung und Aufenthalt in die Erfüllung Ihrer Berufspflichten zu bringen, aus diesem Grunde mit, gab ich meine Erklärung ab. Sie können meinen Schritt also als einen freiwilligen Rücktritt betrachten. Meine Sache betrifft Sie nun nicht mehr; sie ist eine Privatsache geworden zwischen mir und unserm Herrn Landtags-Commissar.

Und somit, meine Herren, bin ich Ihnen dankbar, meiner Einladung Folge gegeben zu haben, und meiner verheißenen Rechtfertigung, – wie ich mir nicht verhehlen kann, – mit größter Aufmerksamkeit und mit Interesse gefolgt zu sein.

[IV.] ERLÄUTERNDE ANLAGEN

1.

Clausulae concernentes aus den Reden von Twesten und Kanngießer, gehalten in der 47. Sitzung des Hauses der Abgeordneten am 20. December 1866, betreffend die Vereinigung der Herzogthümer Holstein und Schleswig mit der preußischen Monarchie. (Nach dem stenographischen Bericht.)

Wenn aber Preußen keinen Rechtstitel in Pergamenten oder Rechtsgrundsätzen der Vergangenheit hat, so hat es um so mehr für sich *das ewige Recht der Zukunft.*
... so mögen die Herren doch erwägen daß es weniger darauf ankömmt, ängstlich zu prüfen, was denn jetzt Recht ist, als was Werth sei, Recht zu werden.

2.

Historische Schilderung der Vorgänge in der Vorwahlversammlung zu Grevenbrück am 30. Januar 1867, nach der poetischen Auffassung des Kladderadatsch in seiner Nro. 6 des 20. Jahrganges vom 10. Februar 1867, Seite 22.

EIN DURCHGEFALLENER.
Ein gutes Recept für ähnliche Fälle.

Graf Westphalen war's auf Haus Laer,
Als die Wahlzeit gekommen war,
Der einen Schreibebrief schickt' umher:
Wer zum Reichstag zu wählen wär'.
„Wählt", – so hub die Epistel an –
„Wählt ja keinen Regierungsmann,
Der auf Länderraub ist erpicht!
[//48//] Wählt auch ja keinen Wühler nicht,
Der wie *Twesten* nach neu'rer Sitt'
Aus der *Maue* Gesetze schütt't!
Wählt so Einen, der schlicht und recht
Etwa denkt, so wie ich wohl dächt'.

Zur nähern Besprechung dann und dann
Findet euch möglichst zahlreich an
Zu *Grevenbrück* in dem *Braunen* Roß!
Graf *Westphalen*, eu'r Kreisgenoß." –

Als der Versammlung Tag erschien,
Gen *Grevenbrück* ritt das Gräflein kühn.
Trabte durchs Thor mit sachtem Schritt,
Vor dem *Braunen Roß* er vom Klepper glitt.
Als er nun trat in den Saal hinein,
Saß da schon viel des Volkes drein.
Aller Raum war schon vollgestopft,
Alle Bänke ganz vollgepfropft.
Das Gräflein schmunzelnd bei sich erwog:
„Ei, seht an, wie mein Wahlbrief zog!"

Ohne Zaudern das Wort er nahm,
Von dem Einen aufs Andre kam;
Thut' noch einmal mit Salbung kund,
Was bereits in dem Schreiben stund.
„Wer nun" – schloß er – „zu mir sich stellt,
Wer die heil'gen zehn Gebote hält,
Wer den Mord hält für unerlaubt,
Wer nicht stiehlt, annectirt und raubt,
Wer nicht des Nächsten sein Haus begehrt
(Zumal Haus *Laer*, welches *mir* gehört),
Wer nicht zählt zu des Satans Corps,
Recke fröhlich die Hand empor!"

Reckt kaum Einer empor die Hand. –
's muß was faul sein im Sauerland!
Oder vielleicht, daß in selb'gem Jahr
Die biderbe Art nicht gerathen war. –
Sprach das Gräflein erboßet schier:

„Ich bemerk' ein Gesindel hier,
[//49//] Das wohl ans Irrthum hier eingekehrt,
Doch ganz anders wohin gehört!
Mögen sich troll'n die Schandgesell'n,
Oder sich still in die Ecke stell'n!"

Stellt' kein Mensch in die Ecke sich,
's ist nun einmal so wunderlich,
Daß kein Mensch gern Ecke steht,
Wenn es irgend wie anders geht.
Treten im Gegentheil gleich darauf
Ein Paar spitzige Redner auf;
Machten dem Gräflein vom Hause *Laer*
Ganz entschieden den Standpunkt klar.

Bis zuletzt mit bedächt'gem Schritt
Ein Pfäfflein auf die Tribüne tritt;
Faßt den Grafen ganz keck beim Ohr,
Ritt ihm all seine Sünden vor;
Bewies ihm säuberlich, Stuck für Stuck,
Aus dem Habakuk und dem Nepomuk,
Ans den Kirchenvätern und sonst wo her,
Daß er dick auf dem Holzweg wär.
Dies verdroß unsern Grafen so,
Daß er schoß in den Paletot,
Daß er griff nach dem Stab und Hut;
Reitet heimwärts mit großer Wuth,
Macht ein Lärmen im Hanse *Laer*,
Daß jeder gleich wüßt', was geschehen war.

Als nun das Gräflein schritt hinaus,
War in Grevenbrück die Geschichte aus?
Nein doch! Sie fingen noch einmal an,
Stellten Elven auf, den *Fortschrittsmann*,

Daß sie ihn wählten ins Parlament.
Brachten also ihr Ding zu End'.

Ich muß sagen, wie ich das las,
Dünkt' mich das ein besondrer Spaß,
Und für mich hab' ich laut gedacht
Wie die Leute das nett gemacht.
[//50//] Machten gar kein Brimborium,
Warfen nicht Tisch' noch Stuhlwerk um.
Schrieen nicht, wie das sonst wohl Brauch,
Lärmten gar nicht – was hilft das auch?
Gaben's dem Gräflein doch so gut,
Daß er es sicher nicht wieder thut.
Ließen ihn ganz in Frieden gehn. –
So war's richtig! 's war ihm recht geschehn!

Kladderadatsch.

3.
Entgegnung des gewählten Vorsitzenden des am 13. Januar 1868 versammelt gewesenen Communal-Landtages des Herzogthums Westphalen, Freiherrn von Lilien, in Sachen die Nichteinladung des Grafen von Westphalen zu dem genannten Landtage betreffend, d. d. Arnsberg, 14. Februar 1868

Nachdem mir von Sr. Excellenz dem Königlichen Ober-Präsidenten von Westphalen Staats-Minister a. D. von Düesberg zu Münster auf meinen desfallsigen Antrag Abschrift des in dem Proteste des Grafen *von Westphalen d. d. Laer* den 19. v. M. erwähnten Kollektiv-Protestes der drei ritterschaftlichen Mitglieder des Kommunal-Landtages des Herzogthums Westphalen, Erbkämmerer Graf *von Plettenberg*, Freiherr *von Schorlemer* und Freiherr *von Ledebur* vom 13. v. M., worin dieselben die ohne ihre und des Grafen von Westphalen Theilnahme gefaßten Beschlüsse des am 13. v. M. zu Arnsberg eröffneten Kommunal-Landtages des Herzogthums Westphalen wiederholt für „ungültig, unverbindlich und nichtig" erklären, mitgetheilt worden ist, beantworte ich als gewählter Vorsitzender des rite constituirten Kommunal-Landtages die beiden Proteste vom 13. und 19. v. M., wie folgt:

Zunächst weise ich darauf hin, daß dem Provinzial-Landtage von Westphalen – und was in dieser Beziehung bei ihm Rechtens ist, gilt auch für den Kommunal-Landtag des Herzogthums Westphalen, da dieser, in Ausführung des §. 57 des Gesetzes wegen Anordnung der Provinzial-Stände für die Provinz Westphalen vom 27. März [//51//] 1824 durch die Allerhöchste Verordnung vom 17. Januar 1859 zur Berathung und Beschlußnahme über die Angelegenheiten des Bczirksstraßen-Fonds des Herzogthums Westphalen gebildete Kommunal-Landtag desselben nur als eine Abtheilung jenes er-scheint, für welchen die für die Provinzial-Stände erlassenen *allge-meinen* Bestimmungen ebenfalls gelten – nicht das Recht zusteht, gleich den beiden Häusern des Allgemeinen Landtags die Legitima-tion seiner Mitglieder zu prüfen und darüber zu entscheiden, son-dern daß nach §. 28 des Stände-Gesetzes vom 27. März 1824 dem *Landtags-Commissar* die Prüfung der Wahlprotokolle nach Form und Inhalt in der Weise zusteht, daß er die Wahl entweder als gültig an-erkennt oder eine Neuwahl anordnet. Ferner werden nach §. 32 l.c. die Mitglieder des Provinzial-Landtages zu diesem besonders *einge-laden*. Aus dem Einen wie aus dem Andern folgt, daß die Prüfung der Legitimation der Mitglieder des Provinzial-Landtages aus-schließlich der *Staatsbehörde* zusteht. Ich habe deshalb auch bereits bei Eröffnung des Kommunal-Landtages am 13. v. M. erklärt, daß ich, ohne mich in eine *materielle* Prüfung der Frage einzulassen, die Versammlung für *inkompetent* zu einer Erklärung darüber halten müsse, ob der Graf von Westphalen mit Recht oder Unrecht nicht eingeladen worden. Auch die Abgeordneten der Städte und Land-gemeinden haben diese Ansicht getheilt, indem sie erklärten, daß sie in der Nicht-Einladung des Grafen von Westphalen keinen Grund fänden, den zusammengetretenen Kommunal-Landtag nicht für gehörig konstituirt anzusehen.

Es liegt indessen auch in diesem Augenblicke nicht in meiner Absicht, die materielle Seite der Frage näher zu erörtern und mich darüber auszusprechen, ob der Graf *von Westphalen*, nachdem er in seinem Schreiben an das Herrenhaus vom 28. Juli 1866 den Sr. Majestät dem Könige geleisteten Huldigungs-Eid wegen (vermeintlichen) Bundesbruchs Seitens Sr. Majestät Regierung ausdrücklich für hinfällig erklärt hat, der Bestimmung im Artikel VI. der Allerhöchsten Verordnung vom 13. Juli 1827 gegenüber, wonach der Zutritt auf den Landtagen den Mitgliedern des Standes der Fürsten und Herren, soweit sie nicht zu den vormaligen unmittelbaren Reichsständen gehören, gleich der Ritterschaft nur nach vorher abgeleistetem „Homagio" gestattet ist, noch ferner die Zuziehung zu den Verhandlungen der Westphälischen Provinzial- und Kommunal-Landtage auf Grund der ihm Allerhöchst verliehenen Virilstimme beanspruchen kann. Nur darauf will ich hier hinweisen, daß, wenn der Staatsbehörde [//52//] die Prüfung der Legitimation der Mitglieder des Provinzial-Landtages, wie oben von mir bereits hervorgehoben worden ist, ausschließlich zusteht, dieselbe auch für berechtigt erachtet werden muß, jene Frage nicht minder in den Kreis ihrer Prüfungen zu ziehen, als die im §. 5 des Gesetzes vom 27. März 1824 vorgeschriebenen *Bedingungen* der Wählbarkeit der Mitglieder *aller* Stände.

Wie weit der Graf *von Westphalen* davon entfernt ist, seine Erklärung in Beziehung auf die in Rede stehende Frage als wirkungslos, als das Ziel verfehlend zu betrachten – wie mehrere seiner politischen Freunde behaupten – geht wohl zur Genüge aus dem Eingange des dritten Absatzes seines Protestes vom 19. v. M. bis zur Evidenz hervor, wenn er darin ausdrücklich nur auf den *„Accept"* seiner Erklärung an das Herrenhaus vom 28. Juli 1866 seitens Sr. Majestät des Königs wartet, um *demnächst* ein „neues Rechtsverhältniß" als entstanden zu betrachten. Diese Rechtsanschauung vermag ich freilich nicht zu theilen; ich bin vielmehr der Ansicht, daß, so wenig wie der Fahnen-Eid oder der Eid der Staatsdiener und selbst der Huldigungs-Eid der Ritterschaft wie der zur Führung einer Virilstimme im

Stande der Fürsten und Herren Berechtigten zu seiner Gültigkeit eines ausdrücklichen Acceptes Sr. Majestät des Königs bedarf, auch die fernere Wirksamkeit resp. Wirkungslosigkeit eines für hinfällig erklärten Huldigungseides nicht von dem Accepte desjenigen abhängig gemacht werden kann, dem er ursprünglich geleistet ist. Mit dem Eide stehen und fallen nach allgemeinen Rechtsgrundsätzen diejenigen politischen Rechte, deren Ausübung den abgeleisteten und *fortbestehenden* Eid zur Grundlage hat.

Uebrigens ist die Bestimmung im Artikel VI. der Verordnung vom 13. Juli 1827 in die *Kreis-Ordnung* von demselben Tage *nicht* übergegangen, weshalb sie aus Kreistage keine Anwendung findet, wie auch in dem Rescripte des Königlichen Ministeriums des Innern an das Königliche Ober-Präsidium von Westphalen vom 3. März 1843 ausgesprochen ist.

Ich wende mich nunmehr zu dem *Kollektiv-Proteste* der übrigen drei ritterschaftlichen Mitglieder des Kommunal-Landtages vom 13. v. M.

Wenn es darin unter Nro. 1 heißt, die Zusammensetzung des Kommunal-Landtages sei keine gesetzmäßige gewesen, weil nach der Allerhöchsten Verordnung vom 31. Januar 1861 auch der Graf *von Westphalen* zu demselben gehöre, derselbe jedoch zu der Versammlung am 13. v. M. weder eingeladen worden, noch anwesend [//53//] gewesen sei; so übersieht diese Argumentation, daß, was von der Qualifikation der Mitglieder für den Provinzial-Landtag gilt, auch für den Kommunal-Landtag maßgebend ist. Die Begründung dieses Beschwerdepunktes enthält deshalb eine petitio principii.

Dasselbe gilt von der Anführung unter Nro. 2 des Kollektiv-Protestes: der Graf *von Westphalen* sei „notorisch legitimirt" gewesen, an den Landtagen Theil zu nehmen. Der Vorwurf der Inkonsequenz, welchen der Kollektiv-Protest an dieser Stelle erhebt, weil der Graf *von Westphalen* an der vorigjährigen Sitzung der *ständischen* Bezirks-Wegebau-Commission des Herzogthums Westphalen auf Einladung der Staatsbehörde Theil genommen habe, ist freilich nicht unbegründet, wenn daraus auch zur Sache selbst nichts Wesentliches gefolgert werden kann. Ich habe mich damals sofort gegen den die Einladungen an die Kommissions-Mitglieder erlassenden Stellvertreter des behinderten Herrn Ober-Präsidenten dahin ausgesprochen, daß der Graf von Westphalen unrichtig miteingeladen worden sei. Wenn ich damals nicht meinerseits Protest gegen die Anwesenheit des Grafen von *Westphalen* in der ständischen Kommission erhoben habe, so geschah dies deshalb, weil ich die Sache zu einem solchen Schritte an sich für zu unbedeutend hielt, abgesehen von anderen mich bestimmenden Gründen.

Daß die *Entziehung* ständischer Rechte nicht durch eine einseitige Maßregel der Verwaltungsbehörden erfolgen kann, wie der Kollektiv-Protest unter Nro. 3 hervorhebt, wird Niemand bestreiten wollen. Die Entscheidung hierüber gebührt, da eine *Behörde* dafür *überhaupt nicht* besteht und von einer Anwendung des in dem Kollektiv-Proteste angeführten Gesetzes über die Entziehung oder Suspension ständischer Rechte wegen bescholtenen oder angefochtenen Rufes vom 23. Juli 1847 hier selbstverständlich keine Rede sein kann, nur Sr. Majestät dem Könige, in Allerhöchstwelchem als dem Staats-Oberhaupte sich alle Rechte der Staatsgewalt vereinigen. Nach der weiteren Mittheilung des Herrn Ober-Präsidenten bei Eröffnung des Kommunal-Landtags am 13. v. M. hat deshalb auch das Königliche Staats-Ministerium die Frage darüber, ob dem Graf von Westphalen nach seinem mehrgedachten Schreiben an das Herrenhaus vom 28. Juli 1866 dem Artikel VI. der Verordnung vom 23. Juli 1827 gegenüber der Zutritt auf dem Provinzial-Landtage noch ferner zu gestatten sei,Sr. Majestät dem Könige zur Allerhöchsten Entscheidung unterbreitet. Der Herr Ober-Präsident fügte ausdrücklich hinzu, daß hiernach eine Allerhöchste Entscheidung in der Sache zu erwarten stehe.

[//54//] Aber ebenso wenig als eine definitive Entziehung hat die Staatsbehörde auch eine *Suspension* der ständischen Befugnisse des Grafen *von Westphalen* bis zu der in Aussicht stehenden Allerhöchsten Entscheidung *ausgesprochen*; sie hat sich vielmehr darauf beschränkt, denselben zu dem Kommunal-Landtage nicht einzuladen.

Dazu war sie aber nach allgemeinen Grundsätzen ebenso verpflichtet als berechtigt, nachdem die Sache einmal Sr. Majestät dem Könige zur Entscheidung vorgelegt worden, um dieser in keiner Weise vorzugreifen.

Was die Anführung unter Nro. 4 des Kollektiv-Protestes betrifft, der Kommunal-Landtag sei nicht gesetzlich konstituirt gewesen, weil nicht sämmtliche Mitglieder berufen gewesen, namentlich nicht der Graf *von Westphalen*, so gilt von derselben wiederum das oben zu Nro. 1 Bemerkte.

Wenn endlich unter Nro. 5 des Kollektiv-Protestes angeführt wird, der Kommunal-Landtag sei auch deshalb nicht beschlußfähig gewesen, weil der Herr Ober-Präsident dem Grafen *von Plettenberg* und dem Freiherrn *von Ledebur*, nachdem der Freiherr *von Schorlemer* die Versammlung bereits verlassen, die Theilnahme an der selben versagt habe, so bemerke ich, daß dies erst dann geschehen ist, als dieselben erklärten: sie müßten die Verhandlungen des Kommunal-Landtags *zunächst* für *ungültig* erklären, wollten jedoch an denselben mit dieser vorgängigen Erklärung Theil nehmen, da Sr. Majestät der König möglicherweise die Ausschließung des Grafen *von Westphalen* als gerechtfertigt anerkennen könnte. Eine solche, die Verhandlungen von vornherein nullifizirende Erklärung konnte jedoch die Versammlung nicht acceptiren. Anders hätte die Sache gestanden, wenn die beiden Mitglieder der Ritterschaft sich *umgekehrt* dahin ausgesprochen hätten, sie wollten die Verhandlungen trotzdem, daß der Graf *von Westphalen* dazu nicht eingeladen worden, *einstweilen* als gültig anerkennen und sich deshalb daran betheiligen, sie müßten die selben jedoch für den Fall als nichtig betrachten, daß Sr. Majestät der König die Nicht-Einladung des Grafen *von Westphalen* für ungerechtfertigt erklären möchte. Ueberhaupt hätte es wohl mehr im Interesse der *Sache* gelegen, wenn die drei Mitglieder der Ritterschaft, statt die Versammlung zu verlassen, einen Protest in ihrem Sinne zu den Verhandlungen gegeben und dann sich an diesen betheiligt hätten. Fühlten sie jedoch auch dann noch ihr Gewissen, wie man nach dem Schlüsse ihres Kollektiv-Protestes annehmen muß, durch eine Theilnahme an den Verhandlungen des (vermeintlich) ungesetzlich konstituirten Landtages beschwert, so wäre es wohl am [//55//] Nichtigsten gewesen, daß sie einen Antrag auf *Vertagung* bis zum Eingange der in Aussicht stehenden *Allerhöchsten Entscheidung* über die Frage wegen fernerer Theilnahmc des Grafen von Westphalen an den Provinzial- und Kommunal-Landtagen eingebracht hätten. Einem solchen Antrage würde die Versammlung kaum entgegen gewesen sein, da in keiner Weise Gefahr im Verzuge vorlag. Denn nach §. 3 des Regulativs vom 17. Januar 1859, die Bezirksstraßen des Herzogthums Westphalen betreffend, konnte die Erhebung von Beischlägen für diesen bis zu 7 % der direkten Staatssteuern durch Ministerial-Verfügung genehmigt werden, so daß es sich nur um die einstweilige Nicht-Erhebung des weiter erforderlichen Zuschlages von 2½ % gehandelt hätte.

Nach Vorstehendem muß ich, in meiner Eigenschaft als Vorsitzender des Kommunal-Landtages , die in den beiden Protesten vom 13. und 19. v. M. enthaltenen Angriffe ans die *Gültigkeit* seiner Beschlüsse hiermit als *unbegründet zurückweisen*, beantrage auch Aufnahme dieser Entgegnung auf die Proteste zu den Verhandlungen des Kommunal-Landtages vom 13. v. M.

4.
Antwort Sr. Majestät des Königs Friedrich Wilhelm des IV. an Professor Arndt in Bonn vom 18. März 1849, zuerst veröffentlicht in dem Nathusius'schen Volksblatte und nachgedruckt in Nro. 22 der Augsburger allgemeinen Zeitung vom 22. Januar 1861.

Sie haben mir, mein lieber werther *Moritz Arndt* im 80. Jahre aus weiland des römischen Reichs Wahlstadt Frankfurt a. M. einen jugendlich frischen Brief geschrieben, den ich zwar in größter Eile, aber nicht ungründlich zu beantworten gedenke. Zuvörderst Dank aus Fülle des Herzens, denn das ist ein rechter und achter deutscher Mann der mir schreibt. Mit einem solchen, der der Geschichte seines Vaterlandes Ehre gibt, und gelernt hat was ein deutscher Fürst ist, kann ich von Herz zu Herz, von Kopf zu Kopf reden. Verstehen Sie mich recht; weil das oben Gesagte keine leere Phrase bei mir ist, darum antworte ich Ihnen, ja antworte Ihnen mit Freuden, wenn ich auch nicht annehmen darf, daß die Antwort meinem alten lieben Arndt Freude machen wird.

[//56//] Der Eingang Ihres Briefes ist schön, wie der ganze Brief. Um des Gewissens willen sage ich Ihnen, daß ich denselben „getheilt" verstehe, d. h. daß auch Sie, wie ich selbst, meinen und wissen, daß man zu Gott allein *beten*, den König aber nur *bitten* darf.

Nun, Sie bitten ihn, er soll eine ihm „gebotene Krone" annehmen! Hier verlangt es jedes Alter, das mehr denn 14 Jahre zählt, zu fragen, zu prüfen, zu wägen: 1) wer bietet: 2) was wird geboten. Zuvörderst das Bekenntniß, daß der scheußliche, ekle Schlamm des Jahres 48 mir die Taufgnade nicht abgewaschen, wohl aber daß ich mir den Schlamm abgewaschen habe, und wo es noch nöthig, noch abwasche. Doch zur Sache. – Die große Versammlung, die sich deutsche Reichs- oder National-Versammlung nennt, von der ein erfreulich großer Theil zu den besten Männern des großen Vaterlandes gehört, hat weder eine Krone zu geben noch zu bieten. Sie hat eine Verfassung zu entwerfen, und demnächst mit allen von ganz Europa anerkannten regierenden Herren und Städten Deutschlands zu vertragen. Wo ist der Auftrag, der diese Männer berechtigt über die rechtmäßigen Obrigkeiten, denen sie geschworen, einen König oder Kaiser zu setzen? Wo ist der Rath der Könige und Fürsten Deutschlands, der nach tausendjährigem Herkommen dem heiligen Reich seinen König kürt, und die Wahl dem Volk zur Bestätigung vorlegt? Ihre Versammlung hat sich der Bildung dieses Raths, der Darstellung der deutschen Obrigkeiten im neuen Centrum der Nation stets widersetzt. Das ist ein ungeheurer Fehler; man darf es eine Sünde nennen – jetzt zeigen sich die Folgen dieser Sünde, jetzt fühlt jedermann zu Frankfurt, auch die, denen Ursache und Wirkung nicht klar ist, daß man daselbst bei so viel Verdienst, so großen Mühen und (theilweise) so reiner Absicht, an einer gewissen Unmöglichkeit laborirt. Glauben Sie daß Herz und Bein durchschütternde Scenen,

Worte, Beschlüsse des Parlaments das Unmögliche möglich machen können? Doch gesetzt, mein theurer Arndt, die Sünde wäre nicht begangen oder sie würde noch gut gemacht, und der ächt und recht vereinte Rath der Fürsten und des Volks kürte in der alten Wahlstadt, und böte mir die alte, wahre, rechtmäßige tausendjährige Krone deutscher Nation – nun, verweigern und nehmen, hier zu handeln, wäre heut thunlich – aber *antworten* würde ich wie ein Mann antworten muß, wenn ihm die höchste Ehre dieser Welt geboten wird.

Doch ach! so steht es nicht! Auf eine Botschaft wie sie mir ans Frankfurt droht, den Zeitungen und Ihrem Briefe zufolge, geziemt [//57//] mir das Schweigen. Ich darf und werde nicht antworten, um Männer, die ich ehre und liebe, auf die ich, wie Sie selbst mein alter Freund, mit Stolz, ja mit Dankbarkeit blicke, nicht zu beleidigen, denn was würde mir geboten? Ist diese Geburt des gräßlich kreißenden 1848sten Jahres eine Krone? Das Ding von dem wir reden trägt nicht das Zeichen des heiligen Kreuzes, drückt nicht den Stempel „von Gottes Gnaden" aufs Haupt; ist keine Krone. Es ist das eiserne Halsband einer Knechtschaft, durch welches der Sohn von mehr als 24 Regenten, Kurfürsten und Königen, das Haupt von 16 Millionen, der Herr des treuesten und tapfersten Heeres der Welt, der Revolution zum Leibeigenen gemacht würde. Und das sei ferne! Der Preis des „Kleinods" müßte obenein das Brechen meines dem Landtage am 26. Februar gegebenen Wortes sein, „die Verständigung mit der deutschen National-Versammlung über die zukünftige Verfassung des großen Vaterlandes *im Verein mit allen deutschen Fürsten zu versuchen."* Ich aber breche weder dieses noch irgend ein anderes gegebenes Wort. Es will mich fast bedünken, mein theurer Arndt, als walte in Ihnen ein Irrthum, den Sie freilich mit vielen andern Menschen theilen: „als sähen Sie die zu bekämpfende Revolution nur in der sogenannten rothen Demokratie und den Communisten." – Der Irrthum wäre schlimm. Jene Menschen der Hölle und des Todes können ja nur allein auf dem lebendigen Boden der Revolution wirken. Die Revolution ist das Ausheben der göttlichen Ordnung, das

Verachten, das Beseitigen der rechten Ord-nung, sie lebt und athmet ihren Todeshauch, so lange unten oben und oben unten ist.

So lange also im Centrum zu Frankfurt die deutschen Obrigkeiten keine Stätte haben, nicht obenan im Rathe sitzen, welcher der Zukunft Deutschlands eine Zukunft zu geben berufen ist, so lange steht dieses Centrum unter dem Spiegel des Revolutionsstromes und treibt mit ihm, so lange hat es nichts zu bieten, was reine Hände berühren dürfen. Als deutscher Mann und Fürst, dessen „Ja" ein Ja vollkräftig, dessen „Nein" ein Nein bedächtig, gehe ich in Nichts ein, was mein herrlich Vaterland verkleinert, und dasselbe dem gerechten Spotte seiner Nachbarn, dem Gerichte der Weltgeschichte preisgibt, nehme ich nichts an, was meinen angebornen Pflichten nicht ebenbürtig ist, oder ihnen hindernd entgegentritt. Dixi et salvavi animam meam.

Dieses Blatt, mein alter Freund, ist für Sie allein, Sie müssen die Nothwendigkeit der Geheimhaltung einsehen. Ich mache sie Ihnen [//50//] zur Pflicht. Dringen Ihnen aber meine Worte in Kopf und Herz, verstehen Sie es daß ich, ohne mich selbst zu verläugnen, nicht anders kann, dann erinnern Sie sich, reden Sie mit Ihren Freunden mit den Besonnenen und Könnenden, erheben Sie Ihre Stimme im Parlamente, fordern Sie endlich das „Eine,, was Noth thut, und das fehlt, „die rechte Ordnung."

Oft unterbrochen schließe ich diese Zeilen am Jahrestage des verhängnißvollen 18ten. Trügen die neuesten Nachrichten nicht, so gewinnt zu Frankfurt a. M. die Besonnenheit und Einsicht schon wieder Land. Das wolle Gott! Und wolle er sein kräftiges, mächtiges Amen sprechen, wenn ich jetzt mit dem Namen dieses Tages schließe: Laetare!

Ihnen, dem Dichter des begeisternden Liedes, das vor dem März-Kaiser so wenig erklingen dürfte, als die Marseillaise vor dem Juli-Könige, Ihnen, theuerster Arndt, biete ich die Hand aus Herzensgrund als Ihr wohlgeneigter König und guter Freund.

5.
Zu Allerhöchstem Auftrage erlassenes Einladungsschreiben Sr. Excellenz
des Herrn Ober-Präsidenten von Westfalen Freiherrn von Vincke zur
Erbhuldigungsfeier der deutschen Provinzen nach Berlin vom 27. August 1840.

Des Königs Majestät haben bestimmt die Erbhuldigung der deutschen Provinzen der Monarchie am 15. October c. in Berlin Allerhöchstselbst einnehmen zu wollen und mich beauftragt Ew. Hochgeboren zur Theilnahme an derselben als Inhaber des Erbküchenmeister-Amts des Fürstenthums Paderborn zu laden.

Indem ich der Versicherung, daß Ew. Hochgeboren sich des Endes am 9. October in Berlin einfinden werden entgegen sehe, ersuche ich nach Ihrer Ankunft daselbst, sofort bei mir zu melden.

6.
Rede Sr. Majestät Friedrich Wilhelms des IV. an die Mitglieder der Ritterschaft
bei Ableistung des Huldigung-Eides am 15. October 1840.

„Es war früher Herkommen, daß die Stände der Deutschen Lande ihre Erbhuldigung nicht eher leisteten, als bis die Huldigungs-Assekuranzen eingegangen waren. Ich will Mich gleichsam dieser Sitte [//59//] anschließen. Ich weiß zwar, und Ich bekenne es, daß Ich Meine Krone von Gott allein habe, und daß es Mir wohl ansteht zu sprechen: Wehe dem, der sie anrührt! – Aber Ich weiß auch und bekenne es vor Ihnen Allen, daß Ich Meine Krone zu Lehn trage von dem Allerhöchsten Herrn, und daß Ich Ihm Rechenschaft schuldig bin von jedem Tage und von jeder Stunde Meiner Regierung. Wer Gewährleistung für die Zukunft verlangt, dem gebe Ich diese Worte. Eine bessere Gewährleistung kann weder Ich, noch irgend ein Mensch auf Erden geben. – Sie wiegt schwerer und bindet fester als alle Krönungs-Eide, als alle Versicherungen auf Erz und Pergament verzeichnet, denn sie strömt aus dem Leben und wurzelt im Glauben. – Wem von Ihnen nun der Sinn nicht nach einer sogenannten glorreichen Regierung steht, die mit Geschützesdonner und Posaunenton die Nachwelt ruhmvoll erfüllt, sondern wer sich begnügen lassen will mit einer einfachen, väterlichen, ächt Deutschen und christlichen Regierung, der fasse Vertrauen zu Mir und vertraue Gott mit Mir, daß Er die Gelübde, die Ich täglich vor Ihm ablege, segnen und für unser theures Vaterland ersprießlich und segensreich machen werde!"

Die

Unfehlbarkeit des Papstes

im Lichte der katholischen Wahrheit

und der Humbug,

den die neueste Vertheidigung damit treibt.

Von

Dr. Fr. Michelis,

Professor der Philosophie.

Braunsberg,

Eduard Peter's Verlag.

1869.

B.
Die organische Auffassung der Kirche als die katholische

Friedrich Michelis
(1869[1])

[//4//] Christus hat sein Werk auf Erden nicht dem Zufalle überlassen; er hat seiner Kirche eine Verfassung gegeben und in ihr einen Organismus begründet und diese Verfassung, dieser Organismus ist in dem Keime, den Christus gepflanzt, so prädisponirt und bestimmt, daß mit dieser Bestimmung der Begriff der Kirche steht und fällt. Die Kirche kann sich mehr oder weniger glücklich, mehr oder weniger rasch, friedlich u.s.w. entwickeln, sie kann in ihrer Entwicklung durch die Umstände, durch die Mitwirkung der Menschen gehemmt und befördert werden, wie ein jedes in die Erde gelegte Samenkorn, aber heraustreten aus der uranfänglichen Bestimmtheit ihrer organischen Grundlage kann sie so wenig, wie das sich entwickelnde Samenkorn die Form seiner Art verleugnen, wie etwa aus der Eichel eine Tanne wachsen kann, was wir trotz Darwin auch heute noch uns festzuhalten erlauben. –

Diese wesentliche Grundform der Kirche ist nun im Evangelium mit so festen und klaren Zügen gezeichnet, daß darüber nach katho-

---

[1] Quelle | MICHELIS 1869* = Friedrich Michelis: Die Unfehlbarkeit des Papstes im Lichte der katholischen Wahrheit und der Humbug, den die neueste Verteidigung damit treibt. Braunsberg: Eduard Peters Verlag 1869, S. 4-13 (Auszug). – Der Verfasser war nach seiner Priesterweihe am 10. August 1838 einige Jahre auf Schloss Laer bei Meschede als Hauslehrer der Kinder des Grafen von Westphalen tätig; der sauerländische Adelige förderte seinen weiteren Weg und tauschte sich mit ihm aus.

lischer Ueberzeugung durchaus kein Zweifel stattfinden kann. Christus hat nicht seine Kirche in der Form einer absoluten Monarchie gegründet, er hat nicht einen in der Weise zu seinem Stellvertreter gemacht, daß an diesen wie um einen Krystallisationspunkt, der aber auch nur einen todten Krystall zu Wege bringen kann, alle anderen Theile sich anlegen, sondern er hat in einer Körperschaft seine Stellvertretung fundirt; er hat eine Vielheit, die Zwölfzahl der Apostel berufen und diese Vielheit zu einem organischen Ganzen, zu einer Gesammtheit erhoben, indem er einen unter ihnen, den Petrus, in besonderer Weise zu seinem Stellvertreter, zum Oberhaupte und zum Träger der Einheitsidee in dem organischen Ganzen der Körperschaft machte. Das ist das Samenkorn, welches Christus in seiner Kirche für ihre irdische Entwicklung gelegt hat.

[//5//] Hier in diesem Anfange, in diesem Samenkorn und nirgendswo anders liegt die Entscheidung der Frage nach der möglichen Entwicklung der Verfassung der Kirche für die ganze Zukunft. Hätte Christus den Petrus allein zu seinem Stellvertreter berufen und ihm gesagt: wähle du dir deine Gehülfen, denen du nach deinem Wohlgefallen einen größeren oder geringeren Antheil an deiner dir von mir übertragenen Machtvollkommenheit geben kannst, so hätte Christus für seine Kirche die Form des Absolutismus begründet. Das hat aber Christus nicht gethan; sondern er hat von sich aus die Vollmacht seiner Stellvertretung auf Erden sowohl den übrigen Aposteln wie dem Petrus übertragen und er hat dann diese Vielheit zu einem organischen Ganzen erhoben, indem er die Vielheit an einen über jedem einzelnen Gliede der gesammten Körperschaft als solchem stehenden Einheitspunkt band, so daß, wenn Petrus als Oberhaupt mehr ist als jeder einzelne der Apostel, er der Einheitspunkt des Ganzen nur ist in der Gesammtheit und durch die Gesammtheit der an sich gleichberechtigten, so wie im Begriffe des Kreises das Centrum und die Peripherie sich gegenseitig bedingen. Die Macht der Stellvertretung ist den Aposteln in der Gesammtheit nur übertragen in der Einheit mit dem Petrus, aber indem sie in der Einheit mit dem Petrus auch den übrigen Aposteln nicht durch Petrus, sondern ebenso wie den Petrus unmittelbar durch Christus gegeben ist, so hat er, der das Ganze setzte, so gut wie den einen aus den vielen als Einheitspunkt so gut die Vielheit als eine Bedingung für das Centrum gesetzt, welches ohne die peripherische Vielheit aufhören würde, ein Einheitspunkt zu sein. –

Die thatsächliche Richtigkeit dieser Auffassung aus der heiligen Schrift und der Tradition nachzuweisen, ist doch wohl an und für sich unnöthig, besonders nachdem schon das Concilium von Trient die wirklich aufkommende Zumuthung, als ob die übrigen Apostel nicht unmittelbar durch Christus sondern durch Petrus ihre Machtvollkommenheit bekommen hätten, abgewiesen hat. Ich will nur bemerken, daß der P. P. Rudis, der doch vor allen die dringendste Veranlassung gehabt hätte, hier genau zuzusehen, an dem ganzen Punkt stillschweigend vorübergeht, und daß er nur einmal wie im Vorbeigehn bemerkt, daß die doppelte Reihe von Verheißungen, deren eine den Gesammtlehrkörper mit dem Petrus, die andere den Petrus [//6//] allein betrifft, völlig unabhängig von einander sind und wirken.

Dann sind allerdings alle Consequenzen, welche aus der gegenseitigen Bedingtheit der Einheit und der Vielheit, des Centrums und der Peripherie folgern, von vorn herein beseitigt. Aber dann ist auch der organische Begriff der Kirche, den Christus gesetzt hat, aufgehoben, und dieses altrömische *divide et impera* greift zerstörend in Christus selbst zurück. Denn wenn es möglich ist anzunehmen, daß, wenn Christus erstens eine Gesammtheit von Stellvertretern setzt und zweitens einen von ihnen zum Einheitspunkte macht, daß diese beiden Setzungen unabhängig von einander sind und wirken, dann heben wir den Zusammenhang in dem Werke, in dem Plane, in dem Gedanken Christi auf; wir greifen in seine Gottheit selbst, in die ganze Grundlage unseres Glaubens ein, und sollte etwa ein Katholik fragen, weßhalb denn Christus, wenn der angegebene Gedanke der seine war, dies nicht ausdrücklicher ausgesprochen habe, so möge er sich nicht verdrießen lassen, dann auch mit dem Protestanten weiter zu fragen, weßhalb Christus überhaupt die Gründung seiner Kirche

nur so in bildlichen Ausdrücken gewissermaßen verblümt ausgesprochen und nicht etwa eine förmliche Verfassungsurkunde ausge-
stellt habe. Wer den lebendigen organischen Charakter des Werkes
Gottes verstanden hat, der kann auch dieses verstehen. –
Aus dem festgehaltenen organischen Grundbegriffe der Kirche,
der allein der katholische ist, folgen nun ohne weiteres zwei Punkte,
welche den richtigen Anhalt zur Beantwortung der brennendsten
Fragen der Gegenwart wenigstens für das katholische sich klar gewordene Bewußtsein in sich tragen. Zuerst daß von der Verfassung
der Kirche nur in soweit die Rede ist, als es sich um eine menschliche
Stellvertretung Christi handelt, daß aber die Verfassung nicht den
Begriff der Kirche ausfüllt und daß eben damit die Vertheilung der
Gewalten und der Zweige der Thätigkeit in der Kirche aufs innigste
zusammenhängt. Christus selbst ist und bleibt der Träger der Idee
der Kirche; die Kirche ist, weil Christus der Auferstandene lebt; in
der Kirche verleibt er die erlösete Menschheit durch sich Gott wieder
ein und weil die Kirche der Leib Christi ist, deßhalb ist die Kirche
mit dem heiligen Geiste so verbunden, daß die Wahrheit in ihr nicht
unterliegen und übertönt werden kann. Wäre nun Christus als der
[//7//] Auferstandene sichtbar auf Erden geblieben, um so die Idee
seiner Kirche zu realisiren, so würde er natürlich und er allein alles
in allem gewesen sein; in diesem Falle könnten wir uns die Kirche in
der Form eines theokratischen Absolutismus realisirt denken. Aber
diese ganze Voraussetzung ist eine unstatthafte; wir würden uns
damit auf den noch nicht wiedergeborenen theokratisch-alttestamen-
talischen Standpunkt zurückversetzen, auf dem allerdings die Apostel damals noch standen, als Christus z. B. zu Petrus das Wort
sprach: *Wenn du dich wirst bekehrt haben, so stärke deine Brüder.* So
sollte es nicht sein und Christus selbst sagt zu den Aposteln: *Es ist*
gut, daß ich von euch gehe und wenn ihr mich lieb hättet, so würdet ihr
euch freuen, daß ich gehe. Deßungeachtet ist aber auch so Christus das
eins und alles, der Mittelpunkt und die Peripherie seiner Kirche, und
in der menschlichen Stellvertretung handelt es sich nicht um einen
Ersatz Christi, sondern um ein Mittel der Ausführung, um ein Werk-

zeug, um eine schützende Hülle des Werkes Christi. Eben darin liegt
es dann aber auch begründet, daß wir uns diese äußere menschliche
Ordnung der Stellvertretung nicht anders als in der Weise, wie
Christus sie wirklich gegründet hat, denken können, nicht anders als
in der Form eines Organismus, einer Korporation, wo Centrum und
Peripherie sich gegenseitig tragen und bedingen. Ein schlechthin
herrschendes Centrum würde auch die Peripherie umspannen und
in Wahrheit alles in allem sein müssen; was wir von Christus sagen
könne, aber von keinem Menschen. Wie eine Vertheilung der Stellvertretung nach Centrum und Peripherie, so mußte auch eine Thei-
lung nach den Richtungen der Thätigkeit eintreten. Christus als absoluter Monarch und Herr seiner Kirche gedacht, vereinigt in sich
unmittelbar die richtende, regierende und gesetzgebende Gewalt;
aber man fühlt leicht, daß es über das menschliche Maaß hinausgin-
ge, wenn man die ganze richtende, regierende und gesetzgebende
Gewalt in der Kirche, wie sie ist, absolut in einem concentrirt denken
sollte. Ebenso ist auch eine richtige Scheidung der zeitlichen und
ewigen Dinge in dem wahren organischen Grundgedanken der Kirche angelegt.

Auf den Zusammenhang dieser Beziehungen werde ich später
zurückkommen. Es ist aber zweitens in dem richtigem organischen
Grundbegriffe der Kirche auch die Grenze bezeichnet, bis zu der die
[//8//] peripherische oder die centrale Richtung der Entwicklung in
der Kirche möglicher Weise voranschreiten kann, ohne den Begriff
und also den Bestand der Kirche anzugreifen und das gibt uns den
Anhalt zur klaren Beantwortung der Frage über die Unfehlbarkeit
des Papstes. Da gegenwärtig von einer auf Loslösung vom Centrum
gerichteten Bewegung im Episkopate auch nicht die leiseste Spur
vorhanden ist und alle Gefahr auf Störung des Friedens innerhalb
der Kirche nur von einer Partei ausgeht, welche im angeblichen Interesse des Papstes bis dahin unerhörte Forderungen zu Gunsten der
Centralisation aufbringt, so sind wir nur nach dieser Seite zur genaueren Begriffsbestimmung aufgefordert. Nun unterliegt es keinem
Zweifel, daß der Gedanke der Einheit in dem organischen Grundge-

danken der Kirche so sehr in den Vordergrund tritt, daß, wenn man weniger genau spricht und in einer gewissen überschwänglichen Weise sich ausdrückt, man geradezu die Einheit und also das Papstthum als das unterscheidende Merkmal und das spezifisch katholische schlechthin bezeichnen und diese Seite nie zu sehr hervorheben und betonen kann. Daß hinter einer solchen überschwänglichen Ausdrucksweise jedoch die Gefahr eines großen, ja des größten Irrthums liegen könne, wird jedem einleuchten der nur auf die Analogie zwischen dem Organismus der Kirche und dem Grundgeheimnisse unseres Glaubens in der wahren Erkenntniß Gottes reflektirt. Gewiß ist es vollständig wahr, daß die absolute Einheit und Einfachheit Gottes als das unterscheidende Merkmal des absoluten Seins nicht zu sehr und nicht zu stark urgirt werden kann, und doch, wer sie so urgiren wollte, daß darüber die reale Unterscheidung der Dreiheit der Personen in Gott geleugnet würde, der hätte gerade dadurch die wahre Erkenntniß Gottes wieder zerstört, und wäre um nichts weniger ein Erzketzer, als wer die Dreipersönlichkeit in einen Tritheismus auflösete. Es ist damit gesagt, daß das Moment der Einheit in der Kirche und die Bedeutung des Papstes als Trägers dieser Einheitsidee nur nicht so urgirt werden dürfe, daß dadurch der organische Begriff der Kirche selbst aufgehoben und zerstört wird. Innerhalb dieses Begriffes und unter seiner Voraussetzung kann die Bedeutung der Einheit so zu sagen nicht übertrieben, wenigstens nicht auf ein Maaß getrieben werden, dem nicht noch eine wirkliche Berechtigung zur Seite stände, oder welches schlechthin unzulässig wäre, obgleich [//9//] gewiß deßhalb noch nicht gesagt ist, daß gerade die möglichste gewissermaßen einseitige Hervorhebung dieser Seite das Symptom des gesundesten Zustandes der Kirche sei. Die gegebene Bestimmung genügt um die Frage, die jetzt jedem Katholiken als die brennendste nahe liegen muß, bündig und prägnant zu beantworten, weßhalb einerseits die von einer gewissen Seite in Aussicht genommene Erhebung der Unfehlbarkeit des Papstes zu einem Dogma der katholischen Kirche als eine unerhörte Neuerung, als ein Eingriff in das Wesen der Kirche empfunden wird, und doch anderseits eben dieser Satz als eine Meinung nicht allein zulässig erscheint, sondern von einem nicht geringen Theile der Katholiken *unter ihnen selbst von Bischöfen* als eine so gut wie anerkannte und feststehende Sache behandelt wird. Als Meinung ist sie zulässig und begreiflich, weil ja in der That für jeden Katholiken die Stimme des Papstes die höchste Auktorität hat und so lange nicht thatsächlich durch dieselbe etwas dem Glauben oder dem Gewissen zuwiderlaufendes an ihn gelangt, ihm als das Organ jener Einheit des Glaubens und der Lehre erscheint, deren Verheißung wir durch den heiligen Geist im Lehramte der Kirche besitzen. Wie wenig man im ganzen Bewußtsein der Kirche aber deßhalb in dieser Stellung des Papstes ohne weiteres die Garantie einer Irrthumslosigkeit des Papstes zu haben glaubte, das beweiset deutlich allein schon der Umstand, daß im kanonischen Rechte ausdrücklich der Fall, daß der Papst in Häresie falle, vorgesehen ist. Das bezieht sich freilich auf die Person des Papstes als solchen, in welchem Sinne die Möglichkeit auch heute noch von den Vertheidigern der Unfehlbarkeit zugegeben wird. Aber wenn man gegenwärtig bei dieser Prärogative der Unfehlbarkeit des Papstes nur an den Papst insofern er offiziell als Lehrer der Kirche auftritt (*Papa ex cathedra loquens*) denkt, so drückt ja diese Formel eben nur aus, daß man so sehr wie möglich die blos persönliche Meinung des Papstes von seinem Ausspruche als dem Ausdrucke des in der Kirche vorhandenen Glaubens unterscheiden will. Auch der entschiedenste Vertheidiger der Unfehlbarkeit des Papstes in dem angegebenen Sinne würde es doch als eine reine Frivolität ansehen, dieses so auszulegen, als ob der Papst dadurch unfehlbar werden könne, daß er nur äußerlich der Form nach dem genüge, was nach der Meinung der Theologen dazu gehört, daß er als *ex cathedra* [//10//] *loquens* zu betrachten sei. Diese Form der kirchlichen Lehrentscheidung durch den Papst als *ex cathedra loquens* ist also eine zufällige, d. h. eine aus besonderen geschichtlichen Entwicklungen hervorgegangene, die deßhalb noch nicht dem organischen Wesen der Kirche widerspricht, von der man aber ebenso wenig behaupten kann, daß sie eine wesentliche oder auch nur eine dem lebendigen

Organismus der Kirche besonders entsprechende sei. Die ganze frühere Kirche hat diese Form nicht gekannt; und wenn der auf dem Concilium von Constanz gefaßte Beschluß, die allgemeinen Synoden in bestimmten Zwischenräumen zu wiederholen, wäre ausgeführt worden, so würde sie sich sicher nicht in dieser Weise entwickelt haben. Weil sich dann diese Form unter Verhältnissen, die wir gewiß am allerwenigsten als normale betrachten dürfen (nachdem der Riß auch in der abendländischen Kirche sich vollzogen hatte) so sehr ausgebildet hat und gewißermaßen Gewohnheit geworden ist, so ist es vollständig erklärlich, wie diese Form eine solche Bedeutung und Geltung gewinnen konnte, daß gerade sie vielen als eine gewißermaßen wesentliche und als ein spezifischer Ausdruck des katholischen erscheint.

Ein ganz anderes Gesicht aber nimmt die Sache an, sobald davon die Rede ist, daß diese Meinung ein Dogma werden solle. Gegenstand und Inhalt des Dogma kann nie ein blos zufälliges, eine geschichtliche Thatsache als solche sein, sondern nur eine ewige Wahrheit und das zufällig geschichtliche nur in soweit, als sich in ihm die ewige Wahrheit ausdrückt, oder es doch mit ihr in einem nothwendigen Zusammenhang steht. Soll also die Unfehlbarkeit des Papstes ein Dogma werden, so kann das vernünftiger Weise nicht den Sinn haben, als ob eine zufällige Form, in der die im Lehramte der Kirche durch den heiligen Geist vorhandene Unfehlbarkeit sich äußert, wie die des *Papa ex cathedra loquens* ist, als solche für immer und als die einzige anerkannt werde, sondern es kann nur heißen, daß die dem Lehramte verheißene Unfehlbarkeit der Person des jedesmaligen Papstes in seiner Stellung als oberster Lehrer der Kirche wesentlich inhärirt; daß er als solcher der Träger, und also, weil es keine zwei der Kirche verheißenen Unfehlbarkeiten gibt, der einzige Träger der der Kirche verheißenen Unfehlbarkeit ist[*2]. Dann aber ist der den

---

[2] *Offenbar ist die Verneinung dieser Auffassung auch der Sinn der Ausführung des Bischofs Ketteler in seinem Buche über das Concil, wenn er den Papst nicht als das Organ der Unfehlbarkeit, sondern als ein Organ in der Reihe mehrer möglicher Orga-

[//11//] Bischöfen als Nachfolgern der Apostel verliehene selbständige Antheil am Lehramte aufgehoben; der Organismus der Kirche so wie ihn Christus gesetzt hat, ist zerstört. Deßhalb kann die Unfehlbarkeit des Papstes kein Dogma werden, so wenig wie je vier Personen statt drei in Gott dekretirt werden können. Daß in Wahrheit das Wesen des katholischen Glaubens durch eine etwaige versuchte Dogmatisirung der Unfehlbarkeit des Papstes tangirt wird, das würde einem jeden, der bis dahin nicht reiflich über die Sache nachgedacht hat, zum Bewußtsein kommen, wenn künftig hin anstatt der ganzen Ausführung über das Lehramt der Kirche im katholischen Katechismus einfach als Glaubensartikel stehen würde, daß das unfehlbare Lehramt in der Person des Papstes beruhe. Die ausgesprochene Unmöglichkeit der Dogmatisirung jener Meinung ist aber einfach eine logische, so wie wir sagen, es ist unmöglich, daß zwei mal zwei fünf sei. Man vergegenwärtige sich nur die etwaigen Modi der Möglichkeit. Wie sollte das denn geschehen? Etwa durch den Papst selbst? Aber der Gedanke, daß der Papst mit einem Dekrete vor der Kirche hinträte, wodurch er sich zum alleinigen Inhaber der der Kirche verheißenen Unfehlbarkeit erklärte, ist so etwas Ungeheuerliches, daß wohl keiner als etwa ein Dr. K. so etwas nur auszusprechen wagen wird. Soll man aber eine solche monströse Voraussetzung wirklich zulassen, so ist die einfache Antwort darauf, daß in diesem Falle die Kirche von dem noch im kanonischen Rechte vorhandenen Artikel über das, was zu thun ist, wenn der Papst in Häresie fällt, Gebrauch machen würde. Aber etwa durch ein Concilium könnte eine solche Erklärung erfolgen? Durch Bischöfe, die wie zu einem Concilium versammelt sind vielleicht wohl; aber durch ein Concil nicht. Denn die Bischöfe, welche ein solches Dekret abfassen würden, würden eben dadurch sich den selbständigen Antheil am Lehramte abdekretiren; sie würden den einzigen Rechtstitel auslöschen, auf den hin sie als stimmberechtigte Bischöfe das Concilium constituiren; sie würden sich faktisch in die Lage eines Abgeordne-

---

ne aufführt und wenn auch in dieser Reihe als ein besonders bevorzugtes, so doch das allgemeine Concilium als das schlechthin höchste. So ist es auch bei Bellarmin.

tenhauses versetzen, in dem alle Vertreter zugleich ihr Mandat nie-
derlegten. *Est modus in rebus; sunt certi [//12//] denique fines, quos nec
ultra nec citra potest cosnistere rectum.* – Diejenigen, welche an eine
solche Möglichkeit denken, haben dabei wohl nur eine Dogmatisirung oder eine Fixirung der Formel des *Papa ex cathedra loquens* im
Auge. Aber darin zeigt sich nur, daß sie eben über die Sache nicht
reiflich nachgedacht haben. Diese Formel ist ja eben nichts anderes,
als die Form, worin das kirchliche Bewußtsein die Thatsache, daß die
Unfehlbarkeit des Lehramtes nicht in der Person des Papstes als
solchen ruht, in der Zeit ausgesprochen hat, als faktisch die Centralisation die vorherrschende Richtung wurde; sie drückt, nur in einer
möglichst abgeschwächten und verknöcherten Weise eben dasselbe
aus, was den Begriff des Conciliums als der möglichst energischen
Aktion der Gesammtkirche begründet. Wollten also die zum Concilium versammelten Bischöfe in der Meinung, ihrem wesentlichen
Rechte dadurch nichts zu vergeben, die Unfehlbarkeit des Papstes
als *ex cathedra loquens* dekretiren, so würde das folgenden Sinn haben: Wir versammelte Bischöfe wissen wohl und halten fest, daß
Christus nicht einen unfehlbaren Lehrer, sondern ein Lehramt in
einer unter einem Oberhaupte verbundenen Körperschaft in seiner
Kirche eingesetzt hat, und daß wir demnach einen selbständigen
Antheil an diesem Lehramte besitzen, aber wir finden es für gut, so
viel an uns liegt, auf diesen Antheil ein für allemal zu verzichten und
denselben in die Hände des Papstes zu legen; Christus war zwar
gewillt, der Kirche die Garantie für die Unfehlbarkeit ihres Lehramtes dadurch zu geben, daß er dem einen, der als Oberhaupt die Einheit des Lehrkörpers, der Kirche, des Glaubens repräsentirt, eine
Vielheit von selbständigen Mitgliedern des Lehrkörpers innerhalb
der Einheit gegenüberstellte; wir aber finden es jetzt für besser, das
von Gott uns übertragene Recht auf den Papst allein resp. auf diejenigen, welche ihm bei Abfassung der infalliblen Dekrete behülflich
sein werden, zu übertragen. Ob und welche Rechtskräftigkeit ein
solcher Beschluß haben würde (denn hier käme auch wohl die Frage
zur Sprache, in wie weit der betreffende Bischof nicht seine entwaige

[sic] eigene Meinung, sondern den wirklichen Glauben seiner Diözese zu vertreten hat auf dem Concilium), ob man so etwas für möglich
halten kann, will ich hier nicht erörtern; jedenfalls würden diejenigen, welche so etwas beschlössen, für die Folgen verantwortlich sein.
Vorläufig ist festzuhalten, daß die Thatsache der Berufung des
[//13//] Conciliums, besonders nachdem die Bischöfe in so großer
Anzahl in so kurzer Zeit mehre male um den Papst versammelt waren, ein Einlenken auf die weltgeschichtliche Entwicklungsform der
Kirche resp. ihrer Verfassung bedeutet und daß, was auch diese oder
jene dabei im Sinn haben mögen, Gott schon die Sachen zu ihrem
rechten Ziele lenken wird.

Der neue

Fuldaer Hirtenbrief

in seinem

Verhältniß zur Wahrheit.

Von

Dr. Fr. Michelis,

Professor der Philosophie am Lyceum Hosianum zu Braunsberg.

Motto: Die Schwäche der Bischöfe ist nicht
der Grund unseres Glaubens. —

Braunsberg,

Eduard Peter's Verlag.

(In Commission.)

1870.

C.
Der neue Fuldaer Hirtenbrief in seinem Verhältniß zur Wahrheit

Von Dr. Fr[iedrich]. Michelis,
Professor der Philosophie am Lyceum Hosianum
zu Braunsberg[1]

Motto:
Die Schwäche der Bischöfe ist nicht
der Grund unseres Glaubens.

[//3//] Wer in sich den Beruf für eine Sache erkennt, der wird jedes dahin Einschlägige wahrnehmen, und wer im offenen Kampfe steht, der darf keine neue Wendung in der Position übersehen. Fragt mich einer, indem ich Angesichts des neuen Fuldaer Hirtenbriefes dieser Wahrheiten mich erinnere, ob ich denn glaube, für den jetzt in der Kirche entbrannten Kampf einen Beruf zu haben, so antworte ich mit einem entschiedenen Ja, und zwar deshalb, weil der Kampf gegen das prätendirte Infallibilitätsdogma nicht blos mit meinem priesterlichen, katholischen und christlichen Gewissen und Bewußtsein, sondern selbst mit meiner geistigen, moralischen und physischen Fortexistenz als Mensch vollständig zusammenfällt; weil ich, nachdem ich einmal die Gnade des wahren Glaubens empfangen habe, nicht

---

[1] Quelle | MICHELIS 1870* = Friedrich Michelis: Der neue Fuldaer Hirtenbrief in seinem Verhältniß zur Wahrheit. Braunsberg: Eduard Peter's Verlag 1870. [36.S.] Digitales Exemplar: Bayerische StaatsBibliothek MDZ. http://mdz-nbn-resolving.de/urn:nbn:de: bvb:12-bsb10481494-7

mehr zu leben, nicht mehr als sittlicher und denkender Mensch zu existiren weiß, wenn ich nicht mehr katholisch sein kann, und nicht mehr katholisch bin, wenn ich die *persönliche Infallibilität* des Papstes, die absolute Verleugnung der Kirche, die Umwandlung der göttlichen Idee der Kirche in einen menschlichen Unsinn und ein menschliches Lügenwerk anerkennen müßte. Indem ich diesen meinen Standpunkt bekenne, so sage ich damit keineswegs, daß ich den Infallibilisten den katholischen Glauben abspreche, so wenig, wie ich die Nichtchristen deshalb als Menschen verleugne, weil ich als Christ weiß, daß ich meine Menschheitsidee nur in meinem Christenthume conservire. Ich sage nur von den (ehrlichen) Infallibilisten, daß sie bis diesen Augenblick nicht wissen, was sie thun. Aber dieses Nichtwissen wird hier so verhängnißvoll, daß kein katholisches Dogma mehr bestehen kann, wenn so ein katholisches Dogma entstehen kann.

[//4//] Der neue Fuldaer Hirtenbrief bezeichnet ohne Zweifel eine neue Wendung in dem Kampfe; vielen wird er vollends als die letzte Entscheidung erscheinen. Mir nicht; ich würde auch dann an dem Kampfe nicht verzagen, wenn die 17 unterschriebenen Bischöfe die ganze Opposition verträten und wir armen rechtgläubigen Katholiken also nahezu in den Zustand der Verlassenheit versetzt wären, worin die Christenheit versetzt war, als mit wenigen Ausnahmen die ganze lehrende Kirche unter der Gewaltherrschaft des Arianismus schwach geworden war. Die Charakterschwäche der Bischöfe ist noch nie der Grund des Glaubens der Christenheit gewesen und die in sich unverletzte ewige Wahrheit der Kirche wird um so sicherer aus der Verdunkelung durch ihre eigenen legalen Vertreter hervortreten, je intensiver eben durch sie die Spannung des Kampfes um die Wahrheit in der Menschheit geworden ist. – Bis zur gänzlichen Verlassenheit von unseren Bischöfen sind wir aber jetzt wenigstens noch nicht gekommen; und ich gestehe, daß ich mir seit dem 18. Juli den weiteren Fortgang kaum anders gedacht habe. Daß die Bischöfe, welche sich nicht dazu erheben konnten, wenigstens im letzten entscheidenden Momente auf dem gemeinsamen Kampfplatze ihre

Pflicht ganz zu thun, nicht mehr hinterher sich zu einem gemeinsamen entschiedenen Schritte ermannen würden, war leicht voraus zu sehen. Aber damit ist die Lage sicher nicht erschöpft. Die Partei, welche von Anfang an die Versammlung in Rom so geleitet hat, daß ein gewisser Schein der formalen Gültigkeit eines Concils bewahrt würde, ist sicher von ihrer Taktik in dem letzen Akte nicht verlassen worden. Sie hat sicher die 80 bis 100, welche durch ihr aufrecht gehaltenes Non placet jede dogmatische Entscheidung unmöglich machten, nicht allein mit herzlicher Freude von Rom abziehen sehen, sondern sie hat ohne Zweifel darauf ihren weiteren Plan gebaut; ja, wenn man die Vorgänge vom 18. Juli bis heute übersieht, so kann man sich kaum der an sich sehr wahrscheinlichen Vermuthung (denn daß, wenn die Minorität standhaft und entschieden bis zuletzt aushielt, der ganze Plan vereitelt war, ist sicher) enthalten, daß der ganze klägliche Abzug der Minorität ein wohlüberlegter [//5//] Plan der Partei war, wozu es ja nicht mehr als des einen oder andern Mitwissenden aus derselben bedurfte. Man sehe, wie angelegentlich von Seiten der Infallibilisten das so ernst motivirte *Non placet* der abziehenden Minorität hinterher als ein *tacitus consensus* ausgebeutet wurde, wie selbst – um schon hier einen Vorgeschmack von dem Wahrheitscharakter des Hirtenbriefes zu geben – in dem neuen Fuldaer Hirtenbriefe nur von einem Enthalten der Abstimmung die Rede ist, während die Abziehenden (mit Ausnahme von Melchers und Ketteler, was wohl zu merken) ausdrücklich erklären, daß sie ihr *Non placet* so aufrecht hielten, als wenn sie in der Sitzung anwesend wären, und nur aus Pietät gegen den Papst es nicht mündlich aussprächen. Man beachte ferner, wie stark bald nach dem 18. Juli in infallibilistischen Organen die Lüge verbreitet wurde, daß die vorzüglichsten österreichischen Oppositionsmitglieder ihre Unterwerfung erklärt hätten, was bis zum Tage der Fuldaer Versammlung wenigstens noch nicht der Fall gewesen, meines Wissens auch heute noch nicht der Fall ist. Warum wurde diese Lüge gerade von den österreichischen Bischöfen vorzüglich verbreitet; warum nicht von den deutschen oder norddeutschen? Das erklärt sich wenigstens sehr natürlich, wenn man der norddeutschen sicher war durch eine neue Fuldaer Versammlung, deren Plan schon zu Rom zwischen den Jesuiten und dem Erzbischof Melchers, der sie berief, entworfen sein kann, und auf dieser Versammlung konnte dann natürlich die über die österreichischen Bischöfe ausgestreute Lüge ihre guten Dienste thun. Ich könnte wenigstens mit Sicherheit einen Bischof nennen, der noch mit der festen Ueberzeugung von der kanonischen Unhaltbarkeit des vatikanischen Concils oder wenigstens der entscheidenden Session nach Fulda gereist ist, aber seinen Namen unter den Hirtenbrief gesetzt hat, weil er auf der Fuldaer Versammlung ohne innere Gründe umgestimmt ist und sich nur damit beruhigt, daß das Concil den Schein der formellen Gültigkeit für sich habe.

Ist diese ganze vatikanische Versammlung in der That nichts anderes als eine von vorn herein von der Partei angelegte Intrige, welche einen innerlich conciliarischen Charakter [//6//] lediglich nur noch durch den Grad der Opposition erhält, zu dem die Minorität den ihr offen gelassenen geringen Schein wirklich freier conciliarischer Berathung benutzte, so können wir uns ja unmöglich wundern, daß die Intrige in dieser Weise nach dem Concil sich fortgesponnen hat. Wenn diese Auffassung des ganzen Herganges eine unbegründete ist, so ist freilich unser Irrthum ein sehr großer und gefährlicher. Wir nehmen also mit großer Spannung den Hirtenbrief von siebenzehn deutschen Bischöfen, von denen freilich sechs auf der Versammlung selbst nicht anwesend waren und nur einige entschieden der Minorität angehörten, in die Hand mit der Frage, welchen Beitrag zur Lösung der schweren uns beängstigenden Frage wir hier finden werden?

Das allererste, was sich jeder fragt, der einen Hirtenbrief von Fulda nach der römischen Aktion zur Hand nimmt, ist natürlich, in welches Verhältniß sich dieser zu dem beruhigenden Hirtenbriefe von Fulda vor derselben stellt. Die Antwort ist eine unaussprechlich jammervolle: in gar keines. Der jetzige Hirtenbrief ignorirt einfach die vorigen; die Bischöfe muthen uns zu, daß wir in der Angelegenheit, die unser ganzes Bewußtsein in Spannung hält, die unser ganzes innerstes Interesse erregt, vergessen haben sollen, was sie uns vor einem Jahre zu unserer Beruhigung gesagt haben. Ob sie wirklich glauben, daß das möglich ist? Ob sie wirklich bei diesem neuen auch den älteren Hirtenbrief vergessen haben? Vielleicht aber ist das nur scheinbar; vielleicht sollen die Ausführungen in diesem neuen Hirtenbriefe eine indirekte Widerlegung der Widersprüche sein, welche die Vergleichung beider unabweisbar in uns hervorbringt[2]; namentlich scheint das der Fall sein zu sollen bei der indirekten Versicherung, daß keine neue, mit der heiligen Schrift und der Tradition in Widerspruch stehende Lehre auf der römischen Versammlung aufgestellt sei. Wir werden das unten genauer sehen; eine sehr auffallende und zum Nachdenken auffordernde Weise ist es jedenfalls, daß dieser neue Hirtenbrief den früheren ostensibel [//7//] so vollständig ignorirt. – Fassen wir nun den Inhalt selbst ins Auge, so stoßen wir zunächst wieder auf den ganz auffallenden Umstand, daß der brennende Punkt, der infallible und absolute Charakter der Person des lehrenden Papstes, mit keiner Silbe in demselben erwähnt wird. Vorläufig haben wir blos von diesem negativen Verhalten Notiz zu nehmen; ob wir deshalb hier davon zu schweigen haben, wird sich weiter unten zeigen.

Der wirkliche Inhalt des Hirtenbriefes ist also, abgesehen von unwesentlichen Zuthaten, die positive und ausdrückliche Anerkennung der vatikanischen Versammlung als eines wahren ökumenischen Conciliums. Auch dabei stößt uns zunächst wieder das Auffallende auf, daß das Concilium gewissermaßen als geschlossen behandelt wird, während es doch in Wirklichkeit noch gar nicht geschlossen, und es also sehr wohl möglich ist, daß, wenn es unter veränderten Umständen wieder aufgenommen wird, eine Revision des Verfahrens und eine nähere Erklärung des jetzt per majora Festgestellten eintritt, welche die Sache wieder in das richtige Geleise bringt. Wie viel dann geleistet werden kann, das werde ich weiter unten durch die Zusätze beweisen, mit denen der Bischof von Ermland die

---

[2] Siehe Rheinisch. Merkur Nr. 31 [1870].

Promulgation der Dekrete begleitet hat und ich hoffe hier in der That einen richtigen Weg zur *inneren Wiedereingliederung* des so schwer verrenkten kirchlichen Bewußtseins aufweisen zu können.

Motivirt wird nun diese der offiziellen Beendigung des Concils vorgreifende Erklärung durch die Polemik, welche sich gegen den wahren ökumenischen Charakter des Concils erhoben habe und die Beunruhigung, die dadurch in das katholische Bewußtsein gekommen sei.

Wollten nun die zu Fulda versammelten Bischöfe für diesen Zweck etwas leisten, so konnte man erwarten, daß sie irgend welche Widerlegung der kanonistischen Einwürfe versuchen würden, die von allen Seiten gegen den wahren ökumenischen Charakter des Concils erhoben werden. Davon ist nun wieder gar keine Rede. Die Bischöfe verkünden das bis jetzt Dekretirte als unverletzliche Aussprüche des heiligen Geistes, [//8//] ignoriren, wie den früheren Hirtenbrief, so die ganze Lage der Thatsachen, wonach das Concil von einer Partei gebraucht worden ist, um die Infallibilität des Papstes, die gar nicht auf dem Programme des Concils stand, in einem Sinne, den vor 1869 kein Mensch gekannt hat, durchzusetzen, bedrohen die dem alten katholischen Glauben und dem Katechismus getreu bleibenden Katholiken mit Ausschließung von der Kirche und verlangen lediglich auf ihre Autorität hin die Anerkennung der Akte der vatikanischen Versammlung als eines wahren ökumenischen Concils.

Es handelt sich also in dem neuen Hirtenbriefe lediglich um einen neuen Auktoritätsakt und das ist der Punkt, den wir demnach ins Auge zu fassen haben.

Zuerst haben wir hier zu fragen, welche Stellung als Auktorität denn eigentlich diese Fuldaer Versammlung einnimmt? Offenbar als solche gar keine. Jeder Bischof gilt für seine Diözese; das ist selbstverständlich; darüber hinaus haben wir in der Fuldaer Versammlung nur das private Zusammentreten einer Anzahl von Bischöfen, unter denen die Theilnahme derer wieder von vornherein etwas sittlich Unaufgeklärtes hat, welche entschieden der Minorität angehört haben; insoweit es notorisch ist, daß die Bischöfe der Opposition sich das Wort gegeben hatten, gemeinschaftlich zu handeln. Aber auch sonst ist dieser private Charakter der Versammlung wohl im Auge zu behalten. Da die Bischöfe sich auf einen kanonischen Proceß über die mit schweren Gründen angefochtene wahre Oekumenizität des Concils nicht einlassen, so hat also ihr Zeugniß nur den Werth, den ihre Person ihm verleiht. Hiernach stehen aber offenbar diejenigen mitunterschriebenen Bischöfe, welche nicht selbst in Rom waren, ganz anders, als die Theilnehmer des Concils. Das Zeugniß der ersteren hat schlechthin keinen andern Charakter als den einer Privatmeinung. Wenn die präkonisirten Bischöfe von Münster oder Speier die vatikanischen Dekrete als gültige Concilsbeschlüsse erklären, so könnte das natürlich ein weiteres Gewicht nur bekommen durch die gegebenen Beweise für die in der Sache gemachten Studien. Das Urtheil eines Bischofes, [//9//] auch als privates, hat freilich an sich immer schon die Präsumption für sich, ein wohl überlegtes und erwogenes zu sein. Daß aber in der That dieser Hirtenbrief nicht geeignet ist, dieses gern gehegte Vorurtheil zu bestärken, davon müssen wir uns leider durch zu unabweisbare Beweise überzeugen. – Anders steht es mit dem Zeugnisse derjenigen Bischöfe, welche selbst in Rom waren und deren Zeugniß also, auch wenn es nicht mit wissenschaftlichen Beweisen versehen ist, jedenfalls die Bedeutung eines Augenzeugnisses hat. Auch hier ist aber noch verschiedenes zu bemerken. Zunächst und vor allen, daß die wissenschaftliche, d. h. hier kanonistische Kenntniß dessen, was zum Begriffe und Wesen eines ökumenischen Concils gehört, die unerläßlich nothwendige Vorbedingung für die Ablegung eines vollgültigen Zeugnisses für den rechtsgültigen Charakter eines Conciliums ist. So wenig einer, der zwar gesunde Augen, einen gesunden Menschenverstand und eine allgemeine Schulbildung hat, deshalb schon befähigt ist, ein ärztliches Zeugniß über einen Krankheitszustand abzulegen, so wenig ist ein Bischof ohne gehöriges Studium des kanonischen Rechtes und der Kirchen- in specie Concilsgeschichte befähigt, ein gültiges Zeugniß über den rechtskräftigen Charakter des Concils abzulegen; wozu besonders zu bemerken, daß Hefele nicht in Fulda war. Damit das nicht dem Unwissenden als eine Cavillation erscheine, bemerke ich, daß jeder Theologe es weiß, wie sehr die Wissenschaft der Concilien, trotz Hefele's bahnbrechendem Werke, in diesem Augenblicke noch im Argen liegt. Es konnte unter der Herrschaft des Absolutismus, in den die Kirche nach dem Tridentiner Concil hineingerathen ist, weil das auf demselben zur Erneuerung in Aussicht genommene Synodalwesen statt dessen leider immer mehr in Verfall kam, wahrlich so schwer nicht sein, dem legitim berufenen Concilium einen gewissen Schein legaler Gültigkeit zu bewahren, und es gehört schon einiges Zeug dazu, um weder diesem Scheine noch der darauf begründeten Sophistik zu erliegen. Diejenigen mitunterschriebenen Bischöfe also, welche von vorn herein als Infallibilisten nach Rom gekommen sind, können als Zeugen gar keinen Werth haben, und der [//10//] Bischof Martin z. B. hätte in der Beziehung seinen Namen nicht unter den Hirtenbrief zu setzen brauchen. Solche Namen figuriren unter dem Hirtenbriefe nur als eine quantitave Vermehrung des Auktoritätsgewichtes, womit dieser Hirtenbrief auf die Katholiken scheint wirken zu sollen. – Es bleibt uns also das Zeugniß der noch übrigen Bischöfe, die als Mitglieder der Minorität zu Rom waren, als ein thatsächliches Zeugniß zu prüfen. – Ueber die speziellen Studien der Bischöfe in diesem Punkte steht mir selbstverständlich kein Urtheil zu; der einzige Anhalt meines Urtheiles ist die Vergleichung der jetzigen Aussagen *mit den hinlänglich authentisch bezeugten Worten und Thaten* der Minoritätsbischöfe, wozu ja mehrere der Unterschriebenen gehörten, auf der Römischen Versammlung selbst. Ehe ich aber hierzu übergehe, komme ich zuvor noch einmal auf das, was unzweifelhaft den Schwerpunkt der ganzen Sache bildet, auf die *kanonistische* Untersuchung nach dem rechtskräftigen Charakter der vatikanischen Versammlung als eines wahren ökumenischen Concils zurück; nicht, um hier den erforderlichen Beweis für den Mangel desselben zu liefern, was ich, in der wissenschaftlichen Vollständigkeit, wie es jetzt nothwendig ist, nicht zu leisten im Stande wäre, was aber in kurzer Frist in einer hoffentlich sehr genügenden Weise von dem rechten Manne wird geleistet werden; sondern um hier nur den einen Punkt noch klar hervorzuheben, der vorläufig wenigstens zur Zurückhaltung des Urtheils genügt. Viele, man kann sagen, die meisten derjenigen, welche nach dem 18. Juli trotz aller innern Ueberzeugung die Waffen vor dem Scheine einer conciliarischen Definition gestreckt haben, fußen lediglich auf dem Begriffe des ökumenischen Conciliums als einer vom Papste berufenen Versammlung der Bischöfe. Zum Begriffe eines Conciliums gehört aber außerdem noch vieles Andere, was in Wirklichkeit und nicht nur dem Scheine nach vorhanden sein muß. Einiges davon hat der Hirtenbrief indirekt berührt; den Beweis aber dafür, daß sie sich hierbei nicht durch den bloßen Schein und durch das Maaß ihrer Urtheilsfähigkeit haben täuschen lassen, haben die Unterschriebenen nicht angetreten; die Thatsachen, [//11//] welche dem widersprechen, haben sie nicht berührt. Wir wissen, daß der Dr. Pichler im ironischen Sinne die besonders große Freiheit des vatikanischen Concils derartig verfochten hat, daß die Infallibilisten lange Zeit die Ironie gar nicht gemerkt haben, woraus man sieht, daß man schon ein etwas schärferes Auge auf die Sache haben muß. Die legitim versammelten Bischöfe sind also noch nicht das Concilium selbst; sie sind die erste, thatsächlich zu erfüllende Bedingung, gewissermaßen der Stoff zum Concilium, aber noch nicht das Concilium selbst. Diese Bedingung mitsammt dem Scheine der aufrecht erhaltenen Freiheit genügen allenfalls, um den *Schein der formalen Gültigkeit* des Concils zu begründen, was genau so viel heißt, als daß einer einen Betrug so vorsichtig einrichten kann, daß er auf legalem Wege nicht zu fassen ist, so klar auch der Betrug vorliegt; ein Vergleich, der aber auch darin hinkt, daß der kanonische Begriff eines Conciliums keineswegs auf einer solchen blos legal zu deutelnden Grundlage steht. Um daher einen edleren Vergleich zu gebrauchen, sage ich, daß die legitim versammelten Bischöfe so wenig schon das Concil sind, als jener biblische Kloß vom Leim der Erde schon der Mensch war, da ihm Gott den Geist noch nicht eingehaucht hatte. Denken wir uns, es wäre dem Geiste der Lüge möglich gewesen, Gott sein Werk aus der Hand zu nehmen und dem Erdenkloße ein Scheinleben aus *seinem*

Geiste einzuhauchen, so wäre das der Mensch Gottes nicht geworden. – Ich komme also jetzt auf den Hauptpunkt, auf den sich meine
gegenwärtige Aufgabe zugespitzt hat, auf die Zusammenstellung
der Aussagen in dem Hirtenbriefe mit den Thaten und Worten der
Oppositionsbischöfe auf dem Concilium selbst zurück. Ich befinde
mich hier in einer Lage, worin sich wohl nie ein Sterblicher befunden
hat; denn wenn ich der Wahrheit treu bleiben und die moralischen
Grundbegriffe nicht verfälschen will, so muß ich sagen, daß das, was
die siebenzehn unterschriebenen Bischöfe zur Ehrenrettung des
Concils in dem Hirtenbriefe aussagen, einen Namen trägt, den man
sich in guter Gesellschaft zu gebrauchen scheut. Ich mag dies Wort
nicht aussprechen; wenn aber die Bischöfe auf ihre Auktorität [//12//]
und unsere Pietät bis zu dem Grade glauben rechnen zu dürfen, daß
wir dadurch uns bestimmen lassen sollten, das vernünftige Denken
und die moralischen Grundbegriffe aufzugeben, so sind sie doch in
einer bitteren Täuschung befangen. Das was die Bischöfe in dem
Hirtenbriefe über die Freiheit der Berathung und alles andere, was
zum wesentlichen Charakter des Concils gehört, aussagen, ist das
gerade Gegentheil von dem, was nicht etwa blos von dem einen oder
anderen Mitgliede des Concils, sondern von der Gesammtheit der
Minorität in der ausdrücklichsten und förmlichsten Weise constatirt
worden ist, und *so sehr auch die Partei dafür gesorgt hat*, die conciliari-
sche Berathung, wie das lichtscheue Werk einer Loge, in Finsterniß
zu hüllen, das hat sie doch nicht hindern können, daß schon *jetzt*
diese wesentlichsten Thatsachen auf vollständig glaubwürdige Weise in die Oeffentlichkeit gedrungen sind.

„So lange die Berathungen dauerten, haben die Bischöfe, wenn es
ihre Ueberzeugung forderte und ihrer Amtspflicht entsprach, ihre
Ansichten mit unumwundener Offenheit und mit der nothwendigen
Freiheit ausgesprochen", sagen die Bischöfe in dem Hirtenbriefe.
Dagegen heißt es in den von der Minorität eingereichten Protesten:
daß die leidenschaftliche Hitze beim Betreiben einer so schwierigen
Sache (der Infallibilität) geradezu unverträglich sei mit der Freiheit
der Bischöfe, die ohne völlige Gewißheit einen neuen Glaubensarti-

kel nicht aufstellen können und daß die Oekumenizität des Concils unvermeidlich in Zweifel gestellt werden würde. Im Proteste vom 4. März sagen die Bischöfe: „Was aber die zu einer dogmatischen Entscheidung erforderliche Zahl der Stimmen (moralische Stimmeneinheit) angeht, ein Punkt, worauf die ganze Haltung des Concils beruht, so ist das so wichtig, daß, wenn hierin unserer ehrfurchtsvollen und angelegentlichen Forderung nicht genügt wird, unser Gewissen von einer unerträglichen Last gedrückt würde; wir würden fürchten, daß der Charakter des ökumenischen Concils zweifelhaft gemacht werden könne; daß dem Feinde Gelegenheit gegeben werde, den heiligen Stuhl und das Concilium anzugreifen und so endlich beim christlichen Volke das Ansehn dieses Concils wankend gemacht [//13//] würde, als ob es der Wahrheit und der Freiheit entbehrt habe." Im Proteste vom 3. Juni sagen 93 Bischöfe: „Aus dem Wesen des Conciliums folgt, daß die Erlaubniß, der Abstimmung die Motive beizufügen, worauf sich dieselbe stützt, nicht ein Privilegium einiger Väter ist, sondern ein gemeinsames Recht Aller, welches um so gewissenhafter geachtet werden muß, je wichtiger die Sache ist, um die es sich handelt. Die wichtigste Sache unter allen ist aber eine Definition, welche irgend eine Lehre dem christlichen Volke als von Gott geoffenbart vorlegt. Dieses Recht wird nach der uns *aufgelegten* Geschäftsordnung in den Generalcongregationen ausgeübt, darum kann ohne *Schädigung des Rechtes der Väter*, welche ihre Ansicht aussprechen wollen, durch die Majorität die Diskussion nicht geschlossen werden. Da dieses gestern geschehen ist, so geben wir diese Erklärung ab, damit unsere Protestation bezüglich des Rechtes der Väter, ihrer Abstimmung Gründe beizufügen, kund gethan sei und bleibe." – Ich frage nun, wie ich das nennen soll, wenn dieselben Bischöfe, die dieses im März und Juni geschrieben haben, nachdem ihrer so dringlich gestellten Forderung notorisch nicht Genüge geschehen, und über ihre Proteste in der schmachvollsten Weise hinweggeschritten ist, Ende August in einem Hirtenbriefe den Gläubigen verkünden, daß das Concil der nöthigen Freiheit nicht entbehrt habe?

Ich gehe auf weitere Einzelheiten nicht ein, weil ich den Hauptpunkt doch noch erst besonders ins Auge zu fassen habe, und verweise deshalb auf das Sendschreiben an einen deutschen Bischof von Lord Akton [*Acton*] sowie auf den Rheinischen Merkur Nr. 31 [1870], worin eine hinreichende Zusammenstellung von einschlägigen Thatsachen gegeben ist, und mache nur noch auf die Sophistik aufmerksam, die in dem oben angeführten Satze des Hirtenbriefes angewandt ist. „*So lange die Berathungen dauerten*, haben die Bischöfe, wie es ihre Ueberzeugung forderte und ihrer Amtspflicht entsprach, ihre Ansichten mit unumwundener Offenheit und mit der *nothwendigen Freiheit ausgesprochen.*" Das alles ist sicher in einem gewissen Sinne wahr. Gewiß; so lange die Berathungen dauerten, [//14//] hatten die Bischöfe die Freiheit zu sprechen, d. h. man schnitt die Berathung – wenn man die aus ihren Zusammenhang gerissenen Reden so nennen will – ab, sobald sie unbequem wurde; man ließ so viel mit Freiheit sprechen, daß man mit einem Scheine von Recht sagen konnte, die nothwendige Freiheit, d. h. wie ein Infallibilist höhnend erklärte, die Freiheit zum Guten, aber nicht zum Bösen – habe nicht gefehlt. Gerade wie das Concil so angelegt war, daß ein gewisser legaler Schein der conciliarischen Berathung bewahrt wurde, ist auch dieser Hirtenbrief und vorab der jetzt behandelte Satz, der den Kern desselben bildet, so eingerichtet, daß ein Bischof, der sich trotz seiner anderslautenden Ueberzeugung begnügte, den Schein der formalen Wahrheit gerettet zu haben, den Hirtenbrief mit *gutem Gewissen* unterschreiben konnte, so etwa, wie einer, der aufs Bankerottiren geheirathet hat, mit *gutem Gewissen* vor Gericht aussagt, daß er nichts besitze, weil er nicht in Gütergemeinschaft mit der Frau lebe. – Diese Sophistik ist der innere Grund meiner Vermuthung, daß dieser Kern des Hirtenbriefes schon in Rom von den Jesuiten zurechtgemacht und zur rechtzeitigen Benutzung dem rechten Manne nach Deutschland übermittelt wurde. – Ich habe jetzt noch den Schlußtheil dieses Passus aus dem Hirtenbriefe in die Hand zu nehmen, der also lautet: „und es sind hiebei, wie dies bei einer Versammlung von nahezu 800 Vätern kaum anders zu erwarten war, auch manche Meinungsver-

schiedenheiten hervorgetreten. Wegen dieser Meinungsverschiedenheiten kann aber die Gültigkeit der Concilsbeschlüsse in keiner
Weise bestritten werden, selbst abgesehn von dem Umstande, *daß
fast sämmtliche Bischöfe, welche zur Zeit der öffentlichen Sitzung noch
abweichender Ansicht waren, sich der Abstimmung in derselben enthalten
haben.*" – In diesen letzten Worten erreicht nun dasjenige Ding, das
ich aus Pietät gegen die siebenzehn unterschriebenen Bischöfe nicht
mit seinem rechten Namen nennen mag – seinen wahrlich nicht
mehr zu übersteigenden Höhepunkt. Die Bischöfe der Minorität sind
mit der feierlichen Erklärung von Rom abgegangen, daß ihre Bedenken [//15//] gegen das neue Dogma nicht beseitigt sind, daß sie ge-
wissenshalber nicht zustimmen können, daß sie ihr *Non placet* aufrecht halten, daß sie nur aus Pietät gegen den Papst nicht persönlich
erscheinen wollen, und jetzt heißt es im Hirtenbriefe, daß sie sich
„der Abstimmung enthalten" haben. Ohne Zweifel, etwas Bejam-
mernswertheres für sich und für die gute Sache konnten die Bischöfe
der Minorität nicht thun, als daß sie ihre leider nur zu ohnmächtige,
aber doch ruhmreiche Opposition, woran die Kirche und die
Menschheit anfing sich aufzurichten, statt bis zum letzten Augenblicke auszuharren, so jammervoll preisgegeben haben; aber dadurch
wird die Unwahrheit der jetzigen Aussage des Hirtenbriefes um
nichts vermindert, welche diese feierliche Erklärung der Bischöfe in
eine einfache Stimmenenthaltung verdreht. Welcher von den Bischöfen, welche damals mit so bewegten, aber leider nur zu schwachen
Herzen „diesem Selbstmord der Kirche", wie einer von ihnen die
Infallibilitätserklärung nannte, das Widerspiel gehalten haben, wird
wohl sein aufrecht erhaltenes *Non placet* als eine stillschweigende
Zustimmung zu deuteln oder sein schwaches Zurücktreten mit dem
von den Jesuiten an die Hand gegebenen Troste zu entschuldigen
wagen, daß er eben in demselben eine sichtbare Spur von dem Wirken des heiligen Geistes erblicke, weil so der *unanimis consensus* [d.h.
Einmütigkeit] nun wörtlich erfüllt ist. O arme katholische Christenheit! Deine Hirten verlassen ihren pflichtmäßigen Posten und der
Geist der Lüge schlägt Kapital aus ihrer Schwäche, um dich um dein

heiligstes Gut, die Sicherheit deines Glaubens zu bringen! Die Bischöfe thun erst ihre Pflicht nicht, indem sie statt dem irrenden Papste ins Angesicht zu widerstehn, aus mißverstandener Pietät sich zurückziehn, und dann unterschreiben sie selbst die Unwahrheit, wozu ihre Pflichtverletzung umgestempelt wird! – Aber getrost, katholisches Volk, die Schwäche der Bischöfe ist nicht der Grund unseres Glaubens. –

Der Passus des Hirtenbriefes, den ich genauer behandelt habe, und der offenbar den eigentlichen Kern desselben bildet, enthält nun außer den Unwahrheiten, die seinen Inhalt bilden, noch etwas, was, indem es das Misere unserer Lage vollständig [//16//] charakterisirt, doch zugleich auch das mögliche Mittel der Heilung an die Hand gibt, die ich mir bewußt bin, von Anfang an ins Auge gefaßt und nie aus dem Auge verloren zu haben. Es muß doch jedem Leser auffallen, daß in dem Passus immer nur von Ansichten und Meinungsverschiedenheiten, und nicht von Glauben und von Glaubenswahrheit die Rede ist. *Ihre Ansichten* wollen die Bischöfe mit Offenheit ausgesprochen haben; *Meinungsverschiedenheiten* sollen hervorgetreten sein. Und in der That kommen auch die Bischöfe der Minorität selbst in ihrer letzten Erklärung über diese Ausdrucksweise kaum hinaus. Man sieht auch leicht, wie eine solche Denkweise mit der ärgerlichen Schwabbelei um Opportunität und Inopportunität zusammenhängt. Wer weiß, was Glauben ist, dem ist schon das Gerede von opportun und inopportun in Glaubenssachen ein Aergerniß, und man hat von Anfang an wohl die Bemerkung Döllingers in seinen Erwägungen nicht genug gewürdigt, daß diejenigen, welche theologische Meinungen und Glauben durcheinanderwerfen, wohl noch nie eigentlich gewußt haben, was der Glaube ist. – Hier nun erfassen wir die geistige Stellung der Bischöfe in flagranti. Ohne Zweifel wird es zur Erklärung und bis zu einem gewissen Grade vielleicht auch zur Entschuldigung für das schwankende unsichere Benehmen unserer Bischöfe dienen, wenn wir aus dieser ungenirten Ausdrucksweise auch noch in dem Hirtenbriefe die Ueberzeugung gewinnen müssen, daß sie in der That bei der ganzen Sache nur wie im Gebiete von

Ansichten und Meinungsverschiedenheiten sich bewegen, wie ich solches zuerst zu meiner Verwunderung in dem Verfahren des Bischofs von Ermland gegen mich inne wurde. Andererseits aber ist es wahrlich eine verwunderliche und schwerwiegende Sache, die Erfahrung zu machen, daß, wo wir anderen den ganzen furchtbaren Ernst einer Glaubenswahrheit sehen, die Bischöfe mit den leichten Wölkchen von Ansichten und Meinungsverschiedenheiten zu spielen scheinen. Ich bitte es recht wohl zu beachten, in dem ganzen Hauptpassus des Hirtenbriefes ist nur von Ansichten und Meinungsverschiedenheiten, und mit keiner leisen Andeutung vom Glauben und von Glaubenswahrheit [//17//] die Rede. Die Unterzeichner des Hirtenbriefes stehen also in der That nur um ein geringes ab von jener römischen Leichtfertigkeit, welche die ganze Sache eben nur diplomatisch behandelte und die einem so recht zum Bewußtsein kommt, wenn man vernimmt, wie der Papst bei jenem letzten Versuche der Häupter der Opposition, seinen starren Sinn zu brechen, mit lächelndem Munde – es war am Tage vor der verhängnißvollen Sitzung – kund gab, daß er die Formel, in der abgestimmt werden sollte, noch nicht zu Gesichte bekommen habe. Ich kann mich nicht enthalten, hier das Vertrauen auszudrücken, daß die Curie und die Jesuiten sich in den Deutschen ebenso verrechnet haben, wie Napoleon, und daß uns auch die Zeit die Generale schaffen werde.

Um aber zu zeigen, daß ich mit meinem Eindrucke von einem solchen Verhalten der Bischöfe gerade in diesem Punkte nicht so ganz allein stehe, erlaube ich mir den folgenden Passus aus dem Schreiben eines hochstehenden und hochgebildeten katholischen Laien an mich hier wörtlich herzusetzen: „Wie kann", schreibt derselbe, „ein Bischof, wie der von Trier z. B., es auszusprechen wagen, sein *Non placet* bei Definirung eines Glaubenssatzes hätte sich nicht etwa auf *wahr* oder *unwahr* jener Definition selbst, sondern auf die für seinen Sprengel für inopportun gehaltene Entscheidung der Frage überhaupt bezogen, und da hätte diese relative Inopportunität denn natürlich der allgemeinen durch die Majorität und den Papst selbst bezeugten Opportunität weichen müssen. – Bis zum Augen-

318

blicke der Definirung meinetwegen (!) mag Inopportunität und Opportunität auch geltend zu machen gewesen sein. Ein Bischof aber, der in dem Falle ist, unter dem Beistande des heiligen Geistes Zeugniß reden zu sollen, ob der Inhalt einer bestimmt formulirten dogmatischen Definition immer, *überall* und *von allen* als göttlich geoffenbarter Glaube erkannt worden und der dann sein abgegebenes *Non placet* nicht auf dies von ihm verlangte Zeugniß, sondern nur darauf bezogen haben will, daß es ihm wünschenswerther geschienen hätte und er die ganze Frage lieber unerörtert und unentschieden gelassen haben würde, der ist doch sicher des heiligen Geistes [//18//] baar und von der Sophistik der Pforten der Hölle bereits vollständig überwunden." –

Indem ich es nun unternehme, gerade an diesen an sich so unendlich traurigen Stand der Glaubenserkenntniß der Bischöfe, wie er in dem Hirtenbriefe offen dokumentirt ist, die Hoffnung einer möglichen Wiedereinlenkung in den verlassenen richtigen Weg anzuknüpfen, so erlaube ich mir von dem Hirtenbriefe selbst auf dessen Publikation in der Diözese Ermland und die Art der damit eng verbundenen Bekanntmachung der *Constitutio dogmatica prima* überzuspringen. In beiden nämlich erscheint jener traurige Zustand der Verworrenheit des Denkens, welcher Glaubenssachen als Ansichten und Meinungen behandelt, in seiner unmittelbar praktischen das katholische sichere Glaubensbewußtsein untergrabenden Wirkung in der ausgesprochendsten Weise. Der Hirtenbrief wird den Pfarrern mit dem Zusatze übergeben, daß es ihnen anheimgestellt sei, ob sie ihn verlesen wollen oder nicht; wodurch einerseits ein geringes Vertrauen zu dem Valor dieses Actenstückes ausgedrückt und andererseits offener Zwiespalt in der Diözese ausgestreut wird, wenn nicht, was hier wohl das wahrscheinliche ist, alle Pfarrer von der Erlaubniß Gebrauch machen, den Hirtenbrief nicht zu verlesen.[3] – Der *Constitutio* aber wird in 12 Artikeln ein erklärender Nachtrag beigegeben, welcher die neue Lehre so erscheinen läßt, daß sie das neue unerhör-

---

[3] Nach einem soeben zu Ohren kommenden Gerüchte soll nun doch wieder die Verlesung des Hirtenbriefes anbefohlen sein!

te und das katholische Glaubensbewußtsein verletzende verliert, dagegen aber sich nicht scheut, so ziemlich das offene Gegentheil von dem zu sagen, was in der *Constitutio* aufgestellt ist. In der angehängten Erklärung wird die Infallibilität dahin gedeutet, daß der Papst nur als die Spitze der im organischen Körper der Kirche wohnenden Unfehlbarkeit erscheint, der in letzter Instanz das, was immer und überall in der Kirche geglaubt ist, auszusprechen hat (n. 6. Non ergo inerrantiae donum in solo capite residet, unde in corpus profluat, nec in solo corpore, ut ab ipso in caput quasi [//19//] ascendat, sed in capite habitat cum membris unito et in membris cum capite conjunctis. 7. Exercetur vere infallibile ecclesiae magisterium *finaliter* per caput i. e. Romanum pontificem ad cujus auctoritatem pertinet, *finaliter* ea determinare, quae credenda sunt, ut ab omnibus inconcussa fide teneantur [S. Th. Aq.]. 8. Non potest papa finaliter aliquid definire, nisi quod antiquitus Apostolica sedes et Romana cum ceteris tenet perseveranter ecclesia (S. Aug.). – Das ist offenbar so ziemlich die altkatholische Lehre, und diese Punkte sind namentlich in dem auch im hiesigen Pastoralblatte als unkirchlich verdammten Rheinischen Merkur beständig hervorgehoben worden. In der Constitutio aber heißt es cap. 4.: *Romanum pontificem, cum ex cathedra loquitur, id est, cum omnium Christianorum Pastoris et doctoris munere fungens, pro suprema sua Apostolica auctoritate doctrinam de fide vel moribus ab universa ecclesia tenendam definit, per assistentiam divimam ipsi in beato Petro promissam, ea infallibilitate pollere, qua divinus Redem[p]tor Ecclesiam suam in definienda doctrina de fide vel moribus instructam esse voluit ideoque ejusmodi Romani pontificis definitiones ex sese, non autem ex consensu Ecclesiae irreformabiles esse.* Und dieses wird aufgestellt, nachdem im cap. 3. die denkbar absoluteste Regierungsgewalt des Papstes definirt ist. – Die bei-gegebene Erklärung spricht also das direkte Gegentheil aus von dem in der Constitutio Gesagten. In der bischöflichen Erklärung wird der infallible Papst aufgefaßt als die Spitze des Organismus der Kirche, in der die Unfehlbarkeit wohnt; in der Constitutio wird die Infallibilität der Kirche auf den Papst übertragen. In der bischöflichen Erklärung wird festgehalten, daß der Papst nichts als Dogma definiren kann, als was nach dem *unanimis consensus Ecclesiae* immer und überall Glaubens-lehre gewesen ist, so daß dieser *unanimis consensus* der Grund oder vielmehr das Argument der Wahrheit der Lehre ist; in der Constitu-tio wird die Infallibilität des Papstes und Irreformabilität seiner Ent-scheidungen aus seiner *summa auctoritas* und der *divina assistentia* hergeleitet [//20//] und nicht allein von dem *unanimis consensus Eccle-siae* als Argument des Glaubens nichts erwähnt, sondern ausdrück-lich gesagt, daß die Entscheidungen des Papstes *ex sese, non autem ex consensu Ecclesiae irreformabiles* seien. Die Erklärung trägt also so ziemlich die altkatholische Lehre vor, die *Constitutio* aber hat eine ganz neue und anderslautende gebracht. Ich bemerke aber, *daß der eigentlich entscheidende Punkt, der bestimmte Ausspruch darüber, ob denn nun die Bischöfe noch einen integrirenden Antheil am Lehramte haben, sowohl in der Constitutio als in der bischöflichen Erklärung* umgangen wird, und daß, wenn man vielleicht versucht sein könnte, alle jene schönen und beruhigenden Deutungen der Erklärung in das *ex cathedra* der *Constitutio* hinein zu interpretiren, man sich leider durch genauere Einsicht überzeugen muß, daß gerade durch die genauere Bestimmung des Sinnes dieses *ex cathedra loquens* der Widerspruch zwischen der bischöflichen Erklärung und der *Constitutio dogmatica* erst recht in seinem vollen Lichte zeigte. Die *Constitutio* sagt: *quum ex cathedra loquitur, id est, quum omnium Christianorum Pastoris et doctoris munere fungens pro suprema sua auctoritate* etc., die bischöfliche Erklä-rung: *ipsi summo magistro ex cathedra locuturo, ut ea quae sunt fidei, finaliter determinat.* – Fragen wir nun, ob es noch irgendwie möglich ist, diese uns dargebotene bischöfliche Auslegung mit der zu Rom verkündeten *Constitutio dogmatica* in Einklang zu bringen, so ist mei-ne nicht erst heute erfundene Antwort darauf, daß allerdings eine Ausgleichung solcher aus Halbheit hervorgehender Widersprüche nicht möglich ist, daß aber beiden, sowohl der bischöflichen Erklä-rung als der *Constitutio dogmatica*, eine Begriffsverwirrung zu Grun-de liegt, die, insoweit sie aus bewußter Unwahrhaftigkeit und sittli-cher Schwäche hervorgeht, eingestanden und gesühnt werden muß, insoweit sie aber auf Unklarheit und Verworrenheit des Denkens beruht, durch richtiges Denken corrigirt werden kann. Der offene Widerspruch, in den sich die bischöfliche Erklärung zu der *Constitutio dogmatica* setzt, ist nur der klare Ausdruck des [//21//] Widerspruchs, den diese in sich selbst trägt und der sie, abgesehn von allem andern, schon an sich, so wie sie dasteht, unfähig macht, eine dogmatische Formel zu sein. Nachdem die siebenzehn unterschriebenen Bischöfe in ihrem Hirtenbriefe selbst den Stand ihrer Glaubens*erkenntniß* in der Weise dokumentirt haben, daß sie die conciliarischen Verhandlungen als *einen Austausch von Ansichten und Meinungen* bezeichnen, werden sie wohl entschuldigen, daß ein Gläubiger, dadurch provizirt, das, was des Glaubens ist, denkend zu behandeln unternimmt. – Die gemeinsame Unklarheit der *Constitutio dogmatica* und der bischöflichen Erklärung liegt darin, daß beide in gleicher Weise den einfachen und klaren Ausdruck der katholischen Lehre, wie er bis dahin in allen Katechismen gewesen ist, daß das unfehlbare Lehramt besteht in dem Papste in der Vereinigung mit den Bischöfen, umgehen, daß die eine so wenig wie die andere die entscheidende Frage, ob die Bischöfe dem Papste gegenüber einen integrirenden Bestandtheil des Lehramtes bilden oder nicht, stellt und beantwortet. Daß dieses bei der *Constitutio dogmatica* auf bewußter Unredlichkeit beruht, kann keinem Zweifel unterliegen. Denn wenn die Partei der Infallibilisten, nachdem auf diesen Punkt ausdrücklichst die Aufmerksamkeit gelenkt war, alles daran setzt, diesen einfachen katholischen Satz, daß die Bischöfe einen integrirenden Bestandtheil des Lehramtes bilden, *nicht* aufzunehmen, und lieber das ganze Concil, so zu sagen die ganze Kirche, das Heil und den Frieden unzähliger Menschen aufs Spiel setzen, als ihn zuzulassen, so muß doch auch dem blödesten Auge klar werden, daß ihnen eben alles daran lag, diesen wesentlichen Theil des katholischen Bewußtseins zu elimi[ni]ren, wo ohne ja allerdings die Umwandlung der Kirche Christi in eine neumodige absolutistische Constitution nicht erreicht werden konnte. Erinnern wir uns, daß dieselbe Partei schon auf dem Tridentiner Concil diesen Zweck in noch radikalerer, aber naiverer Weise durch die Lehre erreichen wollte, daß allein Petrus und nicht die übrigen Apostel unmittelbar von Christus ihren Beruf und ihre Vollmacht bekommen haben; womit sie aber damals so abgewiesen wurde, daß sie jetzt es [//22//] nur mehr auf Schleichwegen versuchen konnte; so viel haben wir im kirchlichen Bewußtsein gewonnen. Wenn nun auch die bischöfliche Erklärung, trotz aller schön lautenden Auslegung, diese einfache wesentliche katholische Frage umgeht, so will ich darüber weiter nicht urtheilen; verhehle aber nicht, daß mir dieser Umstand die Vermuthung erweckt, daß auch selbst diese bischöfliche Erklärung ein zu Rom präparirtes Mittel ist für so zähe katholische Gemüter etwa, wie die Ermländische Diözese sie birgt.

Ist nun die Umgehung der Cardinalfrage und des einfachen Ausdruckes der katholischen Wahrheit in der *Constitutio dogmatica* sicher eine absichtliche, so erklärt sich aus dieser Absicht der Umgehung des Hauptpunktes von selbst die in dieselbe hineingekommene Verworrenheit, welche ihre dogmatische Unhaltbarkeit zur nothwendigen Folge hat. Die Verworrenheit liegt darin, daß der Begriff der Irreformabilität der päpstlichen Dekrete und der Infallibilität des Papstes in derselben confundirt sind; daß man sich nicht damit begnügt hat, die Infallibilität des Papstes aufzustellen, sondern sich bemüßigt sah, ihr die Irreformabilität der päpstlichen Dekrete anzuhängen. Wie das mit jener umgangenen Cardinalfrage zusammenhängt, ist offenbar. Denn hätte man das, was von den päpstlichen Definitionen gesagt ist, daß sie *ex sese, non autem ex consensu Ecclesiae* irreformabel seien, von dem infallibeln Papst oder der Infallibilität des Papstes sagen wollen, daß sie *ex sese, non autem ex consensu Ecclesiae* sei, so hätte man allerdings ausgesprochen, was man eigentlich that, daß man nämlich die Person des Papstes der Kirche substituirte, was man aber nicht aussprechen durfte, ohne sofort den klaren Unsinn und den Abgrund häretischer Blasphemie, worein man sich stürzte, offen zu legen. Daß man noch zu guterletzt die Worte *non autem ex consensu Ecclesiae* in die Formel hineinschmuggelte, ist eine thatsächliche Bestätigung dieser Combination.

Die Verknüpfung zwischen den Begriffen der Irreformabilität der päpstlichen Definitionen und der Infallibilität des Papstes ist in der Constitutio dogmatica so geschehen, daß [//23//] jene dieser als eine Folge angehängt ist (ideoque ejusmodi definitiones ... irreformabiles esse). In Wirklichkeit ist die Sache umgedreht; die in *einer gewissen Weise* mit Recht in Anspruch genommene Irreformabilität der päpstlichen Definitionen ist geschichtlich genommen der Grund der aufgestellten Infallibilität des Papstes, und ich bitte deshalb den Leser, den es um einen Ausweg aus den Wirren aufrichtig zu thun ist, einen Blick auf den geschichtlichen Entwickelungsstand der Kirche zu werfen. – Geschichtlich hat nach dem Tridentinum die Kirche – wie der Staat – sich, d. h. ihre Verfassung, im absolutistischen Sinne entwickelt. Daraus ist der der früheren Zeit unbekannte Begriff des *ex cathedra loquens* hervorgegangen, der allerdings schon wesentlich absolutistische Färbung hat, der aber im Sinne des ganzen kirchlichen Bewußtseins und aller Kanonisten und Theologen bis dahin alle die Garantien einschließt, mit denen Christus das unfehlbare Lehramt in seiner Kirche ausgestattet hat (nicht blos in dem möglicher Weise illusorischen Sinne, wie es unsere bischöfliche Erklärung sagt[4]); der aber auch ebenso klar im Bewußtsein der ganzen Kirche und der ganzen Theologie nur als eine Nothstandsunfehlbarkeit, wie ich es bezeichnet habe, betrachtet wurde; d. h. als eine höchste Instanz richterlicher Entscheidung in dem bestehenden Glauben, dessen oberster Wächter eben der Papst ist; als eine Aushülfe gewissermaßen für den laufenden Entwickelungsgang in der Kirche; nicht aber als der Quell für das Glaubensbewußtsein der ganzen Kirche.

---

[4] Genauere Erwägung führt leider immer unabweisbarer zu der Einsicht, daß gerade in dieser offenbaren Verdrehung, wonach der Papst sich von dem beständigen Glauben der Kirche nicht etwa durch ein Concil oder durch die *Ecclesia dispersa*, d. h. durch die Bischöfe als Lehrkörper, durch ein selbstthätiges Zeugniß der Kirche zu informiren hat, sondern daß er dies auf jedem Wege, etwa durch seine eigenen Studien oder durch seine römischen Theologen thun kann, der eigentliche Knotenpunkt der Sophistik liegt, welche in der bischöflichen Interpretation der *Constitutio* angelegt ist, und von der ich deshalb um so mehr annehme, daß sie eine in Rom angelegte und diesseits nur nicht verstandene ist.

Kein Kanonist und kein Theologe der vor uns liegenden Zeit hat die Unfehlbarkeit der Kirche auf die Person, d. h. auf die persönliche [//24//] Entscheidung des Papstes übertragen, sowie auch kein Kanonist und kein Theologe der früheren Zeit an eine Dogmatisirung der Unfehlbarkeit des Papstes ernstlich gedacht hat. Man hatte sich hineingelebt in den Zustand des Absolutismus, der in jener Nothstandsunfehlbarkeit seinen Ausdruck fand, aber man dachte nicht von ferne an die Möglichkeit, diesen Zustand durch ein ökumenisches Concilium dogmatisiren zu lassen. Der Begriff eines ökumenischen Conciliums stand vielmehr mit dieser absolutistischen Richtung der Entwickelung der Kirche in einem solchen Gegensatze, daß man ja den Gedanken an die Möglichkeit eines solchen ganz abgeworfen hatte. Aus diesem Zustande sind die gegenwärtigen Wirren hervorgegangen, indem die Infallibilisten diese zufällige augenblickliche geschichtliche Gestaltung der Verfassungsverhältnisse der Kirche ihrer von Christus gegründeten Verfassung unterschieben und indem sie so den ganzen Schein der Auktorität für sich gewinnen, gleichzeitig mit der Confusion des Denkens, welches wesentliches und zufälliges nicht zu unterscheiden weiß, und mit der Schwäche des in das Räderwerk der Maschinerie dieser Auktorität befangenen Willen der Individuen operiren. Wie hierdurch der bisherige Erfolg der Partei und die fortschreitende Macht der Unwahrhaftigkeit, welche in dem neuen Fuldaer Hirtenbriefe ihre größten, wollte Gott, ihre letzten Triumphe feiert, sich erklärt, will ich dem Leser zu erwägen überlassen. Meine Aufgabe ist es hier, die aus diesem Hergange entspringende Begriffsverworrenheit der *Constitutio dogmatica* und ihre daraus fließende dogmatische Haltlosigkeit genauer aufzuweisen. Die Irreformabilität der päpstlichen Definitionen, insofern der Papst im absolutistischen Sinne *ex cathedra loquens*, d. h. *finaliter definiens* gedacht wird, hat einen katholischen Sinn und auch, daß sie *ex sese, non autem ex consensu Ecclesiae* irreformabel sind, ist in diesem Sinne genommen richtig. Nämlich faktisch resultirt in diesem Sinne die Unfehlbarkeit des Lehramtes und der Kirche auf den Papst, und so ist es richtig, daß seine Definioten [Definitionen], als Ausflüsse der auf ihn resultirenden Unfehlbarkeit, *ex sese non autem ex consensu Ecclesiae* irreformabel seien, d. h. die Wahrheit geht nicht [//25//] aus der Stimmensammlung hervor. In diesem Sinne bekenne ich, daß mir, wie einem jeden einzelnen katholischen Subjecte, der Papst infallibel ist, d. h. insoweit der Papst unter diesen Voraussetzungen die Infallibilität der Kirche repräsentirt, unterwerfe ich mich seinem Ausspruche, als dem Ausdrucke des wahren Glaubens der Kirche. – Dieser absolutistische Zustand der Kirche ist, wenn auch ein krankhafter, doch nicht ein unerträglicher; die wahre Kirche Christi hat deshalb nicht aufgehört, die wahre zu sein, weil sie in diesen Zustand hineingerathen ist. Aber jedenfalls ist er nur ein zufälliger, ein aus besonderer geschichtlicher Entwickelung hervorgegangener, und eben deshalb kann er nicht verabsolutirt, d. h. nicht dogmatisirt werden, ohne das Werk Christi in der Kirche zu verleugnen; so wenig wie man, wenn einmal ein Mensch an krankhaftem Zudrange des Blutes zum Kopfe leidet, entweder diesen als einen Menschen verleugnen oder seinen Zustand als den normalen und gesunden dekretiren kann. Die jesuitische Intention der Dogmatisirung des päpstlichen Absolutismus ist vom wirklich katholischen Standpunkte aus gesehen genau ebenso häretisch, wie die protestantische Leugnung der sichtbaren Kirche. So unzweifelhaft nun aber auch diese extreme Intention in der *Constitutio dogmatica* angelegt ist, zum reinen und klaren Ausspruche würde sie doch nur gekommen sein, wenn das *ex sese non autem ex consensu Ecclesiae* nicht mit der Irreformabilität der Dekrete, sondern mit der Infallibilität des Papstes als Person verknüpft wäre. Denn Irreformabilität ist ein relativer, negativer Begriff; Infallibilität aber ist ein absoluter und positiver Begriff. Die Dekrete des Papstes sind irreformabel, heißt: der die Lehre der Kirche vertretende Papst ist die oberste Instanz der Lehrgewalt (*finaliter determinat*, wo die Bedingung in dem liegt, was von *Rechts wegen* dem *finaliter* vorausliegt, d. h. daß der Papst sich durch das wirkliche Zeugniß der Kirche des in ihr vorhandenen Glaubens versichert hat, nicht daß er durch seine eigene Person oder durch seine Theologen sich glaubt oder vorgibt derselben versichert zu haben). Der Papst ist infallibel, heißt: die Infallibilität des Lehramtes beruht in [//26//] der Person des Papstes als solchen. *Diese Verknüpfung resp. Vermengung von Irreformabilität und Infallibilität verursacht nun aber eine innere absolute Unhaltbarkeit oder vielmehr Haltlosigkeit der vatikanischen Definition, die sie schon an sich als Dogma ebenso unmöglich macht, wie sie äußerlich auf die Haltung eines rechtmäßigen Conciliumbeschlusses keinen Anspruch hat.*

Daß die *nude* ausgesprochene persönliche Unfehlbarkeit des Papstes ein blasphemischer Unsinn sei; das geben auch heute noch alle Infallibilisten zu, welche doch vernünftige Menschen bleiben wollen. Und dennoch, hat die vatikanische Definition entweder keine dogmatische Bedeutung, oder sie hat eben diese. Vorläufig behelfen sich die Infallibilisten noch mit der Unterscheidung der privaten Unfehlbarkeit und der amtlichen, wie man jetzt das *ex cathedra* interpretirt; aber damit entgeht man der persönlichen Unfehlbarkeit nicht, weil doch der Papst amtlich fungirend ebenso gut und zwar dieselbe Person ist, als wie in seinem Privatleben. Will man also den Papst, insoweit er amtlich spricht, nicht als Person aufheben, so bleibts doch eben bei der persönlichen Unfehlbarkeit, allenfalls mit der den Infallibilisten zuzugestehenden Bestimmung, daß die Person des Papstes nicht in allen ihren Akten, sondern nur in ihren amtlichen Lehrentscheidungen infallibel sei. Nun kann aber alles, was immer die Person des Papstes in seiner amtlichen Lehrthätigkeit limitirt, nichts anderes sein, als eine wie immer verkümmerte Geltendmachung jener Garantien, womit Christus im Organismus seiner Kirche die Ausübung des unfehlbaren Lehramtes ausgestattet hat. Selbst wenn unsere bischöfliche Erklärung der *Constitutio dogmatica*, daß sie dem bis dahin geltenden Bewußtsein der Kirche, wonach der Papst, um sich von dem *quod semper, quod ubique et ab omnibus creditum est* zu überzeugen, durch die *Ecclesia congregata* (im Concil) oder wenigstens durch die *Ecclesia dispersa* vergewissern muß, die neue Lehre unterschiebt, daß diese Vergewisserung in irgend welcher, nicht näher bestimmten Weise geschehen könne, so ist darin immer doch noch ein wenn auch noch so [//27//] verkümmerter

Schatten jener lebendigen Wechselwirkung conservirt, die Christus in *seiner* Kirche zwischen dem Primat und Episcopat gesetzt hat. Nehmen wir also die Definition ohne alle solche Limitation, sowie die *Constitutio* das *ex cathedra* erklärt – *cum omnium Christianorum Pastoris et doctoris munere fungens pro suprema sua Apostolica auctoritate doctrinam de fide et moribus ab universa Ecclesia tenendam definit* – und nicht die bischöfliche Erklärung es deutet – ut ea quae sunt fidei *finaliter* determinet – nehmen wir also der *Constitutio* gemäß die infallible päpstliche Definition ohne alle solche Limitation, so werden wir auch für die amtliche Entscheidung des Papstes lediglich und allein auf die Person des Papstes, d. h. auf den persönlichen, amtlich von ihm gesetzten Akt zurückgewiesen. Möglich wäre es auf diesem Wege, daß der Papst die größten Ketzereien und den krassesten Unsinn als infallible Lehre definirte, und wenn ich auch, trotz dem, was uns die Infallibilisten schon in Aussicht gestellt haben, davon gern hier ganz absehe, so ist es doch gewiß sehr einleuchtend, wie vollständig schon durch die von der bischöflichen Erklärung dem *ex cathedra* gegebene Deutung die Garantie illusorisch gemacht ist; denn wenn der Papst etwa nur durch seine eigenen Studien oder durch seine Theologen das *quod semper, quod ubique, quod ab omnibus* constatiren soll, so sehen wir doch sofort, wie wir da blos auf subjectives und persönliches angewiesen wären. Um das nicht zu übergehen, will ich hier bemerken, daß, wenn man auf den unmittelbaren Beistand des heiligen Geistes sich stützt (wie auch die *Constitutio* lediglich auf die *divina assistentia* provozirt), nicht vergessen werden darf, daß dies Vertrauen auf den Beistand des heiligen Geistes in dem Augenblicke, wo man die Bedingungen willkührlich ändert, unter denen Christus den Beistand des heiligen Geistes seiner Kirche verheißen hat, ein vermessenes Vertrauen ist. Die Kirche, welche das von Christus gesetzte Verhältniß zwischen Primat und Episkopat aufhebt, kann ebensowenig mehr auf den Beistand des heiligen Geistes rechnen, als einer auf Vergebung seiner Sünden rechnen darf, welcher freventlich das Bußsakrament [//28//] nicht empfängt. – Wenn also die Person des Papstes, d. h. hier seine persönliche Entscheidung, nur insoweit infallibel sein soll, als sie unter den von Christus seiner Kirche gegebenen Garantien steht, so ist offenbar, daß, wenn man diese Garantien entfernt und doch die Infallibilität für den Papst festhält, damit nichts anderes als die reine persönliche Willkühr als das infallible erklärt ist. Und weil man diesen reinen Unsinn doch offenbar nicht als Dogma der Kirche dekretiren will und kann, so folgt, daß die ganze Formel keine andere Bedeutung hat, als daß die betreffenden Bischöfe, welche zum Concil berufen waren, für ihre Person sich der Ausübung ihres bischöflichen Rechtes zu Gunsten des Papstes begeben; für ihre Person, denn für das bischöfliche Amt können sie es beim besten Willen so wenig, wie ein Miethsmann das Haus verkaufen kann, worin er zur Miethe wohnt. Die innere Begriffslosigkeit und Gegenstandslosigkeit der vatikanischen Constitution geht Hand in Hand mit der rechtlichen Unhaltbarkeit einer Versammlung, welche der wesentlichen Bedingungen eines ökumenischen Concils entbehrt und speziell in dem entscheidenden Punkte alle Rechte und Grundbegriffe eines wahren Conciliums mit Füßen getreten hat. Die katholischen Christen gehen durch die schwerste Prüfung hindurch, die der Teufel bis dahin der Kirche bereitet hat, aber zu verzweifeln braucht keiner, als ob die Kirche unheilbar zerrüttet wäre. *Die Schwäche der Bischöfe ist nicht der Grund unseres Glaubens.* –

Die dargelegte Auffassung reicht zu, dem katholischen Christen den klaren und freien Blick in die gegenwärtige Lage der Kirche zu geben, ohne daß er an seiner Kirche irre werde; sie reicht nicht zu und beabsichtigt auch nicht, eine Vermittlung mit dem Geiste der Lüge zu suchen, der in dieser in der vatikanischen Versammlung angelegten Intrigue sich offenbart hat und der in der Diplomatie der Curie, in der dominirenden Stellung des Jesuitenordens mit seiner krankhaften Weltanschauung und Politik, seiner blasirten sophistischen Logik und seiner zweideutigen Moral, endlich in dem rein mechanisch gewordenen Centralisirungssystem der universalen Kirche seinen Halt hat. Diese [//29//] krankhaften Zustände ließen keine Repräsentation der Kirche nach ihrer wahren sittlichen Idee

aufkommen. Sie sind in diesem Augenblicke durch die in der Weltgeschichte sich vollziehenden Ereignisse nicht blos aufs tiefste er-
schüttert, sondern es ist ihnen mit der weltlichen Macht des Papstes
der Boden entzogen. Nur als sittliche Macht nach ihrer wahren göttlichen Mission kann fortan die Kirche Christi in der Menschheit
existiren. Von dieser Erkenntniß hängt die segensreiche Wirkung
und die Realisirung der Gnade ab, die Gott in seiner Kirche für die
Menschheit bereitet hat. Aber wie ein bleicher Schemen, der sich
vampirartig um das Leben klammert, wie eine bleierne Hülle, die
jedes freudige Emporwachsen der sittlichen Idee der Kirche in der
Menschheit niederhält, legt sich das Schattenbild einer überstande-
nen großen Entwickelungsperiode der Kirche auf das katholische
Bewußtsein und hält die Erkenntniß befangen, so daß die reine Idee
der Kirche mit dieser aus Mißverstand conservirten mittelalterlichen
Form und dadurch scheinbar mit der Kirche selbst in Widerspruch
liegt. In der neuen *Constitutio Ecclesiae* ist dieser Widerspruch in der
eklatantesten Weise constituirt, indem in der Form eines ökumenischen Conciliums das moderne Erzeugniß des Absolutismus der von
Christus gegebenen Verfassung der Kirche zu unterschieben versucht wird. Indem siebenzehn deutsche Bischöfe, durch die offene
Verleugnung der auf der Versammlung von der Minorität, also zum
Theil von ihnen selbst, constatirten Thatsachen, ohne indeß den Car-
dinalpunkt, die Verabsolutirung der kirchlichen Verfassung zu berühren, ohne einen Versuch zu machen, begründete rechtliche Einwürfe zu widerlegen, durch die bloße Auktorität ihres Namens für
diese Unterschiebung und Verfälschung der Kirche eintreten, so
haben sie dieses nicht gethan, ohne in eben dieser Erklärung das
unangreifbarste und flagranteste Zeugniß abzulegen über den verworrenen Stand ihrer eigenen Glaubens*erkenntniß*, der ihre Fähigkeit, ein wahres bischöfliches Zeugniß zu geben, in Zweifel stellt.
Denn Bischöfe, welche in einem Hirtenbriefe verkünden, daß sie bei
der ganzen Berathung nur in dem Gebiete von Ansichten und Meinungen sich bewegt haben, von [//30//] denen kann nur mehr das
evangelische Wort vom schaal gewordenen Salze gelten. Nicht um

über Ansichten und Meinungen zu disputiren sind die Bischöfe zum Concil berufen, sondern in erster Stelle, um den immer bestehenden Glauben der Kirche zu bezeugen. Ansichten und Meinungen sind das Gegentheil vom Glauben; die Glaubenswahrheiten als subjektive Ansicht und Meinung zu behandeln, das ist es eben, was den Unglauben der Neuzeit, was die falsche Richtung der Philosophie und des Denkens in der Gegenwart charakterisirt. Wenn es mir nun auch selbstverständlich nicht einfällt, daß die Bischöfe, die dieses geschrieben haben, materiell an dem Unglauben der Zeit partizipiren, so haben sie doch dadurch, daß sie in so drastischer Weise in einem Hirtenbriefe, worin sie die Rechtmäßigkeit des Concils durch ihre Autorität bezeugen wollen, constatiren, daß sie die ganzen Berathungen nur als einen Austausch von Ansichten und Meinungen betrachten, den unabweisbaren Beweis gegeben, daß sie sich *denkend* nicht über den herrschenden Unglauben der Zeit erhoben haben. Eben dadurch aber haben sie sich als unfähig bewiesen, über das die Versammlung beherrschende jesuitische Intriguensystem ein gültiges Zeugniß abzulegen. Die ganzen Infallibilitätswirren resp. Intriguen hängen aufs innigste zusammen wie mit der mittelalterlichen Stellung des Papstes, so mit der mittelalterlichen Philosophie und der absoluten Herrschaft, welche diese in der Form, die ihr der heilige Thomas gegeben hat, als eine gewissermaßen offiziell kirchliche bekommen hat. Das ist eine offene Thatsache. Die moderne Philosophie ist aber hervorgegangen aus der Opposition gegen die scholastische Form und der Subjektivismus und die Auktoritätsscheu derselben ist wesentlich mitbedingt durch die noch einseitige und unvollkommene Weise, wie dies Grundverhältniß in der Scholastik bestimmt war. Eben deshalb ist dieser Subjektivismus dem Glauben gegenüber eine derartig herrschende Macht in der Menschheit geworden, daß nicht allein auch die ganze katholische Wissenschaft, und die moderne Scholastik selbst nicht zum mindesten, davon durchsetzt sind, sondern daß, wie wir an diesem neuen Fuldaer Hirtenbriefe sehen, durch den auf [//31//] dem Wege der Auktorität dem katholischen Volke die jesuitische Verfassungsveränderung der Kirche beigebracht werden soll, die Bischöfe selbst vollständig von demselben beherrscht werden, indem sie in ungenirtester Weise – es kann nicht zu oft wiederholt werden, – die Concilsberathungen als Austausch von Ansichten und Meinungen bezeichnen. – Indem ich nun hier mit der Behauptung, daß der Gegensatz zwischen den Infallibilisten und den Gegnern der Infallibilität, insoweit beide katholisch sind und bleiben wollen, nicht im Glauben, sondern in der Erkenntniß beruht, den eigentlichen Lebenspunkt der Krankheit, von wo eben deshalb auch die Heilung ausgehen muß, berühre, so fühle ich wohl, daß eine gründliche und in die Tiefe gehende Durchführung der Verhältnisse mich zu weit führen würde, und ich erlaube mir daher einen anderen, gewissermaßen persönlichen, Weg zu betreten, indem ich mich an diejenigen der unterschriebenen Bischöfe wende, mit denen ich in der dazu erforderlichen persönlichen Beziehung stehe oder gestanden habe. Es sind diese aber diejenigen, welche ich ja wohl als den Kern der Unterschriebenen bezeichnen kann, die drei Westphalen, Brinkmann, Melchers, Ketteler und dann Martin von Paderborn.

Erlaubt mir also, *Brinkmann, Melchers* und *Ketteler* zunächst, daß ich in Erinnerung an jene Zeit, als mein seliger Bruder Eduard aus der Magdeburger Gefangenschaft zurückgekehrt eine kurze Zeit lang, ehe noch die Jesuiten eingezogen waren in Münster, des nach dem Kölner Ereignisse neu erwachten katholischen Lebens sich freute, daß ich also zu euch rede nicht als Bischöfen, sondern so wie ich euch damals gekannt habe. Ihr seid jetzt Bischöfe und die obersten Hirten jener Diözesen, welche den selbstbewußtesten Theil der ganzen katholischen Bevölkerung Deutschlands und man darf wohl sagen der ganzen Kirche umschließen. Ich bin ein armer, in diesem Augenblicke kaum noch so zu nennender Professor, der gar nichts hat, als sein Bischen katholischer Logik und katholischer Wissenschaft. Aber das werdet ihr mir ja wohl trotz Eurer hochgestellten Auktorität und trotz meiner geringen Armseligkeit erlauben, daß ich für einen Augenblick diese Unterschiede vergesse und [//32//] einen Augenblick an die frühere Zeit mich erinnere. Damals standen wir uns ja nahe genug auf dem Boden jener sittlich gehobenen katholischen Anschauung, die in Münster speziell von einem Overberg und Katerkamp, in ganz Deutschland von einem Möhler und Döllinger vertreten wurde, und ich wüßte nicht, daß nicht eine wesentliche Uebereinstimmung in dem damaligen Kreise gewesen wäre. Meine Philosophie wurde wohl etwas über die Achsel angesehen, aber ich weiß nicht, daß ich je unehrlich gewesen bin und ich brauchte nur offen darzulegen, was ich meinte, so war die Verständigung da, und zwar bis zu der Zeit hin, wo ich schon vollständig die Grundlage meiner wissenschaftlichen Anschauung gewonnen hatte. Ich erinnere mich noch lebhaft, wie ich im Hause des damaligen münsterschen Generalvikars Melchers vor einer zu dem Zwecke geladenen Gesellschaft mein Programm für Natur und Offenbarung las und wie ebenderselbe mit nicht geringen Opfern den Druck meiner Antwort auf Lasaux's Philosophie der Geschichte in der „Augsburger Allgemeinen Zeitung" durchzusetzen bereit war, die ganz und gar die Grundlage der Stellung zeigt, die ich jetzt vertrete. – Was liegt denn nun zwischen uns, was hat's gemacht, daß wir nun einander so gegenüberstehen, daß ihr als Kirchenfürsten mich – soweit ihr als Menschen das könnt – als Priester, als katholischen Christen vernichten werdet, während ich euch als solche anklage, die als Bischöfe falsches Zeugniß gegen die Wahrheit ablegen. Nun was anderes denn, als jene Sophistik des jesuitischen Systemes, der ihr euch beuget, weil ihr derselben nicht gewachsen seid, weil ihr sie nicht beherrscht; die ich aber klar durchschaue, weil es mein – glaubt es mir – nicht leichter Lebensweg und Beruf gewesen ist, das katholische Princip logisch aus jenen Wirrsalen des überstürzenden Subjektivismus mir zu retten, unter dessen Herrschaft jetzt, wie euer Hirtenbrief constatirt, das kirchliche Bewußtsein der Jesuitensophistik unterliegen soll. – Ich beschwöre euch – unehrlich bin ich nie gewesen – bei dem Gotte der Wahrheit, hier mich mit der albernen Phrase von Professoren - Hochmuth zu verschonen. Solche Albernheiten wiegen in der Schaale der göttlichen Gerechtigkeit [//33//] die Unwahrheit nicht auf, deren das Gewissen uns anklagt.

Mit dem Bischof *Martin* von Paderborn habe ich nicht in so innerer Beziehung gestanden; aber gerade bei ihm haben sich meine persönlichen Erfahrungen so gefügt, daß sie einen direkten Beweis für die Wahrheit meiner Meinung über den Hergang der Sache im Innern der Bischöfe darstellen. In der ersten Zeit seiner Amtsführung hatte ich eine eingehende Unterredung mit dem Bischof Martin über die Lage der Kirche, namentlich der kirchlichen Wissenschaft. Ich trug mich damals noch mit der Hoffnung, die Bischöfe für meinen Plan, eine Restauration der katholischen Philosophie durch Zurückführung der Scholastik auf ihre Grundlage in Aristoteles und Platon anzubahnen, zu gewinnen. Der Bischof Martin faßte den Gedanken mit großer Begeisterung auf, und gestand mir bei der Gelegenheit, daß ihm die Scholastik bis dahin nicht allein vollständig fremd, sondern geradezu unzugänglich gewesen sei; daß er nichts mit diesen Begriffen anzufangen wisse; daß ihm erst durch meine Auffassung ein Weg in dieselbe geöffnet zu werden schiene u.s.w. Damals war Domkapitular Wasmuth noch Generalvikar und Rathgeber des Bischofes; dieser letztere stand damals noch nicht unter dem Einflusse der Jesuiten. Der Bischof war damals auch noch nicht Infallibilist; nachher ist bekanntlich alles anders geworden.

Würde wohl einer von diesen vier Bischöfen dazu gekommen sein, heute statt mannhaft seiner bischöflichen Pflicht zu genügen, den Nacken unter das caudinische Joch des curialistischen Absolutismus zu beugen, wenn die frühere theologische Ueberzeugung bis zu dem Grade im richtigen Denken in ihnen erstarkt wäre, daß ihr Auktoritätsgefühl der jesuitischen Sophistik zu widerstehen im Stande gewesen wäre? Ich habe mich nie dazu verstehen können, das mit so sichtbaren inneren Kämpfen verbundene Schwanken des deutschen Kirchenfürsten Ketteler einer bloßen Charakterschwäche zuzuschreiben.

Nun, um zum Schlusse zu kommen, auf Sentimentalität war es bei dieser persönlichen Wendung nicht abgesehen. [//34//] Messen wir ruhig unsere Kräfte; stellen wir klar die Frage, was ihr als Bischöfe könnt und was ihr nicht könnt.

Ihr habt die Auktorität ohne Gründe, ohne Wahrheit, ohne festes und klares Gewissen (das beweisen die Schwankungen), ohne sicheres Denken; ich habe die Thatsachen, die Gründe, die Wahrheit, ein sicheres Denken, ein klares Gewissen und dazu freilich keine Auktorität, aber nicht den Kampf gegen die Auktorität als Princip, sondern nur gegen die mißbrauchte Auktorität, gegen das unklare seine eigene Grundlage verleugnende Auktoritätsgefühl, welches einen Erzbischof zu der Umwandlung des katholischen Auktoritätsprincips zu einem Popanz in den Worten bringen konnte: „Vor der Confirmation sind wir Bischöfe, die nach Gewissen und Ueberzeugung zu stimmen haben; nach der päpstlichen Confirmation sind wir blos Christen und haben der Welt ein Beispiel der demüthigen Unterwürfigkeit unter die Urtheile der Kirche zu geben." – Ihr könnt vermöge Eurer Auktorität nicht zu nichte machen, was der Kampf der Minorität auf dem Concil der Kirche und der Menschheit geleistet hat; ihr könnt das Zeugniß des Glaubens, womit die Minorität von der Versammlung geschieden ist und die Thatsache, daß nach der bloßen Majorität über einen wesentlichen Glaubenspunkt dogmatisch entschieden ist, nicht ungeschehen machen; ihr könnt durch eine nachträgliche Unterwerfung einen Beweis eurer Schwäche, aber nicht einen neuen Grund unseres Glaubens geben. – Ihr könnt den einzelnen seinem Gewissen und seinem Glauben getreuen Priester zum Märtyrer machen; ja zum Märtyrer, wenn auch vielleicht nicht mit Feuer und Kerker, doch mit dem, was für den wahren Priester grausamer ist als dies; aber brechen den klaren Willen des Mannes für das Recht und für die Wahrheit in der Kirche, das könnt ihr nicht. – Ihr könnt die schwachen Priester zwingen, daß sie gegen ihre positive Ueberzeugung annehmen und lehren, was sie nicht glauben und *auch* ihr Gewissen auf die Auktorität abschieben, obgleich eben dies ihr Gewissen ihnen sagt, daß dies unmoralisch ist. Viele könnt ihr auf diesem Wege zur Verzweiflung bringen; viele könnt ihr in eine falsche Sicherheit [//35//] einlullen, und diese Seelen habt ihr auf euch. – Ihr könnt in solcher Weise die schwachen Priester dem Laien verächtlich machen; ihr könnt den Glauben in vielen katholischen

Herzen zerstören; ihr könnt jedem Denkenden den Glauben unmöglich machen; ihr könnt den Indifferentismus permanent machen; ihr könnt wühlen in den Eingeweiden der Kirche, wie nie ein äußerer und innerer Feind gewüthet hat; ihr könnt an eurem Theil vollständig wahr machen, was die Bischöfe der Minorität in unaussprechlicher Herzensangst von diesem „Dogma" vorausgesagt, daß es der Selbstmord, der Ruin der Kirche sein werde und diesen Ruin, diese Seelen, die habt ihr auf euch.

Das ist es, was ihr könnt; genau das, und mehr nicht. Ich kann keinen Hirtenbrief erlassen, aber sprechen kann auch ich, ja ich auch als katholischer Priester, der das Bewußtsein hat, im Leben nichts anders gesucht zu haben, als die Ehre Gottes und das Heil der Menschheit in der einen wahren katholischen Kirche. „Kehret um auf den Weg der Wahrheit; gebet Gott die Ehre; seid Bischöfe und nicht Verwüster der Kirche und nicht Werkzeuge des Teufels zum Verderben der Seelen!" –

Ich will nicht sentimental werden; aber eines kann ich doch nicht unterdrücken. Unter den mancherlei Zuschriften, die jetzt an mich kommen, war auch in einem Couvert eingeschlossen das Porträt meines Bruders Eduard mit dem Faksimile:

Und Ahnung wird durchzucken
Manch Herz noch kalt und stumpf;
Die Kirche werde feiern
Den nahenden Triumpf. 1837.

ohne Brief und ohne Unterschrift; aber über dem Portrait mit Bleistift die Worte: Also, ewig, Fritz, sollen wir geschieden sein! Ich habe schon sonst erwähnt, daß eines der letzten Worte aus dem Munde meines sterbenden Bruders die nun mir fast prophetischen Worte waren: *„Wenn die Jesuiten nach Deutschland kommen, um die deutsche Kirche zu meistern, so werden sie ein großes Unheil in der Kirche stiften."* Ja, ich halte fest an dem Worte meines Eduard: [//36//]

Die Kirche werde feiern
Den nahenden Triumpf.

Die Kirche, aber nicht die Kirche der Politiker des Jesuitenordens,
nicht dieser bleiche Schemen einer vergangenen irdischen Herrlich-
keit, der mit seinen dürren Fingern die Güter und die Blüthen dieser
Welt umklammert hält, die er selbst nicht genießt und nicht versteht,
und andern nicht gönnt zu genießen und zu verstehn, sondern die
Kirche als jene ideale, sittliche Macht der ewigen Wahrheit, die Gott
in seinem Sohne in der zu erneuernden Welt gegründet hat.

Du aber, o mein katholisches Volk, auf dem jetzt die Hoffnung
der Kirche steht, höre nicht auf zu beten, wie uns die Kirche zu beten
lehrt: *daß Gott den apostolischen Oberhirten und alle kirchlichen Stände in
der heiligen Religion erhalten wolle*; ja wohl in der *heiligen* Religion.

D.
Briefwechsel zwischen Clemens August von Westphalen und Bischof Wilhelm Emmanuel Freiherr von Ketteler

Nebst Geleitwort zu einer geplanten Veröffentlichung[1]

1.
BISCHOF VON KETTELER AN CLEMENS VON WESTPHALEN,
13. DEZEMBER 1870

Lieber Clemens!

Ich muß Dir doch den Empfang Deiner Sendung (für eine solche muß ich sie nach der Handschrift, dem Wappen und dem Postzeichen halten) melden und Dich zugleich bezüglich der drohenden Gefahr durch die Versicherung beruhigen, daß ich wenigstens weder Dich noch MICH[ELIS] kreuzigen werde. Für das Geschenk selbst

---

[1] Die Darbietung des Briefwechsels nebst ‚Nachwort' folgt der wissenschaftlichen Edition: KETTELER 1982, S. 915-949 (dort alle Quellenangaben, ein umfangreicher Anmerkungsapparat zu den Texten sowie der Nachweis weiterer Druckorte für Teile des Briefwechsels). – Ende 1870 schickte Clemens August von Westphalen dem Mainzer Bischof ohne Begleitbrief die unter →Anhang C dokumentierte antifallibilistische Schrift des Theologen Friedrich Michelis (1815-1886), den beide auch persönlich kannten. Auf deren Deckblatt hatte er handschriftlich vermerkt: „Kreuziget ihn! Zwar hat dies Mittelchen sich nicht allzeit als probat erwiesen; wenn aber niemand ein Wort mehr antworten kann und es auch nicht wagt, ihn weiter zu fragen, was bleibt euch dann noch anderes zu thun übrig?" Dies war der erste Anstoß zu dem hier dokumentierten Briefwechsel der beiden Jugendfreunde v. Ketteler und v. Westphalen.

danke ich; es ist mir wenigstens ein Zeichen, daß Du meiner noch gedenkst, worauf ich großen Werth lege. Eine eingehende Erörterung der Gründe, warum MICH[ELIS] jedenfalls von meiner Seite keine Antwort bekömmt, wirst Du mir um so mehr erlassen, da ich ja auf eine Zustimmung von Dir von vornherein verzichten muß. Nur einige will ich mit wenigen Worten erwähnen.

Ein Priester, der so gemein von uns denkt und redet wie MICH[E-LIS], dem nützt keine Antwort eines Bischofes und der ist auch keiner Antwort werth.

Zweitens: MICH[ELIS] geht hauptsächlich von Ansichten aus, welche eine perfide Lügenpresse verbreitet hat, ohne selbst von ausdrücklichen Erwiderungen Notiz zu nehmen. Was kann es da helfen, dem Ja das Nein entgegen zu stellen; es kömmt auf die Glaubwürdigkeit der Zeugen an. Wem daher jene Quellen glaubwürdig sind, dem ist nicht zu helfen.

Endlich behandelt MICH[ELIS] diese ernsten Fragen in einer ebenso unwürdigen Weise, wie er die Bischöfe selbst behandelt. Seine Polemik ist nach meiner Ansicht oberflächlich und leichtfertig. Da müßte man jeden Satz chemisch zerlegen und Wahres und Falsches ausscheiden. Das kann ab und zu auch nothwendig sein, auf eine solche Polemik einzugehen, bei Priestern lasse ich mich aber nicht darauf ein.

Das sind so einige Gründe unter manchen Anderen. Halte davon, was Du willst; nur das Eine bitte ich nicht zu glauben, daß nämlich dieses oberflächliche Machwerk deßhalb keine Erwiderung findet, weil man „nicht wagt" oder nicht „mehr antworten kann".

Deiner Frau bitte ich mich zu empfehlen. Da Gott mich bestellt hat, in seinem Namen zu segnen, so segne ich auch Deine ganze Familie in treuer alter
Liebe und bin

Dein ergebener Freund
Mainz, d[en] 13.12.[18]70   † Wilhelm Emmanuel

Wilhelm Emanuel Freiherr von Ketteler, Bischof von Mainz

Bildnis W. E. Kettelers aus: Die Gartenlaube, 1868
(commons.wikimedia.org)

340

Entwurf des Grafen C. A. von Westphalen für seinen Brief
an Bischof W. E. Ketteler vom 21. Dezember 1870 – erstes Blatt
(Repro nach: WESTPHALEN 1983, Beilage 3)

2.
CLEMENS VON WESTPHALEN AN BISCHOF VON KETTELER,
21. DEZEMBER 1870

Laër, d[en] 21ten December 1870

Lieber Wilhelm!

Wenn ich neulich mit der Schrift von MICHELIS anonym mich an
Dich gewandt hatte, so lag die Rücksicht zum Grunde, es Dir überlassen zu müssen, den Zusteller nach Belieben ignoriren zu können,
da ich es mir ja nicht anmaßen wollte, daß Du Dich mir gegenüber
auf eine Rechtfertigung als Bischof einlassen müßtest. Als ein wohlwollender, wohlgemeinter Wink konnte es gleichgiltig sein, von
welcher Seite her er gegeben worden. Nun Du mir aber darauf ant-
wortest, berechtigst Du mich damit, auf Deine Antwort einzugehen.
Wie Du vorhergesehen, befriedigt sie mich in keiner Weise.

Könntest Du mit Grund annehmen, MICHELIS sei es nicht um die
Wahrheit zu thun, er verfolge andere Rücksichten, heuchle eine
Überzeugung, an die er selbst nicht glaube – kurz, handle mala fide,
so würde es unter Umständen vielleicht selbst dann noch eine Frage
bleiben, ob ihr als lehrende Bischöfe nicht dennoch, wenn dann auch
nicht seinetwegen, so doch aus Liebe für die durch seine Sophismen
– angenommen, es seien solche – verführten Seelen, ihm öffentlich
zu antworten hättet. Diesen Grund aber kannst Du nicht geltend
machen und wagst Du auch nicht, mir gegenüber geltend zu machen, und da das nur der einzige wahre Grund für Euer Schweigen
sein konnte – wie denn auch Christus den Pharisäern gegenüber
dann nur erst schwieg [vgl. Mt 26,62 f.] –, so sind Deine sonstigen
angeführten und nicht angeführten s[o]g[enannten] Gründe eben
nur Scheingründe, die Bitte aber: „nur das Eine nicht zu glauben,
daß nämlich dieses oberflächliche Machwerk deßhalb keine Erwiderung finde, weil man nicht wagt oder nicht mehr antworten kann"
eine eitle, weil unberechtigte Zumuthung. Denn auch ich denke von

Euch Bischöfen „so gemein", daß ich Euch über gemeinmenschliche
Mängel und Gebrechen durchaus nicht erhaben glaube; und in einem anderen als diesem sehr berechtigten Wortsinn denkt und redet
auch MICHELIS von Euch nicht gemein. Nimmst Du nun nicht etwa
auch für Deine eigene Person ein Stück kathedraler Unfehlbarkeit in
Anspruch, so darfst Du auch nicht sagen, „daß MICHELIS deßhalb
keiner Antwort eines Bischofs werth sei". Zwar meinst Du, „ab und
zu könne es auch für einen Bischof nothwendig werden, auf eine
selbst oberflächliche und leichtfertige Polemik einzugehen, chemisch
zu analysiren, um Wahres von Falschem auszuscheiden u.s.w., bei
Priestern ließest Du Dich aber nicht darauf ein". Lieber Wilhelm!
Damit sprichst Du ein großes Wort gelassen aus. Von einem so verweltlichten Standpunkt faßt Du die christliche Hierarchie also auf,
wie allenfalls ein preußischer Major das Verhältniß zu einem Subalternen? Überaus coulant und geschwätzig mit Civilisten, einem Unteroffizier gegenüber aber: still gestanden! s'Maul gehalten! – Be-
greifst Du denn nicht, daß Du damit gerade MICHELIS gegenüber,
der den Geist und die Wahrheit des Christentums anderswo suchen
zu müssen glaubt als nur in der hierarchischen Disciplin, blos [?]
eine petitio principii geltend machen willst? daß hierin der eigentliche Kern des Pudels liege, gegen den er polemisirt? daß das Infalli-
bilitätsdecret eben nur die Krönung des Gebäudes, in welchem Diplomatie und verweltlichte Hierarchie und Pharisäismus an Stelle des
Evangeliums sich immer breiter und breiter eingenistet hatte?

Nicht also „von Ansichten geht MICHELIS hauptsächlich aus, welche eine perfide Lügenpresse verbreitet hat", sondern er geht von
Ansichten aus und polemisirt gegen dieselben, zu denen Du und
Deinesgleichen sich ausdrücklich bekennen, deren Genesis und deren Consequenzen, wie er Euch nachweist, ihr aber nie verstanden
und nie begriffen, weder vor Eröffnung des Concils, wo Ihr in Eue-
ren Hirtenbriefen, und Du namentlich, Euch und andere in eine falsche Sicherheit einzulullen bestrebt waret, noch auch auf dem Concil
selbst, auf dem Ihr unvorbereitet, überrumpelt und überlistet, im
Augenblick der Entscheidung schmählich gekniffen habt statt aus-

zuharren, und wäre es selbst nur auf Eurem Standpunkte der Inopportunität gewesen, und mit apostolischem Muthe zu kämpfen bis
zu Ende. – Euerm Hirtenbriefe vor dem Konzil, Eurer s[o]g[enan-
nten] Stimmenthaltung auf dem Concil und Euerm zweiten FULDAer
Briefe nach dem Konzil – diesen Thatsachen gegenüber kann es daher sehr wenig mehr darauf ankommen, ob die AUGSB[URGer] All-
g[emeine] Zeitung in ihren Römischen Briefens in Einzelnheiten
falsch oder wahr berichtet worden, ob Ihr – bände Euch nicht ein
Wort – zur Beschönigung Eures Betragens noch einen oder den andern Umstand anzuführen hättet. Ach, wie oft habe ich denken müssen: Ist denn kein † Clemens August[2] da!

Der wesentliche Schwerpunkt, wie ihn MICHELIS sehr treffend
hervorhebt, liegt aber darin, daß es sich hier nicht um Meinungen
und Ansichten handelt, sondern um ein Dogma, also um Sein oder
Nicht-Sein, und zwar für einen jeden, und daß daher auch ein Jeder,
sei er nun Laie oder Priester, dem zugemuthet wird, daß er von dieser wächsernen Nase, die ein jeder von Euch nach Umständen und
subjectiver Willkür dreht und knetet, bis Ihr unter einander selbst
schismatisch geworden und kein Mensch mehr weiß, was er davon
zu halten habe, *sein ewiges Seelenheil abhängig glauben soll*, Aufklärung
und Rechenschaft von Euch verlangen kann und muß. Thun das
trotzdem nur die allerwenigsten, um desto trauriger. Entweder ver-
tröstet man sich dann und beschwichtigt dabei sein Gewissen, wie
das die meisten Geistlichen thun, damit, es sei eben auf einem nun
vertagten, nicht geschlossenen Concil eine noch unfertige Sache; die
Concilsverhandlungen könnten noch immer wieder aufgenommen
werden; die früheren Beschlüsse als unökumenisch zustandege-
bracht erklärt und vernichtet oder wenigstens das fragliche Decret
aut[h]entisch noch so interpretirt werden, daß es seine häretische
Spitze damit verliere; bis dahin, ad calendas graecas also, sei jeder
wohl befugt, seinen Glauben zu suspendiren. Oder – wie das in der
großen Masse der Laien der Fall ist – manifestirt sich bei dieser Ge-

---

[2] [Clemens August Freiherr von Droste zu Vischering (1773-1845); war Erzbischof zu
Köln.]

legenheit die größeste Indifferenz in Glaubenssachen überhaupt, die
man vielleicht am charakteristischsten mit dem trivialen Worte wieder gibt: Komm ich über den Hund, komm ich auch über den
Schwanz, d.h. habe ich in meinem Credo so Vieles und Manches, bei
dem es mir gar noch nicht eingefallen wäre, auch nur zu versuchen,
es mit meinem Denken – mit meinem Thun und Lassen schon gar
nicht – in einen Einklang zu bringen, das ich vollständig über meinem Gedanken-Horizont liegend halten muß, daher auch nur mit
dem Maule bekenne: Was kann mir da an einem Dogma mehr oder
weniger gelegen sein; transeat cum cetteris [!]. – Und glaube mir,
nicht etwa nur das ein oder andere Mal, nein, wohl hundert Mal
schon habe ich zu meinem Ekel ein derartiges Räsonement, und
zwar von solchen, die sich schmeicheln, streng religiös zu sein, an-
hören müssen. Das eben sind die Seelen, und ich gebe zu, ihre Zahl
ist Legion, auf die ihr unbedingt zählen zu können glaubt, die Euch
mit indiscreten Fragen sicher auch weiter nicht belästigen werden.

Verzeih, wenn ich aus alter treuer Freundschaft für Wilhelm KET-
TELER dem Bischof Wilhelm Emmanuel etwas hart zu Leibe gegangen sein sollte. Du selbst sagst ja, daß Du Werth darauf legst, wenn
ich Deiner gedächte. Wie könnte ich Deiner aber besser und aufrichtiger gedenken, als ich es gethan. Deinen bischöflichen Segen aber,
den Du uns, mir und den Meinen im Namen Gottes spendest, vermag ich nur mit der Versicherung zu erwidern, daß auch ich nicht
aufhören werde, fort und fort inbrünstigst zu beten, daß Gott Dich
und jeden kirchlichen Stand nicht weniger als den domnum apostolicum selbst in seiner heiligen Religion bewahren (conservare) – und,
sollte von ihr einer abgewichen sein, in dieselbe zurückzuführen ihn
für würdig halten möge (dignetur). Denn ich kann nicht dafür halten,
daß seit dem 18. Juli a[nni] c[urrentis] das ein überwundener Standpunkt sein sollte und daß statt dieses Te rogamus audi nos!, dieser
demüthigen Bitte um Erhörung, die christliche Gemeinde fortan in
unbedingter Zuversicht nur noch den Dank auszusprechen habe,
daß ihr Gott in Sachen seiner heiligen Religion die päpstlich persönliche Irrthumsfreiheit als eine unzweifelhafte dogmatische, daher

auch ohne Frevel nicht mehr zu erbittende Gewähr geoffenbaret habe.

Dein alter Freund   Clemens

3.

BISCHOF VON KETTELER AN CLEMENS VON WESTPHALEN, 13. JANUAR 1871

Lieber Clemens!

Ich habe Deinen Brief in der Weihnachtszeit empfangen, wo meine priesterlichen Functionen meine ganze Zeit in Anspruch nehmen. Gleich darauf mußte ich einige andere wichtige Geschäfte erledigen. Ich komme daher erst jetzt zur Beantwortung Deines Schreibens.

Da Du, wie Du selbst sagst, mir in Deinem Briefe etwas hart zu Leibe gegangen bist, so mußt Du Dich nicht wundern, wenn ich in dieser Lage der Nothwehr Dir auch etwas zu Leibe gehe. Du kannst versichert sein, daß ich es mit derselben freundschaftlichen Gesinnung thue, welche ich auch bei Dir voraussetze.

Du redest in Deinem Briefe von lauter Dingen, die Du entweder gar nicht kennst oder über die Du vielfach die ordinären Vorurtheile des vulgären Rationalismus zu haben scheinst. Daher kommt dann theils ein ganz schiefes, theils sogar ein gehässiges Urtheil über jeden Punkt, den Du berührst. Satz für Satz ist alles nicht so, wie Du es siehst.

Du scheinst zunächst anzunehmen, daß es die Hauptpflicht eines Bischofes ist, Broschüren zu schreiben. Du sagst ja, der einzig wahre Grund für unser Schweigen könne nur der sein, daß MICHELIS eine Überzeugung heuchle, die er nicht habe; daß er mala fide handle. Da das aber Niemand von uns behaupten werde, so seien alle Gründe, welche ich Dir angegeben habe, Scheingründe. Nach Deinem Standpunkt müssen wir also auf alle Angriffe antworten, die nicht offenbar mala fide gegen die Religion gemacht werden. Das mag nun Deine Ansicht sein; Du kannst es mir aber nicht verübeln, wenn ich mich bei meiner bischöflichen Pflichterfüllung nicht nach Deiner Ansicht, sondern nach der Ansicht der Kirche richte und nach dem Auftrage des göttlichen Heilandes. Hiernach habe ich anderes zu thun und besseres, als mich in der Presse und in Broschüren herumzuzanken. Die Arbeit meines bischöflichen Amtes für das Seelenheil derer, die mir Gott anvertraut hat, nimmt meine ganze Zeit in Anspruch, und wenn ich mal einen Augenblick erübrigen kann, um eine Schrift zu verfertigen, so wähle ich mir dazu einen Gegner, bei dem ich möglichst viel Gutes für ihn oder für Andere erwarten kann. Du magst für einen Solchen insbesondere MICHELIS ansehen; ich halte ihn nicht dafür.

Deine Behauptung, daß MICHELIS uns Bischöfen nur die gemeinmenschlichen Gebrechen und Mangel vorwerfe und nur in „diesem sehr berechtigten Wortsinn" von uns rede, ist ebenso unrichtig. Mit demselben Rechte könnte ich Dir Feigheit vorwerfen und meine Behauptung damit rechtfertigen, ich hätte Dir nur gemeinmenschliche Mängel vorgeworfen. Wenn ein Bischof über den Glauben der Kirche ein falsches Zeugniß ablegt aus Menschenfurcht oder aus irgend einem andern Grunde oder wenn er aus ebenso gemeinen Gründen gar kein Zeugniß ablegt, wo er die Pflicht dazu hat, so ist seine Handlung nicht ein gemeinmenschlicher Mangel, sondern das größte Verbrechen, welches ein Bischof begehen kann. Weder Du noch Dein Freund MICHELIS noch seine Gesinnungsgenossen unter den Professoren kennen sich selbst oder die Bischöfe, von denen sie urtheilen. Ich glaube, daß eine schmählichere Verleumdung unter den Menschen kaum je ausgesprochen ist, als diese katholischen Professoren sie vor der ganzen Welt über die Bischöfe in ROM ausgesprochen haben. Ich will uns wahrlich nicht freisprechen von gemeinmenschlichen Mängeln, das aber weiß ich gewiß, daß die unendliche Mehrzahl der dort anwesenden Bischöfe in jedem Augenblick bereit wäre, für ihre Überzeugung ihr Leben hinzugeben. Und diese Männer beschimpfen jetzt diese Professoren, als ob sie bei der höchsten und heiligsten Verrichtung ihres Amtes gemeine Feiglinge gewesen wären. Wie ist es doch möglich, daß Du ihnen darin beistimmst! Wie ist es möglich, daß Dein Urtheil so ungerecht wird und daß Du in Folge dessen Vorwürfe, wie MICHELIS sie uns Bischöfen macht, als gemeinmenschliche Mängel behandelst? Da hört ja alles auf.

Daß Du meine Äußerung, MICHELIS' Schrift sei der Antwort eines Bischofes nicht werth, in dem Sinne hierarchischen Hochmuthes deutest und auf das Verhältniß eines preußischen Majors zu seinen Subalternen hinweisest, ist ein fernerer Beweis davon, welche Streiche Dir Deine Voreingenommenheiten spielen. Du magst Dir einen Bischof so vorstellen, lieber Clemens; so sind wir aber nicht. Ähnliches sagt uns die jüdische Presse täglich nach, ab und zu auch wohl ein malcontenter Professor. Das sind aber Phantasien. In specie kann ich Dir nach der reiflichsten Gewissenserforschung versichern, daß Corporalsgelüste mich nicht abhalten, MICHELIS zu antworten. Wo ich den rechten Geist mir gegenüber habe, antworte ich gern und antworte ich Jedem. Wo der fehlt, antworte ich nicht. Vor eitlem Wortgezänk warnt uns schon der Apostel [vgl. I Tim 6,20]. Ich weiß viele gute Eigenschaften von MICHELIS sehr wohl zu schätzen und habe ihn persönlich deßhalb immer geliebt und liebe ihn jetzt noch. Ich habe aber auch immer an ihm die Gefahr bemerkt, die ihn jetzt bis zu diesem thörichten Exceß getrieben hat, den Papst für einen Ketzer zu erklären und seine Ansicht über die Ansicht des Papstes und aller Bischöfe zu stellen. Diese Selbstüberschätzung ist unbelehrbar und für einen Priester unentschuldbarer wie für jeden Andern. Da kann nur die Gnade Gottes helfen, aber keine Broschüre. Was Du dann sagst, daß wir unvorbereitet, überrumpelt, überlistet auf dem Concil gewesen seien und endlich im Augenblick der Entscheidung schmählich „gekniffen" hätten, statt auszuharren, sind theils große Unrichtigkeiten, theils geradezu Ohrfeigen, die Du uns austheilst, über die ich kein Wort verliere. Ein Bischof, der „schmählich kneift", wie Du sagst, statt mit „apostol[ischem] Muthe" seine Überzeugung zu vertreten, ist eben ein Scheusal.

Wenn wir beide vor Gottes Thron stehen, wird Gott über solche Vorwürfe richten.

Schrecklich leid thut es mir, daß Du auf Clemens August [von Droste zu Vischering] den Schein wirfst, als ob er anders gehandelt hätte wie wir. Trotzdem daß Du es glaubst, kennst Du doch seinen Geist nicht. Dazu müßtest Du seinen starken Glauben begreifen, aus dem sein ganzes Leben und sein ganzes Verhalten hervorgegangen ist. Die jetzigen Professoren in ihrem Kampfe gegen die Kirche sind ganz dieselben dem Geiste nach wie jene, mit welchen Clemens August den schwersten Conflict hatte; sie sind eine verschlechterte Auflage des Hermesianismus. Mit ihnen würde wahrhaftig Clem[ens] August nichts zu thun haben. Er würde jeden Schein einer Gemeinschaft mit Männern, die sich gegen die Autorität der Kirche auflehnen, mit Abscheu von sich weisen.

Am Schlusse Deines Briefes verfällst Du ganz in jenen höhnenden Ton, den ich so tausendfach in Mitteldeutschland kennen gelernt habe und der in der rongeanischen und freigemeindlichen Presse seine mustergültige Vertretung hat. Darauf gibt es nur die eine Antwort des Apostels Paulus: Was dem einen Thorheit ist, ist dem andern Weisheit; und was dem andern Weisheit ist, ist jenem wieder Thorheit [vgl. I Kor I,18-25]. Was wir lehren und verkünden, ist göttliche Wahrheit, und die Reinerhaltung dieser Wahrheit ist die Aufgabe des Lehramtes der Kirche. Uns ist das die höchste Aufgabe und die erhabenste Handlung, was Du „ein Drehen und Kneten wächserner Nasen nach Umständen und subjectiver Willkür" nennst. Ebendahin gehört auch Dein Urtheil über die Gesinnung der Priester dem Concil gegenüber, von der Du natürlich absolut gar nichts weißt, und über die Gesinnung der großen Masse der Laienwelt, welche Dir ein nicht mit sieben, sondern ein mit tausend Siegeln verschlossenes Buch ist. Du weißt nichts von dem Glauben und Glaubensgrunde und hältst daher in ächt rongeanischer Weise den Glauben für ein Bekennen „mit dem Maule", wobei es auf „ein Dogma mehr und weniger" nicht ankömmt. Wenn Du Dir einbildest, eine solche Gesinnung zu Deinem Eckel schon hundert Mal wahrgenommen zu haben, so bedaure ich Dich, daß Du Dir zum Umgange nur die faulen Glieder unter Priestern und Laien wählst. Vorläufig glaube ich aber, daß Du Dich einfach selbst wieder getauscht hast und daß Du lediglich Deine rationalistischen Vorurtheile in die Seelen der Menschen hineinlegst, mit denen Du umgehst. So denkt wahrlich nicht unser gläubiges katholisches Volk. So denkt auch kein ernster, frommer Priester; so reden nur von uns die Spötter. Der heilige Jacobus sagt, daß viele das lästern in der Kirche, was sie nicht kennen [vgl. Jak 2,7].

Verzeihe mir, lieber Clemens, diese offene Antwort. Ich würde mir nie erlaubt haben, Dich persönlich je anzugreifen. Da Du aber ganz ohne meine Veranlassung mich, die Bischöfe und das, was mir heilig ist, angegriffen hast, so kannst Du es mir nicht übel nehmen, daß ich auch ohne Rückhalt geantwortet habe. Überdies verzeihe, daß ich die Antwort dictirt habe. Ich habe so wenig Zeit, und so geht es mir viel schneller ab. In alter Freundschaft Dein ergebener

Mainz, d[en] 13ten Januar 1871   † Wilhelm Emmanuel

4.

CLEMENS VON WESTPHALEN AN BISCHOF VON KETTELER, 28. JANUAR 1871

Lieber Wilhelm!   Laër, d[en] 28ten Jänner 1871
Als ich Deinen Brief erhalten und ihn einige Male durchlesen hatte, war der erste Eindruck allerdings derartig, daß es mir inopportun erscheinen wollte, mich weiter mit Dir einzulassen; daß die Gefahr, in ein eitles Wortgezänke zu gerathen, auch für mich zu nahe läge, daß auch ich die Spanne Zeit, die Gott mir gewahre, für mich und Andere nützlicher verwerthen könne und müsse. Schließlich aber siegte dennoch die bessere Einsicht, man dürfe auch selbst durch eine Unterlassung nicht gegen den h[eiligen] Geist sündigen, dürfe

das redliche Streben, der Wahrheit Zeugniß reden zu wollen, nicht unterdrücken und brauche dabei auch nicht den Muth zu verlieren, daß, wenn man auch für den Augenblick unverstanden und unbeachtet bleibe – die Worte auf unfruchtbares Gestein und unter die Dorne fielen [vgl. Mt 13,3-9], sie nicht dennoch durch Gottes Fügung früh oder spät, hier oder dort, Wurzel schlagen und Keime treiben könnten und daß zum allerwenigsten so viel dabei herauskommen müsse, daß, während man sich bestrebe, in den Gedankengang und Seelenzustand des Nächsten liebend einzugehen, in einem selbst und zum eignen Frommen die Wahrheit gefordert und geklärt werde. Unbekümmert daher, welche Aufnahme eine weitere Epistel bei Dir finden möchte, gehe ich abermals auf eine Antwort ein.

Erlaube mir, daß ich dabei da anfange, wo Du sagst, da hört ja Alles auf, bei den gemeinmenschlichen Mängeln und Gebrechen in Anwendung auf Euch Bischöfe der s[o]g[enannten] Minorität. Müßte man annehmen, Ihr hättet mit Bewußtsein und klarem Vorbedacht „über den Glauben der Kirche ein falsches Zeugniß abgelegt aus Menschenfurcht – oder aus gemeinen Gründen gar kein Zeugniß abgelegt", so wäre allerdings ein solches Benehmen unter gemeinmenschliche Mängel und Gebrechen schlechthin nicht zu subsummiren, sondern es wäre „das größte Verbrechen, welches ein Bischof begehen kann". Einer solchen Gemeinheit halt Euch aber weder MICHELIS noch auch ich noch sonst, so viel ich wüßte, irgend ein „malcontenter Professor der katholischen Theologie" für fähig. Gefehlt, ja gesündigt habt Ihr in unsern Augen, das ist keine Frage, und das verabreden zu wollen, liegt mir sehr fern; gefehlt und gesündigt aber unter so mildernden Umständen, daß nichtsdestoweniger doch nur die allen allgemeine, menschlichste Mangelhaftigkeit und Gebrechlichkeit der Beweggrund hierbei war. Denn das liegt doch klar am Tage, daß nicht gemeine Motive, sondern nur der an und für sich gewiß sehr lautere Wunsch und das aufrichtige Bestreben „ut omnes unum sint" [Joh 17,21] – et maneant; die begründete Sorge, der drohenden Gefahr eines Schismas, wenn immer möglich, ausweichen zu müssen, es nicht zu dem Scandal kommen zu lassen, daß die Kirche,

statt geeint gegen äußere Anfeindung und Verfolgung, in sich gespalten und zerrissen wehrlos dastehen möge; daß solche Erwägungen nur ganz allein Euch in die – jeder Zeit aber von vorne herein
unhaltbare Position eines s[o]g[enannten] juste Milieu[3] gedrängt
haben. Denn nur als eine solche kann ich Euern Standpunkt der Inopportunität bezeichnen; wenn irgend wo, so gilt in Glaubenssachen
das absolute aut, aut. Eine *inopportune Heilswahrheit* aber, oder auch –
um Dir gegenüber mir keinen Sprung in meiner Dialektik zu gestatten – die *Inopportunität*: eine in dem katholischen Glauben ursprünglich ruhende, gewissermaßen bisher nur latent gebliebene Heilswahrheit durch Dogmatisirung zum Bewußtsein aller gelangen zu
lassen; oder – wie schon im 5. Jahrhundert PEREGRINUS (VINCENZ
VON LERIN) es bezeichnete: das Keimen des vom Geiste gesäten Wei-
zenkorns für etwas inopportunes behaupten wollen, ist eine Contradictio oder eigentlicher eine Blasphemie, wie sie unkatholischer und
unökumenischer nicht erdacht werden könnte.

Ich weiß nun nicht, ob Du hier nicht wieder sagen wirst: Du redest von lauter Dingen, die Du entweder gar nicht kennst oder über
die Du ordinäre Vorurtheile zu haben scheinst; jeder Punkt, Satz für
Satz, ist alles nicht so, wie Du es siehst. Deine ganze Wissenschaft
über die Vorgänge auf dem Concil schöpfst Du aus der unlautern
Quelle einer perfiden Lügenpresse; was weißt Du von dem von uns
und speciel[l] von mir eingenommenen Standpunkt? u.s.w. u.s.w.

Lieber Wilhelm! Wenn ich auch wirklich das Alles nicht wissen
könnte, wenn ich in völliger Ungewißheit darüber bleiben müßte,
was in aller Welt Dich habe bestimmen können, nicht gegenwärtig
auf dem Concil zu bleiben, um daselbst vollständig überzeugt und
vom h[eiligen] Geiste erleuchtet Dein Placet freudigen Herzens ab-
zugeben, so weiß und kenne ich doch aus Deinen Briefen Deinen
gegenwärtigen Standpunkt zur Sache, und der ist eben kein anderer.
Denn wäre Dir dieses absolute aut, aut in Glaubenssachen zum Bewußtsein gekommen, laborirtest Du eben nicht fort und fort an jener

---

[3] [*juste Milieu*: Hier etwa im Sinne von: weder kalt noch heiß; ausweichender, lauwar-
mer Standort in der ‚Mitte‘, um Konflikte zu umgehen.]

unglückseligen Verquickung von Theologumenon – der zulässigen, tolerirten Meinung Einzelner, und Dogma – dem nothwendigen Glauben Aller, wie wäre es Dir möglich, den Schritt von MICHELIS als „thörichten Exceß" zu bezeichnen? Die päpstlich persönliche Unfehlbarkeit, wie sie definirt und am 18. Juli decretirt und als Dogma feierlichst proclamirt worden, ist entweder eine im katholischen Glauben von je her unzweifelhaft beruhend gewesene ursprüngliche und darum auch zur ewigen Seligkeit nothwendig anzuerkennende und zu bekennende Heilswahrheit, oder sie ist es nicht, und wenn nicht und trotzdem als eine solche definirt, eine Häresie und der, der sie als Dogma aufstellt und als solches verkündet, ein Häretiker. Und in concreto ist die Bezeichnung „Häresie" nicht allein kein thörichter Exceß und der nur allein logisch correcte Terminus für die Negirung eines pretendirten Dogmas, vielmehr hier blos die mildeste Ausdrucksweise für diese Negirung. Denn mag die persönliche Unfehlbarkeit auch noch so künstlich verclausulirt werden: Einem sündigen Menschen, behaftet mit gemeinmenschlichen Mangeln und Gebrechen, sei's unter was immer für welchen Bedingungen, auch nur eine göttliche Eigenschaft zuerkennen wollen, ist mehr wie Häresie, ist offenbare Abgötterei.

Bis an diesen Abgrund habt Ihr Euch nun, zwar in der besten Absicht, aber von einem falschen Standpunkt ausgehend, Schritt für Schritt verstiegen, und wenn Ihr nun von hinten gedrängt nicht mehr zurückkommt und vor diesem Abgrund, um nicht schwindlig zu werden, die Augen verschließet, so ist das eben wieder nur sehr gemeinmenschlich, denn ohne Gottes Hilfe – ja man möchte fast denken, ohne ein Wunder Gottes, ist nicht mehr hinüber zu kommen. Gottes Hilfe aber kann Euch nicht werden, so lange Ihr vor der Wahrheit die Augen verschließet; und auf die Verheißung hin, Christus werde bei Euch bleiben bis an das Ende der Welt [Mt 28,20], des Wunders gewärtig sein wollen: Ihr könntet Euch nur getrost Kopfs über in den Abgrund stürzen, Gott würde schon seinen Engeln befehlen, daß sie Euch bewahrten und auf den Händen trügen, auf daß Ihr nicht etwa den Fuß an einem Stein stießet [vgl. Mt 4,6], wäre eine Vermessenheit, die leicht in das entschiedenste Gegentheil eines Wunders umschlagen könnte.

Und da willst Du es mir verargen und „thut es Dir so schrecklich leid", wenn ich in Anbetracht einer solch wahrhaft desperaten Sachlage immer wieder denken mußte: Ist denn kein † Clemens August [von Droste zu Vischering] da?

Zwar meinst Du auch hier wieder, „ich hätte seinen Geist nie erkannt; seinen starken Glauben nie begreifen können, denn er würde jeden Schein einer Gemeinschaft mit Männern, die sich gegen die Autorität der Kirche auflehnen, mit Abscheu von sich gewiesen haben". Abgesehen indeß von unsrer beiderseitigen Beurtheilungsfähigkeit, so steht doch so viel fest, daß die Gelegenheit, ihn persönlich kennen und beurtheilen zu lernen, für mich eine weit günstigere war wie für Dich. Du magst in Deiner Jugend wo[h]l auch das eine oder andere Mal mit mehreren Anderen zusammen eine lange Pfeife in seiner Gesellschaft geraucht haben, dabei wird es aber wo[h]l so ziemlich geblieben sein. Ich indessen trat schon während des Jahreswechsels von 28 auf 29 dadurch in eine nähere Beziehung zu ihm, daß, als ich mich damals mit meiner seligen Frau verlobte, er, als ihr ständiger Beichtvater von ihrer Kindheit an um seinen Beistand und Rat gebeten, seine Zustimmung und seinen Segen zu dieser Verbindung nicht eher ertheilen wollte, bis er in mehreren intimen Besprechungen von mir und meiner Geistesrichtung sich vollständig vergewissert gehabt haben konnte. Von da ab blieb er mein väterlicher Freund, und ich war bestrebt, diesem Verhältniß zu entsprechen. Zu Anfang der Dreißiger Jahre brachte er eine mehrwöchentliche Erholungszeit bei uns auf dem Lande zu; während seiner MIND[E]Ner Gefangenschaft war ich zweimal, jedes Mal einen ganzen Tag, meist ganz allein fast nur mit dem Domherrn KORFF bei ihm und darauf in MARIENLOH noch mehrmals wieder ganz allein mit ihm; ja selbst noch im Jahr 44 während seiner vollständigsten Zurückgezogenheit in MÜNSTER war ich der sehr wenigen einer, die ihn noch ab und zu besuchen durften. Die längste Unterbrechung unserer persönlichen Beziehungen fand allerdings während seiner verhältnißmäßig nur kurzen Thätigkeit auf dem erzbischöflichen Stuhl von KÖLN statt, obwo[h]l ich mich erinnere, auch da das ein od[er] das ander Mal, immer aber nur auf kürzere Momente, ihn besucht zu haben und daher über seinen Conflict mit den Hermesianern aus eigner, persönlicher Wissenschaft nichts bekunden kann. Um so sicherer dagegen weiß ich aus hunderten von ihm sowo[h]l früher als Weihbischof wie später als entsetzter Erzbischof gethaner Äußerungen, wie zuwider, ja anstößig ihm das närrische Getriebe und diplomatische Intrigenspiel der Curie gewesen, das er während zweier längerer Aufenthalte in ROM aus eigener Anschauung und Wahrnehmung kennen zu lernen Gelegenheit gehabt hatte; wie wenig erbaut er davon war, in seinem Conflict mit der preußischen Regierung so schmählich im Stich gelassen worden zu sein; daß er den ihm – als Pflaster, wie er es nannte – angebothenen Cardinals-Hut in seiner evangelisch barschen Weise abgelehnt hatte, weil er es seiner unwürdig hielt, eine Compensation dafür zu acceptiren, daß ihm als einem von BUNSEN und Consorten denuncierten Krakehler vom Papste das consilium abeundi zugestellt und eine ihm durch und durch heterogene Persönlichkeit als Coadjutor bestellt worden war; vor Allem aber, und worauf es hier mehr ankommt, weiß ich, daß „sein starker Glaube, aus dem sein ganzes Leben und sein ganzes Verhalten hervorgegangen", trotzdem er nicht im mindesten blind oder verblendet darüber war, daß die Kirche Christi durch menschliche Handhabung fortwährend und von Anbeginn [?] geschädigt und entstellt werde, nie gewankt hat. Was freilich zu begreifen ich nicht im Stande sein soll, so nahe mir auch während einer ganzen Lebensperiode ernstlichst darüber nachzudenken ein dringender und wiederholter Anlaß gegeben war. – Und ebenso sprach er sich auch – nicht im mindesten befreundet mit dem vom Papste aufgehobenen Jesuitenorden, über dessen zweite Auflage aus, von der er sehr zweifelhaft war, ob sie eine verbesserte sein würde, so daß ich allen Grund habe anzunehmen, daß, wenn Eduard MICHELIS" – wie Fritz am Ende seiner Schrift es bezeugt, auf seinem Sterbebette die Worte gesprochen: „Wenn die Jesuiten nach Deutschland kommen, um die deutsche Kirche zu meistern, so werden sie ein großes Unheil in der Kirche stiften", – diese Worte eine Reminiscenz aus seinen mehrjährigen, intimen Beziehungen zu Clemens August gewesen.

Dem allen sei nun aber, wie ihm wolle, denn es sind eben nur meine subjectiven Wahrnehmungen und Überzeugungen, und mit Subjectivismen zu argumentiren, ist nicht meine Liebhaberei. Das aber steht doch wo[h]l unzweifelfelhaft fest bei diesem seinem Charakter: Zu Euch Inopportunisten, zu Euch Leuten des juste milieu hätte er nicht gezählt, Euer laues Inopportunitäts-Wesen [?] hätte er selbst schon ausgespieen; und wenn er nun – was Du vielleicht noch mehr geneigt sein möchtest, mit mir annehmen zu wollen — auch wieder nicht von vorne herein zu Euern principiellen Gegnern gezählt haben würde, so folgt daraus, daß er dann eben nur den noch übrig bleibenden dritten, d. i. den allein correcten, den katego[r]isch katholischen Standpunkt, und zwar ohne jede andere Rücksicht, eingenommen gehabt haben würde; am allerwenigsten aber durch die Rücksicht sich hatte bestimmen lassen: „jeden Schein einer Gemeinschaft mit Männern mit Abscheu voll sich w[e]isen zu müssen", angenommen selbst, auch nach seiner Auffassung hätten dieselben „sich gegen die Autorität der Kirche aufgelehnt". Er, der Mann des absoluten Gegentheils allen Scheins, einer Eigenthümlichkeit seines Charakters, die ich als das eigentlichste Kriterium seiner großen innersten Natur bezeichnen möchte, eine Eigenthümlichkeit, die sich bis in seine äußerlichste Erscheinung, bis an seinem äußersten Rockzipfel kund gab. Hätte er aber diesen dritten – oder richtiger, nicht dritten, sondern einzig richtigen Standpunkt eingenommen gehabt, so war es wieder nicht für sich allein, sondern vermöge der Macht, die ein Charakter katexochen, d.i. eine verkörperte – Menschengestalt angenommene Wahrheit, ein Fleisch gewordener Logos, auf seine Umgebung magnetisch übt, Eurer ganzen Opposition eine andere Richtung und einen ganz ander[n] Halt gewährend.

Und da sollte man nicht beklagen dürfen, daß ein solcher Mann dem Concil, dieser heiligsten I[n]stitution der Kirche, gefehlt habe, unter dessen Mitwirkung es wahrhaft fruchtbringend hätte werden können, während es ohne ihn das traurigste und scandalöseste Fiasco gemacht. Denn die von Euch von vorne herein prophezeite Inopportunität der Erörterung der Infallibilitäts Frage auf dem Concil, die ist Thatsache geworden, und daß Ihr das so richtig errathen, macht Euerm gesunden Instinct alle Ehre.

Was Du zwischendurch über meinen vulgären Rationalismus, Freigemeindethum, Rongeanismus und meine ordinären Vorurtheile sagst, lasse ich, als zur Sache nicht im Mindesten gehörig, am besten wo[h]l ganz auf sich beruhen. Derlei Überhebungen von solchen, die sich heben, als hätten sie die Gottes-Gelehrtheit mit Löffeln gefressen, sind mir ja ohnehin nichts Neues, und das schlichte, aber andächtig gesprochene Gebet: Gott sei mir Sünder gnädig [vgl. Lk 18,13f.] und die vom Heilande daran geknüpfte Bemerkung ist mir mehr wie Ersatz und läßt mich dieselben gern übersehen. Anders verhält es sich mit Deinem „Bedauern" darüber, daß „ich mir zu meinem Umgange nur die faulen Glieder unter Priestern und Laien erwählt". Hier könnte ich bei der pretentio [?], qui tacet consentire videtur, leicht in die Gefahr gerathen, ein falsches Zeugniß wider meinen Nächsten – wenn auch gerade nicht zu reden, doch stillschweigend gut zu heißen.

Als es sich im Jahre [18]67 bei Constituirung des Norddeutschen Bundes darum handelte, unsern Wahlkreis seinen Gesinnungen gemäß vertreten zu wissen, dazu aber, dem vorlauten Fortschritt und der heimlich wühlenden Freimaurerei eine compakte Masse schlichter, braver, katholischer Sauerländer entgegen zu stellen und mir dabei die Führung gewisser Maßen naturwüchsich [!] zugefallen war (conf. die Schrift: Meine Stellung zur Politik Bismarck, Verlag Von Kirchheim, S. 6-15.), da waren es just die faulsten Glieder unter Priestern und Laien nicht, die ich mir erwählt, oder richtiger: die mich erwählt, die sich mir angeschlossen und meiner Führung vertrauend gefolgt waren. Nun – dieselben sind es so ziemlich noch, über deren Gesinnung und deren Stellung zu der Infallibilitäts-Frage ich ein – wie ich meine, vollgültiges Zeugnis ablegen kann. Und wie jene vermeintlich faulen Glieder damals im Kampfe gegen den politischen Pharisäismus mir zur Seite gestanden, so stehen sie jetzt bei Bekämpfung des kirchlichen Pharisäismus, theilweise allerdings vielleicht etwas schüchterner und anscheinend mehr abseits, dafür aber auch umso inbrünstiger in ihren täglichen Gebeten zu mir. Namentlich was bei Priestern das Suspendiren ihres Glaubens an dem prätendirten Dogma und ihr Hoffen auf eine restitutio der altkatholischen Glaubenslehre in integrum durch wieder aufzunehmende Concils-Verhandlungen betrifft, so ist das nicht allein wörtlich von mir wiedergegeben worden – wenn Du allenfalls das: ad calendas graecas als Parenthese von mir ausnehmen willst –, sondern findet auf specielle Anfragen in darauf erfolgten Antwortschreiben von *bischöflicher* Auktorität als durchaus correct die vollste Billigung.

Daher noch einmal: Wenn Ihr irgend könntet, müßtet Ihr MICHELIS auf seine Schrift „Der neue Fuldaer Brief", und nicht seinetwegen allein, auch um zahlloser frommer und gewissenhafter Priester und Laien wegen, antworten. In welcher Form? Das Euch vorschreiben zu sollen, daran hatte ich gar noch nicht gedacht. Denn wenn ich auch gegen die Broschüren Form nicht das mindeste einzuwenden habe, da sie ja mutatis mutandis keine andere ist als die, deren sich der Heiland selbst bediente, wenn er auf Markt und Straßen und im freien Felde vor einer zufälligen und sehr gemischten Zuhörerschaft das Evangelium verkündete und sich mit seinen Gegnern auf die heiligsten Dinge einließ, so habt Ihr heut zu Tage außerdem ja noch die privilegirte Form der Hirtenbriefe. Nur müßten dann dieselben allerdings nicht in der herkömmlich Autoritäts-salbungsvollen, diplomatischen Sprache, sondern schlicht und ehrlich auf die Sache eingehend ähnlich mehr der Sprache des Evangeliums gehalten sein. Eine Form, bei der Ihr mit Euren bischöflichen Pflichterfüllungen auch weiter nicht in Conflict gerathen könntet.

Und somit Gott befohlen   Dein treuer Freund   Clemens

Der erste „unfehlbare Papst" Pius IX., geb. 1792 – Pontifikat 1846–1878
(Fotograf Adolphe Braun, Mai 1875: commons.wikimedia.org)

5.

BISCHOF VON KETTELER AN CLEMENS VON WESTPHALEN,
16. FEBRUAR 1871

Lieber Clemens!

Im Anschluß schicke ich Dir eine kleine eben veröffentlichte Schrift von mir über die Unfehlbarkeit des päpstlichen Lehramtes. Ob Du sie einer Durchsicht würdigen willst, muß ich anheim geben. Ich verbinde übrigens mit dieser Sendung nicht entfernt die Prätension Deiner Zustimmung, sonderen lediglich die entfernte Hoffnung, daß sie vielleicht dazu dienen könnte, einige Deiner falschen Voraussetzungen etwas zu erschüttern.

Im Übrigen vermeide ich, Dein letztes Schreiben im Einzelnen einer Kritik zu unterziehen. Du kannst diese Dinge nicht richtig beurtheilen. Der Ausgleich solcher Controversen liegt nicht allein in den Gründen und Gegengründen, sonderen, wie der alte GÖRRES so oft sagte, in dem Standpunkt, von dem aus man die Dinge ansieht. Wie kannst Du beurtheilen, ob wir „gefehlt, ja gesündigt" haben! Deine Worte: „einem sündigen Menschen, behaftet mit gemein-menschlichen Mängelen und Gebrechen, sei's unter was immer für welchen Bedingungen, auch nur eine göttliche Eigenschaft zuerkennen wollen, ist mehr wie Häresie, ist offenbare Abgötterei", – haben gar keinen Gegenstand, schweben ganz in der Luft und treffen nur die Lehre von der Unfehlbarkeit in Deinen falschen Vorstellungen. Wenn die Behauptung, daß Gott den Papst bei gewissen Lehrentscheidungen vor Irrthum bewahrt, „Abgötterei" enthielte, dann enthält ebenso die Lehre „Abgötterei", daß Gott auf allgem[einen] Conc[ilien] die Bischöfe vor Irrthum bewahrt und daß Gott durch jeden Priester bei Spendung der Sakramente Dinge wirkt, die nur seine Allmacht wirken kann. Das Alles ist absolut identisch! Welche Confusion! Das Nähere steht in meiner Schrift. – Den alten Erzbischof machst Du förmlich zum Ketzer! – Schließlich noch eine wesentliche Berichtigung. Ich habe nicht gesagt, daß die Priester und Laien, mit welchen Du Umgang hast, faule Glieder der Kirche seien, sonderen lediglich, daß, wenn sie so über den Glauben der Kirche gesinnt seien, wie Du es in jenem Briefe angibst, dann folge nothwendig, daß sie faule Glieder der Kirche seien. Ich habe damit kein Urtheil über sie ausgesprochen, sonderen meine Zweifel an die Richtigkeit Deines Urtheils über sie.

In alter treuer Hochachtung und Liebe Dein Freund
Mainz, d[en] 16.2.[18]70

6.
CLEMENS VON WESTPHALEN AN BISCHOF VON KETTELER,
2. MÄRZ 1871

Lieber Wilhelm!   Laër, d[en] 2ten März 1871
Herzlichen Dank dafür, daß Du mir Deine Schrift: „Das unfehlbare Lehramt des Papstes" zugestellt hast. Denn nur als ein gutes Zeichen kann ich es begrüßen, daß wenigstens Einer von Euch aus seiner Reserve heraustrit[t], es seiner nicht mehr unwürdig halten will, die Begründung einer dogmatisch sein sollenden Lehre nicht ausschließlich auf Auktorität hin behaupten, sondern sie auch mit Gründen vertreten zu wollen. Daß Du mit dem Betreten der Arena aber einen harten Kampf zu bestehn haben wirst, die von Dir herausgegebene Schrift der schärfsten und schonungslosesten Kritik unterzogen werden dürfte, wirst Du Dir hoffentlich dabei nicht verhehlet haben, und um so anerkennenswerther ist Deine Ehrlichkeit, den Kampf trotzdem nicht scheuen zu wollen. Gott stärke und erhalte Dir diese Ehrlichkeit nur auch im weitern Verlauf, wenn Deine christliche Demuth und mit ihr Deine Ehrlichkeit dann erst die schwersten Proben zu bestehen haben werden, wenn Du, hart bedrängt, der Versuchung zu widerstehen haben wirst, Deine Zuflucht in der Sophistik jener allzeit weit offenstehenden Pforte der Hölle zu suchen. Halte Dir dann nur immer gegenwärtig, um was es sich hier handelt, nicht um einen dialectischen Ehrenhandel, sondern um einen Kampf um

die Reinheit des Glaubens – um das Seelenheil Aller. Beachte dann dabei, daß, wenn Leute wie DÖLLINGER, MICHELIS, SCHULTE und Tausend und aber Tausend ihres Glaubens, die ihr ganzes geistiges Leben dem Dienste Gottes geweiht, das begründete Bewußtsein in sich tragend, nichts anderes gesucht zu haben als die Ehre Gottes und das Heil der Menschen in der Einen, wahren, katholischen Kirche, – wenn solchen Männern dann inmitten ihres Strebens und Wirkens mittelst eines Anathems, von dessen falscher Grundlage sie sich glauben überzeugt halten zu müssen, urplötzlich die Pforten des Himmels vor der Nase zugeschlagen werden sollen, [sie] sich in einer ganz andern Lage befinden wie damals BOSSUET, als es sich nur mehr äußerlich darum drehte, ob die ex consensu ecclesiae – wie ja damals noch unbestritten vorausgesetzt wurde – erlassenen päpstlichen Decrete zu ihrer für die *gallicanische Specialkirche* formalen Endgültigkeit annoch der bischöflichen Anerkennung bedürftig seien. Erwarte aber nicht von Männern, daß sie in dem Augenblick, wo ohne viel Federlesens ihnen der bisher beschrittene Weg zum Himmel, den sie bis nahe an ihr Lebensende bonae voluntatis und unbescholten gewandelt sind, nun verlegt werden soll, zur Behauptung ihrer Stellung auf jenem Wege erst gallicanische Glacéhandschuhe anziehen werden. Halte es ihnen vielmehr zugute, wenn sie mit derben, unbehandschuhten, allenfalls selbst ungewaschenen urgermanischen Fäusten das ihnen in den Weg gestellte Hindernis aufzuräumen sich anschicken. Berücksichtige ferner, daß auch das Sprichwort: *il faut laver son linge sale en famille*[4], nur ein gallicanisches ist, während es umgekehrt urgermanische Sitte, ohne Scham und Scheu große Wäsche zu halten vor aller Welt und sie auf Hecken und Zäunen weit hinaus zu hängen, weil, wo immer die menschliche Natur sich geltend macht, ihr Recht zu behaupten – und also auch in den Papstgeschichten – gewisse dunkle Punkte zum Vorschein kommen werden, die dann nicht durch Vertuschen, sondern nur am hellen Sonnenlichte zu bleichen sind. – Und nun zum Schluß dieser Einlei-

---

4 [„Man soll seine dreckige Wäsche in der Familie waschen.']

tung noch meine Ansicht über die in Deinem Briefe citirten Worte von GÖRRES. Wie jede Allgemeinheit haben sie je nach ihrer Anwendung nur einen relativen Werth, in der vorliegenden Anwendung aber gar keinen. Ein Glaube, bei dem auch von Gegengründen die Rede sein kann, der von dem einen Standpunkt anders sich beurtheilen läßt als von dem andern, ist gar kein Glaube. Ist Glaube identisch mit ewiger Wahrheit, so daß beides als subjectiv und objectiv sich correlativ erst zu einem Begriff ergänzt, so läßt sich der Glaube auch von jedem Standpunkt logisch begründen. Geht das nicht, muß er controvers bleiben, dann ist es kein Glaube an eine ewige Wahrheit. Und damit denn zur Sache.

Ich darf wo[h]l annehmen, Dein ganzes System über das unfehlbare Lehramt des Papstes gründe sich wesentlich auf den von Dir mehrfach angeführten Melchior CANUS, so daß, wenn es mir gelingen sollte, ihn zu widerlegen, damit auch Dein auf seine Theorie gegründetes System hinfällig geworden sein würde. Zunächst dürfte es nun jedem Unbefangenen schon auffallend erscheinen, daß (S. II Deiner Schrift) jene „Ansicht" „eines der hervorragen[d]sten Theologen auf dem Concil von TRIENT für die Unfehlbarkeit päpstlicher Urtheile ex cathedra", und trotz dessen „entschiedenster Vertheidigung" diese „Ansicht" keine Anerkennung auf dem Concil gefunden, vielmehr über dieselbe von den versammelten Concilsvätern zur Tagesordnung geschritten worden. Man wäre da versucht zu denken: TRIDENTINUM – und da dessen ökumenischer Charakter unbestritten ist – Spiritus sanctus locutus, causa finita est. Doch gar zu leicht will ich es mir nicht machen, Dir damit auch keinerlei Anlaß zu dem Einwande gegeben haben: denkbar sei es ja immerhin, daß damals, mehr noch wie heute, die Definition eines solchen Dogmas auch dem h[eiligen] Geist inopportun geschienen hätte, selbst trotzdem, wie Du auf S. 45 sagst: vom TRIDENTINUM bis zum Vaticanum, während dreier Jahrhunderte, die Berufung eines Concils fast zu den Unmöglichkeiten gehört habe. Gar so leicht will ich es mir also nicht machen, vielmehr hiervon absehen und in den Gedankengang des CANUS ehrlich eingehen. Nur mußt Du mir gestatten, daß ich dabei nicht auch in die Confusio – und welche Confusion! – von „dogmatischen Entscheidungen eines allgemeinen Concils" und „päpstlichen Entscheidungen ex cathedra", einzugehen brauche, daß ich beide Materien, um deren Unterscheidung es sich ja gerade handelt, vielmehr wieder scheide und jede für sich behandle.

Richtig ist, daß es katholischer Glaube, daß Christus das Erlösungswerk mit seinem irdischen Leben nicht abgeschlossen, sondern wachsend und gedeihend, lebendig wirkend bis an das Ende der Welt haben wollte, dafür seine Kirche auf Erden gegründet und die Apostel mit der Bewahrung und der Verbreitung seines Evangeliums bevollmächtigt hat und hierfür wieder, daß er ihnen – nicht aber etwa dem Einen oder dem Andern und auch nicht allen Zwölfen für ihre Person als singuli, sondern in ihrer Gesammtheit, ihrer Totalität den Beistand des heiligen Geistes verheißen [vgl. Mt 28,19f.; Joh 14,16,26; 16,7-15] und während des Pfingstfestes unter dem äußeren Zeichen der feurigen Zungen [vgl. Apg 4,1-4] als eine sacramentale Gnadenspende, und zwar bis an das Ende der Tage, also ein für allemal, gewährt hat. Daraus folgt, daß diese Gnadenspende weder getheilt noch auch – weil sie eben keine individuel[l]e war – erneuert werden kann, so daß sie weder an die Zwölf-Zahl gebunden noch auch in der Bischofsweihe oder gar in einer gar nicht vorhandenen Papstweihe als einem achten Sacramente, in welcher Form sie nach katholischen Begriffen dem Individuum doch nur allein zugänglich sein konnte, wiederholt wird. Alle Verheißungen in der Offenbarung, die sich unmittelbar, rein und zweifelsohne auf den Beistand des heiligen Geistes beziehen, sind denn auch im Gegensatz zu den an Petrus allein gerichteten, den Primat anordnenden [Mt 16,18 f.], nie im Singular an einen Einzelnen, sondern immer im Plural an das Apostolat in toto, nur an diese Gesammtheit, diese unsterbliche moralische Person gerichtet und ist die Voraussetzung, unter welcher allein di[e]se übernatürliche Gnade des Beistandes des Geistes der Wahrheit verheißen und gewährt werden: „daß Alle eins seien" [Joh I7,11,21] — und damit über dieses „Eins-Sein" kein Zweifel, kein Mißverständniß aufkommen könne: „Eins, wie Du Vater in mir bist und ich in Dir" [ebd.] – zur Bewahrung der Gnade daher auch eine unerläßliche Bedingung. Für alle dogmatischen Entscheidungen von je her war darum auch die moralische Unanimität – Ein-Seeligkeit – keine nur zufällige, aus Opportunitätsrücksichten etwa. Willkürlich eingeführte, nach „Zeitumständen und der Lage der Sache" wieder zu derogirende Formalität, sondern war vielmehr diese moralische Unanimität für den ökumenischen Charakter einer solchen Entscheidung stets wahre conditio sine qua non und ist und bleibt ihr vorhandensein oder Nicht-Vorhandensein daher auch absolutes Kriterium für Ächtheit und Unächtheit jeder dogmatisch sein sollenden Definition, wobei es gar nicht des Weitern darauf mehr ankommen kann, wie das Nicht-Vorhandensein der Unanimität – ein Dissens – sich manifestire, ob durch non placet oder durch premeditirte und unter einem Protest [?] erfolgte Absentirung.

Wenn auch nicht ganz so klar und ausführlich und logisch entwickelt, hast Du selbst vor noch nicht anderthalb Jahren sowo[h]l mit Deinen Amtsbrüdern im ersten FULDAer Brief gemeinschaftlich wie auch als Bischof Deiner Diöcese für Dich allein zum Trost und zur Beruhigung Aller, die in den Vorbereitungen zum Vaticanum Gefahren für den geoffenbarten katholischen Glauben befürchten zu müssen meinten, diese Glaubens Basis der absolut nothwendigen moralischen Unanimität sämmtlicher Concilsväter bei Klarstellung eines Dogmas amtlich verkündet und Deine Vertröstungen ausdrücklich darauf gestützt. Und nun wird dieses, eben noch von Dir anerkannte und bekannte Fundamentalgesetz der Kirche Christi in der von Dir herausgegebenen Schrift (S. 27, 46, 47) ipsissimis verbis zu einer bloßen „Beihilfe" – einem facultativen „Beirath des Papstes" degradirt, „bei dem ihm die Entscheidung darüber zustehe, in welchen Fällen und in welcher Ausdehnung er ihn in Anspruch zu nehmen habe, in welchem Solches nicht nothwendig sei, so wie in welcher Form er ihn einholen will". Das Vaticanum „habe auch nicht auszusprechen für nöthig gefunden, in welchen Fällen Kathedralentscheidungen ohne Mitwirkung eines Concils eintreten sollten, vielmehr hinge hier Alles von den Zeitumständen und der Lage der Sache ab".

Ich will mich hier aller Kritik enthalten, da ja eine solche Doppel-
züngigkeit unter aller Kritik ist, und nur hervorheben, daß dann auf
einem Concil nicht allein von moralischer Unanimität, ja nicht einmal von numerischer Majorität die Rede mehr zu sein braucht. Steht
Alles in dem Ermessen des mit dem h[ei]igen] Geiste speciell begnadigten Papstes darüber, ob er den „Beirath" eines s[o]g[enannten]
Concils für erforderlich halte oder nicht, so kann er zu seiner noth-
dürftigen Information die „Meinungen und Ansichten" einer Minorität – und wäre es auch nur 1/500 – für seine Cathedral-Entscheidungen gerade so gut verwerthen wie die der Majorität, und ist es
daher durchaus keine Übertreibung oder Entstellung, wenn gesagt
worden, in der auf dem Vaticanum revidirten constitutio ecclesiae
Christi sei ein Concil in seiner wahren Bedeutung ein reines Superfluum und damit ein vollständig überwundener Standpunkt geworden.

Und so stünde ich denn vor dem so überaus schwierigen Capitel
der s[o]g[enannten] Cathedral-Entscheidungen der Päpste. Gestatte
mir, um mich auf dem kürzesten Wege verständlich zu machen,
mich hier eines profanen Gleichnisses zu bedienen, denn wenn Du
bedenken willst, daß Christus selbst zur Klarstellung und zum Verständniß der heiligsten Wahrheiten sich dieser Methode, und zwar
fast ausschließlich, bedient hat, so kannst Du sie auch mir zu Gute
halten, ohne eine absichtliche Profanation dabei voraussetzen zu
brauchen.

Setze also für lex, Dogma – für lata, definitum – und für ferenda,
definiendum – so hast Du die Lösung dieses durch Unverstand und
Sophistik so verhängnißvoll verworrenen Proplems[!] in der einfältigsten Weise zur Hand. Dann gib dem Papste, was des Papstes ist:
vor Allem den wiederhergestellten, unverfälschten Glauben, für den
nicht nur Christus betete, daß er nicht wanke [vgl. Lk 22,32], sondern
für den auch wir in Gemeinschaft mit allen Heiligen zu beten nicht
ablassen sollen, daß er ihm, wenn er dessen würdig, erhalten werden
möge. Und „Wenn er einst wieder bekehrt ist" [ebd.], dann gib ihm
auch zur „Stärkung seiner Brüder" die ihm an gewiesene fundamen-

tale Stellung als Petrus wieder, als Fels – als Grundstein der Kirche [vgl. Mt 16,16], nicht aber die anmaßliche Stellung als deren vermeintlichen Krönung – als vergoldeten Hahn über der Kirche. – Gott aber und der von ihm erwählten Braut, womit er sie hat ausstatten wollen, gib das, was Gottes ist [vgl. Lk 20,24 f.]. Denn Wessen ist das Bild und die Umschrift der Unfehlbarkeit? – Dann wird auch kein guter Katholik dem Papste seine ihm gebü[h]rende Stellung im Primat als Einheitspunkt, als Pontifex maximus, als oberster Richter in Glaubenssachen (nota bene) auf der Grundlage des in consensu unanimi ecclesiae dogmatis definiti, als Hirt der Lämmer und Schafe [vgl. Joh 21,15-17] bestreiten oder auch nur verkümmern wollen; nicht aber der Versuchung ausgesetzt werden, ihn als Dogmatis lator, als Gesetzgeber in dogmatis [!] definiendis ex sese non autem ex consensu ecclesiae, als Wolf der Lämmer und Schafe, der ihnen damit auch ihren Glauben rauben kann, anerkennen zu sollen.

In Deiner Note auf S[eite] 74 und 75, in der Du übrigens im Widerspruch mit andern Stellen Deiner Schrift, ja eigentlich im Widerspruch mit deren ganzen Tendenz, die Trägerin der Unfehlbarkeit wieder nur in der Totalität der Kirche annehmen zu wollen scheinst, graut Dir dann plötzlich vor dem Gespenst der Selbstsouverainität in der Kirche. Auch ich gehöre nicht zu den Anbetern dieser verlogenen Fiction, nach der eine unverantwortliche Majoritäts-Willkür die Stelle der legitimen Auktorität einnehmen soll. Das aber hat mich Wahrnehmung und Geschichte gelehrt, daß dieses Gespenst immer nur dann und dort zu spuken beginnt, wann und wo die legitime Auktorität zum allgemeinen wie zum eigenen Verderben die ihr zur Wahrung ihrer Pflichten – und auch nur hierfür – von Gottes Gnaden gewährten Rechte als Privilegium ex sese betrachtet wissen will, bis sie sich zu dem thörichten Exceß in den wahnwitzigen Worten versteigt: l'état resp[ektive] l'église – c'est moi – la tradizione son[o] io", oder sollte das nicht wahr und gar einer perfiden Lügenpresse nur bene trovato sein – „Ea infallibilitäte, qua divinus Redemptor ecclesiam suam instructam esse voluit. Ego palleo [!] ex cathedra loquens!"

Zum Schluß, da doch einmal geschlossen werden muß, so viel auch noch zu sagen wäre, noch eine Betrachtung, die sich an die Note auf S[eite] 71 und 72 Deiner Schrift – Deine persönliche Stellung zur Abstimmung über das Decret vom 18. Juli betreffend – nothgedrungen knüpft. Mir scheint nämlich in der Darlegung Deiner Motive bei jenem Hergange mehr eine *Beschuldigung* derer zu liegen, die rücksichtslos gegen die Bedenken und die Gewissensbeängstigungen Anderer, man kann hier wo[h]l sagen, mit Teufels Gewalt dieses Privilegium coûte que coûte [koste es, was es koste] durchsetzen wollten, als eine Entschuldigung für Dich enthalten zu sein. Steht es nämlich fest, daß es als Concilsvater, als testis fidei, Deine nächste Aufgabe und heiligste Pflicht war, der Wahrheit Zeugniß zu reden, so mußtest Du Dich, schon wegen Deines berechtigten Bedenkens, daß der Erlaß eines solch „unzusammenhängenden Decretes" (N.B. über ein Dogma!) „leicht zu Mißdeutungen führen könne" – zur offenen Erklärung eines non placet bestimmen lassen, unbekümmert darum, welchen Schein auf Dich persönlich diese Handlung werfen könne; wobei ich voraussetze, daß Dein Bedenken über ein „leicht zu Mißdeutung führen könnendes Dogma" auch wirklich ein bedachtes war. Die vermeintlich *persönliche* Gefahr eines solchen Scheins war aber außerdem nur eine illusorische, wenn ich wieder voraussetzen muß, daß Du während der vorhergegangenen Berathungen in den Congregationen Dein juxta modum zu motiviren hinlänglich Gelegenheit gehabt." War aber *jene Wandlung* über den Begriff und die Bedeutung eines allgemeinen Concils damals schon in Dir vorgegangen, betrachtetest Du Dich damals schon nur als Mitglied eines bloßen Beirathes des Papstes, bei dem ihm allein die Entscheidung zustehe, dann allerdings war es irrelevant, ob Du gingst oder bliebst. Das indessen bleibt bei der einen wie der andern Annahme unerklärlich, wie Du hier die Zwangslage documentiren kannst, in der sich Dein Gewissen befunden, dem Du „am Meisten damit genügen und am Entsprechendsten dadurch zu handeln glaubtest", wenn Du auf alles Handeln verzichten und Dich rein passiv verhalten würdest, damit dann aber nach FULDA gehn konntest, um von dort zu verkünden, eine derartige Zwangslage hätte Euer Gewissen auf dem Vaticanum nicht beengt, Ihr hättet in wünschenswerthester Freiheit berathen und gestimmt."

So lange Du also – da Du nun weißt, daß und warum ich das Vaticanum als ein ökumenisches Concil anzuerkennen nicht vermag – nicht unmittelbar aus der Offenbarung logisch zu entwickeln im Stande sein solltest, daß die in derselben verheißene Unfehlbarkeit – ea infallibilitas, qua divinus Redemptor Ecclesiam suam instructam esse voluit – von dem göttlichen Erlöser nicht seiner Kirche – nicht dieser Einheit, die er der Drei-Einheit Gottes verglichen wissen wollte – nicht also ihr, als einem selbstständigen unsterblichen Subjecte bis an das Ende der Tage verheißen worden und ea infallibilitas von ihm mit der Sendung des h[eiligen] Geistes auch nicht ihr gewähret worden; – daß der divinus Redemptor eam infallibilitatem vielmehr den Subjecten, Petrus und Consorten, oder gar Ersterem nur für sich allein verheißen und ihn mit derselben ausgerüstet [!] haben wollte und zwar derartig, daß dieser Petrus, da er ja bis an das Ende der Welt unsterblich nicht war, als quasi Legator, eam infallibilitatem auf seine Nachfolger ex sese, d.i. unmittelbar, vererben konnte, ohne also daß hier, wie bei der Taufe, der Priesterweihe – kurz wie bei allen Sacramenten, die übernatürliche Gnade in einem äußern Zeichen eines Sacramentes, hier des Sacramentes der Unfehlbarkeit, den Individuen, die ihrer theilhaftig werden sollen, erst vermittelt zu werden bräuchte; diese höchste übernatürliche Gnade: irrthumsfrei und unfehlbar aus sich heraus – ex sese den Glauben definiren und irreformabel decretiren zu können, vielmehr schon aus der bloßen Papstwahl und der selbsteigenen Action des Kathederbesteigens ohne weiteres resultiren müßte. So lange Du nicht darthun kannst, daß diese hier treu und wörtlich wiedergegebene vaticanische Theorie kein schamloses Zerrbild auf den katholischen Glauben von der Unfehlbarkeit, sondern die von Christus gewollte und geoffenbarte göttliche Wahrheit in nuce selbst sei, so lange bitte ich Dich, Dir auch die entfernteste Hoffnung aus dem Sinn schlagen zu wollen, als könne die von Dir herausgegebene Schrift vielleicht dazu dienen,

einige meiner vermeintlich falschen Voraussetzungen auch nur in etwa zu erschüttern.

Dein alter Freund   Clemens

N.S. Bald hätte ich Eins vergessen. – Ob ich mit Allem, was ich
aus der Erinnerung über Clemens August gesagt, in Deinen Augen
„den alten Erzbischof förmlich zum Ketzer mache", weiß ich nicht
und geht mich auch nichts an. Nur das weiß ich, daß Alles, was ich
von ihm gesagt, ich auch eidlich zu erhärten bereit bin, daß ich
nichts Anderes von ihm gesagt, als was ich aus eigener Wissenschaft
von ihm selbst weiß.

7.
Clemens von Westphalen an Bischof von Ketteler,
12. April 1871

Lieber Wilhelm!   Laër, d[en] 12ten April 1871
Es sind nun nahezu sechs Wochen her, daß ich Dir zuletzt geschrieben und über vier Wochen, Daß Du mir ohne eine Zeile Begleitung
die Schrift des Bischofs FESSLER zugestellt hast, und ich soll daraus
wo[h]l entnehmen, daß unser Briefwechsel als abgebrochen zu betrachten sei. Siehst Du, wie es scheint, die Dogmatisirung des unfehlbaren Lehramtes des Papstes als ein irreversibles [?] fait accompli
an, so ist es auch wo[h]l begreiflich, wenn Du darüber nicht mehr
schreiben magst, und hätte ich mich eigentlich weniger hierüber als
vielmehr darüber zu verwundern, daß Du Dich überhaupt auf eine
Discussion über das Thema mit mir eingelassen hast. Ich indessen
stehe auf diesem Standpunkte des fait accompli noch nicht. Mit dieser Annahme müßte ich denn auch annehmen, daß es der Hölle gelungen, das Werk Christi auf Erden dauernd verdorben zu haben,
und daran fehlt doch Gott Dank noch viel. – Zwar muß ich in der
Theorie die Möglichkeit einer solchen Annahme als etwas Denkbares

zugeben, denn wie es nur grob lutherisch ist, die Lehre von der Erlösung und Wiedergeburt des Menschen in der Taufe dahin interpretiren zu wollen, daß es für den getauften Gläubigen nun keiner guten
Werke, keines menschlichen Hinzuthuns mehr bedürfe, um so zu
sagen selbst contre-coeur von der Sünde und allem Übel erlöset zu
sein und zu bleiben, eben so verkehrt wäre es, annehmen zu wollen,
auch wenn Niemand – und namentlich auch kein einziger Bischof
mehr es der Mühe werth halten oder aber, wenn etwa Alle, die die
Kirche auf Erden zu vertreten haben, es für inopportun halten sollten, die Reinheit des Evangeliums in dem stricten Wortlaut der Offenbarung sich zu bewahren, die Allmacht allein schon dafür sorgen
würde, daß der Himmel dabei nicht leer ausginge. Nein, guter
Freund! so ist mit uns nicht gewettet. So wie wir Einzelnen, so hat
auch die Gesammtheit aller Einzelnen – die Kirche – sich die dau-
ernde Gemeinschaft mit Christo erst fortwährend zu verdienen und
dabei unablässig den Versuchungen der Hölle zu widerstehen; und
wenn sie bei Christus und seinen Satzungen nicht mehr bleiben will
oder, aus Schwäche, Unverstand und Trägheit oder auch durch vermeintliche Opportunitäts-Rücksichten verleitet, seine Satzungen rein
zu halten nicht mehr vermag, so kann es ihr auch nichts helfen, daß
Christus bei ihr bleiben will. Das Verhältniß ist nun einmal ein re-
ciproces, und den freien Willen als Postulat, wie bei dem auch getauften Menschen so auch bei der in der Kirche erlösten Menschheit,
festgehalten, will und kann selbst die Allmacht das Unmögliche
nicht möglich machen.

Doch wie gesagt, so weit sind wir ja noch nicht und fehlt eben an
einem solchen fait accompli noch Manches. Daß wir aber auch so
weit nicht kommen, ja daß wir uns um keinen Schritt weiter diesem
Extrem nähern möchten, dagegen sich zu stemmen, ist auch der Geringste, wenn er sich bonae voluntatis weiß, berufen.

Nun gestehe ich Dir ganz offen, die leise Hoffnung, die ich mir
gemacht und bisher gehegt, daß, wenn ich Dir als altem Freunde nur
einmal recht derb mit der Wahrheit zu Leibe gehen und Dich damit
rütteln könnte, mit dem alten Freunde auch der Bischof zum Be-

wußtsein kommen müsse, die hast Du mir nahezu zu Schanden gemacht. Willst Du Dich also mit der Frage nicht mehr befassen, siehst
Du es als etwas Unnützes an, auf eine ein für alle Mal abgethane
Sache zurückzukommen, häl[t]st Du jedes Bedenken gegen das pre-
tendirte Dogma, mag es auch noch so logisch begründet erscheinen,
schon an und für sich für einen Frevel und darum einer Beachtung,
Prüfung und Berichtigung, beziehungsweise Anerkennung für nicht
werth, treibst Du statt dessen auf dem BERLINer Reichstages zu Deiner Zerstreuung lieber Allotria, uneingedenk der Weisung: Suchet
zuerst das Reich Gottes und seine Gerechtigkeit, so wird Euch Alles,
dessen ihr bedürftig, zugegeben werden [Mt 6,33] – so ist das allerdings Deinem eigenen Gewissen nur allein zu überlassen, und wäre
ich dann mit Deiner Person gewisser maßen wie einem fait accompli
gegenüber zwar fertig, nicht aber zugleich auch mit der bisher in Dir
bekämpften Sache selbst.

Billiger Weise müßtest Du doch begreifen können, wie mir eine
Art Berechtigung zur Seite stand, zum mindesten der am Ende meines letzten Schreibens mit allem Fleiße formulirten Frage: Welches
ist das Subject für das in der Offenbarung verheißene Object der
Unfehlbarkeit? einer Antwort entgegensehen zu dürfen. Kannst Du
nun diese Antwort nicht geben oder wagst Du es nicht, sie zu geben;
darf aber die Frage keine offene bleiben, weil nur je nach deren Beantwortung das Dogma von dem unfehlbaren Lehramte des Papstes
steht oder fällt; so giebst Du mir diese meine Frage mit Allem, was
dieselbe veranlaßt, bedingt und hervorgerufen hat, zu unbeschränk-
ter Verfügung in mein freies Eigenthum zurück und steht Dir gegen
den weitern Gebrauch, den ich davon zu machen habe, keinerlei
Widerspruch zu. Ob bei einem weitern Gebrauche, dem dann auch
Deine Briefe zu unterliegen hätten, Du Dich verletzt fühlen oder
auch wirklich verletzt sein könntest, darf mich dabei so wenig
kümmern, wie WERDER beispielsweise sich darum zu bekümmern
hattte, als er in pflichtgetreuem, gewissenhaftem Verfolg der Sache,
nachdem BOURBAKI ihm nicht mehr Stand hielt, dessen Fehler und
Unterlassungen und damit gegebenen Schwächen und Blößen aus-

beuten und bei aller dabei bewahrten Achtung für die Person ihn dem Verderben rücksichtslos preisgeben mußte.

In alter, durchaus ungetrübter Freundschaft   Dein Clemens

8.

BISCHOF VON KETTELER AN CLEMENS VON WESTPHALEN,
17. APRIL 1871

Lieber Clemens!

Ob ich hier anwesend bin, um zu meiner Zerstreuung Allotria zu treiben, darüber kannst Du ebensowenig urtheilen wie über die Entscheidungen eines Concils. Auf Beides paßt recht eigentlich die Antwort: Schuster bleib bei Deinem Leisten. Alle Achtung vor Deiner Person und vor Deiner Einsicht; aber über die Pflichten eines Bischofes und über die Lehren der Kirche steht Dir kein Urtheil zu.

Aus diesem Grunde habe ich auch jetzt wie früher keine Veranlassung, Deine Frage über das Subjekt der Unfehlbarkeit zu beantworten. Ich habe sie erschöpfend in meiner Broschüre beantwortet, und ich könnte sie leicht in wenigen Worten wiederholen. Ich thue es aber nicht, bevor Du mir nicht die Frage beantwortet hast, wie Du denn eigentlich zur katholischen Kirche und ihrem Glauben stehst? Bist Du ein gläubiger Christ? Bist Du ein gläubiger Katholik? Glaubst Du Alles, was die katholische Kirche lehrt? Glaubst Du namentlich an ein von Gott selbst eingesetztes unfehlbares Lehramt und erkennst Du die Pflicht an, Dich diesem Lehramte mit Deinem Geiste zu unterwerfen? Bevor Du mir diese Fragen nicht einfach bejahen kannst, kann ich mich auf eine Diskussion von inneren katholischen Fragen mit Dir nicht einlassen. Wenn Du die Unfehlbarkeit des kirchlichen Lehramtes überhaupt verwirfst, dann hast Du doch gewiß kein Recht, als Lehrmeister über die Unfehlbarkeit päpstlicher Glaubensentscheidungen, ihre Berechtigung oder Nichtberechtigung, aufzutreten.

Was aber Deine Drohung betrifft, gar als dogmatischer Schriftsteller aufzutreten und hierbei auch meine Schreiben zu benutzen, so
muß ich Dir das ganz überlassen. Meine Schreiben waren gewiß
nicht für die Öffentlichkeit bestimmt, sonderen nur freundschaftliche, flüchtig hingeworfene Mittheilungen. Meinem Gefühle widerspricht es, solche vertrauliche Correspondenzen zu veröffentlichen.
Ich habe aber in meinem Interesse nichts dagegen. Dagegen sollte es
mir innig leid thuen, wenn ein solcher Schritt Dich selbst immer
weiter von der Wahrheit entfernen würde. Dadurch würde die Erfüllung des Gebetes, welches ich jetzt fast 30 Jahre täglich mit Nennung
Deines Namens Gott in der heil[igen] Messe vortrage, wenig Hoffnung auf Erfüllung behalten.

Bezüglich Deines Zweifels, ob die Concilsbeschlüsse unwiderruflich sind, füge ich noch bei, daß daran Niemand zweifelen kann,
welcher die Kirche kennt. Das steht so fest, wie die Kirche selbst fest
steht, und jede gegentheilige Annahme ist haltlos und nichtig.

Gott befohlen, lieber Clemens. Ich bleibe in alter Liebe
und Freundschaft Dein

Berlin, d[en] 17. Ap[ril] 1871   † Wilhelm Emmanuel

9.

CLEMENS VON WESTPHALEN AN BISCHOF VON KETTELER,
23. APRIL 1871[5]

Lieber Wilhelm!   Laër, d[en] 23ten April [18]71

Deinen 5 Fragezeichen, mit denen Du in einem nicht ungeschickten
Schein-Maneuvre Deinen Rückzug decken und Dich damit aus der
Affaire ziehen willst, stelle ich vorab die Frage entgegen: – Was hat
die eventuelle Beantwortung dieser nur mich persönlich – nur mein
individuelles Seelenheil allein betreffenden Fragen mit dem die ganze Kirche Christi in ihren Grundfesten erschütternden Ereignisse
vom 18ten Juli zu schaffen?

Hätte ich in der geführten Polemik irgendwo den katholischen
Standpunkt verlassen gehabt, so wäre es an Dir gewesen, mir das ad
hoc nachzuweisen, wie ich Dir nachzuweisen versucht hatte, daß Du
auf di[e]sem Standpunkt gefehlt, ja gesündigt habest. Das aber hast
Du nicht vermocht, und so verweise ich denn, bis wir über die das
allgemeinste Interesse berührende Frage untereinander auf's Reine
gekommen sein möchten, Deine nur mich privatim betreffenden
Fragen hiermit ad separatum, bitte Dich aber vorab, bei der Sache

---

[5] [Des Grafen Enkel Ludger v. Westphalen vermerkt: „Mit diesem Schreiben W.s vom
23. April 1871 hat der Briefwechsel sein Ende gefunden; das läßt sich aus ihm wie aus
Kettelers letztem Brief entnehmen, aber auch aus jenem Vor- und Nachwort, das W.
für die geplante Veröffentlichung der Korrespondenz niedergeschrieben hat. Die alten
Freunde hatten sich nichts mehr zu sagen, vielmehr waren im Verlaufe des Gedan-
kenaustausches ihre Positionen soweit auseinandergerückt, daß die aus Jugendzeiten
übernommenen vertraulichen Anfangs- und Schlußformeln fast wie ein Hohn wirken.
Weder vermochte der Bischof den doch früher als Streiter für die Freiheit der Kirche
geschätzten W. in seiner Eigenart zu respektieren, sondern bedrängte ihn mit inquisi-
torischen Fragen nach seiner persönlichen Glaubenshaltung, noch konnte W. es sich
versagen, dem Bischof mit der Veröffentlichung seiner Briefe zu drohen, so als ob er
ihn durch Indiskretionen gefügig machen wollte — insgesamt ein Beleg mehr, welch
unerfreuliche Züge die Auseinandersetzung um die Infallibilität in Deutschland vielfach angenommen hat." WESTPHALEN 1982, S. 206]

bleiben zu wollen, oder, solltest Du dazu keinen Beruf oder auch nur keine Lust mehr verspüren, mit das ohne pharisäische Winkelzüge zu erklären.

Nicht „die Unfehlbarkeit des kirchlichen Lehramtes überhaupt" habe ich je „verworfen", wo[h]l aber habe ich die Annahme dieser Unfehlbarkeit nur unter der bei ihrer Verheißung gestellten Bedingung für berechtigt behauptet. Fällt diese Bedingung als etwas inopportunes, um etwa durch deren Beseitigung die constitutio ecclesiae Christi handlicher für summarische Verfahren zu gestalten, so fällt mit der Bedingung auch die bedingte Unfehlbarkeit, und an die Stelle des bedingungsweise verheißenen Geistes der Wahrheit setzt sich der Geist der Lüge fest. Das und ob diese Bedingung formell und materiell auf dem Vaticanum aufs gröblichste verletzt worden, das vorab ist unser Thema, und von demselben mich heruntermaneuvriren wollen, bleibt BECKUMer[6] Anschlag.

Meinst Du nun, in Deinen „flüchtig hingeworfenen Schreiben, die gewiß nicht für die Öffentlichkeit, sondern nur für eine freundschaftliche Mittheilung bestimmt waren", Ein oder das Andere nachholen oder besser sagen zu müssen, so hast Du dazu noch alle Gelegenheit; denn bevor unsere Acten nicht geschlossen, soll es mir auch nicht einfallen, unseren Notenwechsel in einem Blau-, Gelb-, Grün-, Roth- etc. Buche veröffentlichen zu wollen. Die geschlossenen Acten aber jedermann zugänglich zu machen, darauf meinte ich im Interesse der Sache allerdings Werth legen zu sollen. Nicht um „sogar als dogmatischer Schriftsteller aufzutreten" und in dieser Eigenschaft zu glänzen, im Gegentheil, um in unserer glaubensleeren Zeit, in der nur darum auch der Staatsstreich vom 18ten Juli durchführbar gewesen, es selbst dem Blödesten ad oculos zu demonstriren, wie in sich faul und unhaltbar jene Lehre sein müsse, wenn selbst dem in dogmatis *unwissen[d]sten* Laien, wenn er nur seinen Catechismus nicht ganz vergessen und der Verlesung der sonntäglichen Evangelien in seiner Pfarrkirche Jahrein jahraus andächtig folgt und nicht etwa sonst auf

---

[6] [Beckum: das münsterländische „Schilda"/„Schildbürgerdorf"; nach seiner Priesterweihe hat Ketteler übrigens zeitweilig in Beckum als 3. Kaplan gewirkt.]

den Kopf gefallen sein sollte; nicht einmal ein Bischof und Concilsvater – und wahrlich nicht der gleichgültigste und unfähigste unter ihnen – Rede mehr stehen kann, selbst in einem freundschaftlichen Briefwechsel nicht einmal auf die einfältigsten Fragen und Bedenken eine Antwort mehr hat.

Nicht der *ausgesprochene* Unglaube charakterisirt vor Allem unsere glaubensleere Zeit, fast mehr noch jener unausgesprochene Unglaube, der zwar das „Herr! Herr!" [vgl. Mt 7,21] bei jeder Gelegenheit in der demonstrativsten Weise zur Schau tragt, den Glauben aber nur als äußeres Parteiabzeichen ansieht, als eine Art Feldgeschrei gebraucht, um den Gehalt desselben sich aber grundsätzlich nicht kümmern will und kümmern soll. Dieser unausgesprochene Unglaube, wie er zur Zeit Christi als Pharisäismus im Judenthum nicht üppiger in Blüthe stehn könnte und wie er heut zu Tage in dem Decret vom 18ten Juli seinen höchsten Triumph feiert, ist denn auf bestem Wege, die Heilswahrheiten Christi vollständig zu überwuchern, und wer dagegen das Seine noch thun möchte, kann diesen unausgesprochenen Unglauben – da er ja ganz ausschließlich nur auf persönlicher Auktorität fußt und fußen kann – auch wieder nur in diesen Auktoritäten persönlich fassen, und sind sie nicht mehr faßbar, sie als der Lüge verfallen denunciren. Eine sachlich gehaltene dogmatische Forschung aber, mag sie ausgehn, von wem immer sie will, würde gar keine Würdigung mehr verdienen, denn bei der Annahme, daß der im Christenthume verheißene Geist der Wahrheit dem Papste allein an[n]ex, wäre jede anderweite dogmatische Forschung eitles Geschwätz.

So traurig es nun auch ist, so sehr es einem widerstrebt, einen wissenschaftlichen Gegenstand — und der Glaube ist vor und über allem andern der wissenschaftlichste und wissenswertheste Gegenstand für den Menschen – statt sachlich behandeln zu können, dafür persönlich, ja mit Hintansetzung selbst jeder freundschaftlichen Rücksicht persönlich invectiv auftreten zu müssen, so bleibt, nachdem Ihr Euch mit der Sache persönlich identificirt und mehr wie die bloßen Träger der Sache geworden, nachdem Ihr Eure Auktorität an die Stelle der Sache gestellt habt, Euern Gegnern gar nichts Anderes mehr übrig, als Eure Personen als solche nun auch selbst anzugreifen und sie nach Möglichkeit zu discreditiren.

Dieß waren die Beweggründe bei dem Gedanken, unsern Briefwechsel bekanntgeben zu sollen. Die Gegenerwägungen müßten eigentlich zurückstehn, so sehr sie sich auch geltend machen wollen. Denn glaube mir, lieber Wilhelm! ich bin mir vollständig bewußt, daß ich mir dabei noch ganz andere Opfer auferlegen müßte wie Dir. Nicht allein, daß dann consequenter Weise ich mit meinem ganzen Hause der Excommunication verfallen würde, so täusche ich mich, selbst abgesehen von diesem eventuellen Extrem, nicht im Mindesten darüber, daß nicht allein alle mehr sentimentalen Seelen, wie sie ja die große [?] Majorität bilden, sondern Alles, was zu unserer beiderseitigen Sipp- und Freundschaft gehört, mir die Freundschaft auf immer kündigen würde, ganz ähnlich, nur in einer ganz andern Bedeutung für mich, – wie vor vier bis fünf Jahren ich von einer Masse Leute, darunter ganz respectable, wegen meiner Stellung zur Politik BISMARCK geächtet worden.

Solche Erwägungen fallen wo[h]l in's Gewicht, und führe ich sie nur an, um Dir begreiflich zu machen, daß es sicher nicht in Schadenfreude gegen Dich, sondern im klarsten Bewußtsein, mir selbst damit zu schaden, geschieht, wenn ich mich zu dem Schritt entschließe.

Dein alter Freund   Clemens

10.

NACHWORT-ENTWURF DES GRAFEN
CLEMENS AUGUST VON WESTPHALEN
ZUR GEPLANTEN, ABER NICHT ERFOLGTEN
VERÖFFENTLICHUNG DES BRIEFWECHSELS[7]
(1872)

Nachwort des Herausgebers

Zwei Bedenken, wenn auch nicht mehr in meinem Innern aufge-
taucht, so doch von befreundeter Seite angeregt und darum der Be-

---

[7] [Ludger von Westphalen kommentiert den Verzicht auf eine Edition des schriftlichen
Austausches zwischen Bischof und adeligem Laien so: „Mit der geplanten Veröffentlichung seines Briefwechsels mit Ketteler hat W. gezögert. Nach einjährigem Abwarten
hat er 1872 das erwähnte Vor- und Nachwort verfaßt, dann aber die Sache nicht weiter verfolgt; warum er sein Vorhaben nicht wahrgemacht hat, bleibt ungewiß: Geschah es aus Rücksicht auf seine Familie und seine gesellschaftliche Stellung, wie es
der letzte Brief an den Mainzer Bischof annehmen läßt? Statt der Briefedition hat er im
selben Jahr [richtig: 1873, *pb*] eine Broschüre herausgebracht, und zwar anonym: ‚Infallibilismus und Katholizismus. Sendschreiben an einen infallibilistisch gesinnten
Freund‘, von der 1885, also im Todesjahr W.s eine zweite Auflage erschienen ist. In sie
ist viel von den Gedankengängen und Redewendungen aus dem Briefwechsel mit
Ketteler eingeflossen, und an seiner Grundanschauung, daß die Dogmenformel vom
18. Juli 1870 der kirchlichen Tradition widerspreche, hat er bis an sein Lebensende
festgehalten. Ausdrücklich aber betont W., daß er trotz der vermeintlichen Verfälschung der katholischen Lehre durch das Vatikanische Konzil nicht etwa als ein Par-
teigänger der Kulturkämpfer, der liberalen Kirchenfeinde und Freimaurer also, angesehen werden wolle: Zwar seien Infallibilismus, Ultramontanismus, Jesuitismus und
Klerikalismus Verderber des Evangeliums, aber man könne und dürfe nicht versuchen, diese Teufel durch den Staat, den obersten aller Teufel, auszutreiben: ‚... den
Racker ›Staat‹, wie König Friedrich Wilhelm IV. in seiner naiven Derbheit ihn nannte!‘
und W. erklärt ganz eindeutig: ‚Kein Alliancevertrag also, kein Trutz- und Schutz-
bündnis gegen den Klerikalismus, ja selbst keine Entente cordiale zwischen mir, der
ich festhalte an den im Evangelium geoffenbarten Wahrheiten, und jenem fortwährenden Metamorphosen unterworfenen und nur unter jeder Metamorphose in seiner
Vielfräßigkeit sich stets gleichbleibenden Racker! Vielmehr ein durchaus selbständiges
Vorgehen meinerseits ist es, und zwar gerade vom kirchlichen Standpunkte aus, wofür ich nun abermals die Feder ergreife‘.“ WESTPHALEN 1982, S. 208-209.]

achtung nicht weniger Werth, hatten dem Vorhaben, die Briefe
schon vor Jahresfrist zu veröffentlichen, sich mir bisher entgegenge-
stellt gehabt. Das eine, mit der Veröffentlichung eine unverantwortliche Indiscretion gegen einen alten Freund zu begehen; das andere,
daß als quasi Samaritan ich wo[h]l ein Unberufener sein möchte, in
innere Angelegenheiten der Orthodoxie par excel[l]ence mich mischen zu wollen, wie denn ganz allein nur unter diesem Vorwande
der Briefwechsel mit mir auch abgebrochen worden sei.

Nun ist ein Jahr darüber hingegangen, die Sache der Kirche aber
liegt im Argen nach wie vor, ja ihre Lage verschlimmert sich mit
jedem Tage und muß von Tag zu Tag sich verschlimmern; denn wie
der von Christus hinterlassene Glaubensschatz da nicht verwahrt
werden kann, wo er bereits veräußert worden, eben so wenig sind
die sich bildenden s[o]g[enannten] altkatholischen Gemeinden dazu
befehigt, da ja schon die Distinction zwischen „neu und alt" die Negation des Begriffes „katholisch" involvirt. Darf also überhaupt an
den Bestand des Katholicismus noch gedacht werden, so ist nur noch
denkbar, daß dessen Wiederauferstehung in seinem von Christus gewollten Organismus sich vollziehe, d.h. daß er auf demselben Wege,
auf dem er erkrankt und zu Falle gekommen, sich auch wieder auf-
richten und genesen werde, oder concreter gesprochen, daß das
Wunder sich noch erst vollziehen müsse, in den wieder aufzunehmenden Concilsverhandlungen werde das als tödtliches Gift, als
Lüge, als Eingebung des Satans erkannt und erklärt werden, was
von einer Majorität des vertagten Concils als Heilswahrheit, als Göttliche Offenbarung, als Eingebung des heiligen Geistes verkündet
worden, dem dann die Minorität nur aus Opportunitätsrücksichten
sich unterworfen habe. Darf ein solches Wunder aber nicht ausschließlich der Allmacht Gottes anheimgestellt bleiben, muß vielmehr menschliches Entgegenkommen dabei mit voraus gesetzt werden, so ist dieses Wunder auch wieder dann nur erst denkbar, wenn
jener, wie ich meine, in meinen Briefen exact nachgewiesene innere
Widerspruch in der nun einmal aufgestellten Lehre auch ein für
jedermann so offen handgreiflicher geworden, daß die Erkenntniß

desselben zum gährenden Sauerteige wird und alles Mehl, von den
untersten bis in die obersten Schichten, und zwar noch vor dem Eintritt der Fäule, der gänzlichen Auflösung und dem Verderben des
ganzen Gebäcks davon ergriffen und durchsäuert wird. Und dafür
mitzuwirken, gegen die Stagnation und damit eintretende Fäulniß
noch bei Zeiten zu reagiren, für die knechtliche Arbeit, durch das
Mehl den Sauerteig zu kneten, dafür könnte irgend Jemand, der
noch im Besitze gesunder kräftiger Arme, ein Unberufener sein? –
Angenommen also, auch ich wäre ein Samaritan [vgl. Lk 10, 30-37]
und hätte einen Teufel, – und wer dürfte dann wo[h]l zu sagen wagen, er habe Christus und sein heiliges Evangelium ganz erfaßt, sei
damit rechtgläubig und jeder Verführung durch den Teufel zum
Irrthum entrückt? – Warum denn sollte deshalb ich mich abhalten
lassen, Barmherzigkeit an meinem Nächsten üben zu wollen? – Und
wenn ich diesen meinen Nächsten abgerissen und mit Wunden be-
deckt am Wege halbtodt liegen finde, an dem Wege, den auch ich,
um zum Heile zu gelangen, einschlage, und so manchen Priester und
Leviten, der die Lage des unter die Räuber Gefallenen nicht anders
sieht und beurtheilt wie auch ich, nur kummervoll die Achseln zu-
cken, sein Brevier aber dabei weiter betend des Weges gehn sehe;
warum denn soll nun auch ich mich für unberufen halten, den lei-
denden Nächsten auf das Lastthier meines Gewissens heben zu wollen, um ihn bis an die nächste, hoffentlich nicht allzu ferne Herberge
des wieder aufzunehmenden Concils zu geleiten? Wenn schon dieses Gewissen, dieses armselige, unter seiner Bürde oft schon lahm
gewordene Lastthier, an meinen eignen Verirrungen, Irrthümer[n]
und Sünden auch ohnedem, vollauf zu schleppen hat.

Ich meine aber, je mehr man voraussetzt – ob richtig oder irrig,
gehört zu erörtern hier nicht her –, daß ich unbetheiligt sei, daß mich
der Schuh ja nicht drücke, um desto sachlicher beim Leisten bleiben
zu können, müßte als Schuhflicker ich gewürdigt werden können.
Dieß erbärmliche *Noli me tangere* aber, dieses „Es sich verbitten müssen", berücksichtigt und beurtheilt zu werden, ist mir ja nur ein un-
trügliches Sym[p]tom mehr für einen bereits nahezu desperat ge-

wordenen, jeder Reaction sich unfehig fühlenden Zustandes [!]. Und wenn es auch nicht geschrieben steht, denkbar bleibt es darum doch, daß auch jener zwischen JERUSALEM und JERICHO am Wege halbtodt Liegende durch die ihm gewehrte Hülfe erst wieder zum Bewußtsein und damit zur Erkenntniß seines Zustandes gekommen und nun, an seiner Herstellung verzweifelnd, da, wo er einmal lag, viel lieber liegen geblieben wäre, statt erst gehoben, quer über ein ihm fremdes Lastthier gelegt und mit Rütteln und Stoßen über manches im Wege noch liegende Hinderniß geschafft zu werden.

Möchte es aber auch dem Einen oder Andern als freventliche Anmaßung erscheinen können, daß der katholischen Kirche oder deren unfehlbarem Lehramte gegenüber ich mich als barmherzigen Samaritan aufspielen wolle; zu Dir, Wilhelm, stehe ich in dem Verhältniß des Nächsten zum Nächsten, selbst ohne jeglichen Schein einer Anmaßung, zumal seitdem Du mit Deiner Unterwerfung unter die mit Majoritätsinfallibilität zu Stande gebrachte Dogmendictatur Dich Deiner höchsten geistlichen Würde, Dein Amt als berufener *testis fidei* zu wahren, begeben hast. – Begehe ich nun eine Indiscretion gegen Dich als meinen Nächsten, – und daß ich das thue, ist mir vollständig klar bewußt, trotzdem Du mich darüber beruhigen wolltest, in Deinem Interesse hättest Du nichts dagegen, wenn Deine flüchtig hingeworfenen, nur für eine freundschaftliche Mittheilung bestimmt gewesenen Briefe durch den Druck bekannt gegeben würden, – so begehe ich diese Indiscretion nicht also auf Grund der mir von Dir ertheilten Dispens, sondern weil ich Rücksichten der Discretion höheren Rücksichten unterordnen zu müssen hier für Pflicht halte. Und diese höheren Rücksichten sind eben die für alle jene unter meinen Nächsten, die zwar durch ihr gesundes katholisches Bewußtsein noch abgehalten werden, mit dem Strome schwimmend sich treiben zu lassen, die aber ohne Gefahr des Ertrinkens auch wieder nicht in der Lage sein könnten, sich auf die Dauer gegen denselben halten zu können. Rücksichten für Alle unter meinen Nächsten, die in die Alternative sich gedrängt fühlen konnten, auch wo[h]l einmal selbst in Glaubenssachen fünfe gerade sein lassen zu müssen,

oder sich bedroht sehen durch Euch, die obersten kirchlichen Auktoritäten, von der Gemeinschaft mit Christus ausgeschlossen zu sein;
in diesem Hangen und Bangen voll ängst[l]icher Pein aber in Gefahr
sind – könnten sie nicht ab und zu auf einer schwimmenden Blanke
[!] sich über Wasser halten – unterzugehn; damit aber dem Teufel –
dem radicalen Unglauben als willkommene Beute in den Rachen
fallen müßten. Diesen Nächsten also, von denen nicht alle in der
Lage sein möchten, mit eignem Wissen und Gewissen allein festen
Grund fassen zu können, durch die Einsicht in unsern Briefwechsel
die Überzeugung in exacter und dabei nicht ganz unpopulerer Be-
weisführung zugänglich zu machen: mit welch lüderlicher Ober-
flächlichkeit auf dem Vaticanum in Glaubenssachen gepfuscht worden und mit welcher Verstocktheit an diesem Pfusch selbst gegen
besseres Wissen festgehalten wird; damit implicite aber auch der
Kirche Christi selbst – die mir in ihrem Geist und in ihrer Wahrheit
durchaus nicht so entfremdet und so fern steht, wie Du Dir es einzu-
bilden scheinst – zu dienen; das sind jene höheren Rücksichten, denen ich Rücksichten der Discretion gegen Dich unterordnen zu müssen meine.

Aber selbst Rücksichten wahrer Freundschaft gegen Dich, die
mich die Hoffnung nicht ganz aufgeben läßt, Du könntest bei einer
gründlicheren Prüfung meiner Bedenken doch noch zu der Einsicht
gelangen, Dich mit sammt Deiner bischöflichen Auktorität einer
Unwahrheit dienstbar gemacht zu haben, bestimmen mich mit zu
dem Schritte. Denn indem Du Deine Mittheilungen über den von Dir
eingenommenen Standpunkt als nur flüchtig hin geworfene charakterisirt haben willst, veranlaßt Du damit die nahe liegende Vermuthung, daß Du meine Mittheilungen eben auch nur flüchtig überlesen
und als gleichfalls nur flüchtig hingeworfene Phrasen der Beachtung
gar nicht recht werth gehalten hast; was ich Dir auch weiter nicht
verdenken kann, da man ja daran gewöhnt worden, eitles Conversa-
tions-Geschwätz und s[o]g[enannte]freundschaftliche Mittheilungen
nur halb gehört und bald wieder vergessen beziehungsweise flüchtig
überlesen, conventionell freundschaftlich beantwortet und zer[r]is-

sen und verbrannt zu haben. Einiger Unterschied indessen besteht
doch zwischen dem nur gesprochenen und dem geschriebenen Worte und so auch wieder zwischen dem nur geschriebenen und dem
gedruckten. Man schenkt dem letzteren viel[l]eicht schon deshalb
mehr Beachtung, weil man doch eigentlich voraussetzen müßte, es
sei wenigstens nicht principiell „flüchtig hingeworfen" gemeint gewesen; dann aber auch, weil auch Andere dasselbe lesen konnten,
und wenn man nur flüchtig lesen wollte, sich durch die, die dasselbe
lesen und vielleicht weniger flüchtig lesen möchten, controlirt fühlt.
Bekommst Du also Deine und meine Briefe in typographischer Re-
production von Neuem zu Gesicht, so würdige sie noch einmal und
womöglich nicht allzu flüchtig einer Durchsicht. Die Anmerkungen,
die Du zu Deinen Briefen finden wirst und von denen ich namentlich
die auf Seite 76 u. f. des Manuscripts zu Gemüthe zu führen Dir
empfohlen wissen möchte, sind Dir ja ohnehin noch unbekannt und
erst durch spätere Anlässe angeregt, jetzt als Ergänzungen meiner
Mittheilungen an Dich zu betrachten. Außerdem habe ich – namentlich was die eine oder andere Definition betrifft (S. 55 und S. 65 d. M.
z. B.), meinen Briefen eine noch exactere Fassung zu geben mich
befleißigt. – Vor Allem aber glaube mir, wenn ich Dir hiermit wiederholt versichere, Du könntest nicht aufrichtiger für mein Seelenheil zu Gott beten, wie ich für Dich bete und dieses Gebet durch
thätiges Mitwirken zu unterstützen auch bestrebt sein möchte: Gott
möge Dich aus der Versuchung, in die durch seine Fügung [Du]
geführt, und von allem Übel erlösen. Amen.

Sonntag: Exaudi[8] 1872

---

[8] Sechster Sonntag nach Ostern (zugleich letzter Sonntag vor Pfingsten); liturgische
Benennung nach Psalm 27,2: „Herr, höre (Exaudi) meine Stimme, wenn ich rufe".

Massenkultureller Anbetungskult um Pius IX.: Druck des Jahres 1873
(commons.wikimedia.org)

E.
Die Stellung des Mainzer Bischofs Wilhelm Emmanuel von Ketteler zu den neuen Papstdogmen von 1870

1.
UNFEHLBARKEIT DES PAPSTES „EX SESE"?
Auszug aus Kettelers Konzilsrede
vom 25. Juni 1870[1]

„[…] 1. bitte ich also, daß in der Konstitution klar und deutlich die von allen anerkannten Prinzipien dargestellt werden, durch die die Unfehlbarkeit bestimmt und abgegrenzt wird; 2. behaupte ich, daß die Lehre über die Unfehlbarkeit, wie sie im Schema vorliegt, eine extreme Schulmeinung ist, nicht aber die allgemeine Lehre der Kirche über die Unfehlbarkeit des Papstes, wenn er ex cathedra spricht. Daher fordere ich, daß das Schema im Sinn der Lehre, die in der Kirche allgemein überliefert ist, neu bearbeitet wird, damit nicht die bisher von den besten Theologen gebilligten Meinungen als verworfen erscheinen. Es ist aber sicher, daß im Schema eine besondere Schulmeinung vorgelegt wird und nicht die allgemeine Lehre der Kirche, denn wer den wahren Sinn des Schemas sucht, der darf sich nicht so sehr auf die beauftragten Redner der dogmatischen Kommission als vielmehr auf die Relatio stützen, die zusammen mit dem

---

[1] Auszug (Übersetzung der lateinischen Vorlage) aus: KETTELER 1982, S. 659-665 (unter Fortlassung aller Fußnoten); *Kursivsetzungen* pb.

Schema den Vätern übergeben worden ist. Dort wird in der Tat die Darstellung des wahren Sinnes, in dem die dogmatische Deputation die Definition der Unfehlbarkeit des Papstes vom Konzil verlangt, auf S. 33 in folgenden Worten abgeschlossen: „In diesem Sinn (der dort dargestellt ist) wird im Schema dargelegt, daß dem Papst die Vollmacht, unfehlbar zu lehren, von Gott übertragen ist." Dieses sind die Worte der Relatio. Welches ist also dieser Sinn? Das erklärt die Relatio auf S. 33, wo wir Zeile 8 lesen: „Der Papst hat *durch sich*, ohne die – vereinzelten oder in einem allgemeinen oder in Partikularkonzilien vereinten – Bischöfe, den Vorrang, alle Gläubigen unfehlbar zu lehren und zu leiten." Und wenig später wird dasselbe mit folgenden Worten wiederholt: „Die ganze Frage läuft also darauf hinaus, ob dem Papst wirklich *für sich allein* ein solcher Akt als Haupt und oberstem Lehrer zukommt, durch den er ohne die übrigen Glieder oder ohne die Mitwirkung der übrigen Lehrer den ganzen Leib oder die ganze Herde lehren und leiten kann." *Dieses also ist die Unfehlbarkeit, deren dogmatische Definition verlangt wird*, nämlich eine Unfehlbarkeit des Papstes *aus sich heraus*, eine Unfehlbarkeit *ohne* die vereinzelten oder vereinten Bischöfe, eine Unfehlbarkeit des Hauptes ohne die übrigen Glieder, ohne die übrigen Lehrer, eine Unfehlbarkeit des Papstes in allem, was zum höchsten Glaubensurteil gehört, *völlig unabhängig von jeder Mitwirkung der Kirche und der anderen Hirten*, eine Unfehlbarkeit, durch die direkt das ausgeschlossen wird, was der hl. ANTONIN klar verlangt, der nicht nur einmal, sondern wiederholt sagt: „Wenn der Papst als Einzelperson und aus eigenem Antrieb handelt, kann er irren, doch wenn er den Rat der Kirche einholt, ihre Hilfe sucht, kann er nicht irren." So weit der hl. ANTONIN, der auf dem Konzil von FLORENZ theologischer Berater EUGENS IV. war. Von uns aber wird verlangt zu definieren, daß der Papst – auch wenn er ohne Konzil oder die Hilfe der Kirche nur aus eigenem Antrieb handelt – nicht irren könne. Das ist ein klarer Widerspruch zur Lehre des hl. ANTONIN.

Daß dieses aber der wahre Sinn ist, in dem der Papst nach dem Schema als unfehlbar zu erklären ist, ergibt sich darüber hinaus aus folgendem: an der gleichen Stelle, an der diese Unfehlbarkeit *ohne* Bischöfe – ob vereinzelt oder im Konzil versammelt – verteidigt wird, will der Verfasser der Relatio auf den Einwand antworten, daß durch diese Lehre der Papst als Haupt von den Bischöfen oder dem Leib des kirchlichen Lehramts getrennt werde. Wie entkräftet der Autor diesen Einwand? „Eine Sache ist es", sagt er, „daß der Papst durch sich *ohne* die Bischöfe – ob vereinzelt oder in einem allgemeinen oder Partikularkonzil versammelt – das Vorrecht hat, unfehlbar alle Gläubigen zu lehren und zu leiten, und eine andere Sache ist es, daß er habituell oder aktuell jemals von den ihm anvertrauten Schafen oder Lämmern abgesondert oder getrennt wird." Und sofort wird der Grund für diese These angegeben: die Relatio fährt nämlich fort: „Dadurch, daß der Papst lehrend und leitend wie das Haupt auf den ganzen Leib wirkt, werden die Bande der Einheit zwischen ihm und der gesamten Herde geknüpft und verstärkt."

Aber dieser Grund ist nichts wert, da er gerade das nicht beweist, was zu beweisen wäre. In der Relatio nämlich wird so argumentiert: Der Papst ist unfehlbar, auch wenn er völlig allein und ohne jede Hilfe der Kirche, ohne jede Mitwirkung anderer Lehrer lehrt; dennoch wird er nicht als Haupt von den anderen Doktoren getrennt, wenn er lehrend auf den ganzen Leib Einfluß nimmt, *von allen den gleichen Gehorsam verlangt*, wodurch die Bande der Einheit enger und stärker werden. – Aber dieses scheint mir ein Trugschluß zu sein. Denn es geht nicht darum, ob der Papst durch diese Lehre über die Unfehlbarkeit *ohne* Bischöfe mit den Bischöfen im Nachhinein, wie man zu sagen pflegt, verbunden ist, d. h. ob er mit den Bischöfen *wie mit gehorsamen Schülern verbunden* ist, sondern die Frage ist, ob der Papst mit den Bischöfen vorher, im höchsten Akt des Lehrens selbst, verbunden ist, ob er gleichsam als höchster Lehrer und Richter mit den Bischöfen verbunden ist, insofern auch diese Lehrer und Richter in Glaubensdingen sind. Diese Verbindung ist notwendig, *denn eines und ungeteilt ist das Bischofsamt in der Kirche* und eines und ungeteilt ist das Lehramt, wie es einen Leib aus Haupt und Gliedern bildet, der sich aus dem Papst und den übrigen Bischöfen zusammensetzt.

Wenn also der Papst seinen lehramtlichen Akt *ohne die übrigen Lehrer und ohne die übrigen Glieder* ausübt, also ohne alle anderen Gläubigen, wie es in der Relatio heißt, dann wird dem Papst, insofern er dieses höchste Urteil fällt, eine vom ganzen Episkopat getrennte Funktion zugesprochen; dann wird der Leib des kirchlichen Lehramtes auseinandergerissen und das Haupt von den Gliedern […] getrennt. Darauf läuft die ganze Frage hinaus, wie die Relatio zu Recht bemerkt. Diese Lehre aber […] scheint mir völlig der hl. Schrift zu widersprechen. Sie scheint mir auch im Widerspruch zur Tradition und zu den Konzilsakten zu stehen. […]"

Aula des Ersten Vatikanums 1869/1870
(Buch Karl Benzinger 1873: commons.wikimedia.org)

2.

VERKÜNDIGUNG DES VATIKANUMS IN DER DIÖZESE MAINZ
Johann Friedrich von Schulte
(1887)[2]

Bischof Freiherr v. Ketteler kündete in dem „Hirtenbrief bei der Abreise zu dem allgemeinen Konzil" vom 12. Novbr. 1870 seinen Diözesanen an, dass er in wenigen Tagen nach Rom reisen werde, vorher aber einige Abschiedsworte an sie richte. Dazu veranlasse ihn die Wichtigkeit der Sache, die hervorgerufene Bewegung und „die Vorurteile, Irrtümer, grundlosen Befürchtungen und absichtlichen Entstellungen", sei doch selbst der Fuldaer Hirtenbrief „ein Gegenstand unbegreiflicher Missdeutungen geworden". Er knüpft dann an die Berufungsbulle vom 3. Juli 1868 an, meint: „Die Einheit, in Petrus, im Papste vertreten, hindert nicht und macht nicht unnötig das Wirken in der Vielheit des Apostolates, in dem über den ganzen Erdkreis verbreiteten Episkopat; und die Kraft und die Thätigkeit dieses über den ganzen Erdkreis verbreiteten Episkopates hemmt nicht die Kraft und Thätigkeit des Primates." Die Konzilien sollen zeigen, wo der Apostolat sei. „Das ist die allgemeine Aufgabe des Konzils: *der Welt nach den Bedürfnissen der Zeit mit der vollen Autorität der Sendung Christi die ewigen Wahrheiten verkünden, welche der Sohn Gottes selbst einst gelehrt hat'.* " Er deduziert, dass volle Freiheit herrschen, Alles mit der sorgfältigsten Prüfung und der eingehendsten Sorgfalt behandelt und geprüft werden soll und hebt dann hervor zur „Belehrung die Regeln, welche von dem ersten Konzil der Apostel an durch alle Jahrhunderte die Konzilien bei ihren Entscheidun-

---

[2] Aus: SCHULTE 1887/1965 = Johann Friedrich von Schulte: Der Altkatholizismus. Geschichte seiner Entwicklung, inneren Gestaltung und rechtlichen Stellung in Deutschland. Aus den Akten und anderen authentischen Quellen dargestellt. Neudruck der Ausgabe Gießen 1887. Aalen: Scientia Verlag 1965, S. 211-215 („Diözese Mainz"). – Ziffern der Fußnoten hier geändert. – Vgl. als kritische Beurteilung Kettelers aus altkatholischer Sicht auch: REUSCH 1882*.

gen über die Glaubenswahrheiten festgehalten haben." „Die erste
Regel bei allen Entscheidungen über den Glauben ist, dass die Kirche
auf den allgemeinen Konzilien nur *solche Glaubensfragen* entscheidet,
die nach den Zeitumständen entschieden werden müssen; die zweite, dass
selbst bei diesen Entscheidungen die Kirche sich auf das Notwendige beschränkt, d. h. auf das, was erforderlich ist, um ihre Sendung:
Lehret alle Völker das Evangelium zu erfüllen, um also die ihr von
Christus übergebene Heilswahrheit vor aller Fälschung zu bewahren; drittens, dass solche Entscheidungen nicht etwa nach Majoritä-
ten getroffen werden, sondern *durch die Einmütigkeit des gesammten
Lehramtes.*" Er hatte auf dem Konzil eine Druckschrift „De sancta
Ecclesia Catholica"[3] verteilt, welche von einer päpstlichen Unfehlbarkeit nichts weiss, sodann in seinen Bemerkungen[4] in dem cap.
addendum decreto de Rom. Pont. primatu erklärt: „Obgleich ich
selbst die Ansicht von der Unfehlbarkeit des Römischen Papstes als
dem Glauben ganz nahe (fidei proximam) anerkenne und als Grund
und Norm des Handelns immer befolgt habe und befolge und mir
sehr am Herzen liegt, dass die meiner Obsorge Untergebenen sie
befolgen: so bin ich nichts destoweniger durch mein Gewissen gezwungen, die schwersten Bedenken aus Veranlassung der uns vor-
geschlagenen dogmatischen Definition auszudrücken." Er setzt auseinander 1. sie sei nicht nötig, der h. Stuhl habe mehr Autorität als je.
„Es *möchten die, welche Agitation und Verbitterung zuerst,* wie sehr
bekannt ist, *anregten, jetzt aus dieser Agitation die Notwendigkeit der
dogmatischen Definition beweisen. So könnte leicht, wer möchte, mit Absicht und Bedacht aus den Konzilien dogmatische Definitionen herauslocken.* Es ist aber eine von unsern Vätern und Konzilien gemachte
Norm, dass nur solche dogmatische Definitionen ergehen, welche
eine zwingende Notwendigkeit fordert."

---

[3] Abgedruckt auch bei *Friedrich,* Documenta II. 404ff. [Johann Friedrich (Bearb./Hg.):
Documenta ad illustrandum Concilium Vaticanum anni 1870. Abtheilung II. Nördlin-
gen: C.H. Beck'sche Buchhandlung 1871.]
[4] Bei Friedrich, Documenta II. p. 217.

„2. Auch nach Erlass der dogmatischen Definition werden Ausflüchte und Scheingründe den Leuten bösen Willens nicht fehlen. Sie werden streiten, ob der Papst, persönlich unfehlbar, auch persönlich selbst z. B. dies oder jenes verurteilte Buch ganz gelesen habe, dessen Sprache gut verstanden; ob der Papst persönlich diese oder jene dogmatische Frage durchgemacht habe (perlustraverit); ob er autoritativ definiere, ob er in Wahrheit „des Amtes als oberster Lehrer aller Christen" gewaltet habe; ob die Unfehlbarkeit sich auf dies oder jenes Object erstrecke u.s.w."

„3. *In vielen Gegenden ist die Lehre von der Unfehlbarkeit des Papstes* dem christlichen Volke *bisher fast oder gänzlich unbekannt.* In *vielen* Kinder- und Volkskatechismen, *ja sogar im Römischen Katechismus* für die Pfarrer, der vom h. Pius V. nach dem Tridentinischen Dekrete gemacht wurde, *ist diese Lehre nicht enthalten.* In den Streitigkeiten mit den Ketzern der Jetztzeit wurde fast stets das allein versichert und betont: die Katholiken müssten glauben, was die unfehlbare Kirche zu glauben vorstellt. Und wenn öfters Lutheraner, Calviner und andre einwandten, die *Katholiken seien auch verbunden dem allein lehrenden Röm. Papste zu glauben, so wurde diese Behauptung der Ketzer stellenweise als Verleumdung in Wort und Schrift behandelt."* „Folglich sind in vielen Gegenden, vielen Diözesen die Geister nicht genug präpariert, die Herzen nicht präparier[t][5] zur Aufnahme dieser dogmatischen Definition. *Es müsste mindestens eine Zeit gewährt werden, in der die Gläubigen zur Aufnahme der Definition präpariert würden.* Ohne eine solche Zeit können nach menschlicher schwacher Einsicht grosse und höchst beklagenswerte Verwirrungen der Seelen und Verhältnisse vorhergesehen werden. Die Ketzer z. B. in Deutschland lauern schon, sie fürchten nicht, wie viele eitel glauben, diese Definition, sondern erwarten, soviel ich beobachten konnte, mit boshafter Sehnsucht sie und die folgenden Wirnisse unter den Katholiken und werden wie auf ein gemeinsames Zeichen auf das Verderben der schwachen Katholiken losgehen. *Viele* so zu sagen *halbgebildete Katho-*

---

[5] Absichtlich ist das lateinische Wort nicht übersetzt. Der Herr v. Ketteler hat das Seinige gethan, nachträglich zu präparieren. Man sieht, der Glaube ist Nebensache.

liken, die vieles gelesen haben, im Glauben aber nicht fest sind, werden in dieser Zeit des Indifferentismus *die Unfehlbarkeit des Römischen Papstes nicht mit gläubigem Herzen aufnehmen, aber in der Kirche bleiben zum grossen Nachteil der Kirche selbst.“*

„4. Man führt an gegen diese dogmatische Definition Schwierigkeiten, die aus den geschichtlichen Thatsachen, aus Aussprüchen der Väter und Konzilien, aus der Stellung, Würde, Wirksamkeit der ökumenischen Konzilien entsprungen sind. „Es ist fürwahr eine sehr schwere und für die Bischöfe sehr schmerzliche Sache vom Leibe der Kirche und, was zittern macht, von der Hoffnung des ewigen Heils auszuschliessen. Bevor die Bischöfe diese Pflicht übernehmen, müssen diese Schwierigkeiten in Theologenkongregationen erwogen, die Gründe für und gegen unparteiisch erörtert und geprüft werden, damit man an die Quellen der Schwierigkeiten komme und aus den Quellen wahre und wirksame Lösungen schöpfe, *was von den Bischöfen in den Generalkongregationen unbedingt nicht geschehen kann.“*

„5. Endlich ist zu beachten, dass *bisher die Entscheidungen in Sachen des Glaubens von allen früheren Konzilien, kein einziges Konzil ausgenommen, nicht mit einfacher Mehrheit der Stimmen, sondern mit einmütiger, oft unbedingter, immer moralischer, Übereinstimmung der Väter gemacht worden sind.* Dass diese von allen heil. Konzilien gefestigte Norm auch in unserm Vatikanischen unversehrt aufrecht erhalten werde, das fordere ich nicht, weil ich nicht zweifle, dass sie befolgt werde.“

Er [Bischof v. Ketteler] stimmte am 13. Juli kräftig mit nein, that am 15. [Juli] Abends, als eine Deputation der Minderheit bei Pius IX. Audienz hatte, den berühmten *Fussfall,* beschwor den Papst, der Kirche und dem Episkopate durch etwas Nachgiebigkeit Frieden und die verlorene Einigkeit wiederzugeben[6]; er reiste am folgenden Tage ab, so dass er weder der Sitzung vom 18. beiwohnen noch die Erklärung der Bischöfe vom 17. Juli unterzeichnete.

---

[6] Über diese Audienz s. „Römische Briefe vom Concil von Quirinus“. München 1870. II. S. 624 ff., auch *Friedrich,* Tagebuch S. 409 fg.

In der Broschüre „*Das unfehlbare Lehramt des Papstes*" Mainz 1871 S. 71 fg. motiviert er seine Handlungsweise also: „Das [‚Jedenfalls wird die Zeit kommen, wo das vatik. Concil die ganze Lehre von der Kirche erklären wird; dann werden von selbst viele Missverständnisse, welche jetzt bezüglich des ersten Decretes verbreitet sind, verschwinden.' Also ein ganz unbestimmtes zukünftiges Ereigniss!] war ein Hauptgrund für mich, mich von der letzten öffentlichen Sitzung zu entfernen. Ich hielt den Erlass eines Decretes bedenklich, welches nur einen Theil der Lehre von der katholischen Kirche behandelte und desshalb, wie ich fürchtete, in Ländern, wie jene, welche ich zunächst im Auge hatte, leicht zu Missdeutungen führen konnte. … Es durfte in dieser [öffentlichen] Sitzung nur mit Placet oder Non-Placet gestimmt werden, ohne jegliche Motivirung. Ich konnte bei dieser endgiltigen Entscheidung unmöglich [so, nach den eben mitgetheilten Bemerkungen soll das wahr sein? *JFS*] mit Non-Placet stimmen, weil ich dadurch den Schein auf mich geladen hätte, ein Gegner der Lehre von der Unveränderlichkeit der höchsten Lehrentscheidungen des Oberhauptes der Kirche zu sein. … Ich glaubte aber auch nicht mit Placet stimmen zu sollen, weil ich erstens einen solchen Beschluss für inopportun hielt; weil ich zweitens zur Vermeidung von Missverständnissen einige Zusätze wünschte und weil ich drittens aus demselben Grunde, wie bereits oben bemerkt, der Meinung war, dass die Lehre von der Kirche in ihrer Vollständigkeit und nicht theilweise von dem Concil der Welt verkündet werden müsse. Daher glaubte ich am Entsprechendsten zu handeln, und am Meisten meinem Gewissen zu genügen, indem ich mich der Abstimmung enthielt, fest entschlossen, der Entscheidung des Concils mich unbedingt zu unterwerfen."

Charaktervoll wird Ketteler sein Benehmen wohl kaum selbst gefunden haben, gewissenhaft ist allein, seiner Überzeugung zu folgen.

Kaum in seine Diözese heimgekehrt vergass er als echter Hierarch und den Einflüssen der Herren Moufang u.s.w. zurückgegeben, alles, was er in Rom so treffend gesagt, so sehr befürchtet, so tief empfunden hatte; für ihn war jetzt in den Wind gesprochen, was er mit den übrigen Bischöfen in dem Fuldaer Hirtenbriefe von 1869 gesagt, was er in seinem „Hirtenbriefe bei der Abreise zu dem allgemeinen Konzil" 1869 fast genau so wie auf dem Konzil selbst erklärt hatte. Er verkündete die Vatikanischen Dekrete schon im August, machte den Melchers'schen Erlass gegen den „Rhein. Merkur"[7] zum seinigen, leistete in Fulda dem Herrn Melchers Heeresfolge, drängte mit diesem vereint den Erzbischof von München zu dessen schroffem Vorgehen, und suchte endlich in Broschüren durch Verdächtigungen derjenigen, welche dem neuen Dogma widerstanden, durch Behauptungen, die nur aus dem ihn beseelenden masslosen pfäffischen und adeligen Selbstgefühl erklärbar sind, und durch Interpretationen des Vatikanischen Dekrets, deren Unstichhaltigkeit selbst ein Ketteler hätte einsehen müssen, durch solche Mittel das Volk für das Dogma zu *präparieren*. Solches ist ihm allerdings gelungen. Er starb am 13. Juli 1877 auf der Rückreise von Rom in einem Kloster zu Burghausen in Oberbaiern, überlebte also gerade sieben Jahre den 13. Juli 1870.

---

[7] [Paulus Ludolf *Melchers* SJ (1813-1895) war Erzbischof von Köln und ging nach dem I. Vatikanum hart gegen Gegner der – von ihm selbst zunächst skeptisch betrachteten – neuen Papstdogmen vor; der durch Melchers gebannte „Rheinische Merkur" war Organ der Reformkatholiken bzw. der Kritiker des Ultramontanismus.]

F.
Deutscher Merkur

Reaktionen auf die Schrift
des Clemens August von Westphalen
im ‚Organ für katholische Reformbewegung'

1.

DAS UNFEHLBARKEITS-DEKRET[1]

(25.10.1873)

[Besprechung der Erstauflage des „Sendschreibens"]

Sehr nahe liegt, wir gestehen es frei, die Betrachtung, daß ein seltsa-
mer Muth dazu gehöre, drei volle Jahre nach der Verkündigung der
vaticanischen Offenbarung den fleißigen Lesern des weiland „Rheinischen", nun „Deutschen Merkur" einen Artikel über das in der
Ueberschrift bezeichnete Thema darzubieten. Es sind deshalb auch
alle diejenigen, welche nicht dazu aufgelegt sind, aus Anlaß des vierten Kapitels der vatikanischen Constitution ihr Denkvermögen noch
einmal anzustrengen, inständigst gebeten, das Nachstehende zu
überschlagen; dagegen der Rest möge, nachdem er diese Auszüge
gelesen, sich mit dem längst geschriebenen, aber eben erst erschienenen „Sendschreiben an einen infallibilistisch gesinnten Freund" (Bonn,
Ed. Weber's Buchhandlung 32. S.) vollständig bekannt machen. Der
Verfasser sagt von sich am Schluß: „Ich bin nicht Elias, ich bin auch
kein Prophet, ja – ich bin nicht einmal ein namhafter dogmatischer
Schriftsteller; auch bin ich eben nur die Stimme eines Rufenden in der
Wüste: ‚Verlasset nicht den Weg des Herrn!'" Selbstverständlich
bleibt hier außer der „Stimme eines Rufenden" noch mancherlei

---

[1] DEUTSCHER MERKUR 1873 = *Das Unfehlbarkeits-Dekret*. In: Deutscher Merkur. Organ
für die katholische Reformbewegung (4. Jg.), Nr. 43 vom 25. Oktober 1873, S. 337-340.

übrig, was einer sein kann, auch wenn er seine Anonymität schalkhafter Weise mit „Obscurität" des Namens entschuldigt. Wer Lust hat, sich den Kopf zu zerbrechen, kann das Gebäude seiner Vermuthungen über der Mittheilung errichten, daß der Sendschreiber „nach einem Leben voll treuen Strebens nach Wahrheit, nach manchem Irren und Fehlen, Fallen und Wiederaufstehen nun an der Grenze der siebziger Jahre angelangt" ist und in der Person eines Priesters und Theologen mit dem Vornamen Clemens ein sehr liebes Pathenkind besitzt, das sich durch eine Druckschrift über Präsentation und Patronat als „durchgebildeten Denker" bewährt hat. Einen bitterbösen Seitenhieb auf die Theorie von „Blut und Eisen" (S. 23) würde wohl selbst Fürst Bismarck der üblen politischen Laune aus einer Zeit zu gute halten, seit welcher viel Wasser den Rhein hinabfloß.

Unser Autor hält sich ausschließlich an den Text des Unfehlbarkeitsdekretes* und handhabt beim Anatomiren dieser Mißgeburt wie ein Philosoph von Fach die logischen und grammatikalischen Denkgesetze.

*„Sacro approbante Concilio, docemus et divinitus revelatum dogma esse definimus: Romanum Pontificem, cum ex Cathedra loquitur, id est, cum omnium Christianorum Pastoris et Doctoris munere fungens, pro suprema sua Apostolica auctoritate doctrinam de fide vel moribus ab universa Ecclesia tenendam definit, per assistentiam divinam, ipsi in beato Petro promissam, ea infallibilitate pollere, qua divinus Redemptor Ecclesiam suam in definienda doctrina de fide vel moribus instructam esse voluit; ideoque eiusmodi Romani Pontificis definitiones ex sese, non autem ex consensu Ecclesiae irreformabiles esse." Constitutio Pii IX. ,Pastor aeternus' d. d. 18. Julii 1870, Cap. 4.

Deutsch nach der Uebersetzung des Bischofs Ketteler: „Mit Zustimmung des heiligen Concils lehren Wir und erklären es für einen göttlich geoffenbarten Glaubenssatz, daß der römische Papst, wenn er ex cathedra spricht, d.h. wenn er in Ausübung seines Amtes als Hirte und Lehrer aller Christen kraft seiner höchsten apostolischen Gewalt eine von der ganzen Kirche festzuhaltende Lehre über den Glauben oder die Sitten entscheidet, vermöge des

göttlichen Beistandes, welcher ihm im heiligen Petrus versprochen wurde, mit jener Unfehlbarkeit ausgerüstet ist, mit welcher
der göttliche Erlöser seine Kirche zur Entscheidung einer den
Glauben oder die Sitten betreffenden Lehre ausgestattet wissen
wollte, und daß daher solche Entscheidungen des römischen
Papstes aus sich selbst und nicht durch die Zustimmung der Kirche unveränderlich sind."

Also, so beginnt er, nachdem er das corpus delicti, resp. sacrilegii, nämlich
das Unfehlbarkeits-Dekret, vorgeführt hat, „mit der Befähigung, in
der Glaubens- und Sitten-Lehre mit Unfehlbarkeit entscheiden zu
können, hat der *göttliche Erlöser* seine Kirche ausstatten wollen; wir
lehren und erklären, daß, wenn der römische Papst in der Glaubens-
und Sittenlehre entscheide, er mit jener Unfehlbarkeit ausgestattet
sei, und zwar derartig – wird zur eventuellen Begegnung jeder möglicher Weise laxern Interpretation, übrigens aber zum reinen Ueberfluß noch hinzugefügt, – daß deshalb auch – ideoque ejusmodi Romani
Pontificis definitiones ex sese, non autem ex consensu Ecclesiae irreformabiles
esse. Nicht also, weil der römische Papst als Organ der gesammten
Kirche die in *Uebereinstimmung mit ihr* erklärte Glaubens- und Sitten-
Lehre etwa irreformabel nur verkünde, sondern umgekehrt, weil
seine Kathredra-Entscheidungen an und für sich irreformabel von
der gesammten Kirche als unfehlbar anzuerkennen, als solche von
ihr festzuhalten seien. –

Daß hier das Ecclesia infallibilitate instructa est als göttlich geoffenbarter Glaubenssatz postulirt wird; daß er als solcher für jeden gläubigen Christen ein Axiom und damit die Prämisse ist, aus der in
Verbindung mit der weitern Annahme, Concilien seien die legale
Vertretung dieser Kirche, gefolgert wird, mit Unfehlbarkeit eine
Glaubenslehre zu definiren, stehe einem Concil zu; daß ferner
derselbe Satz: Ecclesia infallibilitate instructa est, *der* Glaubenssatz ist,
den zu definiren das Concil zur Aufgabe sich stellt; und daß mit
der vorgeblichen Definirung dieses Satzes dem Subjecte und dem

Prädicat desselben – den Worten ‚Ecclesia' und ‚instructa est', die Worte ‚Romanus Pontifex' und ‚pollet' substituiert werden, während das Object ‚infallibilitate' unberührt dabei bleibt: – das Alles ist doch wohl handgreiflich, und kann es sich nur noch fragen, ob diese Substitution in den Worten denn auch eine *wirkliche* und nicht vielleicht nur *scheinbare* Fälschung involvire, ob nicht bei einer nähern Feststellung der den Worten Ecclesia, Pontifex, infallibilitas, instructus – a – um esse und pollere zur Grunde liegenden Begriffe, der in der Offenbarung enthaltenen ewigen Wahrheit unbeschadet, der respective Aus- und Umtausch dieser Worte ein zulässiger wäre. Wie es z.b. als unzulässig nicht bezeichnet werden könnte, wenn bei dem Objekte des Satzes, dem Worte infallibilitas, das Wort spiritus sanctus substituirt würde, indem es den Offenbarungsworten selbst entsprechend eben so gut ja auch heißen könnte: Ecclesia Spiritu sancto instructa est.

Nun wird kurz und scharf der Begriff der Ecclesia als jener Einheit, die Christus in seinem hochpriesterlichen Gebete der Einheit Gottes vergleicht, festgestellt und nachgewiesen, daß mit diesem Begriff der Kirche als der denkbar höchsten und vollkommensten moralischen Person auf Erden der Begriff Pontifex, Papst, nimmermehr zusammenfallen könne.

Der Satz: „Die Kirche, das ist der Papst" wäre ja derselbe Unsinn, als wollte Einer behaupten: der Mensch, das ist der Kopf – ich lehre und erkläre, daß der Kopf mit derjenigen Seele ausgerüstet ist, mit der der göttliche Schöpfer seinen Menschen ausgestattet wissen wollte; womit besten Falls, d.i. bei der schonendsten und nachsichtigsten Deutung dieser, zugegeben, zweideutigen Redensart platterdings *nichts* gesagt wäre … oder wenn etwas damit gesagt sein soll, nur damit gesagt sein kann: der römische Papst, wenn er ex cathedra redet, d.i. wenn er kraft seiner höchsten apostolischen Gewalt über den Glauben oder die Sitten eine Lehre unabänderlich entscheidet, die von der gesammten Kirche als irreformabilis ex sese fest zu halten ist – ist für sich mit jener Unfehlbarkeit ausgerüstet, mit welcher nach *göttlichem Willen* als ihrer unsterblichen Seele, als ihrem Geiste, als heiligem Geiste die untheilbare Einheit des gesammten Kirche Christi hat ausgestattet sein sollen. Mit dieser Gegenüberstellung zur Kirche, mit diesem ex sese, non autem ex consensu Ecclesia ist er dann – nicht etwa als abgetrenntes und damit notwendig auch abgestorbenes Glied baar und verlustig jenes, die gesammte Kirche beleben sollenden heiligen Geistes, nein gerade damit ist er erst recht lebendig, recht voll davon geworden, wenn es auch just beim Menschen nicht in Abrede gestellt werden könnte, daß mit dem Gegenüberstellen des Kopfes zum gesammten Leibe, mit der Operation des sog. Köpfens der Kopf nicht weniger wie der gesammte Leib *entseelt werden müßte*.

Aller jesuitischen Sophistik zum Trotz wird mit siegreicher Logik die Thatsache aufrecht gehalten, daß in dem päpstlichen Julidekret *dasjenige Subject* (der Papst), welches eine von der ganzen Kirche festzuhaltende Lehre unabänderlich entscheidet, dem Subjecte (d.i. der ganzen Kirche), von welchem die unabänderlich von jenem entschiedene Lehre festzuhalten ist, *gegenüber* gestellt wird, daß demnach die Ausleger und Vertheidiger des vaticanischen „Dogma's" bei nur *einem Objecte* (Unfehlbarkeit) mit zwei Subjecten sich herumquälen, „wie Salomon durch die beiden Weiber mit dem Einen lebenden Kinde bedrängt", und somit unserem Gewissen kein anderer Ausweg bliebe, „als nun auch den heiligen Geist in Stücke zu hauen."

Nachdem so die Behauptung begründet ist, daß in dem Satze: „Die Kirche ist mit Unfehlbarkeit ausgestattet" ohne Fälschung desselben das Wort Kirche durch das Wort Papst nicht ersetzt werden darf, wird zugegeben, daß die Prädikate „ausgestattet sein" (instructus – a – um esse) und „ausgerüstet sein" (pollere) als Synonyma allenfalls einander substituirt werden dürfen. Mithin handelt es sich nur noch um das gemeinsame Object, um den Begriff „Unfehlbarkeit".

Das Wort selbst kommt in der heiligen Schrift nirgend vor, wohl aber wird Unfehlbarkeit mit Fug und Recht aus allen jenen Stellen gefolgert, in denen vom göttlichen Erlöser der Beistand des heiligen Geistes verheißen wird. An keiner Stelle aber ist diese Verheißung einem Einzelnen geworden, wenn auch das Vaticanum ohne Quellenangabe behauptet, im heiligen Petrus sei dieser Beistand den römischen Päpsten versprochen. Denn weder da, wo Petrus als Fels der Kirche bezeichnet wird, noch auch da, wo er zu deren Leitung berufen wird, geschieht der Unfehlbarkeit oder des heiligen Geistes Erwähnung. Vielmehr bezieht sich diese Verheißung je nach den verschiedenen Stellen entweder direkt auf die Kirche als jene[r] Einheit, die von den Pforten der Hölle nicht überwunden werden soll, oder sie ist an Alle gerichtet, an Alle nämlich, die verharrend in der Gemeinschaft mit Christus, berufen werden, mit und in seinem heiligen Geiste die von ihm in seiner Kirche gewollte Einheit nun auch auf Erden zu verwirklichen. „Euch werde ich den Tröster senden – bei euch wird er bleiben – euch wird er alles lehren – ihr werdet empfangen die Kraft des heiligen Geistes" und – dennoch! Wäre an den Versuch einer Begründung jenes Dogmas auf die Offenbarung überhaupt zu denken, sie wäre nur in der Definirung des Begriffes „heiliger Geist" noch möglich. In der einmal eingeschlagenen Richtung müßte nun auch consequent voran geschritten und definirt werden: Pontifex Romanus sei ja eben jener der Kirche verheißene Tröster – jener Geist der Wahrheit, den die Welt nicht haben kann, weil sie ihn nicht sieht und ihn nicht kennt, – jener heilige Geist, welchen der Vater im Namen des Sohnes sendet und der uns alles lehrt und uns an alles erinnert, was immer der Sohn uns gesagt hat – kurz und gut, der heilige Geist, das ist Seine Heiligkeit der Papst. Dann bekäme das infallibitate pollere des Papstes, im Gegensatz zu dem infallibilitate instructam esse der Kirche erst einen tiefern Sinn und wären es dann eben keine Synonyma mehr. Nicht weil der Papst mit dem Beistande des heiligen Geistes ausgestattet sein soll – nam divinus Redemptor Ecclesiam suam, non autem

Pontificem infallibilitate instructam esse voluit, vielmehr – quia divinus Redemptor Ecclesiam suam ea infallibilitate, qua ex sese pollet Pontifex, instructam esse voluit, wäre der Papst als von Haus aus der Unfehlbarkeit mächtig anzusehen, vorausgesetzt nämlich, daß er ex cathedra rede, i.e. cum omnium Christianorum Pastoris et Doctoris munere fungens, doctrinam de fide vel moribus *ab universa Ecclesia* tenen dam definit, dann eben, wenn die gesammte Kirche seines heiligen Beistandes auch wirklich bedarf, wenn sie mit ihm, als ihrem unfehlbaren Geiste ausgestattet sein soll. Dann aber hätte auch der gläubige Neukatholik analog dem Glauben an die Menschwerdung des Sohnes Gottes in der Person Jesu Christi, so auch in der Person des jeweiligen Papstes den Fleisch gewordenen heiligen Geist anzuerkennen, als solchen ihn zu adoriren, und rückhaltlos sich seinen Kathedersprüchen zu unterwerfen.

Als Erklärungsgrund des Unfehlbarkeitsglaubens bezeichnet das Sendschreiben den aus gewohnheitsmäßig unvollständigem Denken entstandenen Begriffsmangel für Einheit in der Vielheit, wie diesen Begriff die von Christus gewollte Kirche zu ihrem Verständnis nothwendig voraussetzt.

„Daß *jede* lebende Einheit nur aus einer organisch geeinten Vielheit bestehe, das scheint Euch ehrlichen Infallibilisten nicht recht klar zu sein." Die Einheit der Kirche Christi ist Euch mehr die Heerde sich zusammen gefundener Individuen, die als solche eines einheitlichen Seins entbehrend auch keines einheitlichen Objectes theilhaftig sein könne. Und so seht Ihr Euch denn, indem Ihr Euch die Kirche, nach Eurer Anschauung die Heerde, als Subject nicht denken könnt, zu einer unvermeidlichen Substitution gedrängt. Ist nämlich die Heerde kein Subject, so kann sie folgerichtig auch nicht Trägerin eines Objectes sein. Die von Christus verheißene Unfehlbarkeit aber will getragen werden. Dann allerdings bleibt zu denken nur zweierlei noch übrig: entweder daß ein jeweiliger Leithammel der Heerde jener Unfehlbarkeit mächtig sei – ea infallibilitate pollere – oder, um mich eines weniger prosaischen Bildes zu bedienen, daß das an der Spitze eines Kranichzuges fliegende Individuum die unfehlbare Richtung einhalten und der ihm folgende Schwarm von Einzelindividuen instinctiv, d.i. bewußt- und gedankenlos nachziehen werde, – die *Dogmendictatur*; oder aber, daß jenes Object unfehlbar erkannter Wahrheit von Jedwedem pro rata für sich getragen werde – die dann erst aus Wahlen und Abstimmungen nothwendig noch zu extrahirende *Majoritätsinfallibilität*.

Wie bekannt, hatte beide Phasen der Anschauung schon Luther durchmachen müssen, als tollster Infallibilist seiner Zeit, in Glaubenslehren direct an den Papst appellirend, dann das Kind mit dem Bade ausgießend als Reformator andererseits. Und selbst im bürgerlichen Leben sind wir ja, nachdem unserer Zeit der Begriff der Einheit in der Vielheit mehr und mehr abhanden kam und darum auch die constitutio Ecclesiae Christi den weltlichen Constitutionen als Vorbild nicht mehr galt, damit aber das staatliche Zellengebilde organisch gegliederter, sich bedingender und ergänzender Stände (Stände nota bene in dem ursprünglichen Wortbegriffe, mehr dem modernen Terminus juristischer Personen entsprechend) nach und nach in Atome, in lauter Einzelindividuen, physische Personen sich auflöste, den Schwankungen zwischen beiden Theorien fortwährend unterworfen, während wir uns schmeicheln, auf dem juste milieu der sogenannten constitutionellen Monarchie balanciren zu können.

Hier handle es sich lediglich darum, welche Verfassung Christus für seine Kirche gewollt hat; ob entweder

a) *jene bis längst zu Recht bestehend anerkannte Form*, in der die Einheit im Glauben, die Katholicität den nationalen Specialkirchen, den bischöflichen Sprengeln, den Pfarrgemeinden etc., kurz dem Ganzen in der Unanimität des mit dem Primat geeinten Episcopates unter dem Beistande des heiligen Geistes gewahrt werden solle; in dem bloßen Definiren, dem nur nähern und präcisern Erklären dessen, was immer und überall und von Allen als katholischer Glaube erkannt worden, einmüthig bezeugt durch berufene Glaubenszeugen, die unter der Leitung des Papstes geeinten Bischöfe der gesamten katholischen Christenheit, – ob

b) die *Majoritätsinfallibilität*, – oder ob als noch denkbar Drittes

c) die *Dogmendictatur*?

Es wird nun gezeigt, wie die einschlägigen Stellen der heil. Schrift travestirt werden müßten, wenn b oder c zuträfe, und alsdann gefolgert:

Also hat auch kein Mensch, und keine Versammlung von Menschen, ja – um mit Paulus zu reden, – selbst kein Engel, und wenn er vom Himmel käme, Anspruch auf Glaubenswürdigkeit, wenn er zu lehren und zu erklären sich erfrecht: *Mit derjenigen Unfehlbarkeit, mit der der göttliche Erlöser seine Kirche habe ausstatten wollen, sei der römische Papst ausgestattet.* Denn, wohlgemerkt! wofern ein Engel vom Himmel den Galatern anders predigen würde, als ihnen im Evangelium überkommen, – nicht erst prüfen sollen sie dann, ob ein solcher denn auch ein *richtiger* Engel, ob er auch wirklich vom Himmel komme. Nein, Fluch sei ihm, er sei wer er wolle! Und der eigenen Fehlbarkeit wie der seiner Mitapostel sich sehr wohl bewußt – Petrus am wenigsten davon ausgenommen, da er ihn ja in seiner dogmatisch irrigen Auffassung, zur Erlangung der Seligkeit bedürfe es auch noch der Beobachtung der Gesetze des alten Bundes, erst berichtigen mußte, – setzt der Apostel die Möglichkeit voraus: und wofern wir ein Anderes predigen würden.

Und so meine ich denn, daß auch die Frage nach der Oekumenicität des Vaticanums – ob so und so viele Bischöfe in partibus infidelium als testes fidei fidelium zulässig gewesen wären? – ob das Conzil sich eine oktroyirte Geschäftsordnung habe gefallen lassen müssen? – ob man bei der Beschaffenheit der Conzils-Aula sich überhaupt hätte verstehen können? – ob die Abstimmungen nicht beeinflußt gewesen? u.s.w. – für uns Nicht-Galater auch eine mehr untergeordnete sein und bleiben könne.

An den Früchten sollen wir den Baum erkennen; verkehrt ist es darum, von dem Baum auf die Frucht schließen zu wollen. Der Baum, welcher die vaticanische Frucht, diese so geflissentlich zweideutige Sprache leibhaftiger Sophistik, die Sprache des Lügners von Anbeginn (τοῦ ἀλόγου ἐν ἀρχῇ) gezeitigt hat, könne der Baum *nicht sein*, „[d]er aus dem von Christus im Evangelium gelegten Senfkorn gekeimt ist, der in dem Logos von Anbeginn wurzelt, und dessen Nahrung und ausschließliche Lebens- und Existenzbedingung der heilige Geist Gottes sein und bleiben soll in Ewigkeit."

Natürlich geht unser Apologet auch der Frage nach der Autorität eines Concils nicht aus dem Wege. Er läßt den Streitpunkt, ob das Vaticanum durch die Unterwerfung der Minoritätsbischöfe „ökumenisch" geworden sei, ganz bei Seite und giebt nur zu bedenken:

Ob die mit der Verheißung Christi: „ich bin bei euch alle Tage bis ans Ende der Welt" in Verbindung gebrachte Annahme: göttlichem Willen gemäß seien ökumenische Concilien das eigentliche Organ für den heiligen Geist – ob diese Annahme denn auch schon ein über jedes Gewissensbedenken habendes Axiom ist, oder ob es nicht vielleicht eine mehr willkürliche petitio principii sein könnte, das was der göttliche Erlöser als die Gemeinschaft mit ihm im heiligen Geiste, als die Einheit mit ihm in seiner Kirche im Geiste und in der Wahrheit, in *idealer* Auffassung also verstanden wissen wollte, so mir nichts dir nichts mit dem identificiren zu dürfen, was mit all seinem Zubehör als Hierarchie, als sogenannte lehrende Kirche sinnlich uns vor Augen steht, als ob die ewige Wahrheit nicht auch wieder nur im Geiste und in der Wahrheit erfaßt, sich zu eigen gemacht und damit verwirklicht werden müsse, und statt dessen in greifbarer Verbindung verkörpert, sinnlich uns nur zugänglich wäre.

Dieser Frage werde keineswegs die Spitze abgebrochen durch den so beliebten Rückschluß: Wäre demnach die Kirche ideal nur zu verstehen, dann sei sie auf den Flugsand subjectiver Auffassung gestellt und nicht auf den realen Felsen positiver Wahrheit gegründet. Denn neben dem ob wahr ob falsch, stehe noch als Drittes, „daß jede Wahrheit, gleichviel ob sinnliche oder übernatürliche, verpfuscht werden kann, ohne damit widerlegt zu sein." Diese Verpfuschung der kirchlichen Einheit bestehe aber in der widernatürlichen Unterscheidung zwischen einer nur *hörenden* und einer *lehrenden* Kirche.

Ist mit dem Auftrage an die Apostel, allen Menschen das Evangelium zu verkünden, auch nur die Ermächtigung gegeben, die göttlichen Wahrheiten schulgerecht zu systematisiren und aus der Verquickung von willkürlichen Prämissen mit ewigen Wahrheiten bis an, und weit über die Grenzen der Denkmöglichkeit Consequenzen zu ziehen, und ein aus solch müßiger Consequenzreiterei hervorgegangenes theologisches System ex cathedra dann zu dociren? Ist Liebe – und das ist ja doch der Inbegriff des Christenthums – überhaupt docirbar? oder ist sie nicht vielmehr *nur* in der gewissenhaften und treuen Erfüllung aller, aus jedem Liebesverhältnisse, sei's gegen Gott, sei's gegen einen Nächsten sich ergebenden Pflichten zu üben, und in dieser Uebung recht eigentlich nur autodidaktisch also, zur höhern Vollkommenheit erst zu bringen?

Der Erlöser von dem Uebel heidnischen Götzendienstes und jüdischen Phärisäismus bezeichnet als die Summe aller Religion das Gebot der Liebe. Aber bei nur unvollständig überwundenem Begehr nach fremden, aus der eigenen menschlichen Productivität geschnitzten Göttern sind die Menschen der Versuchung unterlegen, die göttlich einfache Lehre Christi nicht äußerlich, ceremoniell allein (kraft unserer künstlerischen Begabung) auszuschmücken, sondern sie selbst *innerlich* mit einer Reihe von sogenannten Glaubenssätzen bis zu dem vorjüngsten von der unbefleckten Empfängnis Mariä zu *bereichern* – mit Dogmen, die dann durch ein *christlich* sein sollendes Schriftgelehrten- und Pharisäerthum, das seinerseits wieder der Control[l]e eines unfehlbaren Lehramtes bedarf, einer hörenden Kirche erst vermittelt werden müssen.

Und wenn nun vollends die Ecclesia docens als solche selbst sich wieder negirt, das angeblich aus göttlicher Bevollmächtigung abgeleitete, ihr daher ausschließlich zuständige unfehlbare Lehramt auf einen Dritten, einen Doctor omnium Christianorum subdeligirt, zu dem sich fortan nur als Ecclesia tenes doctrinam, irreformabiliter ab eo definitam zu verhalten habe, (und wenn sie) damit vor Gott und aller Welt in japanesisch-heidnischer Unterwürfigkeit unter einen sündigen Menschen, mit dem zur unfehlbaren Scheidung von falsch und wahr, ihr anvertraut sein sollenden Infallibilitätsschwerte den Bauch eigenhändig sich aufschlitzt, und gegen eine solche ihr gestellte Zumuthung nichts vorzubringen wußte als den erbärmlichen Einwand der Inopportunität: ist es dann noch nicht an der Zeit, unter Anrufung des heiligen Geistes die Frage sich zu stellen, ob wir uns nicht etwa unversehens aus jener göttlichen Idee der Gemeinschaft mit Christus in seinem hinterlassenen Geiste, ein goldenes Kalb in der Hierarchie zurecht gemacht haben könnten, um das wir wie Kinder in der Unschuld ihres Herzens, wie Juden in der Wüste zur sinnlichen Befriedigung unklar gebliebener religiöser Bedürfnisses, eigentlich nur spielend singen und springen, tanzen und jubeln, und streiten, wenn das Spiel verderben will, unbekümmert darum, ob uns nicht über dem Spielen mit der Schale der Kern abhanden gekommen sein könnte?

Hieran schließt sich nun noch eine geistreiche und tiefe Erörterung über Gott und „das Wort" (λόγος), das Fleisch gewordene Denken. Ist ὁ λόγος jene Mitgift, mit der schon in der Geburt für dieses Leben der göttliche Schöpfer seinen Menschen hat ausgestattet haben wollen, ist anderseits ὁ λόγος als das Licht in unsere Denkfinsterniß gekommen, um denen, die ihn aufnehmen, Macht zu geben, wieder Kinder Gottes zu werden: so kann ὁ λόγος – Gott es nicht sein, der mit sich selbst im Widerspruch uns zumuthen will, das uns anvertraute Talent dann wieder zu *vergraben*, wenn wir mit ihm das Reich Gottes und seine Gerechtigkeit suchen sollen.

Wenn also gelehrt wird, *nicht suchen* dürften wir das Reich Gottes und seine Gerechtigkeit, *octroyiren* müßten wir sie uns lassen durch einen unfehlbaren Papst; wenn wir, um glauben zu sollen, zu denken aufhören müssen; wenn es als die verdienstliche Tugend gelehrt und erklärt wird, nicht allein das als Glaube zu bekennen, was wir noch nicht verstanden und begriffen haben, sondern selbst das, was gegen jeden Begriff, gegen alle göttlichen Gesetze des Denkens; wenn diese schon an und für sich widersinnige Theorie nun noch durch die Forderung, eine handgreifliche Fälschung der Offenbarung als göttlich geoffenbarten Glaubenssatz annehmen zu sollen, illustrirt wird, und die rückhaltlose Unterwerfung unter eine solche Forderung zur unerläßlichen Bedingung für die Gemeinschaft mit Christus in seiner heiligen Kirche gemacht wird; und das auf einem ökumenischen Concil von der sogenannten lehrenden Kirche gefordert wird, und zur Behauptung der von ihr in Anspruch genommenen Unfehlbarkeit als Pflicht gefordert werden muß: – so folgt, daß jene auf die Offenbarung selbst gar nicht gegründete Annahme: *ökumenische Concilien seien das unfehlbare Organ des heiligen Geistes,* nur eine frivole petitio principii ist, und daß zu prüfen es uns also sehr wohl anstehe, ob jener Infallibilitäts-Baum mit der auf ihm gewachsenen Frucht, durch deren Genuß wir ohne eigenes Wachen und Beten, Suchen und Prüfen zur unfehlbaren Erkenntniß des Guten und Bösen gelangen könnten, nicht etwa der Baum sein möchte, von dessen Frucht, verführt durch Alogos, schon einmal gekostet zu haben dem Menschen schlecht bekommen ist.

Aus der gesammten altkatholischen Literatur ist uns keine Darlegung erinnerlich, welche so bündig und scharf wie die vorstehend
skizzirte jene Frage behandelt, deren gewissenhafte Beantwortung
unser Widerstand gegen Rom wie unser Streben nach Erneuerung
der Kirche Christi zur Voraussetzung hat.

Zeitgenössischer Stich „Führer der Altkatholiken"
(Von oben 2. Reihe links: Prof. Friedrich Michelis;
3. Reihe Mitte: Johann Friedrich v. Schulte aus Winterberg)

2.

„SENDSCHREIBEN AN EINEN
INFALLIBILISTISCH GESINNTEN FREUND"[2] (26.9.1885)

[Besprechung der zweiten Auflage]

Vor zwölf Jahren ist im „Merkur" (1873, Nr. 43) die unter diesem
Titel erschienene Broschüre ausführlich besprochen worden. Kürzlich ist davon eine ungewöhnlich elegant ausgestattete „zweite,
nochmals durchgesehene und mit einem Nachworte vervollständigte Auflage" erschienen unter dem Titel: „Infallibilismus und Katholizismus. Sendschreiben an einen infallibilistischen Freund, der ‚Societas Jesu' einerseits, anderseits aber auch der ‚Philosophie des Unbewußten' in christlicher Nächstenliebe gewidmet" (Bonn, M. Cohn
& Sohn).

Der Verfasser sagt in seinem Nachworte (S. 37), sein Sendschreiben sei von seinem infallibilistischen Freunde nur mit einigen „Redensarten" beantwortet und „von dem gesamten Neukatholizismus
tot geschwiegen worden" und fährt dann fort: „Da statt jeder offenen, ehrlichen Antwort der Versucher täglich zudringlicher bei mir
auftritt, – bald unter der Maske eines ultramontanen Parlamentariers, dem es ganz entschieden inopportun erscheinen will, sich die
Operationsbasis seiner parlamentarischen Thätigkeit selbst von
Freundesseite unter den Füßen wegziehen zu lassen, – bald unter
der einer ehrwürdigen Matrone von ihrem Ofenwinkel aus, – bald in
der Gestalt einer Filzlaus, eines im Bekehrungsfache alter Sünder
renommierten alten Klerikers, um es mir begreiflich zu machen: die
Kirche Christi, wie ich sie mir dächte, das Reich Gottes auf Erden,
wie wir es im Vater-Unser zu erbitten hätten, sei ja die pure Utopie
und eben darum statt jener utopischen, unsichtbaren Kirche sei die
sichtbare, die römische Kirche eingesetzt worden: – glaubte ich mei-

[2] DEUTSCHER MERKUR 1885a = „Sendschreiben an einen infallibilistisch gesinnten Freund".
In: Deutscher Merkur. Organ für katholische Reformbewegung (16. Jg.), Nr. 39 vom
26. September 1885, S. 305-306.

ne Frage nach der christlichen Unfehlbarkeit und deren Träger, die ich nun einmal für jeden gläubigen Christen für eine eminent brennende Frage halten muß, um sie nicht vollends wieder verglimmen zu lassen, in einer zweiten Auflage wiederholen zu sollen ... Um aber meine Frage, wenn wieder nur ins Blaue gerichtet, nicht abermals dem Schicksale der Versumpfung preis zu geben, um sie vielmehr gleich vor die richtige Schmiede zu bringen, widme und adressiere ich sie voran und vor allem an die sog. Societas Jesu, und dies um so mehr, als dieselbe ziemlich allgemein und ohne daß dem von irgend einer Seite widersprochen worden, als die eigentliche intellektuelle Urheberin jenes Coup d'Eglise gilt; auch wenn ich gegen die Benennung Societas Jesu in diesem engen Sinne mich erst zu verwahren hätte, indem ich diese Benennung einer ganz andern, viel weitern Societas vindiciere und in jenem engen Sinne umsomehr als eine unberechtigte und unchristliche Ursurpation perhorresziere, als auch ich mich zu der Ansicht bekenne: ‚Si cum Jesuitis, non cum Jesus itis‘."

Es bleibt abzuwarten, ob die Jesuiten von dieser Herausforderung Notiz nehmen werden; wir unsererseits wollen nicht unterlassen auf die Schrift nochmals unsere Leser aufmerksam zu machen. Der Verfasser gehört zwar nicht der altkatholischen Gemeinschaft an und steht nicht auf dem altkatholischen Standpunkte und wir sind in wichtigen Punkten nicht mit ihm einverstanden; aber seine Kritik des neuen Dogmas gehört zu dem Besten und Einschneidendsten, was darüber geschrieben worden ist.

Der Verfasser hat auch diese zweite Auflage anonym erscheinen lassen, „nicht etwa im eigenen, persönlichen Interesse["], sagt er S. 55, [„]als hätte ich Scheu, unter Nennung meines Namens eine von mir erkannte Wahrheit nun auch öffentlich zu bekennen, – Gott möge mich vor der feigen Schwächlichkeit bewahren, noch einmal sagen zu wollen: Ich kenne diese anonyme Broschüre nicht – sondern nur im Interesse derer, die von Alters her in einem freundschaftlichen Verkehr zu mir gestanden und nun, wenn sie mich als Autor dieses, vielleicht auch nach ihrer Meinung kirchenlästerlichen, den so verrufenen Christianismus vagus apotheosierenden Pamphlets ...

selbst beim besten Willen nicht ignorieren könnten, in Verlegenheit kommen möchten, wie sie sich dann fortan zu mir zu stellen hätten; hauptsächlich aber darum, weil ich wirklich nicht einzusehen vermag, was denn eigentlich Namen hier zur Sache thun sollen … Ich bin nicht ein namhafter dogmatischer Schriftsteller, ich bin nur die Stimme eines Rufenden in der Wüste: Verlasset nicht immer weiter und weiter die Wege des Herrn. Amen."

Der Verfasser – nach S. 35 steht er in seinem vollendeten achtzigsten Lebensjahre – ist offenbar kein Geistlicher und kein Gelehrter und Schriftsteller von Profession, aber ein Mann, der über religiöse Fragen viel und ernst nachgedacht, wie er S. 40 sagt, „an den im Evangelium geoffenbarten Wahrheiten festhält", und, wenn auch seine dogmatischen Anschauungen, vom Standpunkte der katholischen oder einer anderen christlichen Konfession betrachtet, nicht durchaus korrekt sind, es mit den sittlichen Ideen des Christentums sehr ernst nimmt.

Die Dogmatisierung des unfehlbaren Lehramtes des Papstes bezeichnet er gleich im Anfange seiner Schrift als „eine handgreifliche Fälschung des Evangeliums". Um sie als solche zu erkennen, fährt er fort, „bedarf es nicht erst theologischer Kenntnisse und weitläufiger Studien in der Dogmatik, Exegese und Kirchengeschichte; vielmehr genügt für solche Erkenntnis schon vollständig das unbefangene, vorurteilsfreie Sichbekanntmachen mit jenem Corpus delicti, respective sacrilegii, das, herausgeschält aus all dem unnützen Wortschwalle in nuce lautet: ‚Wir lehren, daß der römische Papst, wenn er eine von der ganzen Kirche festzuhaltende Lehre entscheidet, mit jener Unfehlbarkeit ausgerüstet ist, mit welcher der göttliche Erlöser seine Kirche zur Entscheidung einer den Glauben oder die Sitten betreffenden Lehre ausgestattet wissen wollte.' Also mit der Befähigung in der Glaubens- und Sittenlehre mit Unfehlbarkeit entscheiden zu können, hat der *göttliche Erlöser* seine Kirche ausgestattet haben wollen; wir dagegen lehren und erklären, daß, wenn der römische Papst in der Glaubens- und Sittenlehre entscheidet, er mit jener Unfehlbarkeit ausgestattet ist – und zwar derartig, daß ‚deshalb auch solche

Entscheidungen des römischen Papstes aus sich selbst und nicht durch die Zustimmung der Kirche irreformabel sind'; nicht also, weil der römische Papst als Organ der Kirche eine in Uebereinstimmung mit ihr erklärte Glaubens- und Sittenlehre irreformabel etwa nur zu verkünden habe, sondern umgekehrt, weil dessen Kathedralentscheidungen *aus sich selbst* irreformabel und als solche von der gesamten Kirche auch festzuhalten sind."

„Kein Mensch["], heißt es S. 22, [„]und keine für ein ökumenisches Konzil sich ausgebende, im selben Atemzuge aber als solches sich selbst wieder negierende Versammlung, ja, um mit Paulus zu reden, selbst kein Engel, und wenn er vom Himmel käme, hat Anspruch auf Glaubenswürdigkeit, wenn er zu lehren und zu erklären sich erfrecht: ,Mit derjenigen Unfehlbarkeit, mit welcher der göttliche Erlöser seine Kirche hat ausgestattet haben wollen, ist der römische Papst ausgestattet.' Und so meine ich denn, daß auch die mehr formalen Fragen wegen der Oekumenicität des vatikanischen Konzils, – ob so oder soviele Bischöfe in partibus infidelium als Zeugen des Glaubens der Gläubigen zulässig gewesen wären; ob das Konzil sich eine oktroierte Geschäftsordnung habe gefallen lassen müssen, infolge deren der Schluß der Beratungen votiert werden konnte, bevor ein jeder, der sich zum Worte gemeldet, gehört worden; ob man sich bei der akustischen Beschaffenheit der Conzilsaula überhaupt hätte verstehen können; ob die Abstimmungen nicht etwa beeinflußt gewesen u.s.w. u.s.w., – auch für uns Nicht-Galater mehr untergeordnete Fragen bleiben könnten. An den Früchten sollen wir ja den Baum erkennen; denn ein guter Baum kann keine schlechten Früchte bringen und umgekehrt. Ich schließe von der Frucht auf den Baum."

„Du["], so redet der Verfasser seinen infallibilistischen Freund an, [„]schließest von dem Baume auf die Frucht." Er läßt diesen dann seinen Gedankengang so entwickeln: Mit den Worten Matthäi am letzten: Gehet hin, belehret alle Völker u.s.w. ist das Lehramt der Kirche eingesetzt und diesem, wenn es sich zu einem ökumenischen Konzil vereinigt, die bleibende Gemeinschaft mit Christus verheißen worden; ein ökumenisches Konzil ist auch das vatikanische, da die

als Minorität sich herausstellende Opposition sich dem Majoritätsbeschlusse rückhaltlos unterworfen hat. Auch das Vatikanum ist also
die legale von Christus selbst gewollte Vertretung seiner Kirche auf
Erden; dieser hat er den Beistand des h. Geistes und damit die Unfehlbarkeit verheißen; folglich kann seine Entscheidung nur das geoffenbarte Wort Gottes sein. – Dem gegenüber weist der Verfasser
zunächst nach: der Satz, ökumenische Konzilien seien das eigentliche, gewissermaßen ausschließliche Organ des h. Geistes, sei nichts
weniger als ein über jedes wahrhaft christliche Bedenken erhobenes
Axiom; ferner: die von Christus gewollte Einheit seiner Kirche sei
schon verpfuscht durch die un- und widernatürliche Distinktion
zwischen einer nur hörenden und einer dieser gegenüber stehenden
lehrenden Kirche; endlich fragt er (S. 29): „Und wenn nun vollends
diese sich so nennende lehrende Kirche als solche sich selbst wieder
negiert, das vorgeblich aus göttlicher Vollmacht ihr ausschließlich
zustehende unfehlbare Lehramt auf einen dritten, einen ‚Lehrer aller
Christen', subdelegiert, zu dem sie sich fortan nur als ‚Kirche, welche
die von ihm irreformabel definierte Lehre festhält', zu verhalten
habe und als solche verhalten zu wollen sich für verpflichtet erklärt;
wenn sie damit vor aller Welt und vor dem heiligen Geiste mit dem
ihr zur haarscharfen Scheidung von Wahr und Falsch, von Orthodox
und Heterodox anvertraut sein sollenden Infallibilität in abgöttischer, japanesisch-heidnischer Unterwürfigkeit unter einen sündigen
Menschen den Bauch eigenhändig sich aufschlitzt und gegen die
Zumutung, ein solches an sich zu vollstrecken, nichts vorzubringen
gewußt hat als den erbärmlichen Einwand der Inopportunität, mit
der fußfälligen Bitte, die Inopportunität einer solchen Prozedur doch
allergnädigst berücksichtigen zu wollen: ist es dann für einen jeden,
der noch des guten Willens ist, das Christentum im Geiste und in der
Wahrheit sich erhalten zu wollen und nicht bloß mit dem Maule es
zu bekennen, noch nicht an der Zeit, allen Ernstes und unter Anrufung des h. Geistes nun auch seinerseits sich die Frage zu stellen, ob
wir aus jener göttlichen Idee der Gemeinschaft mit Christus in seinem uns hinterlassenen h. Geiste uns nicht etwa in der Hierarchie

ein goldenes Kalb zurecht gemacht haben könnten, um das wir nun,
wie Kinder in der Unschuld ihres Herzens, wie Juden in der Wüste,
zur sinnlichen Befriedigung eines unklar gebliebenen religiösen Bedürfnisses eigentlich nur spielend tanzen, singen und jubeln, und
streiten, wenn das Spiel verderben will, unbekümmert darum, ob
uns nicht über dem Spielen mit der Schale der Kern abhanden gekommen sein möchte?"

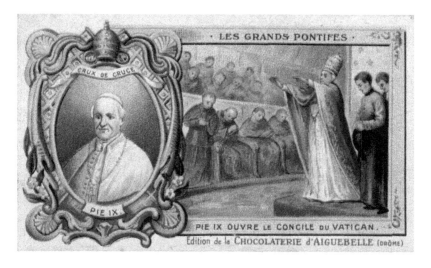

Die durchaus „moderne" ultramontane Massenwerbung nutzte auch die Fläche
von Schokoladen-Verpackungen: Pius IX. eröffnet das Vatikanische Konzil.
„Chocolate factory of Aigebelle editions (Drôme)", um 1870 (commons.wikimedia.org)

3.

KORRESPONDENZEN UND BERICHTE

BONN, 16. OKTOBER 1885[3]

[Enthüllung der Autorenschaft
nach dem Tod des Grafen]

Bonn, 16. Oktober. Unsere ultramontane Presse hat dem am 4. v. Mts.
auf seinem Schlosse Laer bei Meschede im Alter von 80 Jahren verstorbenen Reichsgrafen Klemens von Westphalen, Erbküchenmeister
des Fürstentums Paderborn, ehrenvolle Nachrufe gewidmet. Der bis
in sein höchstes Alter auch in der äußeren Erscheinung imposante
Greis war in der That eine so edle Kernnatur, wie man sie selten
antrifft. Aus diesem Grunde wird es sicherlich in römisch-katholischen Kreisen großes Interesse erwecken, wenn wir heute mitteilen,
daß der in ganz Westphalen so viel verehrte Mann Verfasser einer
lesenswerten Schrift: „Infallibilismus und Katholizismus" (Bonn,
Cohen) ist, in welcher die Dogmatisierung des unfehlbaren Lehramtes des Papstes als eine „handgreifliche Fälschung des Evangeliums"
nachgewiesen wird. Noch kurz vor seinem Tode hat der Graf diese
Schrift in zweiter Auflage erscheinen lassen und in einem Nachwort
seine Ueberzeugung aufs neue bekräftigt und begründet. Er nennt
die Fälschung des Evangeliums durch das Unfehlbarkeitsdogma
geradezu eine „nichtsnutzige" und meint, dies Epitheton wäre selbst
dann noch ein ziemlich gelindes, „wenn man dolus und mala fides
bei keinem der Mitwirkenden voraussetzen, sie sämtlich nur für
blinde Werkzeuge in der Hand Satans, des Vaters der Lüge halten
wollte, der nicht ablassen kann, das Reich Gottes auf Erden zu gefährden." Der Verfasser gelangt zu der Schlußfolgerung: „Also, entweder christlicher Idealismus oder heidnischer Formalismus und
Materialismus; – entweder Christentum im Geiste und in der Wahr-

---

[3] DEUTSCHER MERKUR 1885b = *Korrespondenzen und Berichte – Bonn, 16. Oktober.* In:
Deutscher Merkur. Organ für katholische Reformbewegung (16. Jg.), 24. Oktober 1885,
S. 342.

heit, oder Heidentum von neuem durch den Teufel eingeschmuggelt unter der falschen Flagge „Christentum"; – entweder der Kern der frohen Botschaft Christi, oder die Schale, von der es im Verlaufe der Jahrhunderte durch den Einfluß dieser Welt bis zur Unkenntlichkeit inkrustiert worden, – ist die Alternative, ist das „aut, aut", vor das wir, freilich nicht zum ersten Male, aber doch wohl noch keinmal in einem so kategorischen Imperativ wie diesmal durch das vatikanische Dekret Pii IX. d. d. 18. Juli 1870, – gestellt sind." Es schließt mit der Mahnung: „Verlasset nicht immer weiter die Wege des Herrn!"

B. Z.[4]

---

[4] [B.Z. = Bonner Zeitung; Walburga von WESTPHALEN 1983, S. 53 (Anmerkung 102) meint, der Beitrag könne vielleicht von Fanz Heinrich Reusch stammen, der nachfolgende Zeitungsbeitrag (→F.4) vom 1.11.1885 legt es aber eher nahe, dass die Nachricht von Friedrich Michelis verfasst worden ist.]

4.

KORRESPONDENZEN UND BERICHTE
FREIBURG, DEN 1. NOVEMBER 1885[5]

[Rezension zur zweiten Auflage,
von Friedrich Michelis]

Freiburg, den 1. Nov. Nachdem jetzt die ultramontane Presse nach ihrer leichtfertigen Art zu denken mir die Autorenschaft der gräflich-westphälischen Schrift: ‚Infallibilität und Katholizismus' zugeschoben hat (ich habe die unwahre Behauptung der K. Volksztg. [Kölnischen Volkszeitung] in der Bon. Z. [Bonner Zeitung] bereits berichtigt) und ich nunmehr die Schrift selbst gelesen habe, finde ich mich zu einer genaueren Auseinandersetzung mit derselben veranlaßt, die allerdings bei dem haarfein einschneidenden Charakter der Schrift mich nahe genug berührt, ohne aber mich aus dem Sattel zu werfen. Ein Verleugner des Primates in seiner rechten Bedeutung ist der Graf ebenso wenig wie ich; und wenn er nicht allein die Frage nach dem rechtsgültig konziliarischen Charakter des Vatikanums als eine fast gleichgültige behandelt, sondern auch die ganzen allgemeinen Konzilien als die Träger des dogmatischen Misereres in der Kirche in Bausch und Bogen hinauswirft, so kann man dem nach seiner idealen Auffassung der Kirche noch sehr wohl ein richtiges katholisches Verständnis abgewinnen, und ich erinnere daran, daß ich selbst in meiner gleich nach meiner Erklärung vom 27. Juli 1870 mit Anglikanern gepflegten (und unter dem Titel: *de unitate excclesiae* veröffentlichten) Correspondenz mich ausdrücklich dagegen verwehrt habe, in den Konzilien (gegenüber dem ersten Pfingstfeste, wo der mit den Eilfen auftretende Petrus uns die Kirche so zeigt, wie sie aus der Hand Christi hervorgegangen ist,) etwas anderes als eine geschichtliche Erscheinung zu sehen, wie ja die Kirche nach dem

[5] DEUTSCHER MERKUR 1885c = *Korrespondenzen und Berichte – Freiburg, den 1. Nov.* F.M. [Friedrich Michelis]. In: Deutscher Merkur. Organ für katholische Reformbewegung. 16. Jg. (1885), S. 356-357.

wahren bis dahin von allen Theologen anerkannten Grundsatze, den erst das Vatikanum nach seinem radikal häretischen Charakter über den Haufen gestürzt hat, sich zu einer neuen Dogmenbestimmung auf konziliarischem Wege immer nur durch die zwingende Notwendigkeit hat bestimmen lassen. Das, was ich als fehlerhaft in der Ausführung des Grafen Westphalen, die übrigens dadurch in ihrer schneidenden Wahrheit gegenüber dem häretischen Unsinn der Unfehlbarkeitserklärung nichts verliert, vom katholischen Standpunkte aus betrachten muß, ist sein Mißverständnis des idealen Charakters der Kirche Christi in seinem Verhältnisse zum historischen Ideal. In dem Sinne, wie er es meint, d.h. unsichtbar und deshalb auf Erden in der Menschheit noch nicht repräsentiert, war die Kirche in der vorchristlichen Zeit und in diesem Sinne steht die Idee der Kirche über der ganzen geschichtlichen Entwicklung der Menschheit auf Erden, wie die Idee dessen, was der Mann werden soll, im Kinde liegt. Das Werk Christi in der Menschheit ist eben dies, daß die Idee der Kirche als eine sittliche (nicht politische) Realität sichtbar organisiert und repräsentiert in die Menschheit eintritt; der zu sühnende Frevel des römischen Papsttums liegt darin, daß die Jesuiten die sittliche Ordnung zu einer politischen verkehrt haben. Es wird, wie ich sehe, doch noch einer eingehenderen Besprechung der interessanten Schrift des Grafen Westphalen bedürfen; für jetzt will ich nur noch darauf hinweisen, daß doch der Graf dem ὁμοούσιος [homoousios] gegenüber seine absolute Verwerfung der das Dogma, wo es nötig ist, festsetzenden Konzilien nicht aufrecht hält.

F. M.

5.

KORRESPONDENZEN UND BERICHTE

FREIBURG, DEN 29. NOVEMBER 1885[6]

[Friedrich Michelis teilt mit, dass die
Familie des Grafen die gesamte
Buchauflage aufgekauft hat.]

Freiburg, den 29. Novbr. Ich erfahre aus zuverlässiger Quelle, daß die
ganze noch vorhandene Auflage des gräflich westphälischen Buches:
Infallibilismus und Katholizismus von der Familie aufgekauft ist,
angeblich, weil die Schrift gegen den Willen des Verfassers veröffentlicht sei, was aber nicht richtig sein kann, weil der Verfasser ausdrücklich zwar seine Anonymität gewahrt wissen will, die Absicht,
daß sie veröffentlicht werden solle, aber eben so ausdrücklich in der
Schrift ausgesprochen hat und zwar mit der näheren Bestimmung,
daß sie den Jesuiten gewidmet wird, natürlich nicht aus Devotion
gegen diese. Aus diesem letzten Umstande darf man wohl den
Schluß ziehen, daß jene Maßregel durch die Jesuiten ausgeführt ist,
was, wie die Verhältnisse liegen, leicht durch die Familie bewerkstelligt werden konnte. Wir haben dann wieder einen neuen Beleg, wie
sorgfältig die Urheber und Träger des sogenannten neuen katholischen Dogmas darauf bedacht sind, das wirkliche katholische Bewußtsein in diesem Punkte niederzuhalten, wozu ihnen, wie jeder,
der die interessante und schneidige Schrift gelesen hat, gestehen
wird, dieselbe sehr begründete Veranlassung gab, wenngleich der
Verfasser, wie ich schon bemerkt habe, nicht eigentlich den positiv-
katholisch-kirchlichen Standpunkt einhält. Nicht oft und nicht scharf
genug können wir nach meiner Ueberzeugung diese bewußte Un-
terdrückung der erkannten Wahrheit ans Licht stellen, wie sie in
gleicher Weise in dem vollständigen Ignorieren des Vatikanums, in

---

[6] DEUTSCHER MERKUR 1885d = *Korrespondenzen und Berichte – Freiburg, den 29. Novbr.*
F.M. [Friedrich Michelis]. In: Deutscher Merkur. Organ für katholische Reformbewegung. 16. Jg. (1885), S. 388-389.

den Gesamthirtenbriefen des österreichischen wie des preußischen Episkopates und in den allgemeinen katholischen Versammlungen hervortritt. Wenn ich mich nicht scheue, ein solches Verfahren als Sünde wider den h. Geist zu bezeichnen, so will ich nicht unterlassen durch weitere Ausführung von Einzelfällen darzuthun, daß ich doch sehr wohl dabei zu unterscheiden weiß. Vor einigen Tagen erhielt ich ein bewegtes Schreiben von meinem alten aufrichtigen, jetzt, wie er mir schreibt, durch einen Schlaganfall dem Tode nahegebrachten Freunde Prof. Oswald in Braunsberg, natürlich in dem Sinne, daß er mich bittet und beschwört, zur Kirche zurückzukehren. Obwohl er auf die Sache nicht eingeht und durch das Motiv, daß wir wenige Altkatholiken ja doch keine Aussicht haben, mit unserem Widerstande durchzudringen, deutlich anzeigt, daß er doch eigentlich auf den Kern der Sache überhaupt nicht eingegangen ist oder nicht eingehen will, so fällt es mir doch von fern nicht ein, bei Oswald an die Sünde wider den h. Geist zu denken, weil ich die Gemütsart des Freundes kenne. Wenn ich aber dem gegenüber die beiden Fälle meiner neusten hiesigen Erfahrung in betracht ziehe, die ich im Altk[atholischen]. Boten mitgeteilt habe, daß ein römischer Pfarrer einem auf dem Todesbette schon versehenen Altkatholiken unter allerhand Redensarten noch einmal die h. Kommunion aufdrängt, ohne irgend wie die Verleugnung seiner altk[atholischen]. Ueberzeugung zu verlangen, bloß um ihn lügenhafter Weise als einen römischen und unfehlbarkeitsgläubigen Katholiken beerdigen zu können, oder daß ein römischer Geistlicher einem ihm in die Hände gefallenen altkatholischen Kinde, nachdem er demselben durch die bekannten Scheingründe den Unfehlbarkeitsglauben beigebracht hat, nun jedes Eingehen auf die Widerlegung der Scheingründe verweigert und statt dessen das Kind in seinem Wahne zu erhalten sucht – so wage ich es, ein solches Verfahren als Sünde wider den h. Geist zu bezeichnen, ohne daß ich deshalb von einem festen Grundsatze, über das Gewissen *keines* Menschen mich zum Richter zu machen, indem ich meinem eigenen Gewissen treu bleibe, untreu werde. Der h. Geist ist aber in der Kirche und deshalb ist ein solches geflissentliches Nicht-eingehen auf die Grundsätze und Prinzipien der Kirche, eine solche Niedertretung und Niederhaltung des Gewissens durch die Scheinautorität, die nur durch unterlassene Pflichterfüllung der Bischöfe geschaffen werden konnte, allerdings mit Recht als Sünde wider den h. Geist zu bezeichnen und ich begreife es, wie man darauf bedacht ist, eine so beißende Gewissenssache, wie der westphälische Graf sie geübt hat, zum Schweigen zu bringen, auf welchem Wege immer es geht. Aber gelingen wird es nicht und ich vertraue, daß auch dem Bischof Krementz bei seiner neuen Installation noch das aus dem Innersten gekommene Wort in die Ohren klingen wird, das er bei seiner Abreise nach Rom gehört hat: Ich vertraue auf Gott, aber auf keinen Menschen, Herr Bischof!

F. M.

6.

BRIEF AN BISCHOF KETTELER AUS DEM JAHRE 1870
(Deutscher Merkur, 5. September 1891[7])

Der am 4. Sept. 1885 als Achtzigjähriger gestorbene Graf Clemens von Westphalen war ein Jugendfreund des Bischofs [von] Ketteler. Unser seliger Freund [Friedrich] Michelis war in seinen jüngeren Jahren einige Zeit Lehrer seiner Söhne und blieb [zeit]lebens in freundlichen Beziehungen zu ihm. Der alte Herr interessierte sich lebhaft für religiöse Fragen, nahm es sehr ernst damit, stand aber wohl kaum noch auf dem positiv-katholischen, ganz sicher nicht auf dem römisch-katholischen Standpunkte. Ueber die Vorgänge des Jahres 1870 war [er in]digniert. Eine Broschüre von Michelis – es wird [„Der] neue Fuldaer Hirtenbrief und sein Verhältnis zur Wahrheit" gewesen sein, – schickte er an Ketteler, nachdem [er da]rauf geschrieben hatte: „Kreuziget ihn! Zwar hat dies Mittelchen sich nicht allzeit als probat erwiesen; wenn aber niemand ein Wort mehr antworten kann und es auch nicht wagt, ihn weiter zu fragen, was bleibt euch dann noch anderes zu thun übrig?" Daran knüpfte sich ein Briefwechsel zwischen den beiden [adeligen?] Herren, der nach dem, was uns jemand mitteilt, [wie] ihn der alte Graf vorgelesen, sehr interessant gewesen [sein] muß. Er sollte gedruckt werden; der alte Herr ließ sich [aber] schließlich durch weiblichen und geistlichen Einfluß bestimmen, statt der Briefe eine anonyme Flugschrift: „Sendschreiben an einen infallibilistisch gesinnten Freund"[8] [1] drucken zu lassen. Von dieser hat er eine umgearbeitete neue Auflage, „Infallibilismus und Katholizismus", kurz vor seinem Tode drucken lassen;

---

[7] DEUTSCHER MERKUR 1891 = Brief [des Grafen Clemens August von Westphalen] an Bischof Ketteler aus dem Jahre 1870. In: Deutscher Merkur. Organ für katholische Reformbewegung. 22. Jg. (1891), Nr. 36 vom 5. September 1891, S. 281-282. – Ergänzungen, notwendig wegen der benutzten ‚abgeschnittenen' Kopie-Vorlage in meiner 1996 angelegten Sammlung, stehen in eckigen Klammern. pb
[8] [1] Bonn 1873, s. D.M. [Deutscher Merkur] 1873, 337.

sie ist aber von seinen Erben aus dem [Buch]handel zurückgezogen worden.[9] [2]

Von den Briefen an Ketteler ist nur einer abschriftlich [in] unseren Händen. Da der Verfasser und der Adressat [schon] tot sind, tragen wir keine Bedenken, ihn zu veröffentlichen. Er liefert einen interessanten Beitrag zur Charakteristik Kettelers.

[...]

[Es folgt der Abdruck einer Abschrift des ersten Briefes des Grafen Clemens von Westphalen an Bischof von Ketteler vom 21.12.1870; s. Textdokumentation →Anhang: D.2.]

---

[9] [2] Bonn 1885, s. D.M. [Deutscher Merkur] 1885, 305. 356. 388.

Schloss Laer Meschede, Wappen in der Schlosskapelle
(Foto: Wolfgang Poguntke; commons.wikimedia.org)

Literatur- und Quellenverzeichnis
(mit Kurztiteln)

Die mit einem Sternchen* gekennzeichneten Kurztitel verweisen auf Ressourcen, die auch frei im Internet abgerufen werden können.

BELZ 1978 = Willi Belz: Friedrich Michelis und seine Bestreitung der Neuscholastik in der Polemik gegen Joseph Kleutgen. Leiden: E. J. Brill 1978.

BISCHOF 1994* = Franz Xaver Bischof: „Michelis, Friedrich". In: Neue Deutsche Biographie (NDB). Band 17. Berlin: Duncker & Hublot 1994, S. 449-450. [Digitale Fassung: http://daten.digitale-sammlungen.de/bsb0001633 5/image_465]

BRUNS 1988 = Alfred Bruns (Bearb.): Brilon 1816-1918. Brilon 1988.

BÜRGER 1996 = Peter Bürger: Protest gegen die Papstdogmen von 1870 aus dem Sauerland. In: Esloher Museumsnachrichten 1996, S. 3-17.

BÜRGER 1998 = Peter Bürger: Joseph Pape als Theologe. Ein Kapitel katholischer Laien-Theologie in der zweiten Hälfte des 19. Jahrhunderts. Eslohe: Maschinen- und Heimatmuseum 1998.

BÜRGER 2005 = Peter Bürger: Der Priester Anton Hochstein. Ein Bremscheider gehörte zu den frühen Gegnern der „päpstlichen Unfehlbarkeit". In: Rudolf Franzen (Hg.): Kunst und Kultur im Esloher Raum. (= Esloher Forschungen Bd. IV). Eslohe: Gemeinde Eslohe 2005, S. 445-451.

BÜRGER 2007 = Peter Bürger: Strunzerdal. Die sauerländische Mundartliteratur des 19. Jahrhunderts und ihre Klassiker Friedrich Wilhelm Grimme und Joseph Pape. Eslohe: Museum 2007.

BÜRGER 2009 = Peter Bürger: Die fromme Revolte. Katholiken brechen auf. Oberursel: Publik-Forum 2009.

BÜRGER 2012 = Peter Bürger: Liäwensläup. Fortschreibung der sauerländischen Mundartliteraturgeschichte bis zum Ende des ersten Weltkrieges. Eslohe: Museum 2012.

BÜRGER 2016 = Peter Bürger: Friedenslandschaft Sauerland. Antimilitarismus und Pazifismus in einer katholischen Region. Norderstedt: BoD 2016.

DENZLER 1984 = Georg Denzler: Widerstand oder Anpassung? Katholische Kirche und Drittes Reich. München: Piper 1984.

DENZLER/FABRICIUS 1984a = Georg Denzler / Volker Fabricius: Die Kirchen im Dritten Reich. Band 1. Frankfurt a. M.: Fischer 1984.

DENZLER/FABRICIUS 1984b = Georg Denzler / Volker Fabricius: Die Kirchen im Dritten Reich. Band 2. Frankfurt a. M.: Fischer 1984.

DENZLER/GRASMÜCK 1990 = Georg Denzler / Ernst Ludwig Grasmück (Hg.): Geschichtlichkeit und Glaube. Zum 100. Todestag Johann Joseph Ignaz von Döllingers (1799-1890). München: Wewel 1990.

DEUTSCHER MERKUR 1873 = Das Unfehlbarkeits-Dekret. In: Deutscher Merkur. Organ für die katholische Reformbewegung (4. Jg.), Nr. 43 vom 25. Oktober 1873, S. 337-340.

DEUTSCHER MERKUR 1885a = „Sendschreiben an einen infallibilistisch gesinnten Freund". In: Deutscher Merkur. Organ für katholische Reformbewegung (16. Jg.), Nr. 39 vom 26. September 1885, S. 305-306.

DEUTSCHER MERKUR 1885b = Korrespondenzen und Berichte – Bonn, 16. Oktober. In: Deutscher Merkur. Organ für katholische Reformbewegung (16. Jg.), 24. Oktober 1885, S. 342.

DEUTSCHER MERKUR 1885c = Korrespondenzen und Berichte – Freiburg, den 1. Nov. F. M. [Friedrich Michelis]. In: Deutscher Merkur. Organ für katholische Reformbewegung. 16. Jg. (1885), S. 356-357.

DEUTSCHER MERKUR 1885d = Korrespondenzen und Berichte – Freiburg, den 29. Novbr. F.M. [Friedrich Michelis]. In: Deutscher Merkur. Organ für katholische Reformbewegung. 16. Jg. (1885), S. 388-389.

DEUTSCHER MERKUR 1891 = Brief [des Grafen Clemens August von Westphalen] an Bischof Ketteler aus dem Jahre 1870. In: Deutscher Merkur. Organ für katholische Reformbewegung. 22. Jg. (1891), Nr. 36 vom 5. September 1891, S. 281-282.

FALTER 1900* = Julius Falter: Der preußische Kulturkampf von 1873 bis 1880 mit besonderer Berücksichtigung der Diöcese Paderborn. Paderborn 1900. [Digitale Ressource: http://sammlungen.ulb.uni-muenster.de]

FEßLER 1871 = Josef Feßler: Das vaticanische Concilium, dessen äußere Bedeutung und innerer Verlauf. Wien: Grau & Pest 1871.

FLEISCHMANN-BISTEN 2001 = Walter Fleischmann-Bisten (Hg.): Papstamt – pro und contra. Geschichtliche Entwicklungen und ökumenische Perspektiven. Göttingen: Vandenhoeck & Ruprecht 2001.

FRANZEN 1993 = Rudolf Franzen (Hg.) / Alfred Bruns (Bearb.): Kirche und Kultus im Esloher Raum. (= Esloher Forschungen Bd. I). Eslohe: Museum 1993.

FRANZEN 2002 = Franzen, Rudolf (Hg.): Politik und Verwaltung im Esloher Raum. (= Esloher Forschungen Bd. III). Eslohe: Museum 2002.

FRANZEN 2005 = Franzen, Rudolf (Hg.): Kunst und Kultur im Esloher Raum. (= Esloher Forschungen Bd. IV). Eslohe: Museum 2005.

FRIEDRICH 1877* = Johann Friedrich: Geschichte des Vatikanischen Konzils. Erster Band [Bd. I]: Vorgeschichte bis zur Eröffnung des Konzils. Bonn: Verlag von P. Neusser 1877. [XLI/840.S.] [Als Digitale Ressource: Bayerische StaatsBibliothek MDZ. http://mdz-nbn-resolving.de/urn:nbn:de:bvb: 12-bsb11356112-4]

FRIEDRICH 1883 = Johann Friedrich: Geschichte des Vatikanischen Konzils. Zweiter Band [Bd. II]: Die Geschichte des Konzils. Bonn: Verlag von P. Neusser 1883. [XXXV/458.S.]

FRIEDRICH 1887a = Johann Friedrich: Geschichte des Vatikanischen Konzils. Dritter Band, erste Hälfte [Bd. III.1]: Die Geschichte des Konzils bis zum 18. Juli 1870. Bonn: Verlag von P. Neusser 1887. [XVI/571.S.]

FRIEDRICH 1887b = Johann Friedrich: Geschichte des Vatikanischen Konzils. Dritter Band, zweite Hälfte [Bd. III.2]: Die Geschichte des Konzils bis zum 18. Juli 1870. Bonn: Verlag von P. Neusser 1887. [XVI/683.S. – Paginierung S. 575-1258]

FRIEDRICH 1901 = Johann Friedrich: Ignaz Döllinger. Sein Leben auf Grund seines schriftlichen Nachlasses. Dritter Teil: Von der Rückkehr aus Frankfurt bis zum Tod 1849-1890. München: Beck'sche Verlagsbuchhandlung 1901.

GISLER 1912 = Anton Gisler: Der Modernismus. Einsiedeln: Benziger 1912.

GOETZ 1901 = D. Leopold Karl Goetz (Professor am altkatholischen-theologischen Seminar in Bonn): Franz Heinrich Reusch 1825-1900. Eine Darstellung seiner Lebensarbeit. Gotha: Friedrich Andreas Perthes 1901.

GRAMLEY 2001 = Hedda Gramley: Propheten des deutschen Nationalismus. Theologen, Historiker und Nationalökonomen (1848-1880). Frankfurt/Main: Campus-Verlag 2001.

GRIMME-WELSCH 1983 = Gisela Grimme-Welsch (Bearb.): Friedrich Wilhelm Grimme. Ausgewählte Werke. Münster: Aschendorff 1983.

GRÜN 1996 = Wolf-Dieter Grün: ‚Dein und aller Könige Feind ...' Das aufregende Leben des Friedrich Georg Pape aus Fehrenbracht. In: An Bigge, Lenne und Fretter. Heimatkundliche Beiträge aus der Gemeinde Finnentrop Nr. 3 (Juni 1996), S. 7-15.

GRUNER 1803* = Justus Gruner: Meine Wallfahrt zur Ruhe und Hoffnung oder Schilderung des sittlichen und bürgerlichen Zustande Westphalens am Ende des achtzehnten Jahrhunderts. Zweiter Theil. Frankfurt a.M.: Guilhauman 1803. [Als digitale Ressource: books.google.com]

428

HASLER 1981 = August Bernhard Hasler: Wie der Papst unfehlbar wurde. Erweiterte Taschenbuchausgabe. Frankfurt a. M. u.a.: Ullstein 1981.

HILLEBRAND 1989 = Ulrich Hillebrand: Das Sauerland unterm Hakenkreuz. Meschede: Eigenverlag 1989.

HOHMANN 1964* = Friedrich Gerhard Hohmann: Die Soester Konferenzen 1864-1866. Zur Vorgeschichte der Zentrumspartei in Westfalen. In: Westfälische Zeitschrift 114. Band (1964), S. 293-342. [Internetressource Portal „Westfälische Geschichte": http://www.westfaelische-zeitschrift. lwl.org]

IMPULSGRUPPE „ONE HUMAN FAMILY" 2016 = Impulsgruppe „one human family": Wie die Menschheit eins ist. Die katholische Lehre „Humani generis unitas" für das dritte Jahrtausend. Düsseldorf: onomato 2016.

ISERLOH 1983 = Erwin Iserloh: Die Katholiken und das Deutsche Reich von 1871. Bischof Kettelers Bemühungen um die Integration der Katholiken in den kleindeutschen Staat. In: Westfälische Zeitschrift 133. Band (1983), S. 57-73.

KEINEMANN 1969 = Friedrich Keinemann: Auswirkungen des preußisch-österreichischen Krieges 1866 auf die Haltung des katholischen Adels in der Provinz Westfalen. In: Westfälische Zeitschrift 119. Band (1969), S. 411-421.

KEINEMANN 1973 = Friedrich Keinemann: Die Affäre Westphalen. Der Protest des Grafen von Westphalen zu Fürstenberg und Laer gegen die preußische Kirchenpolitik auf dem Westfälischen Provinziallandtag 1841 und seine Folgen. In: Westfälische Zeitschrift 123. Band (1973), S. 189-213.

KEINEMANN 1974 = Friedrich Keinemann: Das Kölner Ereignis, sein Widerhall in der Rheinprovinz und in Westfalen. 1. Teil: Darstellung. Münster: Aschendorff 1974.

KEINEMANN 1997 = Friedrich Keinemann: Vom Krummstab zur Republik. Westfälischer Adel unter preußischer Herrschaft 1800-1945. (= Dortmunder historische Studien, Bd. 18). Bochum: Brockmeyer 1997.

KETTELER 1871 = Wilhelm Emmanuel Freiherr von Ketteler (Bischof von Mainz): Das unfehlbare Lehramt des Papstes nach der Entscheidung des vaticanischen Konzils. Mainz: Verlag von Franz Kirchheim 1871. [Text auch in: KETTELER 1982, S. 834-899.]

KETTELER 1873* = Ein Brief des hochwürdigsten Herrn Wilhelm Emmanuel Freiherrn v. Ketteler, Bischofs von Mainz, über die von Dr. Friedrich und Dr. Michelis am 9. Februar 1873 in Konstanz gehaltenen Reden. Freiburg i.Br.: Herder 1873. [13.S.] [Als Internet-Ressource: https://books.google.de /books]

KETTELER 1982 = Wilhelm Emmanuel Freiherr von Ketteler: Schriften, Briefe und Materialien zum Vaticanum I: 1867-1875. Bearbeitet von Erwin Iserloh, Norbert Jäger, Christoph Stoll unter Mitwirkung von Angelika Senge, Emil Valasek. (= Sämtliche Werke und Briefe 1, III). Mainz: v. Hase und Koehler 1982.

KLUETING/FOKEN 2009 = Klueting, Harm / Jens Foken (Hg.): Das Herzogtum Westfalen. Band 1. Das kurkölnische Herzogtum Westfalen von den Anfängen der kölnischen Herrschaft im südlichen Westfalen bis zur Säkularisation 1803. Münster 2009.

KLUETING/MERGEL/PEUKERT 1988 = Johann Suibert Seibertz (1788-1871). Ausstellungskatalog. Hg. von Harm Klueting unter Mitarbeit von Ute Mergel und Annette Peukert. Brilon 1988.

KÜNG 1975 = Hans Küng: Unfehlbar? Eine Anfrage. 5. Auflage. Zürich, Einsiedeln, Köln: Benzinger 1975.

LANDRY 2014 = Stan M. Landry: Ecumenism, Memory, and German Nationalism. Syracuse New York: University Press 2014. [Zu Friedrich Michelis: S. 62, 72, 74, 134, 136.]

LEHMANN 2011* = Kardinal Karl Lehmann: Bischof Wilhelm Emmanuel von Ketteler – der Seelsorger und seine Hirtenbriefe. Vortrag im Rahmen der Bischof-von-Ketteler-Tagung zum 200. Geburtstag am 25./26. November 2011 im Erbacher Hof in Mainz. Mainz, 25.11.2011. https://bistummainz. de/organisation/ehemalige-mainzer-bischoefe/kardinal-lehmann/texte-predigten/a-blog/Bischof-Wilhelm-Emmanuel-von-Ketteler-der-Seelsorger-und-seine-Hirtenbriefe/

LILL 2006 = Rudolf Lill: Die Macht der Päpste. Kevelaer: Butzon & Bercker 2006.

LÖNNE 1986 = Karl-Egon Lönne: Politischer Katholizismus im 19. und 20. Jahrhundert. Frankfurt a. M.: suhrkamp 1986.

MICHELIS 1861* = Friedrich Michelis: Bemerkungen zu der durch J. Kleutgen S. J. vertheidigten Philosophie der Vorzeit. Freiburg i.Br.: Herder 1861. [Digitales Exemplar: Bayerische StaatsBibliothek MDZ. http://mdz-nbn-resolving.de/urn:nbn:de:bvb:12-bsb10398843-6]

MICHELIS 1865* = Friedrich Michelis: Kirche oder Partei? Ein offenes und freies Wort an den deutschen Episkopat. Münster: E. C. Brunn 1865.

MICHELIS 1867 = Friedrich Michelis: 50 Thesen über die Gestaltung der kirchlichen Verhältnisse der Gegenwart. Braunsberg: Verlag von Eduard Peter 1867. [15.S.]

MICHELIS 1869a* = Friedrich Michelis: Die Unfehlbarkeit des Papstes im Lichte der katholischen Wahrheit und der Humbug, den die neueste Verteidigung damit treibt. Braunsberg: Eduard Peters Verlag 1869. [40.S.] [Digitales Exemplar: Bayerische StaatsBibliothek MDZ. http://mdz-nbn-resolving.de/urn:nbn:de:bvb:12-bsb10481181-5]

MICHELIS 1869b* = Friedrich Michelis: Die Versuchung Christi und die Versuchung der Kirche. Predigt eines Minderbruders über Matth. 4, 1-10. Braunsberg: Eduard Peter's Verlag 1869.

MICHELIS 1870* = Friedrich Michelis: Der neue Fuldaer Hirtenbrief und sein Verhältniß zur Wahrheit. Braunsberg: Eduard Peters Verlag 1870. [36.S.] [Digitales Exemplar: Bayerische StaatsBibliothek MDZ. http://mdz-nbn-resolving.de/urn:nbn:de:bvb:12-bsb10481494-7]

MICHELIS 1871* = Friedrich Michelis: Zur Infallibilität. Zwei Vorträge nebst Vorbericht von F. Michelis. Münster: E. C. Brunn 1871. [45.S.] [Digitales Exemplar: Bayerische StaatsBibliothek MDZ. http://mdz-nbn-resolving.de/urn:nbn:de:bvb:12-bsb11006254-2]

MICHELIS 1877* = Friedrich Michelis: Die Philosophie des Bewußtseins. Bonn: Verlag von P. Neusser 1877. [394.S.] [Digitales Exemplar: Bayerische StaatsBibliothek MDZ. http://mdz-nbn-resolving.de/urn:nbn:de:bvb:12-bsb11171181-0]

MICHELIS 1906* = Michelis: *„Michelis, Friedrich Bernard Ferdinand"*. In: Allgemeine Deutsche Biographie, herausgegeben von der Historischen Kommission bei der Bayerischen Akademie der Wissenschaften, Band 52 (1906), S. 376–384, Digitale Volltext-Ausgabe in Wikisource, URL: https://de.wikisource.org/w/index.php?title=ADB:Michelis,_Friedrich&oldid=- (Version vom 16. April 2020, 14:38 Uhr UTC).

MICHELIS/DÖLLINGER 1912 = Matthias Menn (Bearb.): Briefwechsel zwischen Friedrich Michelis und Ignaz von Döllinger (Teil I). In: Internationale kirchliche Zeitschrift [IKZ]. 2. Jg. (1912), Heft 3, S. 318-344.

MISSALLA 2005 = Heinrich Missalla: Kardinal von Galen – staatstreu bis zum Ende. In: Publik-Forum Nr. 4/2005, S. 26f.

NEUHAUS 2015 = Werner Neuhaus: Der „rothe Republicaner", sein „weißer Neger" und der „weiße Rabe". Ferdinand Lassalle, Sophie von Hatzfeldt und Clemens August Graf von Westphalen. In: Westfälische Zeitschrift 165. Band (2015), S. 335-352.

NEUNER 2019 = Peter Neuner: Der lange Schatten des I. Vatikanums. Wie das Konzil die Kirche noch heute blockiert. Freiburg i.Br.: Herder 2019.

NEUNER/ROOS 1983 = Josef Neuner / Heinrich Roos, Heinrich: Der Glaube der Kirche in den Urkunden der Lehrverkündigung, neu bearbeitet von K. Rahner und K.-H. Weger. 11. Auflage. Regensburg 1983.

NOLTE 1998 = Bernhard Nolte: „Einem geschenkten Gaul schaut man nicht ins Maul!" Die Märzrevolution 1848 in Fürstenberg. In: Die Warte, 59. Jg., Nr. 98/1998, S. 10-12.

OSCHWALD 2008 = Hanspeter Oschwald: Pius XII. Der letzte Stellvertreter. Gütersloh: Gütersloher Verlagshaus 2008.

PADBERG 1982 = Magdalena Padberg: Als wir preußisch wurden. Das Sauerland von 1816 bis 1849. Fredeburg: Grobbel 1982.

PFAU 2016 = Dieter Pfau: Der Kreis Olpe und die Entwicklung zur Zentrumspartei im südlichen Westfalen (1852-1871). In: SüdWestfalen Archiv 16 (2016), S. 241-279.

PFAU 2017 = Dieter Pfau: 200 Jahre Geschichte des Kreises Olpe 1817-2017. Olpe: Selbstverlag des Hg. Kreis Olpe 2017.

POTTMEYER 1968 = Hermann Josef Pottmeyer: Der Glaube vor dem Anspruch der Wissenschaft. Die Konstitution über den katholischen Glauben „Dei filius" des 1. Vatikanischen Konzils und die unveröffentlichten Voten der vorbereitenden Kommission. Freiburg: Herder 1968.

REBBERT 1873* = Joseph Rebbert: Die „altkatholischen" Wortführer in Dortmund: Knoodt, v. Schulte, Reinkens, drei gefährliche Concilskranke untersucht und behandelt von einem römischen Doctor. Mit Berücksichtigung aller Leidensgenossen, speciell der hochw. Herrn Hoffmann, Michelis, Reusch, Hochstein, Tangermann, Paffrath. Paderborn: Bonifacius-Druckerei 1873. [Digitale Ressource: http://mdz-nbn-resolving.de/urn: nbn:de:bvb:12-bsb11158043-0]

RECK 2006 = Norbert Reck: „... er verfolgt die Schuld der Väter an den Söhnen und Enkeln, an der dritten und vierten Generation (Ex 34,7)". In: B. Krondorfer / K. von Kellenbach / N. Reck (Hg.): Fragen an die deutsche Theologie nach 1945. Gütersloh: Gütersloher Verlagshaus 2006, S. 171-225.

REIF 1979 = Heinz Reif: Westfälischer Adel 1770-1860. Vom Herrschaftsstand zur regionalen Elite. Göttingen: Vandenhoeck + Ruprecht 1979.

REINKENS 1886 = Joseph Hubert Reinkens: [Auszug aus der Gedächtnisrede auf Friedrich Michelis, 2. November 1886]. In: Deutscher Merkur 17. Jg. (München 1886), S. 361-362, 369-370, 377-379.

REUSCH 1882* = Franz Heinrich Reusch: Artikel „Ketteler, Wilhelm Emmanuel Freiherr von". In: Allgemeine Deutsche Biographie, herausgegeben von der Historischen Kommission bei der Bayerischen Akademie der Wissenschaften. Band 15 (1882), S. 670–676. [Digitale Volltext-Ausgabe in Wikisource, https://de.wikisource.org/w/index.php?title=ADB:Ketteler,_Wilhelm_Emmanuel_Freiherr_von&oldid=- (Version vom 29.04.2020, 17:29 Uhr UTC).]

REUSCH 1885* = Franz Heinrich Reusch: „Michelis, Eduard". In: Allgemeine Deutsche Biographie (ADB). Band 21. Leipzig: Duncker & Humblot 1885, S. 693-694.

REUSCH 1886 = Franz Heinrich Reusch: Friedrich Michelis. In: Deutscher Merkur 17. Jg. (München 1886), S. 193f. [Nicht eingesehen]

RICHTER 1981 = Erika Richter: Clemens August von Westphalen. Bildnis eines Anti-Preußen. In: Sauerland Nr. 4/1981, S. 119-122.

RIESENBERGER 2008 = Dieter Riesenberger: Den Krieg überwinden. Geschichtsschreibung im Dienste des Friedens und der Aufklärung. Bremen: Donat 2008.

RING 2008 = Matthias Ring: „Katholisch und deutsch". Die alt-katholische Kirche Deutschlands und der Nationalsozialismus. Bonn: Alt-Kath. Bistumsverlag 2008.

RUISCH 2011 = Gerhard Ruisch: Zum 125. Todestag von Professor Friedrich Michelis. In: Christen heute – Zeitschrift der Altkatholiken 55. Jg. (Mai 2011), S. 108-109.

SANDSTEDE-AUZELLE/SANDSTEDE 1986 = Marie-Corentine Sandstede-Auzelle / Gerd Sandstede: Clemens August Graf von Westfalen. Münster: Aschendorff 1986.

SCHATZ 1992 = Klaus Schatz: Vaticanum I. 1869-1870. Band I: Vor der Eröffnung. Paderborn, München, Wien, Zürich: Schöningh 1992.

SCHATZ 1993 = Klaus Schatz: Vaticanum I. 1869-1870. Band II: Von der Eröffnung bis zur Konstitution „Dei Filius". Paderborn, München, Wien, Zürich: Schöningh 1993.

SCHATZ 1994 = Klaus Schatz: Vaticanum I. 1869-1870. Band III: Unfehlbarkeitsdiskussion und Rezeption. Paderborn, München, Wien, Zürich: Schöningh 1994.

SCHATZ 2003* = Klaus Schatz: Geschichte des päpstlichen Primates. In: Virtueller Leseraum der Philosophisch-Theologischen Hochschule St. Georgen Frankfurt a. M. Version vom 27. August 2003. [Internet-Ressource: http://www.sankt-georgen.de/leseraum/schatz2.html]

SCHULTE 1876 = Johann Friedrich von Schulte: Der Cölibatszwang und dessen Aufhebung. Bonn: P. Neusser 1876.

SCHULTE 1887/1965 = Johann Friedrich von Schulte: Der Altkatholizismus. Geschichte seiner Entwicklung, inneren Gestaltung und rechtlichen Stellung in Deutschland. Aus den Akten und anderen authentischen Quellen dargestellt. Unveränderter Neudruck der Ausgabe Gießen 1887. Aalen: Scientia Verlag 1965.

SCHULTE 1954 = Wilhelm Schulte: Volk und Staat. Westfalen im Vormärz und in der Revolution 1848/49. Münster: Regensberg 1954.

VIEHWEGER 2003 = Wolfgang Viehweger: Die Grafen von Westphalen. Ein Geschlecht aus dem Uradel unseres Landes. Münster: Aschendorff 2003.

WAGENER 1925 = Rektor Ferdinand Wagener: Kaplan Norbert Fischer. Ein Lebensbild. Meschede: A. Harmann 1925.

WEHLER 1995 = Hans-Ulrich Wehler: Deutsche Gesellschaftsgeschichte. Dritter Band. Von der „Deutschen Doppelrevolution" bis zum Beginn des Ersten Weltkrieges 1848-1914. München: C.H. Beck 1995.

WESTPHALEN 1868* = [Clemens August] Graf von Westphalen: Meine Stellung zur Politik „Bismarck". Gelegentliche Kundgebungen während der Jahre 1865-1868, nebst einem Anhang erläuternder Anlagen, für einen weitern Kreis aphoristisch reproducirt. Mainz: Verlag von Franz Kirchheim 1868. [59.S.] [„Der Ertrag zum Vortheil des Mescheder Krankenhauses"] [Digitale Ausgabe: https://books.google.de/books]

WESTPHALEN 1873* = Anonym [Clemens August von Westphalen]: Sendschreiben an einen infallibilistisch gesinnten Freund. Bonn: Ed. Weber's Buchhandlung 1873. [32.S.] [Digitales Exemplar: Bayerische StaatsBibliothek MDZ. URL http://mdz-nbn-resolving.de/urn:nbn:de:bvb:12-bsb1115 8830-0]

WESTPHALEN 1885 = Anonym [Clemens August von Westphalen]: Infallibilismus und Katholicismus. Sendschreiben an einen infallibilistisch gesinnten Freund. Zweite, nochmals durchgesehene und in einem Nachworte vervollständigte Auflage. Bonn: Max Cohen & Sohn (Fr. Cohn) 1885. [56.S.; Herstellung: Universitäts-Buchdruckerei von Carl Georgi in Bonn; handschriftlicher Vermerk auf dem Deckblatt des Exemplars in der ULB Bonn: „Verfasser: Reichsgraf Clemens von Westphalen".]

WESTPHALEN 1982 = Ludger Graf von Westphalen: Aus dem Leben des Grafen Clemens August von Westphalen zu Fürstenberg (1805-1885). = Veröffentlichungen der Historischen Kommission für Westfalen XVIII, Westfälische Biographien VII. Zweite, verbesserte und ergänzte Auflage. Münster: Aschendorff 1982. [Die erste Auflage ist 1979 erschienen.]

WESTPHALEN 1983 = W[alburga]. Gräfin von Westphalen: Clemens August Reichsgraf v. Westphalen zu Fürstenberg und seine Schrift zur Unfehlbarkeitsfrage des Jahres 1870. = Diplomarbeit (Universität Regensburg – Katholisch-Theologische Fakultät), eingereicht bei Prof. DDr. Gerhard Winkler, Lehrstuhl für Mittlere und Neue Kirchengeschichte. Regensburg, Oktober 1983. [Benutzt: Exemplar im Alt-Katholischer Seminar der Rheinischen Friedrich-Wilhelms-Universität Bonn.]

WESTPHALUS EREMITA 1819* = [Johann Friedrich Joseph Sommer]: Von der Kirche in dieser Zeit. Betrachtungen von Westphalus Eremita. Münster: Aschendorff 1819. [Als Internet-Ressource: http://sammlungen.ulb.uni-muenster.de/hd/content/titleinfo/2192190]

WOLF 2015 = Hubert Wolf: Die Nonnen von Sant'Ambrogio. Eine wahre Geschichte. Ungekürzte Taschenbuchausgabe. München: dtv 2015.

WOLF 2020 = Hubert Wolf: Der Unfehlbare. Pius IX. und die Erfindung des Katholizismus im 19. Jahrhundert. Biographie. München: C.H. Beck 2020.

WURZBACH 1887* = Constantin von Wurzbach: Westphalen zu Fürstenberg, Clemens August Wilhelm. In: Biographisches Lexikon des Kaiserthums Oesterreich. 55. Theil. Wien: Kaiserlich-königliche Hof- und Staatsdruckerei 1887, S. 177. [Als Internetressource: https://de.wikisource.org/wiki/BLK%C3%96:Westphalen_zu_F%C3%BCrstenberg,_Clemens_August_Wilhelm]

edition *leutekirche sauerland*

Alle Bände portofrei direkt erhältlich beim Verlag:
www.bod.de/buchshop/

Zu bestellen auch überall
über den nahen Buchhandel

1 |
Peter Bürger
Friedenslandschaft Sauerland
Antimilitarismus und Pazifismus in einer katholischen Region.
Ein Überblick – Geschichte und Geschichten
ISBN 978-3-7392-3848-7 (204 Seiten; Paperback; Norderstedt 2016; € 12,00)

2 |
Peter Bürger (Hg.)
Irmgard Rode (1911-1989)
Dokumentation über eine Linkskatholikin
und Pazifistin des Sauerlandes
ISBN 978-3-7386-5576-6 (230 Seiten; Paperback; Norderstedt 2016; € 9,90)

3 |
Jens Hahnwald, Peter Bürger, Georg D. Heidingsfelder
Sühnekreuz Meschede
Die Massenmorde an sowjetischen und polnischen Zwangsarbeitern
im Sauerland während der Endphase des 2. Weltkrieges
und die Geschichte eines schwierigen Gedenkens
ISBN 978-3-7431-0267-5 (440 Seiten; Paperback; Norderstedt 2016; € 14,90)

4 |
Peter Bürger (Hg.)
Sauerländische Friedensboten
Friedensarbeiter, Antifaschisten und Märtyrer
des kurkölnischen Sauerlandes: Erster Band
ISBN 978-3-7431-2852-1 (524 Seiten; Paperback; Norderstedt 2016; € 15,99)

5 & 6 |
Georg D. Heidingsfelder – Gesammelte Schriften
Eine Quellenedition zum linkskatholischen
Nonkonformismus der Adenauer-Ära
Band I: ISBN 978-3-7431-3416-4 (400 Seiten; Paperback; € 13,90)
Band II: ISBN 978-3-7448-2123-0 (428 Seiten; Paperback; € 13,99)
Norderstedt 2017

8 |
Norbert Hannappel SAC
Der Gestapo-Angriff auf das Pallottinerkloster in Olpe
19. Juni 1941: Menschen im Widerstand – Zeitzeugenberichte & Dokumente
ISBN 978-3-7460-3040-1 (380 Seiten; Paperback; Norderstedt 2017; € 15,90)

9 |
Peter Bürger
Sauerländische Lebenszeugen
Friedensarbeiter, Antifaschisten und Märtyrer
des kurkölnischen Sauerlandes: Zweiter Band
ISBN 978-3-7460-9683-4 (488 Seiten; Paperback; Norderstedt 2018; € 15,99)

10 |
W. Neuhaus, M. Gosmann, P. Bürger
Georg Nellius (1891-1952)
Völkisches und nationalsozialistisches Kulturschaffen, antisemitische
Musikpolitik, Entnazifizierung – späte Straßennamendebatte
ISBN 978-3-7460-4284-8
(284 Seiten; Paperback; Norderstedt 2018; € 12,90)

15 |
Peter Bürger
Voll bereit für die neue Zeit
Deutschnationale, militaristische und NS-freundliche
Dichtungen Christine Kochs 1920-1944.
Ein Beitrag zur Erforschung des südwestfälischen Rechtskatholizismus
ISBN 978-3-7494-0910-5
(396 Seiten; Paperback; Norderstedt 2019; € 15,80)

16 |
Clementine Tillmann,
Johannes Kistenich-Zerfaß, Michael Overmann
Gestapo-Klostersturm in Germete
und Sennelager 1939/1940
Texte zur Auflösung des Mutterhauses der Schwestern von Germete
und des Hauses Heilandsfriede der Salvatorianer
ISBN 978-3-7494-5307-8
(320 Seiten; Paperback; Norderstedt 2019; € 14,90)

17 |
Rudolf Franzen, Gudrun Schulte, Peter Bürger (Hg.)
Sind wir auch Israels Kinder
Beiträge zur Geschichte der Esloher Juden.
Erster Band
ISBN 978-3-7357-3723-6
(312 Seiten; Paperback; Norderstedt 2019; € 14,90)

18 |
Werner Neuhaus
Armut – Auswanderung – Aufruhr
Studien zur Sozialgeschichte des Sauerlandes
in der ersten Hälfte des 19. Jahrhunderts
ISBN 978-3-7504-1387-0
(292 Seiten; Paperback; Norderstedt 2019; € 13,90)

21 |
M. Sigram Sauer, Alban Buckel, Dominicus M. Meier u. a.
Gestapo-Klostersturm im Hochsauerland
Texte zur Auflösung der missionsbenediktinischen
Niederlassungen in Meschede und Olpe
ISBN 978-3-7504-3666-4
(368 Seiten; Paperback; Norderstedt 2020; € 16,90)

Reihe: Kirche & Weltkrieg

Band 1
Katholische Diskurse über Krieg und Frieden vor 1914.
Ausgewählte Forschungen nebst Quellentexten
Norderstedt 2020 – ISBN: 978-3-7526-7268-8

Band 2
Protestantismus und Erster Weltkrieg.
Aufsätze, Quellen und Propagandabilder
Norderstedt 2020 – ISBN: 978-3-7526-0414-6

Band 3
Frieden im Niemandsland.
Die Minderheit der christlichen Botschafter
im Ersten Weltkrieg – Ein Lesebuch
Norderstedt 2021 – ISBN: 978-3-7534-0205-5

Band 4
Katholizismus und Erster Weltkrieg.
Forschungen und ausgewählte Quellentexte
Norderstedt 2021 – ISBN: 978-3-7534-2805-5

Band 5
Franziskus Maria Stratmann O.P.: *Weltkirche und Weltfriede.*
Katholische Gedanken zum Kriegs- und Friedensproblem
Norderstedt 2021 – ISBN: 978-3-7534-3993-8

Band 6
Adolf von Harnack: *Schriften über Krieg und Christentum.*
„Militia Christi" (1905) und Texte mit Bezug zum Ersten Weltkrieg
Norderstedt 2021 – ISBN: 978-3-7534-1759-2

Band 7
Dietrich Kuessner: *Die Deutsche Evangelische Kirche und der Russlandfeldzug*
Norderstedt 2021 – ISBN: 978-3-7526-7109-4

Band 8
Heinrich Missalla
Die Kirchliche Kriegshilfe im Zweiten Weltkrieg.
Eine Organisation des Deutschen Caritasverbandes
Norderstedt 2021 – ISBN: 978-3-7534-9221-6

Band 9
Kriegsworte von Feldbischof Franziskus Justus Rarkowski.
Edition der Hirtenschreiben und anderer Schriften 1917 – 1944
Norderstedt 2021 – ISBN: 978-3-7543-2454-7
(Fester Einband ISBN: 978-3-7543-2143-0)

Band 10
Dietrich Kuessner
Der christliche Staatsmann
Ein Beitrag zum Hitlerbild in der Deutschen
Evangelischen Kirche und zur Kirchlichen Mitte
Norderstedt 2021 – ISBN: 978-3-7543-2629-9

Band 11
Werner Neuhaus, Marco A. Sorace (Hg.)
August Pieper und das Dritte Reich.
Ein katholischer Annäherungsweg hin zum Nationalsozialismus
Norderstedt 2021 – ISBN: 978-3-7543-4708-9

Band 12
Wolfgang Stüken:
Hirten unter Hitler.
Die Rolle der Paderborner Erzbischöfe Caspar Klein
und Lorenz Jaeger in der NS-Zeit – Neuedition
Norderstedt 2021 – ISBN: 978-3-7557-6020-7

Verlag: Books on Demand
https://www.bod.de/buchshop/

Internetseite zum Editionsprojekt
https://kircheundweltkrieg.wordpress.com/

edition *geschichte & kirchenreform*